PRÉCIS DE L'HISTOIRE

DES

FRANÇAIS.

TOME II.

Ouvrages du même Auteur, publiés par la Librairie Treuttel et Würtz.

Histoire des Français. In-8°. Tom. I a XXI. *Paris*, 1821 à 1838.................................. 168 fr.
— Le même ouvrage, sur papier vélin superfin... 336 fr.
Julia Severa, ou l'An quatre cent quatre-vingt-douze (Tableau des Mœurs et des Usages dans les Gaules, du temps de Clovis). 3 vol. in-12. *Paris*, 1822. 7 fr. 50 c.
Histoire des Républiques Italiennes du moyen age; nouvelle édition, les 16 vol. réduits en 12 vol. in-8°. (Sous presse).
Histoire de la Renaissance de la Liberté en Italie, de ses Progrès, de sa Décadence et de sa Chute. 2 vol. in-8°. *Paris*, 1832.................................. 12 fr.
Des Espérances et des Besoins de l'Italie. Brochure in-8°. *Paris*, 1832.......................... 60 cent.
De la Littérature du Midi de l'Europe; nouvelle édition, revue et corrigée. 4 vol. in-8°. *Paris*, 1829..... 28 fr.
Histoire de la Chute de l'Empire romain et du Déclin de la Civilisation, de l'an 250 à l'an 1000. 2 vol. in-8°. *Paris*, 1835.................................. 15 fr.
Études sur les sciences sociales. — Tome Ier. *Études sur les Constitutions des peuples libres.* Un vol. in-8°. *Paris*, 1836.................................. 7 fr. 50 c.
— Tome II. *Études sur l'Économie politique*, tome Ier. *Paris*, 1837.................................. 7 fr. 50 c.
— Tome III. *Études sur l'Économie politique*, tome II. *Paris*, 1838.................................. 7 fr. 50 c.

PRÉCIS
DE L'HISTOIRE
DES
FRANÇAIS,

PAR

J. C. L. SIMONDE DE SISMONDI,

Associé étranger de l'Institut de France, de l'Académie impériale de Saint-Pétersbourg, de l'Académie royale des Sciences de Prusse; membre honoraire de l'Université de Wilna, de l'Académie et de la Société des Arts de Genève, de l'Académie Italienne, de celles des Georgofili, de Cagliari, de Pistoia, de Palerme; de l'Académie Royale d'Archéologie, et de la Société Pontaniana de Naples.

TOME SECOND.

A PARIS,

Chez TREUTTEL et WÜRTZ, Libraires,

RUE DE LILLE, N° 17;

A STRASBOURG, même Raison de Commerce, Grand'-Rue, n° 15.

1839.

PRÉCIS DE L'HISTOIRE

DES

FRANÇAIS.

CHAPITRE XI.

Les Français au quinzième siècle.

SECTION PREMIÈRE.

Fin du règne de Charles VI. — 1401-1422.

On avoit pu croire, au commencement du quatorzième siècle, que la monarchie des Français avoit reçu une organisation nouvelle : un roi ambitieux, désireux du pouvoir absolu, inébranlable dans ses desseins, impitoyable dans ses vengeances, avoit recouvré la domination de presque toute la Gaule. Il avoit enlevé aux rois d'Angleterre la plus grande partie des provinces qu'ils possédoient sur le continent; il avoit humilié et réduit à sa dépendance tous les autres grands vassaux de sa couronne; il avoit soumis le clergé, décimé la noblesse, et il avoit chargé ses légistes de détruire tout autre pouvoir que le sien. Mais ce pouvoir absolu que Philippe-le-Bel avoit élevé par tant de travaux, par tant de crimes, il avoit dû l'abandonner ensuite aux chances de l'hérédité, et ces chances avoient paru se combiner toutes pour détruire son ouvrage. Ses trois fils, qui, en peu d'années, avoient porté l'un après l'autre la couronne de France, avoient ébranlé par leur ignorance et par leur inconséquence tout ce qu'il croyoit avoir fondé. Après eux, trois autres rois, issus de son frère, ou de la branche des Valois, s'étoient succédé de père en fils; et ceux-là sembloient empreints de tous les vices que le pouvoir absolu ne manque guère d'engendrer. Leur arrogance étoit sans bornes, ainsi que leur imprévoyance; leurs dissipations étoient ruineuses, et comme en toute occasion ils substituoient la violence et le caprice à la règle, ils ébranloient toute confiance dans l'ordre légitime, qu'ils prétendoient être la source de leur pouvoir. Le dernier des trois, il est vrai, Charles V, formé par l'expérience, avoit développé plus tard une habileté peu commune, et il avoit regagné par la fourberie ce qu'il avoit perdu par le manque de cœur; mais les chances de l'hérédité avoient été, après lui, de nouveau fatales à la France, et elles lui avoient donné pour successeur un enfant qui, en grandissant, étoit devenu fou. Alors le pouvoir qui avoit été élevé à si grands frais, au prix de tant de calamités et de tant de crimes, s'étoit évanoui de nouveau dans ses foibles mains : la France avoit cessé d'avoir un gouvernement, et cependant elle n'avoit point recouvré de liberté.

Au commencement du quinzième siècle, les grands fiefs, que Philippe-le-Bel et ses prédécesseurs avoient ravis à d'antiques familles souveraines, se trouvoient de nouveau aliénés de la couronne; mais, au lieu d'appartenir à des seigneurs qui eussent quelque communauté de sang, d'affection et d'opinions avec leurs sujets, ils étoient abandonnés à des princes apanagés, qui ne voyoient dans les états dont on les avoit dotés que des possessions lucratives à exploiter et à pressurer. La cour de Rome, asservie par son exil à Avignon, avilie par le schisme et par l'acharnement avec lequel le clergé des deux obédiences avoit révélé réciproquement les turpitudes de l'un et de l'autre, n'offroit plus au peuple ni exemple moral ni consolation. La noblesse, en perdant son indépendance féodale, avoit perdu sa dignité et sa vraie grandeur; elle n'avoit plus besoin de l'affection de ses vassaux ou de leur valeur, mais seulement de leur argent; courbée sous le même niveau par le despotisme, elle avoit désiré leur humiliation; sa réputation de bravoure avoit été compromise par ses dernières défaites, en sorte que tout le lustre qui lui restoit provenoit de sa richesse; elle en ressentoit d'autant plus de jalousie contre les nouveaux riches, d'autant plus de haine contre les bourgeois qui s'élevoient par l'industrie. Les légistes enfin, qui, excités par la couronne, avoient travaillé avec tant d'acharnement à rabaisser tous les autres ordres de l'état, ne s'étoient point élevés à leur place. Le pouvoir ne leur avoit permis de s'attacher à aucun principe, de montrer aucune dignité, aucune indépendance; il les employoit seulement, à peu près comme les bourreaux leurs valets, à satisfaire ses propres caprices.

Une fatalité commune sembloit avoir pesé en même temps sur tous les trônes de l'Europe : en Angleterre, c'étoit aussi un enfant roi, qui, en grandissant, étoit devenu un adolescent méprisable. Wenceslas, empereur et roi de Bohême, qui n'étoit encore qu'un jeune garçon quand il étoit monté sur le trône, avoit passé ses jours dans une brutale et dégoûtante ivrognerie. La Hongrie, dont la gloire et le pouvoir avoient étonné l'Europe dans la seconde moitié du quatorzième siècle, proclamoit, par reconnoissance pour Louis, auquel elle devoit sa grandeur, sa petite-fille Marie sous le nom de roi, car les lois de ce pays guerrier repoussoient les reines du trône. Mais les Hongrois avoient en vain appelé roi une jeune princesse, ils n'avoient pu sauver Marie de la foiblesse et de l'inexpérience de son sexe, ou leur propre pays des guerres civiles. La couronne de **Naples**, unie à la souveraineté de la **Provence**, étoit disputée entre deux enfans, sous la tutelle de leurs deux mères, **Louis II**, fils de **Louis I**ᵉʳ **d'Anjou**, et **Ladislas**, fils de **Charles III de Durazzo**. Le puissant duché de Milan tomboit en lambeaux entre les mains des fils mineurs de Jean Galéas Visconti; la Castille dépérissoit sous la foible domination de Henri III le maladif. Partout enfin les trônes étoient ébranlés, moins par l'effort de leurs ennemis que par les conséquences inévitables du principe qui confie aux chances de l'hérédité la vigueur et la prudence des gouvernemens.

Quant à la France, plus du tiers du quinzième siècle se consuma, non point à réparer le désordre sous lequel elle gémissoit, mais à l'augmenter encore. Aux souffrances de l'anarchie, qui sembloient intolérables, à cette tyrannie stupide d'une aristocratie royale, toute composée de princes du sang, vinrent se joindre la guerre civile et la guerre étrangère. La France tomba plus bas qu'elle n'étoit jamais descendue; elle parut sur le point de perdre son indépendance et de renoncer à son caractère national. Et cependant, avant la fin du siècle, elle se releva de toutes ses humiliations, non par l'exemple ou les leçons d'un grand roi, de grands généraux ou de grands ministres; non par l'influence des grands talens et des grandes vertus de quelques êtres privilégiés, mais par sa seule vigueur native, par ce ressort des sociétés politiques, qui repoussent de tout leur effort les calamités communes ; par cette action pour atteindre un plus grand bien, à laquelle tous les citoyens semblent concourir, et qui est d'autant plus glorieuse pour une nation qu'elle appartient également à tous. Avant la fin du quinzième siècle, les Français, à en juger du moins par la crainte qu'ils inspiroient, avoient repris le premier rang parmi les peuples de l'Europe.

La folie de Charles VI continua jusqu'à la fin de sa vie, sans que jamais les princes de son sang, ou la nation française, qui lui obéissoit, donnassent une base légale à l'autorité qui remplaçoit la sienne, alors qu'il ne pouvoit plus l'exercer. Le plus souvent il étoit dans un état de frénésie : alors il ne régnoit plus, seulement parce qu'il ne donnoit plus d'ordre, car jamais on ne fit constater d'une manière authentique ou le commencement ou la fin de ses accès. Il lui suffisoit d'avoir assez de sens pour commander, et aussitôt il étoit obéi. Pendant sa frénésie, il repoussoit tout soin de sa personne ; on lui vit passer jusqu'à cinq mois sans changer de linge, et son corps étoit couvert de vermine et d'ulcères : toutefois, on n'osoit point le contraindre, car il gardoit vivement la mémoire de toute désobéissance et de toute violence, et il n'auroit pas manqué de faire pendre, à la fin de son accès, celui qui l'auroit contrarié pendant sa durée. La souffrance et le malheur lui avoient cependant inspiré quelques bons sentimens; il se montroit, dans l'intervalle d'un accès à l'autre, plus susceptible de pitié, plus désireux du bien de son peuple qu'aucun des princes de son sang. Mais, comme il n'étoit pas capable de fixer son attention, et qu'il n'avoit aucune mémoire, la lueur de sa raison, quand il étoit le plus dans son bon sens, étoit encore bien foible.

Le pouvoir royal, que le roi ne pouvoit saisir, et que la nation ne dirigeoit point, étoit nécessairement retombé aux mains des princes qui approchoient Charles VI. Son oncle Philippe, duc de Bourgogne, y eut la principale part jusqu'à sa mort, survenue le 27 avril 1404. C'étoit le seul entre les frères de Charles V qui eût montré du courage dans les combats; seul aussi il avoit des volontés à lui, et il agissoit avec une certaine suite, tandis que son frère, le duc de Berri, étoit également incapable de comprendre et de vouloir. Avide, voluptueux et vindicatif, il ne savoit pas même qu'il eût des devoirs à remplir, et il ne songeoit qu'à prendre au peuple pour donner à de vils favoris. En avançant en âge, Philippe de Bourgogne avoit commencé à faire cas de la popularité; il avoit exprimé, du moins en paroles, sa compassion pour le pauvre peuple qu'il voyoit si horriblement opprimé, et il se plaisoit, quand il rentroit dans Paris, à y être accueilli par les acclamations des bourgeois. Mais ce besoin d'être applaudi devenoit funeste parce qu'il encourageoit sa passion pour le faste et la magnificence. Cette passion étoit la plus redoutable de toutes pour le bonheur de ses sujets ; elle lui faisoit dissiper en peu de mois les immenses revenus de son duché de Bourgogne, de son comté de Flandre, et de tous ses autres vastes états. Toujours endetté, il puisoit sans mesure dans le trésor de la couronne, et il faisoit souffrir tous les services publics plutôt que de retarder une fête. Au moment d'entrer en campagne, il se trouvoit constamment sans argent ; il n'arrivoit alors jamais à temps, et c'est ce qui faisoit manquer toutes ses entreprises. Enfin, lorsqu'il vint à mourir, sa succession se trouva chargée de dettes si prodigieuses que sa veuve et ses enfans furent forcés de la répudier, et que la première, en signe de cette répudiation, déposa son trousseau de clés sur son tombeau. La veuve d'un simple citoyen auroit ainsi abandonné à ses créanciers la disposition de toute sa fortune mobilière ; mais la veuve d'un prince les avertissoit seulement ainsi qu'ils avoient perdu leur créance. Aucun des joyaux de grand prix rassemblés par le duc de Bourgogne ne fut affecté au paiement de ses dettes.

Lorsque Philippe-le-Hardi, duc de Bourgogne, vint à mourir, le duc d'Orléans, frère de Charles VI, s'empara de l'autorité suprême, comme si elle lui étoit dévolue de droit par sa naissance. Il étoit alors dans sa trente-troisième année, et son cousin Jean-sans-Peur, le nouveau duc de Bourgogne, étoit à peu près du même âge que lui : Jean ne voyoit pas sans humeur et sans impatience qu'on ne lui attribuoit aucun reste du pouvoir qui avoit été exercé par son père; mais le duc d'Orléans n'admettoit pas qu'un frère du roi, en âge de conduire les affaires, fût seulement appelé à écouter les conseils de son cousin. Toutefois il n'étoit pas bien loin d'être atteint de la même maladie qui accabloit son frère. Il y avoit dans son orgueil, dans son impatience et son désordre, quelque chose qui tenoit de près à la folie ; et le manque de suite dans ses idées, la versatilité avec laquelle il abandonnoit ses projets, attestoient tout au moins la foiblesse de sa tête. Comme son frère, il s'étoit livré aux plaisirs des sens avec une telle incontinence que, s'il avoit vécu, sa constitution n'auroit pu y résister long-temps. Mais, à la différence d'avec son frère, aucun sentiment de tendresse ou d'humanité ne sembloit modifier ses passions. La cupidité étoit aussi insatiable en lui que l'amour du plaisir : tout l'argent qu'il pouvoit saisir dans les caisses du royaume, tout celui qu'il pouvoit extorquer au pauvre contribuable, il l'employoit à acheter de nouvelles seigneuries. Il n'étoit pas moins déhonté que son oncle le duc de Berri dans la spoliation du trésor national ; comme lui, il ne soupçonnoit pas même qu'un roi pût avoir quelques devoirs à remplir envers ses sujets. Au moment où il s'empara du pouvoir, il se fit livrer de vive force tout l'argent qui se trouvoit dans les caisses publiques, et en même temps il imposa sur tout le royaume une taille qu'on jugea exorbitante, quoiqu'elle rendît seulement un million sept cent mille des livres d'alors. Il en fit sa propriété, sans en rien laisser pour les besoins de l'État.

Cependant, au moment même où il bouleversoit les finances, d'Orléans précipitoit le royaume dans la guerre, sans raison, sans prétexte, et seulement pour satisfaire cet orgueil insensé qui le tourmentoit. Il vouloit que la noblesse, comme le peuple, s'accoutumassent à voir dans les princes des êtres tellement supérieurs à la race humaine que toute pensée de mettre leurs droits en question, de résister à leur volonté, fût considérée comme un crime : aussi se faisoit-il le champion du pouvoir absolu, non seulement en France, mais dans toute l'Europe. La déposition de Wenceslas, en 1400, par les électeurs de l'empire, et son arrestation, en 1404, par les bourgeois de Prague, lui causèrent la plus violente indignation. Il jura de le rétablir sur le trône ; il remplit

Paris de soldats, qu'il destinoit, disoit-il, à cette expédition ; il s'empara du Luxembourg; il s'allia au duc de Gueldre ; il provoqua enfin la nation allemande par plusieurs petites offenses, et puis il n'y songea plus.

De même, il se montra révolté de la déposition de Richard II et de l'usurpation de Henri IV, en Angleterre, encore qu'il eût été intimement lié avec celui-ci lorsqu'il cherchoit un refuge en France, comme comte de Derby ou duc de Lancaster. Il déclara qu'il le tenoit pour coupable de trahison, qu'il l'accusoit d'avoir fait périr son souverain. Il existoit alors un traité de trève entre la France et l'Angleterre, qui avoit été confirmé le 27 juin 1403 ; il n'en tint aucun compte, et le viola sans scrupule ; il s'allia à tous les ennemis de Henri IV ; il fit commencer les hostilités contre lui, sur la frontière, près de Calais, sur celle de Bretagne et sur celle de Guienne ; puis il dissipa tout l'argent qu'il avoit extorqué au peuple sous prétexte de cette guerre nouvelle ; il laissa sans défense les provinces mêmes où il avoit fait recommencer les hostilités, et il ouvrit ainsi leurs frontières à tous les aventuriers, à tous les brigands, qui se hâtèrent d'arborer le drapeau anglais dans les châteaux du Limousin et de la Saintonge, afin de s'autoriser à piller les pauvres paysans français. Henri IV cependant étoit trop occupé en Angleterre à réprimer les conspirations et les insurrections de tous ceux qui ne voyoient en lui qu'un usurpateur pour songer à entreprendre sérieusement la guerre contre la France.

Enfin le duc d'Orléans affichoit aussi les mêmes prétentions chevaleresques dans les affaires de l'Église. Peu lui importoit que la papauté fût divisée entre deux prétendans : la cour de France avoit reconnu le pape d'Avignon, et le duc n'admettoit pas que personne pût remettre en question ce qu'elle avoit décidé. Les cardinaux d'Avignon avoient, le 28 septembre 1394, donné Benoît XIII pour successeur à Clément VII; et dès lors la France avoit proposé que les deux papes cédassent volontairement, et en même temps, le pontificat, pour faire place à un nouveau pape qui seroit élu par les cardinaux des deux obédiences. Mais ni l'un ni l'autre ne consentoit à renoncer au trône, encore qu'il fût divisé. Une assemblée du clergé de France (22 mai 1398) prononça qu'il se soustrayoit à l'obédience de Benoît XIII, et le maréchal Boucicault fut chargé d'assiéger le vieillard obstiné dans le château d'Avignon. Mais, en 1403, Benoît XIII s'échappa de ce palais, où les soldats craignoient d'être impies en lui refusant le passage, et le duc d'Orléans lui fit rendre de nouveau l'obédience par tout le clergé de France, le récompensant ainsi de son obstination.

On avoit cependant formé un conseil d'état,

mais il étoit composé uniquement de princes du sang; et le duc d'Orléans s'étoit réservé le droit de convoquer parmi eux seulement ceux qu'il voudroit, à cette assemblée. Il en avoit déféré la présidence à la reine Isabeau de Bavière. Cette reine étoit alors âgée de trente-quatre ou trente-cinq ans; le seul plaisir dont elle parût avide étoit celui de la bonne chère; la seule affaire à laquelle elle attachât de l'importance étoit le réglement de l'étiquette et des costumes des dames de sa cour. Du reste, quoiqu'elle eût déjà vécu près de vingt ans en France, elle sembloit n'avoir acquis encore aucune intelligence de la politique du pays, ou ne sentir aucune préférence pour l'une ou l'autre faction. Aussi elle n'avoit jusqu'alors exercé aucune influence, et les historiens du temps n'ont jamais fait mention des galanteries qui ont sali plus tard sa réputation. S'il falloit s'en tenir aux récits des contemporains sur Blanche de Castille et sur Isabeau de Bavière, ce seroit la première, et non la seconde, qu'il faudroit accuser d'incontinence.

Cependant le conseil présidé par Isabeau, et dirigé par le duc d'Orléans, sembloit se proposer, par chacun de ses actes, de hâter la ruine de la France. Le duc de Bourgogne, Jean-sans-Peur, qui ressentoit contre le duc d'Orléans, son cousin et son contemporain, une jalousie mêlée de haine, et qui avoit été salué comme chef de la faction dès long-temps opposée à celui-ci, faisoit ressortir l'inconséquence ou l'injustice de toutes ses résolutions. Jean n'étoit pas moins désordonné que son père dans son goût pour le faste et la dissipation ; il n'étoit pas moins que lui impitoyable dans ses vengeances : toutefois il avoit, comme lui, adopté le rôle de protecteur du peuple ; il recherchoit, comme lui, les applaudissemens de la bourgeoisie de Paris, et il avoit réussi à en devenir l'idole. Au mois de mars 1405, le duc d'Orléans proposa au conseil de lever une nouvelle taille exorbitante sur le peuple; Bourgogne répondit, avec hauteur, que le trésor seroit plein si des hommes cupides ne s'étoient pas approprié les deniers de l'État, et que, quant à ses vassaux, tout au moins, il ne permettroit point qu'ils fussent ainsi dépouillés. Le jeune duc de Bretagne parla dans le même sens que lui ; ce qui n'empêcha point que la taille ne fût votée et perçue avec une rigueur excessive, sauf dans les terres du duc de Bourgogne. Celui-ci avoit encore protesté contre les usurpations progressives du duc d'Orléans, qui venoit d'ajouter la Normandie à son apanage, malgré la répugnance extrême que témoignoient pour lui les Normands.

Le duc de Bourgogne avoit déclaré qu'il ne prendroit aucune part à la guerre contre les Anglais ; mais la Flandre étoit toujours le pays qu'une armée ennemie préféroit de piller, et, malgré la neutralité que son souverain vouloit garder, le comte de Pembroke, gouverneur de Calais, s'y jeta pour la saccager. Alors le duc de Bourgogne rassembla ses soldats, déclara vouloir assiéger et prendre Calais, et fit demander au conseil d'état des renforts pour une expédition si importante. Le duc d'Orléans les refusa. L'irritation entre les deux ducs s'étoit accrue outre mesure ; aucun égard pour les droits de la patrie, aucune autorité légitime ne les arrêtoit, et Bourgogne, avec l'armée qu'il avoit levée pour combattre les Anglais, marcha sur Paris, au milieu d'août 1405. Orléans, averti de son approche, s'enfuit avec la reine Isabeau ; ses soldats abandonnèrent en même temps Paris dans le plus grand désordre. Tous se retirèrent à Melun ; mais ils avoient négligé d'emmener avec eux Charles VI, qui étoit alors dans un état de frénésie, et son fils le dauphin, qui n'étoit âgé que de neuf ans. Quand ils voulurent les faire chercher, il étoit trop tard ; Bourgogne les retint de force. Ils étoient cependant les seuls organes reconnus de l'autorité légitime. Bourgogne pouvoit désormais faire parler le roi selon sa volonté, et rejeter sur la reine et sur le duc d'Orléans le nom de rebelle dont on l'avoit plusieurs fois menacé. Ces derniers le sentirent, leur trouble fut extrême, et, quoiqu'ils fissent avec activité des préparatifs de guerre, ils montrèrent plus d'empressement encore à entrer en négociations. Le duc d'Orléans déclara qu'il consentoit à ce que désormais le duc de Bourgogne occupât au conseil d'état la place qu'y avoit tenue son père. La réconciliation des princes du sang fut proclamée; la reine et le duc d'Orléans rentrèrent dans la capitale, mais ils s'y entourèrent de soldats; Bourgogne s'y trouvoit aussi à la tête de ses satellites; Berri et Louis II d'Anjou y revinrent de leur côté, chacun à la tête d'une petite armée. La ville sembloit divisée en autant de camps ennemis : chacun trembloit, car chacun sentoit que la violence faisoit seule le droit, dans un pays où celui-là étoit reconnu pour maître légitime qui, par ruse ou par force, s'empareroit de la personne d'un forcené et d'un enfant.

Il y avoit, d'autre part, tant de légèreté, tant d'inconséquence dans les chefs des deux factions, qu'on ne pouvoit point prévoir leurs actions d'après les passions qu'annonçoient leurs paroles; souvent les nuages s'amonceloient, le tonnerre grondoit, l'orage sembloit sur le point d'éclater; puis il se dissipoit sans qu'on pût en comprendre la cause. On avoit vu, en décembre 1405, les deux ducs assembler chacun un conseil d'état, l'un à la Bastille, l'autre à l'hôtel de Bourgogne, y soumettre à des enquêtes la conduite l'un de l'autre, pour arriver, disoient-ils, à la réforme du royaume, puis tout à coup se réconcilier par quelques concessions réciproques faites aux dépens du public, et s'étourdir aussitôt par des fêtes où toutes les passions se calmoient dans les plaisirs des sens.

Les flatteurs des deux princes leur persuadoient cependant qu'ils étoient des héros, et qu'au retour du printemps ils devoient faire succéder aux plaisirs du carnaval les lauriers de la gloire. Henri IV d'Angleterre, qui vouloit s'affermir sur son trône, désiroit la paix; il offroit de renouveler la trêve à des conditions avantageuses et honorables pour la France. Les peuples la désiroient ardemment, car le gouvernement ne faisoit rien pour les mettre à couvert des déprédations d'une foule d'aventuriers qui s'établissoient dans les châteaux de la frontière anglaise, pour faire la guerre à leur compte et piller le pays. Mais Bourgogne déchira le traité qui lui étoit présenté, et déclara qu'il vouloit, cette année, chasser les Anglais de Calais. Orléans applaudit à cette résolution, espérant bien que son cousin échoueroit dans son entreprise, tandis que lui-même s'illustreroit dans une expédition qu'il méditoit au Midi. Bourgogne appela aux armes ses sujets les Flamands, qui désiroient la continuation de la paix avec l'Angleterre, à cause de leur commerce, mais qui avoient souvent été pillés par la garnison de Calais. Il trouva donc moyen de réunir une armée assez nombreuse, avec laquelle il s'approcha de cette ville; mais il y déploya le faste extravagant dont il faisoit gloire, et il avoit déjà dépensé tout son argent avant d'avoir vu l'ennemi. Il demanda au conseil d'état les subsides qui lui avoient été promis pour la guerre d'Angleterre; on lui fit répondre qu'il ne se trouvoit plus d'argent au trésor, et que le seul parti qu'il eût à prendre, c'étoit de licencier son armée. Orléans lui avoit préparé d'avance cette mortification, et avoit compté l'exposer par-là au mépris public. Pendant le même temps, il avoit marché vers la Guienne, avec une brillante armée, et il entreprit le siége de Blaye et de Bourg sur la Garonne. Henri IV, qui avoit besoin de tous ses soldats en Angleterre, avoit laissé aux seules milices du pays la défense de ses villes du continent. Cependant Orléans avoit attendu la saison des pluies pour commencer sa campagne. Tandis que ses soldats couchoient dans la boue, que ses équipages pourrissoient, il perdoit au jeu l'argent destiné à leur solde, et il passoit ses nuits dans la débauche. La maladie et la désertion affoiblissoient chaque jour son armée. Enfin, au milieu de janvier 1407, il fut obligé de la congédier, de lever le siége de Bourg et de revenir à Paris, après avoir convaincu même ses courtisans de son incapacité militaire.

Les deux rivaux, qui avoient également échoué,

se retrouvèrent à Paris plus aigris que jamais l'un contre l'autre, et dans le conseil d'état leur animosité entravoit toute délibération, et faisoit souvent craindre qu'ils n'en vinssent aux mains. Ces querelles furent un peu suspendues par une maladie grave du duc d'Orléans. Lorsqu'il fut guéri, le duc de Berri crut pouvoir profiter de cette circonstance pour réconcilier ses deux neveux; il les engagea à entendre la messe et à communier ensemble le 20 novembre 1407, après quoi, le surlendemain, il leur donna un grand festin, où les deux cousins s'embrassèrent au milieu de toute leur famille, et se jurèrent une amitié fraternelle. Pendant ce temps même, Bourgogne se préparoit à terminer leur différend d'une autre manière. Une de ses créatures, Raoul d'Auquetonville, avoit loué une maison dans la vieille rue du Temple, près la porte Barbette, sur le chemin que le duc d'Orléans suivoit chaque soir en revenant de chez la reine; il l'avoit remplie de gentilshommes bourguignons, et le 23 novembre, à huit heures du soir, Auquetonville, avec dix-sept compagnons, se jeta sur le duc d'Orléans, qui passoit avec peu de suite, et le laissa mort sur le carreau.

Les pages du duc d'Orléans s'étoient enfuis vers l'hôtel de la reine en criant au meurtre; les assassins s'étaient réfugiés dans l'hôtel d'Artois du duc de Bourgogne en criant au feu, et ils avoient en effet mis le feu à la maison d'où ils étoient sortis; tout le quartier étoit alarmé; la reine, à peine relevée de couche, s'enfuit à l'hôtel Saint-Paul, où étoit le roi. Le lendemain, tous les princes, réunis à l'hôtel d'Anjou, allèrent ensemble voir le corps, et le duc de Bourgogne s'écria : « que jamais en ce royaume si mauvais et si « traître meurtre n'avoit été commis. » Mais avant la fin du jour, le prévôt de Paris se présenta au conseil et demanda qu'on lui permît d'entrer dans les hôtels du roi et des princes, car des indices s'élevoient sur quelqu'un de leurs serviteurs; alors Bourgogne se troubla, et, tirant à part le roi de Sicile et le duc de Berri : « Le diable « m'a tenté, leur dit-il, et c'est de moi qu'est parti « le coup. »

Peu de princes méritoient moins l'estime et l'affection de la France que le duc d'Orléans, et sa mort pouvoit être considérée comme une délivrance pour la monarchie; mais le crime du duc de Bourgogne n'en étoit pas moins lâche ou moins odieux. L'assassinat étoit prémédité; Bourgogne en avoit continué les préparatifs au moment où il juroit à sa victime une tendresse fraternelle, et où il s'y engageoit par les rites les plus sacrés de la religion. Celui qu'il avoit fait frapper étoit le frère du roi, le premier prince du sang du royaume, le chef du gouvernement et le cousin germain de son meurtrier. Dès le lendemain, cependant, il se rendit au conseil comme s'il n'avoit rien fait d'extraordinaire ; ce ne fut que lorsque le duc de Berri lui en refusa l'entrée qu'il soupçonna qu'on pourrait bien l'arrêter, et que, partant au galop et faisant couper les ponts derrière lui, il se réfugia dans la plus prochaine de ses forteresses, Bapaume.

Mais dès que Bourgogne se sentit en sûreté, il s'annonça avec effronterie pour l'auteur du meurtre : il déclara à ses états de Flandre, à ses états de Bourgogne, l'avoir fait commettre pour le bien de la France ; il leur demanda leur aide pour le soutenir, et cette aide lui fut libéralement promise. Les princes du sang, au contraire, ne prenoient aucune mesure de défense ; ils allèrent le rencontrer à Amiens, et n'ayant pu obtenir de lui qu'il exprimât aucun regret pour ce qu'il avoit fait, ils le laissèrent rentrer à Paris à la tête de huit cents gentilshommes et de trois mille combattans, aux acclamations de tout le peuple, tandis que Valentine Visconti, veuve du duc d'Orléans, qui avoit en vain demandé la punition des meurtriers de son mari, se retiroit à Blois avec ses enfans.

Ainsi, le peuple et la noblesse sembloient approuver un si grand crime ; bientôt il fut couvert du manteau de la religion. Le docteur Jean Petit, un des plus fameux théologiens de Sorbonne, en publia une apologie, et la prêcha dans Paris. Il déclara en chaire que le duc d'Orléans étoit un tyran, et que non seulement il étoit permis de tuer un tyran, mais que c'étoit le devoir d'un bon citoyen, devoir d'autant plus étroit qu'il tenoit de plus près au trône; qu'il devoit même le tuer en trahison, *car c'est la propre mort de quoi tyrans doivent mourir.* Aucun des vassaux du duc de Bourgogne ne montra de répugnance pour cette doctrine; les bourgeois de Paris semblèrent s'attacher à lui avec d'autant plus d'affection qu'ils voyoient en lui un libérateur et un vengeur. Les princes du sang cependant frémirent, car ils sentirent que le plus hardi d'entre eux avoit détruit le prestige qui faisoit leur sauve-garde à tous, et les avoit courbés sous le niveau des autres hommes. Les ducs de Berri et de Bourbon étoient trop foibles d'esprit et trop âgés pour lui tenir tête; Bourgogne s'étoit ressaisi de tout le pouvoir, et le roi lui avoit accordé des lettres de rémission « pour avoir fait mettre hors de ce monde « Monsieur son frère, pour le bien et utilité du « royaume. »

Bourgogne auroit éprouvé peu de difficulté à affermir son autorité sur toute la France, si les affaires de ses états héréditaires ne l'avoient appelé quelquefois à s'éloigner de Paris; mais son influence s'étoit étendue sur les différentes provinces des Pays-Bas, et il entrevoyoit déjà la possibilité de réunir sous sa domination tous ces débris de l'ancien royaume de Lorraine. Il avoit épousé une sœur du comte de Hainaut; un frère de celui-ci, jeune homme âgé de dix-sept ans, avoit été promu, par le crédit de ses deux beaux-frères, à l'évêché de Liége. La riche, populeuse et industrieuse ville de Liége étoit alors une des plus puissantes entre ces républiques qui s'élevoient dans l'empire sous le nom de villes impériales. Les Liégeois n'avoient pas voulu reconnoître leur jeune évèque, qui se refusoit à prendre les ordres, qui s'étoit voué à la guerre ou plutôt au brigandage, et qui y avoit acquis le surnom exécrable de Jean-sans-Pitié. Le duc de Bourgogne regardoit au contraire comme essentiel à ses projets de dompter Liége, d'intimider les amis de la liberté dans tous les Pays-Bas, et d'assurer la domination de son beau-frère sur un état qui lui servoit de barrière. Il partit donc de Paris le 5 juillet 1408 pour Tournai, où il avoit donné rendez-vous à ses hommes d'armes du duché et du comté de Bourgogne, de Flandre, d'Artois et de Picardie. Son beau-frère devoit lui amener ceux de Hollande, de Zélande et de Hainaut, qui le reconnoissoient pour souverain.

Mais Bourgogne ne se fut pas plus tôt éloigné de Paris que les princes du sang songèrent à profiter de son absence. La reine, qui s'étoit retirée à Melun, en avoit fait le quartier-général de leur parti. Les ducs de Berri, de Bourbon, de Bretagne, le connétable et le comte d'Alençon, avoient rassemblé leurs satellites, et Isabeau de Bavière, faisant monter à cheval, pour la première fois, le dauphin son fils aîné, rentra à Paris le 26 août, avec tous ces princes et trois mille hommes d'armes. La duchesse d'Orléans à son tour entra le surlendemain à Paris, en grand deuil, avec ses enfans : elle demanda justice à la reine. Dans ce moment, le roi avoit un accès de frénésie; la mémoire du duc d'Orléans fut déclarée justifiée, la conduite de son meurtrier fut déférée au parlement; mais sur ces entrefaites on reçut la nouvelle de l'effroyable bataille que le duc de Bourgogne avoit livrée aux Liégeois le 23 septembre 1408 à Hasbain, près de Tongres. De toutes les parties de l'évêché, les milices étoient accourues, révoltées de la férocité avec laquelle le comte de Hainaut y faisoit la guerre depuis une année. On comptoit dans leur armée quarante mille hommes, et elle étoit fortifiée au milieu de ses chariots. Bourgogne, qui avoit bien moins de monde, mais de meilleures troupes, après un combat obstiné, pénétra dans leur enceinte; alors, ses chevaliers, se livrant à cette haine féroce qu'ils ressentoient contre les bourgeois, n'avoient accordé aucun quartier aux vaincus, pas même à ceux qu'ils avoient reçus d'abord comme prisonniers, et ils avoient laissé le champ de bataille couvert de vingt-six mille morts.

Le parti d'Orléans crut avoir lui-même éprouvé cette terrible défaite ; le roi, la reine et les princes quittèrent Paris avec précipitation. Valentine Visconti, qui aimoit passionnément son mari, malgré ses nombreuses infidélités, et qui avoit trouvé en lui le plus beau de cette belle race de princes, lorsqu'elle perdit l'espoir de le venger, succomba à son chagrin : elle mourut le 4 décembre 1408. Les autres cherchèrent à se réconcilier avec Bourgogne, qui étoit revenu à Paris, qui s'y conduisoit en maître, et que sa victoire même avoit rendu l'idole de la populace. Il fut enfin convenu entre les deux partis que, le 9 mars 1409, le duc de Bourgogne se présenteroit à Chartres devant le roi ; que là, sur un grand échafaud, en présence de tous les princes et de tout le peuple, il lui diroit : « Qu'il le prioit de ne point garder de ressen- « timent contre lui pour ce qu'il avoit commis et « fait faire en la personne de son frère pour le « bien de son royaume et de sa personne ; » qu'il adresseroit la même demande aux enfans d'Orléans, dont l'aîné avoit alors dix-huit ans. L'entrevue eut lieu comme elle avoit été concertée ; le roi, et à sa sommation le duc d'Orléans, déclarèrent qu'ils pardonnoient tout à leur beau cousin de Bourgogne. La paix, qu'on nomma la *paix fourrée* de Chartres, fut jurée sur le missel, et les princes se séparèrent immédiatement sans avoir rien réglé sur l'administration future du royaume, et sans avoir reconnu aucune autorité nationale qui pût remplacer celle du roi, encore que tous sussent également que la maladie de celui-ci étoit incurable, et qu'il n'avoit que de loin en loin quelques lueurs de raison.

Personne n'avoit cru à la durée de la paix fourrée, aussi ce fut avec surprise qu'on vit le roi et la reine rentrer à Paris, où Bourgogne, grâce à son ascendant sur la populace, continuoit à commander en maître. Bientôt tous les princes du sang les y suivirent, à la réserve des fils d'Orléans; ils ne pouvoient pas résister à l'attrait des plaisirs et des fêtes, et la cour fut bientôt plongée dans le même cercle de dissipation; ses festins ne furent pas moins splendides, ses réunions nocturnes moins licencieuses que si elles n'avoient pas été tout récemment ensanglantées. L'aîné des princes du sang, le duc de Berri, dont la tête avoit toujours été foible, étoit alors parvenu à l'âge de soixante-dix ans, et presque retombé dans l'enfance; il continua cependant six ans encore, et jusqu'à sa mort, à jouer un rôle dans les dissensions du royaume. Le duc de Bourbon, qui avoit au contraire toujours cherché à s'effacer, mourut dans l'été de 1410; mais son fils avoit plus de caractère que lui, et il prit dès-lors une part plus active aux troubles. Louis II d'Anjou, prétendant au trône de Sicile et souverain de la Provence; le roi de Navarre, avec le comte de Mortaing son frère; le duc de Bavière, frère de la reine; le comte de Hainaut, beau-frère de Bourgogne, et beaucoup d'autres princes alliés à la maison royale, préféroient le séjour de Paris, avec ses fêtes et sa dissipation, ses terreurs et ses supplices, à celui des états où ils auroient dû régner en souverains. Le duc de Brabant et le comte de Nevers, frères du duc de Bourgogne; le duc de Bretagne et le comte de Penthièvre, l'évêque de Liége et les comtes de la Marche, de Vendôme, de Saint-Pol et d'Alençon, faisoient partie de cette aristocratie royale qui gouvernoit la France; mais leurs intrigues, leurs alliances, leurs brouilleries, les marchés honteux qu'ils faisoient ensemble pour s'abandonner la confiscation des biens des malheureux qu'ils sacrifioient réciproquement, rendent la scène de la cour si confuse qu'il seroit difficile de la comprendre sans de grands détails, tandis qu'en même temps elle n'attache par aucun intérêt.

Au commencement du printemps de l'année 1410, le mariage du jeune duc d'Orléans changea le caractère de ces querelles de famille. A l'âge de dix-neuf ans, il étoit déjà veuf d'une fille du roi, lorsqu'il épousa Anne, fille de Bernard, comte d'Armagnac. Bernard étoit du petit nombre des représentans de l'ancienne féodalité qui avoient conservé quelque indépendance ; il la devoit à la situation de son fief dans les Pyrénées, sous l'incertaine suzeraineté du monarque anglais. Il avoit bien plus de talent et d'ambition qu'aucun des princes du sang; il étoit aimé de toute la noblesse pauvre et demi-sauvage de Gascogne; il l'entraîna à sa suite dans les plaines de France, qu'elle regardoit encore comme un pays étranger, et il l'encouragea à s'y enrichir par le pillage. Avec l'appui de ses Gascons, il devint bientôt le chef du parti d'Orléans, et il lui donna son nom ainsi que sa vigueur. Les deux partis commencèrent alors à prendre le caractère de classes opposées dans la société. Le duc de Bourgogne se déclara le protecteur de la bourgeoisie, il rechercha la popularité dans les villes, il y flatta la corporation alors la plus riche, la plus exercée au danger, la plus accoutumée à répandre du sang; il approcha de sa personne les bouchers de Paris, il leur montra une entière confiance, et il leur accorda en quelque sorte la garde de la capitale. Armagnac prit à tâche de joindre à sa pauvre noblesse de Gascogne la pauvre noblesse du reste de la France, classe alors nombreuse, qui ne connoissoit d'autre industrie que les armes, qui ressentoit une égale jalousie pour les gens riches de tous les ordres, et qui, mue par la haine et la cupidité, n'étoit accessible à la pitié pour personne.

Les Armagnacs se reconnoissoient entre eux à une bande de toile blanche passée sur l'épaule droite, car l'usage des uniformes n'avoit point commencé : ils s'approchèrent, pour la première fois, de Paris, au milieu de l'été de 1410, et ils commencèrent à piller les campagnes avec un degré d'avidité et de férocité qu'on n'avoit encore éprouvé de la part d'aucun ennemi. Dans un rayon de vingt lieues autour de Paris, toutes les maisons et toutes les granges étoient brûlées; tous les paysans tombés entre les mains des Gascons étoient soumis à d'horribles tortures, pour leur faire révéler leur argent caché. Quand l'année suivante, pour leur tenir tête, le duc de Bourgogne fit entrer en France l'armée de ses états héréditaires, où se trouvoient quarante ou cinquante mille hommes des milices de Flandre, le brigandage prit un caractère différent, sans devenir moins cruel. Les Flamands y procédoient régulièrement, sans trouble et sans précipitation, comme à un des devoirs ordinaires de la vie. Leur armée étoit accompagnée de deux mille charrettes, qui formoient chaque nuit autour de leur camp une fortification mobile, et qui, dans le jour, devoient servir à exécuter le pillage avec ordre et régularité : en entrant dans un village, ils commençoient par la première maison, qu'ils vidoient de fond en comble, rangeant soigneusement sur leurs chars tout ce qu'ils y trouvoient, et ils continuoient jusqu'à la dernière. Jamais rien ne leur échappoit. L'un et l'autre parti faisoient la guerre au pays, ou plutôt à quiconque possédoit quelque chose, mais à peine y eut-il entre eux quelque fait d'armes de soldats à soldats. Charles VI essaya bien, dans un retour de raison, d'éloigner en même temps de ses conseils, tout comme de sa capitale, les ducs de Berri, de Bourgogne et d'Orléans, et de gouverner à l'aide d'un tiers parti qui se seroit attaché à lui seul. Ce fut la base du traité de paix de Bicêtre, conclu le 2 novembre 1410; mais un roi fou, un dauphin de quinze ans, une reine qui ne songeoit qu'à la bonne chère, et qui étouffoit presque sous l'embonpoint, ne pouvoient inspirer de confiance à personne; le tiers parti fut impossible à former, et le roi fut contraint, en 1411, à se rejeter dans le parti de Bourgogne.

Bientôt la condition de la France fut aggravée par une circonstance plus honteuse encore : les deux partis cherchèrent également l'appui de l'étranger, et se montrèrent prêts à sacrifier à leur haine l'indépendance nationale. Bourgogne fut le premier à recourir à Henri IV, qui avoit enfin réussi à s'affermir sur le trône d'Angleterre, mais qui conservoit un profond ressentiment contre tous les Français, pour les outrages qu'il avoit tour à tour reçus de tous les partis pendant les guerres civiles. Il saisit avec empressement l'occasion qui lui étoit offerte, d'occuper et d'enrichir par les guerres de France de vieux soldats qui, ne lui étant plus nécessaires, ne faisoient que l'embarrasser dans son île. Une petite armée anglaise fut introduite, le 23 octobre 1411, à Paris, par le duc de Bourgogne, et elle fut employée avec succès à expulser les Armagnacs du nord de la France : mais bientôt le duc d'Orléans fit dire au roi d'Angleterre qu'il étoit prêt à acheter son alliance à un prix bien plus élevé encore que n'avoit fait Bourgogne, et le 18 mai 1412, un traité fut signé à Bourges, entre les princes du sang et le roi d'Angleterre, par lequel les ducs de Berri, d'Orléans et de Bourbon, les comtes d'Alençon et d'Armagnac, et le sire d'Albret, connétable de France, promettoient d'assister Henri IV dans le recouvrement du duché d'Aquitaine, du comté de Poitou, et de toutes leurs dépendances jusqu'à la Loire, s'engageant à lui transporter l'hommage qu'ils devoient eux-mêmes au roi de France, pour leurs fiefs divers. Ce traité criminel, s'ils y avoient persisté, devoit avoir pour résultat la ruine et le partage de la monarchie ; mais, avant qu'il pût être exécuté, Bourgogne, secondé par Louis II d'Anjou, et conduisant avec lui le roi et le dauphin, vint assiéger les princes dans Bourges. Les deux armées souffrirent également durant cette campagne; les fièvres pestilentielles de l'été y répandirent la mortalité ; les princes commencèrent de part et d'autre à perdre l'espoir d'un succès complet; leur irritation se calma, et ils signèrent enfin, à Bourges, le 14 juillet 1412, un traité par lequel ils rompoient leur alliance avec les Anglais; ils demandoient au roi de leur pardonner d'avoir pris les armes contre lui, et ils déclaroient se soumettre au traité de Chartres, sans y ajouter aucune condition, aucune garantie, pour la meilleure administration du royaume.

Le traité de Bourges rendit, pour quelques semaines, l'espérance à la France. Les princes rentrèrent à Paris, et célébrèrent par des festins leur réconciliation. Il fut interdit de désigner personne par les noms d'Armagnac ou de Bourguignon ; la mémoire de ceux qui avoient été condamnés par l'une ou l'autre faction fut réhabilitée ; en même temps, on cessa de s'inquiéter de l'animosité du gouvernement anglais; on apprenoit que Henri IV étoit atteint d'une maladie dangereuse, et l'on ne se figuroit pas avoir rien à craindre de son fils, qui lui succéda le 20 mars 1413, sous le nom de Henri V. Ce prince ne s'étoit encore fait connoître que par les débauches de sa première jeunesse, et on le croyoit incapable de toute attention sérieuse aux affaires, ou de toute ambition relevée. Le dauphin, duc de Guienne, étoit alors âgé de dix-sept ans, et l'on commençoit à se flatter qu'il formeroit un lien entre les deux partis, car, d'une part, il étoit gendre du duc de Bourgogne; de l'autre, il s'attachoit chaque jour davantage au duc d'Orléans. Il approchoit de l'âge où ses sentimens, ses opinions, lui seroient propres, au lieu de ne paroître que le jouet du prince ou du parti qui s'emparoit de lui.

La France accueillit encore, comme un bon augure, la résolution qui fut prise par le conseil d'assembler les états-généraux à Paris, le 30 janvier 1413, pour appeler la nation elle-même à remédier aux calamités qui l'accabloient. Mais une des plus fatales conséquences de la tyrannie, c'est de corrompre les peuples, au point de les rendre incapables de toute action publique. Les Français, abattus par la terreur et le désespoir, ne mirent aucun intérêt ou aucune intelligence dans le choix de leurs députés ; peut-être ils n'avoient pas le moyen de mieux faire, car aucun homme ne brilloit dans les provinces par ses talens, ses connoissances ou son expérience. Les députés n'apportèrent à Paris aucune lumière nouvelle, et ils montrèrent une incapacité absolue pour délibérer. C'étoient des sermons sur un texte des saintes Écritures, et non des discours qu'ils s'adressoient les uns aux autres ; ils avoient la prétention d'y faire briller leur érudition, leur habile imitation des anciens orateurs, et ils ne concluoient jamais ; enfin, ils se séparèrent sans avoir rien fait. Les habitans de Paris montroient cependant un peu plus d'esprit public et un peu plus de connoissance des affaires ; ils entreprirent donc d'exposer eux-mêmes au conseil d'état, dans un cahier de doléances, les souffrances du royaume, les abus et les remèdes. Ce cahier fut rédigé par les docteurs en théologie de l'Université de Paris, il fut lu par eux au conseil d'état le 13 février 1413, et il fut suivi de près par la suspension des fonctions de tous les officiers des finances demeurant à Paris, et la révocation de tous les dons et assignations faites sur ces finances. Il étoit toujours aisé de détourner la colère des peuples sur ceux qui manioient l'argent du royaume ; on les frappoit alors de quelque amende arbitraire, mais cette violence n'étoit jamais suivie d'aucune réforme.

Cependant le duc de Bourgogne voyoit avec inquiétude que le dauphin, son gendre, se lioit toujours plus intimement avec le duc d'Orléans. Un goût effréné pour les plaisirs et la débauche cimentoit cette union ; mais elle avoit donné lieu aux ennemis de Bourgogne de révéler aux jeunes princes les malversations de ce duc. Des Essarts, qu'il avoit fait lui-même prévôt de Paris et surintendant des finances, menaçoit de prouver, par les reçus mêmes du duc, qu'il avoit soustrait deux millions d'écus d'or au trésor royal ; Des Essarts étoit tombé dans la disgrâce du duc de Bourgogne, mais, pour cette raison même, il venoit d'être investi par le dauphin du gouvernement de la Bastille. Bourgogne résolut de faire périr cet homme avant qu'il pût produire ses reçus, et, dans ce but, il souleva le peuple à l'aide des bouchers, dont il avoit de longue main recherché l'affection. Les princes n'admettoient pas qu'il y eût de degrés entre la plus haute bourgeoisie et la plus basse populace : toute roture étoit pour eux également avilie, et quand ils choisissoient parmi elle leurs associés, c'étoit uniquement en raison de leurs passions et de leur hardiesse. Ces qualités signalèrent aux yeux de Bourgogne les bouchers Legois et Saint-Yon, et Jean Caboche, écorcheur de bêtes, qui donna son nom au parti : il les admit à sa familiarité. Une insurrection dirigée par ces chefs, le 29 avril 1413, et dans laquelle se mêlèrent quelques gentilshommes bourguignons, attaqua la Bastille, et contraignit Des Essarts à se livrer lui-même au duc de Bourgogne. La foule se porta ensuite devant le palais de Saint-Paul, où le dauphin habitoit auprès du roi. Bourgogne, qui s'y étoit rendu en même temps, engagea le dauphin, son gendre, tout pâle et tout tremblant, à paroître à la fenêtre. Toute la foule demanda alors à grands cris, à Jean de Troyes, de prendre la parole; c'étoit un chirurgien habile, le seul peut-être entre les meneurs qui eût reçu une éducation libérale : il étoit fort vieux, et cinquante-sept ans auparavant il avoit pris part à la lutte des États du roi Jean pour la liberté. Le vieux chirurgien reprocha au dauphin les désordres de sa conduite; il lui prédit, comme une conséquence inévitable de son incontinence, la même calamité qui affligeoit son père; il lui transmit les ordres du peuple, qui exigeoit l'arrestation de plusieurs de ses serviteurs et de ses conseillers; il fit enfin prendre au roi et au dauphin le blanc chaperon qui, en 1382, avoit été, tant à Paris qu'à Gand, la marque distinctive du parti armé pour la liberté.

Les princes rivaux du duc de Bourgogne étoient absens au moment de cette insurrection, mais ils n'en furent pas plus tôt avertis que le roi de Sicile (Louis II d'Anjou), les ducs d'Orléans et de Bourbon, les comtes d'Alençon, d'Eu, de Vertus et de Dammartin rassemblèrent une armée à Verneuil. Pendant ce temps, Bourgogne et les cabochiens étoient restés maîtres de Paris, et ils envoyoient successivement au supplice Des Essarts et les amis du dauphin, car les juges se montroient toujours prêts à condamner quiconque déplaisoit aux pouvoirs du jour.

Cependant la haute bourgeoisie, qui s'étoit d'abord associée aux remontrances faites au dauphin, supportoit impatiemment le pouvoir des bouchers : ceux-ci ne s'étoient pas contentés du supplice de quelques courtisans, ils soumettoient tous ceux qui leur étoient suspects, tous les riches, à des amendes ou des confiscations, en même temps qu'ils s'enrichissoient eux-mêmes par des malversations scandaleuses. La bourgeoisie avoit désiré la liberté, non la domination de quelques hommes brutaux, avides et féroces : elle se concerta; elle invita le dauphin, qui soupiroit après sa délivrance, à se mettre à sa tête, et le 3 août elle se montra sous les armes. Elle se fit ouvrir les prisons, et en retira les ducs de Bavière et de Bar, et les autres amis du dauphin qui n'avoient pas encore été envoyés au supplice.

Il y eut un moment d'équilibre entre les factions, et une nouvelle paix fut signée le 8 août 1413 à Pontoise. Mais un parti vainqueur s'arrête rarement après un premier succès. Bourgogne, ne se sentant plus en sûreté à Paris, partit pour la Flandre. Les princes ses ennemis rentrèrent le 31 août dans la capitale, et le pouvoir passa sans partage aux Armagnacs. Des destitutions d'abord, bientôt des supplices marquèrent les progrès de leur autorité. Les bouchers avec tous les cabochiens furent proscrits, et la persécution contre les Bourguignons fut aussi violente à la fin de l'année qu'elle l'avoit été à son commencement contre les Armagnacs.

Le dauphin, délivré de ses craintes, avoit recommencé, avec un redoublement d'ivresse, le train de vie qui lui avoit été reproché par les cabochiens :

toutes les nuits, le palais de Saint-Paul se remplissoit de femmes perdues; et le jeune prince, épuisé par la danse et par la débauche, passoit ensuite la journée entière au lit. Les Armagnacs ne prétendoient aucunement à la sévérité des mœurs, mais ils reconnoissoient les dangers d'un si extrême désordre, et ils adressèrent des remontrances au dauphin : celui-ci ressentit bientôt tout autant d'impatience contre ses nouveaux censeurs qu'il en avoit eu contre les anciens, et il écrivit coup sur coup au duc de Bourgogne, pour lui demander de venir le délivrer de ses libérateurs. Mais Bourgogne, quoique brutal et violent, manquoit de résolution autant que de talent. Il ne sut point profiter de la haine que les Armagnacs commençoient à inspirer. Il s'avança, au printemps de 1414, jusqu'aux portes de Paris, puis il se retira jusqu'en Artois sans avoir livré aucun combat. Les Armagnacs représentèrent à Charles VI, qui pouvoit alors les entendre, que c'étoit une insulte faite à sa personne. Ils profitèrent de ce que sa folie ne lui avoit rien fait perdre de son goût pour la guerre, et l'engagèrent à marcher en personne contre son cousin. Les malheureuses provinces furent victimes de ces querelles de princes : Compiègne, Noyon, Soissons, Bapaume, furent pillées par l'armée du roi; à Soissons, le massacre des Français par les Français fut épouvantable. Les Armagnacs investirent enfin Arras le 28 juillet, et Bourgogne, qui avoit peu d'espoir de défendre contre eux cette riche ville, fit la paix à des conditions humiliantes.

Cette paix, signée le 14 septembre 1414, ne donnoit proprement ni sûreté ni garantie à aucun parti; mais elle laissa au comte d'Armagnac le loisir de faire un voyage dans ses États héréditaires. Le duc de Bourgogne étoit à Dijon, la reine Isabeau à Melun, où elle faisoit sa résidence la plus habituelle. Au mois d'avril 1415, le dauphin y vint lui rendre visite, puis il écrivit à tous les princes restés à Paris après lui, de venir le joindre à Melun, parce qu'il avoit à traiter avec eux d'affaires importantes. Ce n'étoit qu'un tour de jeune homme qu'il leur jouoit pour se débarrasser d'eux : à peine étoient-ils arrivés qu'il repartit lui-même, et, rentré à Paris, il fit fermer les portes et assembler la bourgeoisie. Il lui déclara qu'ayant atteint désormais l'âge de dix-neuf ans, il prétendoit gouverner par lui-même ; il accusa les princes du sang, dont il récapitula la conduite, d'avoir causé toutes les calamités du royaume, et il annonça qu'il vouloit les éloigner tous également. Ce discours lui avoit été suggéré par Arthur de Bretagne, comte de Richemont, qui joua un grand rôle dans le règne suivant. Les bourgeois crurent y reconnoître les indices de la vigueur et du talent du dauphin, et ils se livrèrent de nouveau à la confiance et à l'espérance ; mais le dauphin ne savoit se dérober que pendant peu de momens à l'ivresse des plaisirs. Maître du pouvoir, sa seule affaire fut de découvrir les banquiers à qui sa mère avoit confié son argent, ou les cachettes où elle l'avoit fait murer dans ses divers palais. Il pilla tout également, puis il recommença ses débauches nocturnes, après lesquelles il passoit les jours au lit. Comme ç'auroit été pour lui trop de fatigue de présider le conseil, il rappela à Paris le plus imbécille des princes, le duc de Berri, qui, à l'âge de soixante-quinze ans, étoit presque dans un état de radotage, et il l'en chargea à sa place.

Pendant ce temps la guerre avec les Anglois avoit recommencé, et l'on y avoit à peine fait attention. Henri V d'Angleterre s'y préparoit depuis deux ans, et il avoit joint à une vaillante jeunesse les vieux soldats formés dans les guerres civiles sous son père. Il avoit négocié tour à tour avec les divers partis qui se partageoient la France, sans vouloir conclure avec aucun; puis il étoit entré dans la Seine avec une flotte puissante, et il avoit entrepris, le 14 août 1415, le siége de Harfleur. Cette ville capitula seulement le 22 septembre; les bourgeois eurent la permission de se retirer à pied avec leurs familles; mais ils avoient été contraints de laisser tout ce qu'ils possédoient dans leurs maisons, qui furent livrées au pillage de l'armée anglaise.

La résistance de Harfleur auroit cependant

donné un temps suffisant pour sauver la France, si quelqu'un s'y étoit occupé du salut public, car l'armée anglaise avoit beaucoup souffert; elle étoit affligée de la dyssenterie, elle ne comptoit plus que deux mille hommes d'armes et treize mille archers, et malgré ses pertes, Henri V mettoit son orgueil à la ramener par terre à Calais, en faisant pour cela une marche de soixante et dix lieues en pays ennemi. Dès le 3 septembre, le dauphin étoit arrivé à l'armée française, qui s'assembloit à Vernon; le roi, qu'on disoit être en son bon sens, s'y rendit le 10 avec l'oriflamme. Il ne s'étoit point trouvé d'argent au trésor, et les arsenaux étoient vides; mais le zèle de la noblesse y suppléa; elle accourut en foule sous les drapeaux, surtout celle qui étoit attachée au parti armagnac, tandis qu'elle repoussa avec mépris l'offre de la ville de Paris de fournir six mille hommes d'infanterie, car elle les regardoit comme bourguignons. On n'y vit point arriver de chevaliers de Bourgogne, de Savoie ou de Lorraine; seulement les deux frères du duc de Bourgogne vinrent se ranger parmi les guerriers français.

L'armée royale, malgré les sollicitations des bourgeois de Harfleur, ne s'étoit point approchée pour sauver cette ville pendant le temps fixé par la capitulation; elle laissa passer un mois encore après sa reddition, sans se présenter sur le passage des Anglais; mais quand au conseil de guerre à Rouen, le 19 octobre, il fut résolu de leur livrer bataille, le duc de Berri, réveillé de son radotage habituel par le souvenir de la peur qu'il avoit eue cinquante-neuf ans auparavant à la bataille de Poitiers, s'écria : « Il vaut mieux perdre « la bataille que le roi et la bataille. » Et il fit décider que Charles VI et ses trois fils ne s'y rendroient point, non plus que lui. Il restoit cependant trente-cinq princes ou grands seigneurs à l'armée française; ils étoient braves, mais ils ne connoissoient ni discipline, ni art de la guerre; ils se regardoient comme tous égaux entre eux, et ils dédaignoient d'obéir au sire d'Albret, connétable, et aux maréchaux de France, qui entendoient quelque chose à l'art des batailles.

En effet, les Français ne surent pas profiter d'un seul des avantages que leur offroit la marche de leur ennemi, qui remontoit le long de la gauche de la Somme, ne trouvant des vivres qu'avec difficulté, et voyant sans cesse s'augmenter le nombre de ses malades; ils ne le harcelèrent point sur la route, et, quoiqu'ils eussent entrepris de lui couper les ponts de la Somme, ils lui laissèrent passer cette rivière à Béthencourt; ils choisirent ensuite le lieu où ils l'attendroient pour lui livrer bataille, et dans ce choix ils manifestèrent la même ignorance de l'art de la guerre. Ils se resserrèrent à Azincourt entre deux petits bois, ayant devant eux un champ labouré, de sorte qu'ils perdoient tout l'avantage de leur puissante cavalerie. Là, ils se partagèrent en trois corps; mais comme le premier occupoit seul tout le front, et étoit seul à portée de combattre, tous les princes et les capitaines vinrent se placer dans ses rangs, laissant en arrière les deux autres, qui non seulement ne combattirent point, mais ne reçurent aucun ordre pendant toute la durée de la bataille.

Cette bataille funeste se livra le 25 octobre 1415. Henri V avoit formé de son armée un seul corps de bataille; les gendarmes, auxquels il avoit fait mettre pied à terre au centre, les archers sur les flancs; il tomboit une pluie froide. Les Français devoient manœuvrer dans un champ argileux nouvellement labouré, où leurs chevaux enfonçoient jusqu'à mi-jambe. Les charges de cavalerie, sur lesquelles ils avoient compté, demeuroient sans effet. De douze cents hommes d'armes partis au galop pour donner dans les flancs des Anglais, il n'en arriva que cent soixante. Le désordre, la confusion dans ces boues profondes, où les chevaux, transpercés par les flèches des archers, se renversoient sur leurs cavaliers, firent sentir, dès le commencement du combat, que les désastres de Crécy et de Poitiers alloient se renouveler. Les Anglais avançoient toujours; ils percèrent ainsi les deux premières lignes françaises; la troisième prit la fuite sans combattre. Dix mille morts couvroient le champ de bataille, et parmi eux se trouvoient huit mille gentilshommes, car la noblesse ni les princes ne s'étoient pas épargnés. Les deux frères du duc de Bourgogne, le duc de Bar et ses deux frères, le connétable et cent vingt seigneurs portant bannière avoient été tués. Les ducs d'Orléans et de Bourbon, les comtes de Richemont, d'Eu et de Vendôme, et tous les principaux chefs du parti armagnac, étoient parmi les prisonniers.

Le désastre d'Azincourt n'eut point immédiatement les funestes conséquences qu'on auroit pu en attendre. Henri V étoit hors d'état de poursuivre sa victoire; il avoit perdu seize cents hommes à la bataille, et son armée, déjà épuisée au siége de Harfleur, avoit besoin de repos; en même temps, son trésor étoit vide, ses arsenaux dégarnis, et l'Angleterre étoit mal en état de préparer une nouvelle expédition. Dès le 2 novembre, il s'embarqua pour Douvres, et ce ne fut qu'au bout de deux ans qu'il rentra de nouveau en France.

Presqu'à la même époque, le dauphin Louis, duc de Guienne, succomba aux débauches par lesquelles il avoit miné sa constitution; il mourut le 18 décembre 1415. C'étoit déjà le troisième des fils de Charles VI qui mouroit avant lui; le quatrième, Jean, duc de Touraine, étoit alors auprès du comte de Hainaut, dont il avoit épousé la fille. Il n'avoit pas encore dix-huit ans ; il avoit été élevé parmi les partisans du duc de Bourgogne, et il n'agissoit que d'après leurs suggestions. La faveur du nouveau dauphin et la captivité du duc d'Orléans sembloient devoir livrer sans partage le royaume au duc de Bourgogne : celui-ci s'étoit avancé jusqu'à Lagny, à six lieues de Paris, avec une armée de vingt mille hommes, et il y attendoit de nouvelles troupes. Les Parisiens le pressoient d'entrer dans la capitale ; mais, tandis qu'il renvoyoit du jour au lendemain, le comte d'Armagnac étoit arrivé précipitamment à Paris, onze jours après la mort du dauphin ; il s'étoit fait donner par Charles VI l'épée de connétable, et il s'étoit saisi du gouvernement. Bourgogne faisoit annoncer de jour en jour qu'il arriveroit pour le chasser, mais il n'avançoit point, et les Parisiens impatientés ne l'appeloient plus que Jean de Lagny. Enfin, après dix semaines passées dans cette petite ville, sans savoir se résoudre à aucun parti, il leva son camp le 28 février 1416, et s'en retourna en Flandre.

Armagnac n'avoit aucun titre pour exercer le gouvernement : le roi étoit fou ; le nouveau dauphin s'étoit déclaré contre lui ; la reine se tenoit éloignée de la cour et il la faisoit surveiller avec défiance. Le duc de Berri, après un long radotage, mourut le 13 juin 1416 ; les ducs d'Orléans, de Bourbon, et la plupart des princes, étoient prisonniers des Anglais. Les Parisiens enfin, et la plupart des Français, repoussoient Armagnac, qu'ils regardoient comme un étranger et un ennemi. La misère étoit si universelle que le nouveau connétable ne pouvoit ni lever des impôts réguliers, ni payer ses troupes; il résolut donc de les faire vivre aux dépens du pays, et de remplir son épargne par les confiscations, les amendes, les extorsions de tout genre qu'il arrachoit aux bourgeois. Comme il sacrifioit tout au seul but de conserver le pouvoir à sa faction, non seulement il s'efforçoit de saisir toute richesse dont il pourroit faire son profit, il vouloit encore ne laisser à ceux qu'il opprimoit aucun moyen de résistance. Il enleva donc aux Parisiens toutes leurs armes; il arracha les chaînes qu'ils tendoient au coin des rues; il leur interdit non seulement tout exercice de droit politique, mais toute réunion de famille, et il envoya au supplice, avec une inexorable férocité, tous ceux qui lui parurent pouvoir troubler son repos; aussi son gouvernement, qui se prolongea dix-sept mois, excita-t-il dans le cœur des Parisiens la haine la plus profonde et la plus universelle contre les Armagnacs ou contre le prince qui s'appuyoit sur eux pour gouverner.

L'homme qui faisoit tant de mal paroissoit capable de tous les crimes, et les Français ne doutèrent pas en effet que des crimes, des empoisonnemens, ne l'eussent délivré de ceux qui pouvoient lui disputer le pouvoir. Le second dauphin Jean, qui étoit tout bourguignon, mourut le 4 avril 1417, quand on s'y attendoit le moins. Le 29 avril, Louis II d'Anjou, roi de Sicile, qui partageoit avec Armagnac la direction du parti des princes, mourut aussi; enfin, le 31 mai, le comte de Hainaut et de Hollande, beau-père du second dauphin, mourut également. Armagnac résolut encore de se délivrer de la reine, qui ne se mêloit point, il est vrai, des affaires, mais qui avoit droit de le faire; il la relégua à Tours, congédiant toute sa maison, et faisant noyer son principal confident Bosrédon. Le roi, qui l'avoit rencontré sur le chemin de Vincennes, avoit été blessé de ce qu'il ne l'avoit pas salué assez profondément. Sur ce grief Bosrédon fut pris, enfermé dans un sac de cuir, sur lequel étoit écrit : *Laissez passer la justice du roi*, et jeté à la Seine. On a cru, d'après cette aventure, qu'il étoit aimé d'Isabeau; elle étoit alors âgée de quarante-six ans, mais son extrême corpulence la faisoit paroître beaucoup plus vieille. Le connétable désormais légitimoit son pouvoir par le nom de Charles, le troisième dauphin, qui n'avoit pas quatorze ans, mais qui étoit marié à une fille du roi de Sicile, et qui avoit adopté toutes les passions des Armagnacs, entre les mains desquels il étoit toujours demeuré. Le connétable le fit déclarer président du conseil; il forma son apanage du Dauphiné, de la Touraine, du Berri et du Poitou; plus il mettoit de provinces entre ses mains, et plus il savoit qu'il se rendoit puissant lui-même.

Armagnac avoit cependant commis une erreur funeste pour son parti, lorsqu'il avoit outragé et éloigné la reine. Bourgogne lui fit secrètement offrir son appui, et il réussit à l'enlever de Tours le 1ᵉʳ novembre 1417. Isabeau de Bavière, en embrassant ouvertement le parti de Bourgogne, donnoit à ce parti le vernis de légitimité qui lui manquoit : elle rappela à la France que le roi lui avoit déféré la présidence du conseil par des lettres-patentes que tous les princes du sang avoient signées avec lui; elle déclara qu'elle vouloit exercer ce pouvoir, mais qu'elle le partageroit avec le duc de Bourgogne, pour soustraire la monarchie à la tyrannie des gens de *petit état* qui s'étoient emparés de la personne du roi et du dauphin. Ce manifeste suffit pour ébranler en tous lieux l'autorité du comte d'Armagnac. Le Languedoc, dont il étoit gouverneur, se souleva et abjura son parti au mois d'avril 1418. Dans le même mois, il fut forcé d'abandonner le siége de Senlis, où il avoit conduit Charles VI. Le 29 mai enfin, quelques Parisiens, résolus à ne pas supporter plus long-temps son effroyable tyrannie, réussirent à s'emparer d'une des portes, et la livrèrent à l'Ile-Adam, qui commandoit à Pontoise une petite troupe de Bourguignons; Lille-Adam entra hardiment dans la ville avec sa poignée de soldats, et à mesure qu'elle avançoit dans les rues, des bourgeois insurgés se réunissoient de toutes parts à elle. Le comte d'Armagnac fut arrêté et jeté dans une prison, puis, le 12 juin, la populace insurgée vint l'y massacrer avec tous ses principaux partisans. Un seul d'entre eux, Tannegui du Châtel, qu'il avoit fait prévôt de Paris, s'étoit précipité dans la chambre du dauphin au moment du soulèvement, l'avoit pris de son lit, enveloppé de ses couvertures, et transporté à la Bastille. De là il put le conduire à Melun et annoncer en le montrant que le représentant de l'autorité légitime demeuroit attaché aux Armagnacs; lui-même n'étoit qu'un pauvre gentilhomme breton; mais étant maître de cette personne royale, il devint le vrai chef du parti.

La tyrannie d'Armagnac avoit été effroyable, mais le triomphe des Bourguignons soumit Paris à une tyrannie plus féroce encore. A mesure que la situation d'un pays s'aggrave, que ses ressources s'épuisent, ceux qui y exercent le pouvoir sont entraînés, pour se maintenir, à faire usage de moyens toujours plus violens; alors une révolution, au lieu d'interrompre les calamités, ne fait que les rejeter sur une autre partie de la société. Un profond ressentiment des maux passés poussoit le peuple à la vengeance; ce sentiment étoit aigri encore par les maux présens. Toutes les campagnes étoient ravagées; dans la ville, tous ceux qui jusqu'alors avoient vécu dans l'opulence étoient réduits au plus strict nécessaire; tous ceux dont la fortune avoit été médiocre grossissoient la classe des indigens; tous les travaux étoient suspendus, la misère des ouvriers étoit horrible; les vivres manquoient presque absolument, ou ceux qui arrivoient encore étoient portés aux prix les plus élevés. Les bouchers, qui avoient été proscrits par Armagnac, rentrèrent avec les Bourguignons, mais ne retrouvèrent plus leurs anciens profits : dans leur irritation, ils se mirent, avec le bourreau Capeluche, à la tête de la populace, et demandèrent vengeance. Les Armagnacs, leurs ennemis, disoient-ils, remplissoient les prisons, mais l'expérience ne leur apprenoit-elle pas qu'une nouvelle révolution pouvoit aisément les en faire sortir, et alors leurs vengeances seroient impitoyables. Il falloit les prévenir, et, le 12 juin, la populace força les prisons, et y massacra impitoyablement tous les prisonniers.

Bourgogne répugnoit à voir une grande ville où la souffrance étoit universelle, et où il ne savoit comment ramener l'ordre; il y rentra, avec la reine, seulement le 14 juillet, et il n'osa point témoigner aux assassins sa désapprobation. Accablé par des calamités sans remède, il sembloit avoir perdu toute activité, toute vigueur, tout esprit de conduite. Cependant la cherté et la mauvaise qualité des vivres avoient causé une épidémie : de toutes parts, on ne rencontroit que convois funèbres ; la terreur, dans la populace, se convertit de nouveau en fureur ; c'étoient les ennemis du peuple, disoit-elle, les Armagnacs, qui arrêtoient les vivres, qui refusoient le travail, qui répandoient la contagion. Des bandes de furieux parcoururent de nouveau les rues pour arrêter tous ceux qu'on dénonçoit comme suspects ; puis, quand les prisons furent remplies, l'insurrection recommença, le 21 août, et tous les prisonniers furent massacrés. Bourgogne ne pouvoit pas ou n'osoit pas opposer la force aux factieux, mais il les invita à le joindre dans un combat qu'il vouloit, disoit-il, livrer aux Armagnacs ; il les fit sortir de la ville sous ce prétexte, puis il ferma les portes pour les empêcher de rentrer, et il fit trancher la tête au bourreau Capeluche. Toutefois, après les avoir privés de leur chef, il ne sut rien faire pour rétablir quelque ordre dans la ville.

Henri V cependant étoit rentré en France ; il avoit débarqué, le 1er août 1417, avec une armée peu considérable, à l'embouchure de la Seine, et il avoit commencé la conquête de la Normandie. Armagnac avoit rappelé de cette province, pour les employer dans la guerre civile, toutes les troupes chargées de la défendre. D'autre part, tous les princes du sang, trahissant scandaleusement la France, avoient conclu, pour leurs apanages, des traités de neutralité particulière. Le duc de Bourgogne avoit stipulé une trève marchande, avec l'Angleterre, pour la Flandre et l'Artois, et il avoit ainsi délivré Henri V de toute inquiétude sur son flanc gauche. Une trève avec le duc de Bretagne, une trève avec la reine de Sicile, pour l'Anjou et le Maine, le garantissoient également sur son flanc droit; une trève particulière étoit aussi stipulée pour la Guienne; en sorte que les Anglais n'y avoient rien à craindre de la part des Français des provinces du Midi. Enfin, en face de lui, Henri V n'avoit point d'ennemi non plus. Le duc de Bourgogne avoit quitté Paris, avec la reine, et il étoit venu s'établir à Troyes pour y passer l'hiver. Au lieu d'assembler une armée pour défendre la Normandie, il avoit licencié celle qu'il avoit déjà. Henri V avançoit cependant. Il reçut, en 1417, les capitulations d'Anvilliers, Villiers, Caen, Bayeux et l'Aigle. Falaise se rendit au milieu de l'hiver; Vire, Courtomer, Chambrais, Coutances, Carentan, Saint-Lo, Pontorson, Ivry et Évreux, au printemps. Le vainqueur exigeoit toujours que toutes les propriétés fussent abandonnées au pillage de ses soldats; le plus souvent, que les personnes fussent remises à sa discrétion, auquel cas il en faisoit toujours pendre quelques unes. A la fin de juin, il vint mettre le siége devant Rouen; les bourgeois lui opposèrent une vigoureuse et patriotique résistance; mais, pendant toute la campagne de 1418, la Normandie fut laissée dans le même abandon. En vain les habitans demandèrent du secours, ils crièrent le grand *haro* au roi et au duc de Bourgogne; celui-ci leur fit répondre qu'il ne pouvoit rien faire pour eux. Ils durent se rendre le 19 janvier 1419; Henri V n'avoit ni pitié ni générosité dans le caractère: il commença par demander que les habitans de Rouen se livrassent tous à discrétion; il se relâcha, il est vrai; mais, outre les amendes et les confiscations, il fit trancher la tête à leur commandant, Alain Blanchard, qui, pendant tout le siége, et depuis surtout que la famine moissonnoit par centaines les habitans, s'étoit signalé par la conduite la plus héroïque.

Quiconque conservoit un nom françois reconnoissoit qu'il n'y avoit de salut pour la France que dans une réconciliation entre les Armagnacs et les Bourguignons, qui permît de réunir toutes les forces de la nation contre l'étranger. Bourgogne le sentoit lui-même; il désiroit faire sa paix avec le dauphin, qui grandissoit, et que dans peu d'années il seroit forcé de reconnoître pour son souverain légitime. Mais le dauphin, qui n'avoit encore que seize ans, étoit entre les mains des aventuriers subalternes du parti d'Armagnac, tels que Tannegui du Châtel, le président Louvet et d'autres, qui savoient bien que la paix les feroit retomber dans leur précédente nullité; ils ne se prêtèrent donc à une négociation que dans l'espoir d'une trahison. Ils consentirent d'abord à une première conférence du dauphin avec Bourgogne au Ponceau de Pouilly, le 11 juillet 1419. La paix y fut signée, mais aucune réconciliation ne s'ensuivit, et ils remmenèrent aussitôt après le dauphin à Melun, puis à Tours. Bourgogne étoit à peine revenu à Saint-Denis, lorsqu'il apprit que Pontoise, d'où il venoit de sortir, avoit été surprise par les Anglais, le matin du 29 juillet, au moment où une trève qu'il avoit faite avec eux expiroit. Les Anglais, qui la veille encore s'étoient mêlés dans les festins avec les habitans de Pontoise, égorgèrent tous ceux qu'ils purent atteindre, tandis que les autres, moitié nus, et portant leurs enfans dans leurs bras, s'enfuyoient vers Paris. Bourgogne lui-même, dans son effroi, se retira à Troyes avec la reine. Il laissa Paris sans défense, et il désiroit peut-être abandonner aux Anglais la charge de gouverner et de nourrir cette ville malheureuse qui succomboit à la famine.

Mais Henri V ne voyoit dans les Français que des ennemis, non des sujets futurs; il vouloit les exterminer, non les soumettre ou les gouverner; aussi il n'entra point dans la capitale. Cependant ce nouveau désastre faisoit sentir plus vivement encore la nécessité d'une réconciliation entre les deux partis français. Une seconde conférence entre Bourgogne et le dauphin fut ménagée pour le 10 septembre sur le pont de Montereau; et là, comme Bourgogne plioit le genou devant l'héritier du trône, il fut assassiné par Tannegui du Châtel, Navailles, Narbonne et les autres chevaliers qui avoient accompagné le jeune prince. Ceux qui conduisoient le dauphin l'avoient rendu complice de leur crime, parce qu'ils ne vouloient pas en prendre sur eux seuls la responsabilité; mais Charles n'avoit pas tout-à-fait seize ans et huit mois, et les hommes entre les mains desquels il avoit vécu l'avoient accoutumé à regarder comme une action héroïque la destruction de leur ennemi. Quelque perfide que fût sa conduite, il faut, en la condamnant, se souvenir de sa jeunesse et de la foiblesse de sa raison.

L'assassinat de Montereau fut cependant fatal à la France et à son prince; l'indignation contre ce dernier fut universelle : la ville de Paris, le parlement, l'université, parurent reconnoître d'une voix unanime que celui qui s'étoit souillé par un si grand crime n'étoit plus fait pour régner. Tandis que Tannegui du Châtel l'entraînoit le plus loin possible du théâtre de la guerre, dans le Midi, et jusqu'à Carcassonne, le nouveau duc de Bourgogne Philippe, fils de celui qui venoit de périr, convenoit, pour venger son père, de transférer la couronne de France au monarque anglais. Le roi n'avoit plus ni mémoire, ni jugement; la reine, appesantie par la bonne chère, incapable de comprendre les affaires, n'écoutoit que son ressentiment contre les Armagnacs et contre son fils; elle accusoit celui-ci de l'avoir volée à plusieurs reprises, d'avoir découvert et forcé toutes les cachettes où elle avoit recelé de l'argent dans ses divers palais, et d'avoir fait rendre gorge à tous les banquiers à qui elle en avoit confié. Elle n'avoit aucune plainte semblable à faire contre sa fille Catherine; celle-ci ne l'avoit jamais offensée; aussi approuvoit-elle avec empressement le projet de la faire reine de France, en lui faisant épouser Henri V. La nation entière, lasse de tant de calamités, lasse surtout des Valois, qui depuis un siècle qu'ils régnoient, ne s'étoient signalés que par leur incapacité et leurs crimes, se flattoit de trouver quelque repos dans un changement de dynastie.

Le 9 avril 1420, les préliminaires du traité de Troyes furent signés; le 21 mai le traité définitif le fut aussi; le 2 juin il fut accepté par la ville de Paris, le 10 décembre par les États-Généraux, que Charles VI, libre depuis quelques mois de ses accès, fut en état de présider lui-même. Par ce traité, Henri V renonçoit au titre de roi de France, qu'il avoit pris en même temps que celui de roi d'Angleterre ; mais il épousoit la fille de Charles VI, Catherine, et il étoit à cause d'elle reconnu pour héritier du trône et pour administrateur de la monarchie pendant la maladie de son beau-père, et jusqu'à sa mort. Le dauphin étoit déclaré exclu à jamais du trône à cause des horribles et énormes crimes qu'il avoit commis; enfin, les dernières clauses du traité avoient pour objet de maintenir l'indépendance réciproque des deux royaumes de France et d'Angleterre, qui alloient se trouver réunis dans la même main.

Si Henri V avoit eu quelques vues élevées, quelque générosité dans le caractère, s'il avoit pu commencer à voir des sujets et non plus des ennemis dans ces Français, qui le reconnoissoient pour roi, il auroit senti dans son cœur, il auroit compris, dans son intérêt même, que la base de sa puissance se trouvoit désormais en France; que son devoir et sa sûreté exigeoient qu'il se fît aimer des Français ; qu'il travaillât à les soulager des effroyables calamités sous lesquelles ils avoient été si long-temps accablés. Mais Henri V, que sa bravoure et ses succès avoient rendu cher aux soldats, et dont l'orgueil national a voulu faire un héros, n'étoit toutefois qu'un débauché, un coureur de cabarets, devenu à l'armée brutal et féroce. Il gouverna vingt-sept mois la France depuis le traité de Troyes, et dans tout cet espace de temps il continua à traiter ceux qu'il nommoit ses sujets, avec la cruauté la plus impitoyable. Chaque succès étoit signalé par de nouvelles barbaries. Au mois de juin 1420 il prit Sens, puis Montereau; mais comme le château de cette dernière ville tenoit encore, il fit sommer son gouverneur de se rendre, s'il ne vouloit pas voir pendre devant ses murs tous les prisonniers qu'il venoit de faire, et ce gouverneur ayant résisté, selon son devoir, il les fit tous pendre en effet.

Henri V assiégea ensuite Melun, et il y entra par capitulation le 18 novembre. Après que la ville eut supporté pendant quatre mois et demi, avec une généreuse constance, les horreurs de la faim et des épidémies, le nouveau roi fit couper la tête à plusieurs bourgeois et à deux moines; il fit pendre tous les Écossais de la garnison, et il envoya le reste des hommes d'armes dans les prisons de Paris, où ils périrent presque tous des mauvais traitemens et de la misère qu'ils y éprouvèrent. L'année suivante Henri V résolut de prendre Meaux, et il passa huit mois entiers au siége de cette place; lorsqu'elle se rendit enfin le 10 mai 1422, Henri V fit pendre les deux seigneurs qui y commandoient, avec quatre de leurs capitaines et un grand nombre de leurs soldats; et quant aux habitans, non seulement il livra au pillage tout ce qu'ils possédoient, mais il les fit tous enlever et conduire dans les prisons, où il les laissa périr presque tous de faim et de misère.

En même temps, Henri V abandonnoit les Parisiens à la détresse la plus épouvantable, sans faire aucun effort pour leur procurer des vivres ou du travail, mais, au contraire, en appesantissant toujours plus le joug sur eux. Il sembloit prendre à tâche d'enseigner aux Français qu'ils avoient trouvé en lui un vainqueur, non un souverain. Enfin la dyssenterie, devenue endémique dans le peuple et dans l'armée, par l'effet de la mauvaise nourriture dont tous les habitans du théâtre de la guerre étoient forcés de se contenter, l'atteignit à son tour. Il mourut à Vincennes, le 31 août 1422, et le malheureux Charles VI, son beau-père, mourut le 21 octobre suivant, à l'âge de cinquante-quatre ans, après un règne de quarante-deux ans, durant lequel il n'avoit jamais été en état de se gouverner lui-même.

SECTION DEUXIÈME.

Règne de Charles VII. — 1422-1461.

La mort presque simultanée de Charles VI et de Henri V sembloit devoir prolonger les malheurs de la France, car à la place de l'un et de l'autre on nommoit comme leurs successeurs deux princes qui paroissoient, autant que Charles VI, incapables de gouverner. Le dauphin, cependant, qui prit le nom de Charles VII, étoit âgé de dix-neuf ans et neuf mois. Beaucoup de jeunes gens, à cet âge, commencent à sentir et à penser en hommes, et les princes, en qui l'on s'empresse de célébrer les premières manifestations de tout sentiment honorable, et qui trouvent tant de gens empressés à leur prêter les talens ou les vertus qu'ils n'ont pas, sont souvent plus précoces encore ; mais Charles VII ne montroit aucune disposition qui pût lui concilier l'affection, l'estime ou la confiance. On ne remarquoit encore en lui que ce goût effréné des plaisirs, qui avoit été si fatal à d'autres princes de sa race. Il y joignoit une extrême indolence, une extrême répugnance à paroitre en public, et le désir ou le besoin de se laisser gouverner par quelque favori; il fut proclamé roi le 25 octobre 1422, dans un obscur château du Berri, et dès-lors il passa des années à voyager avec sa petite cour de châteaux en châteaux, se tenant aussi loin qu'il pouvoit du théâtre de la guerre, se montrant rarement dans les villes, renonçant à toute communication avec le peuple, et paroissant s'étudier à se faire oublier par la nation française, qu'il n'essayoit pas même de gouverner.

D'autre part, en vertu du traité de Troyes, accepté par le feu roi et par les États-Généraux, Paris, la Normandie, et à peu près une moitié de la France, reconnoissoient pour roi Henri VI, enfant de neuf à dix mois, né de Henri V et de Catherine de France. Les Anglais auroient un peu moins blessé l'orgueil national de la France s'ils avoient présenté cette Catherine, la mère de leur roi, à l'affection de ses compatriotes; s'ils avoient rappelé davantage que c'étoit par elle qu'un droit héréditaire étoit transmis à Henri VI. Il paroît, au contraire, qu'ils en furent jaloux comme d'une Française; ils la tinrent absolument dans l'ombre, et ils résolurent de faire gouverner la France par le duc de Bedford, l'aîné des frères de Henri V, qui étoit doué d'autant de courage et de plus de modération que lui. Quant au duc de Bourgogne, que les Anglais regardoient comme leur partisan, il s'étoit vengé sur la France du meurtre de son père; mais il s'efforçoit, pour sa part, de secouer le joug de l'étranger, en tournant toute son ambition vers les Pays-Bas, où il élevoit, par des réunions successives, une grande souveraineté.

Cependant l'indolence de l'un des deux rois, l'enfance de l'autre et l'épuisement des deux royaumes, avoient répandu une extrême langueur dans toutes les opérations militaires. Bedford, qui n'avoit sous ses ordres qu'un petit nombre de soldats anglais épars dans un vaste royaume, n'aspiroit qu'à se maintenir dans les conquêtes que son frère avoit faites; il s'y trouvoit au milieu d'un peuple dont il sentoit chaque jour s'accroître l'inimitié, et il ne songeoit point à porter ses armes au-delà de la Loire pour y poursuivre Charles VII. Les princes seuls avoient trahi la France; les peuples étoient demeurés fidèles à eux-mêmes; Bourgogne avoit reconnu Henri VI, mais ses soldats témoignoient toujours la plus extrême répugnance à se réunir aux bataillons anglais. Dans le parti opposé, les ducs d'Orléans et de Bourbon, faits prisonniers à Azincourt, demandoient avec instance à être admis à accéder au traité de Troyes; ils reconnoissoient Henri VI, et ils offroient les plus grosses rançons pour obtenir à ce prix leur liberté; mais les Anglais voyoient que leurs vassaux avoient plus qu'eux le cœur français, ils ne comptoient point que les princes pussent résister à l'entraînement populaire, et ils aimoient mieux les garder prisonniers.

Cette politique fut favorable à la France; jamais peut-être elle n'auroit sauvé son indépendance, si ces princes étoient demeurés maitres de la vendre pièce à pièce. Le premier symptôme d'amélioration pour elle, c'est qu'on n'y voyoit plus de princes du sang se mettre à la tête des partis : presque tous ces royaux de France, comme on les nommoit alors, avoient été tués à Azincourt, étoient morts depuis, ou étoient demeurés prisonniers. A leur place on avoit vu s'élever, surtout dans le parti du dauphin, des chevaliers, des aventuriers qui avoient grandi dans la petite guerre, qui y avoient fait preuve d'habileté, et souvent aussi de perfidie autant que de bravoure; ils vivoient de la guerre et des contributions qu'ils levoient sur le pays, et par conséquent ils ajoutoient beaucoup à ses souffrances; mais du moins ils ne commandoient qu'à de fort petites troupes : aussi n'osoient-ils pas se livrer à de grands actes de cruauté, et n'attachoient-ils pas leur orgueil à des vengeances royales. Sous le règne de Charles VII on ne vit guère de ces massacres effroyables de tous les habitans d'une ville, qui s'étoient répétés si fréquemment pendant le règne précédent.

La guerre, telle que la faisoient ces aventuriers,

ces corsaires de terre-ferme, étoit attrayante pour les soldats de toutes les nations ; aussi l'on vit accourir en France, pour y prendre part, des condottieri italiens, des Espagnols, et surtout des Écossais. Parmi ceux-ci Charles VII avoit choisi le comte de Buchan pour le nommer connétable de France, et un Douglas pour le faire duc de Touraine, sans autre but, à ce qu'il semble, que celui de se dispenser de leur donner aucun traitement. Ces promotions cependant excitèrent au plus haut point la jalousie des Français de son parti, ou plutôt on auroit dit que Charles VII, pendant les trois premières années de son règne, n'avoit plus de parti français. Quelques aventuriers combattoient encore pour lui, ou peut-être pour eux-mêmes, en Picardie et en Champagne ; mais dans le Berri et la Touraine, qu'on regardoit comme le centre de sa domination, on ne voyoit que des Écossais et des Lombards. Le connétable des Écossais voulut rétablir la communication entre le Nord et le Midi ; il partit de Gien, se dirigeant vers les bords de l'Yonne ; il y rencontra les Anglais auprès de Crevant, le 1ᵉʳ juillet 1423, mais trois mille Tourangeaux que le maréchal de Sévérac lui avoit amenés, l'abandonnèrent au plus fort du combat : les Écossais, les Lombards, Espagnols et Gascons, qui formoient le nerf de son armée, furent presque tous tués. La déroute de Crevant fut suivie, le 17 août 1424, par celle de

Verneuil, qui fut plus cruelle encore. Le comte de Buchan et Douglas, duc de Touraine, avec plusieurs seigneurs français, y furent tués. Les Anglais n'accordant point de quartier, le nombre des morts fut très-considérable ; cependant, parmi les Armagnacs, on en vit un grand nombre se réjouir de ce que ces deux défaites les avoient délivrés de presque tous leurs auxiliaires étrangers.

Charles VII ne prenoit aucun souci de cette guerre : retiré à Chinon, ou dans quelque autre château du Midi, il ne permettoit point que les nouvelles de son royaume vinssent le troubler dans ses honteux plaisirs. Un seul prince français, Arthur de Richemont, frère du duc de Bretagne, se montroit affligé de cette lâche conduite du roi, de l'abaissement de la France et de la perte prochaine de son indépendance. Il étoit beau-frère du duc de Bourgogne, et il tenta de bonne heure de le réconcilier avec Charles VII. Lorsqu'il apprit la mort de Buchan à Verneuil, il se fit promettre l'épée de connétable, qui ne lui fut cependant donnée que six mois plus tard. Cette charge équivaloit presque à une vice-royauté, car elle le mettoit à la tête de toutes les armées et de toute l'administration de la guerre. Mais Richemont n'avoit point des talens égaux à son énergie et à son patriotisme, si du moins nous en jugeons par ses fréquens revers. D'ailleurs, il étoit rude et hautain, même avec le roi ; il lui laissoit entrevoir qu'il méprisoit sa mollesse. Il exigeoit qu'il écartât de sa personne les assassins de Montereau, les vieux Armagnacs, Tannegui du Châtel, Louvet, et les autres, qui rendoient impossible une réconciliation avec les Bourguignons. Dans une entrevue qu'ils eurent à Angers, Charles VII promit de renvoyer Tannegui à Beaucaire, dont il le faisoit sénéchal, et Louvet à son parlement de Provence. Mais tandis que Richemont alloit porter ces promesses à son frère le duc de Bretagne, Charles VII s'éloignoit rapidement, pour éviter de les exécuter. Richemont revint en arrière avec une petite armée, et le poursuivit à Poitiers, à Tours, à Bourges, sans pouvoir l'atteindre ; à mesure qu'il avançoit, tout le monde se déclaroit pour lui, contre le roi, ou plutôt contre les Armagnacs. A Selles enfin, Charles VII se laissa atteindre; les vieux Armagnacs, se voyant abandonnés de tous, se retirèrent en Provence ; le roi rejeta en quelque sorte la responsabilité des crimes qu'ils avoient commis en son nom. Il revint à Chinon avec Richemont, et là, le 7 mars 1425, il lui donna solennellement l'épée de connétable.

Mais Richemont n'avoit aucun espoir de retirer son maître de la poursuite de ses honteux plaisirs : il se bornoit à désirer de conserver quelque influence sur le favori qui les partageroit. Charles VII en avoit toujours quelqu'un, et leur situation n'étoit pas sans danger. Le premier qui nous soit connu étoit le comte Guichard Dauphin ; Tannegui du Châtel, le soupçonnant d'agir contre lui, le tua de sa main en 1424, et en donna un autre au roi, que Richemont eut soin d'écarter quand il chassa les Armagnacs. A sa place, il mit auprès du roi le sire de Giac, dont il se croyoit sûr; mais ce jeune homme ne tarda pas à intriguer contre son bienfaiteur, pour le faire échouer dans ses entreprises militaires Richemont revint, au mois de janvier 1427, à la cour, qui étoit alors à Issoudun ; il enleva lui-même de Giac dans son lit ; il lui fit donner la torture, puis il le fit enfermer dans un sac et jeter à la rivière. Richemont, de concert avec Yolande d'Anjou, belle-mère de Charles VII, fit choix d'un nouveau favori pour le roi : c'étoit le Camus de Beaulieu, jeune écuyer de l'Auvergne ; Charles l'accepta sans difficulté ; mais Richemont ne tarda pas à en être aussi mécontent que de son prédécesseur : il l'engagea, sur la fin de l'été, à sortir du château de Poitiers, où il étoit alors avec le roi, et lui promettant un rendez-vous de galanterie, dans le pré, au-dessous de ses fenêtres, il l'y fit tuer. Rentrant alors auprès du roi, il lui conseilla de choisir pour ami le sire de La Trémouille, de préférence aux indignes favoris qu'il avoit eus jusqu'alors : *Beau cousin*, *vous me le baillez*, dit Charles, *mais vous vous en repentirez ; car je le connois mieux que vous.* Cependant il l'accepta ; et La Trémouille ne tarda pas à réussir à faire chasser le connétable de la cour. On voit se suivre ces révolutions de cour, mais on les lit sans pouvoir les comprendre, ou sans réussir à se faire une idée du lâche caractère de Charles VII.

L'anarchie étoit complète ; le roi avoit absolument renoncé à gouverner son royaume; les princes du sang dans leurs apanages, le comte de Foix en Languedoc et en Guienne, dont il étoit gouverneur, se regardoient comme des souverains indépendans ; et en effet, la reine de Sicile pour l'Anjou et le Maine, son fils, Louis III, pour la Provence, le duc de Bretagne et le comte de Foix pour leurs fiefs, avoient séparément traité avec les Anglais. Le duc d'Orléans et le duc de Bourbon, quoique toujours captifs, avoient traité aussi; ils avoient reconnu Henri VI, et obtenu que leurs duchés fussent regardés comme neutres. Les aventuriers armagnacs, Harcourt, Gamache, Xaintrailles, la Hire, qui avoient long-temps vécu de pillage dans la Champagne, la Picardie et l'Ile-de-France, en avoient été chassés les uns après les autres. Le duc Philippe, souverain des deux Bourgognes, de l'Artois, du Nivernais, de la Flandre, du Brabant, et de la plus grande partie des Pays-

Bas, auroit pu, à lui seul, dépouiller Charles VII des provinces qui lui appartenoient encore, s'il avoit voulu le poursuivre au-delà de la Loire.

Mais, d'autre part, la monarchie anglaise, tombée aux mains d'un enfant, éprouvoit de son côté toute la foiblesse attachée aux minorités. Il n'y avoit point d'harmonie entre le duc de Bedford, régent, le duc de Glocester, son frère, qui le représentoit en Angleterre, et le cardinal de Winchester, oncle de tous les deux. Glocester avoit tenté d'enlever au duc de Bourgogne une partie de ses états des Pays-Bas, en épousant Jacqueline de Hainault, déjà mariée au duc Jean de Brabant, prince valétudinaire, cousin germain du duc de Bourgogne, qui devoit être son héritier. Glocester, par ce mariage scandaleux, dépouilloit la maison de Bourgogne des quatre comtés de Hainault, de Hollande, de Zélande et de Frise. Il y eut à cette occasion des hostilités entre les ducs de Bourgogne et de Glocester, et il fallut toute l'habileté, tout l'esprit conciliant de Bedford, pour calmer le ressentiment de Bourgogne, et l'empêcher d'abandonner le parti de Henri VI pour celui de Charles VII.

Ce fut seulement au mois d'octobre 1428 que le duc de Bedford, ayant reçu un renfort de six mille Anglais, et croyant avoir fermement rattaché les Bourguignons à son alliance, se détermina à reprendre l'offensive contre Charles VII, pour lui enlever les provinces qui lui appartenoient encore. Le premier pas à faire dans cette entreprise étoit de se rendre maître d'une ville qui commandât le passage de la Loire; et le 12 octobre, Bedford mit le siége devant Orléans, malgré les réclamations de son captif, le duc d'Orléans, qui insistoit sur ce que son traité lui garantissoit la neutralité de son apanage. Ce siége se prolongea pendant sept mois, et il attira l'attention de toute la France; chacun sentit que le sort de la monarchie y étoit attaché, et que la cour énervée de Charles, sans trésor, sans armée, sans gouvernement, si elle étoit une fois aux prises avec son ennemi, seroit aussitôt vaincue.

Mais, au moment où le roi s'abandonnoit lui-même, où tous les princes du sang trahissoient la patrie, où le clergé et la noblesse ne songeoient qu'à faire leur paix avec le vainqueur, une jeune paysanne de Domremy en Champagne, Jeanne-d'Arc, *la Pucelle*, sauva la France, lorsqu'elle donna, par son exemple, l'essor au sentiment profond de patriotisme, d'indignation, contre le joug étranger, d'enthousiasme religieux enfin qui animoit le peuple. Ces pauvres paysans de la Champagne, de la Picardie, de l'Ile-de-France, qui chaque jour se voyoient opprimés, pillés, insultés par les Anglais et les Bourguignons, n'en regardoient pas moins le roi comme le représentant de la France, comme le représentant de la justice et des lois; ils n'invoquoient que lui, et ils avoient d'autant plus de confiance en lui qu'ils étoient plus loin, qu'ils étoient dans une plus complète ignorance de toutes les nouvelles de la cour.

Jeanne-d'Arc étoit âgée de dix-neuf ans accomplis; elle étoit belle, forte, adroite, courageuse comme une fille élevée dans les champs; elle étoit douée d'un grand sens, mais elle y joignoit une grande exaltation religieuse. Elle croyoit que le sacre seul faisoit le roi, en sorte que Charles VII, après sept ans de règne, n'étoit encore pour elle que *le dauphin*. Mais elle ne doutoit pas qu'une fois sacré, la main de Dieu ne fût sur lui, et ne l'aidât à délivrer la France de ses oppresseurs. Cette idée, qui la préoccupoit uniquement, la poursuivoit dans ses prières comme dans ses songes: aussi elle finit par croire qu'elle entendoit les voix de saint Michel, sainte Catherine et sainte Marguerite, qui l'invitoient à aller chercher le dauphin pour le conduire à cette œuvre patriotique et religieuse. Son enthousiasme étoit si entraînant qu'elle le communiqua à deux gentilshommes qui s'offrirent à l'accompagner. Elle revêtit un habit d'homme, et, bravant tous les dangers, elle traversa la France, des bords de la Meuse jusqu'à Chinon en Touraine, où elle arriva le 24 février 1429. « Gentil dauphin, dit-elle à Charles, si vous « me baillez gens, je lèverai le siége d'Orléans, « et je vous mènerai sacrer à Reims, car c'est le

« plaisir de Dieu! » Les chevaliers de la cour, avides de merveilleux autant que le peuple, accueillirent avec empressement la croyance à une intervention directe de la Providence pour délivrer la France de tant de souffrances et d'humiliations ; et Charles consentit à envoyer Jeanne à la petite armée qui s'assembloit à Blois pour introduire des vivres dans Orléans.

Jeanne parut à l'armée, que commandoient les maréchaux de Rais et de Sainte-Sévère, dans une armure complète, que lui avoit fait donner le roi; elle portoit un étendard blanc, semé de fleurs de lys, et inscrit des noms de Jesus-Maria ; elle ne prétendit point conduire les chefs auxquels elle étoit associée, mais elle montra devant eux, comme devant les soldats, l'intrépidité d'une enthousiaste assurée du secours d'en haut, et la patience d'une sainte pour les blessures et les privations. Autant son exemple exalta les Français, autant il inspira de terreur aux Anglais : les uns comme les autres ne révoquoient point en doute ses pouvoirs surnaturels ; seulement les premiers y voyoient l'œuvre de Dieu, les seconds celle du diable.

Le 29 avril 1429, la troupe en tête de laquelle marchoit Jeanne-d'Arc introduisit dans Orléans un premier convoi de vivres; elle passa devant les postes que les Anglais avaient abandonnés dans leur terreur panique ; elle prit part ensuite à tous les combats qui, du 3 au 7 mai, enlevèrent aux Anglais toutes les batteries qu'ils avoient construites devant Orléans. Le 8 mai, ils levèrent le siége. Alors Jeanne revint à Tours auprès de Charles VII pour lui annoncer qu'elle avoit rempli le premier objet de sa mission, et le presser instamment de lui laisser accomplir le second, qui étoit de le mener à Reims pour y être sacré. La levée du siége d'Orléans, la prise de Gergeau, qui l'avoit suivie de près; enfin, la défaite des Anglais à Patay le 18 juin, et la captivité de leurs chefs, étoient les premiers succès que depuis bien long-temps les Français eussent obtenus contre leurs ennemis. De toute part, des guerriers accouroient à Orléans pour se ranger sous l'étendard royal; ils vouloient s'associer à la fortune nouvelle de la France. Jamais Charles VII n'avoit eu une si brillante armée; néanmoins, il n'avoit point voulu encore s'en approcher; il n'avoit point voulu venir remercier les bourgeois d'Orléans de leur généreuse défense. Il avoit alors vingt-six ans; mais, au lieu de ressentir aucune ardeur guerrière, il ne soupiroit qu'après les bosquets de Chinon, où son favori La Trémouille vouloit le reconduire.

Enfin, les capitaines qui de toute part étoient accourus à Gien auprès de lui l'emportèrent; ils lui représentèrent l'enthousiasme des soldats, des paysans, de la France tout entière; la terreur, le découragement des Anglais. Charles céda : il passa la Loire le 28 juin; il prit son chemin par Auxerre, Saint-Florentin, Troyes, Châlons, et le 16 juillet il arriva devant Reims sans avoir rencontré un ennemi, sans avoir donné un coup de lance; il fut sacré le 17 juillet. Jeanne, qui avoit été présente à son sacre, son drapeau à la main, voulut alors se retirer pour rentrer dans sa famille. Sa mission, disoit-elle, étoit accomplie; mais les capitaines auxquels elle s'étoit associée, et surtout le bâtard d'Orléans et le duc d'Alençon, les seuls princes du sang qui fussent demeurés attachés au roi, insistèrent pour qu'elle demeurât avec eux pour continuer à inspirer l'enthousiasme aux soldats, la terreur aux ennemis. En effet, l'explosion du patriotisme, ou plutôt encore de la haine contre les Anglais, étoit universelle. L'Ile-de-France entière étoit soulevée; Bourgogne, qui s'étoit montré à Paris le 15 juillet, s'en étoit retourné : la misère, la souffrance de cette capitale, étoient si extrêmes qu'il ne vouloit pas y braver le mécontentement universel. Bedford, qui y avoit rassemblé environ dix mille Anglais, avait été obligé d'en remmener le plus grand nombre en Normandie pour s'opposer à de nouveaux soulèvemens. Le 29 août, Charles VII fut reçu à Saint-Denis; la Pucelle s'étoit avancée jusqu'à la porte Saint-Honoré, où elle fut grièvement blessée; cependant, le roi seroit entré ce jour-là dans Paris s'il avoit secondé l'ardeur de ses partisans ; mais, au contraire, il ne soupiroit qu'après le repos, et le 12 septembre il quitta l'armée avec La Trémouille pour retourner à Chinon.

Cette honteuse désertion, au moment où la fortune lui sourioit, éteignit l'enthousiasme populaire, et réveilla le courage des Anglais et des Bourguignons; Bedford, pour rattacher ceux-ci plus étroitement à ses intérêts, céda la régence au duc de Bourgogne, et se retira en Normandie. Jeanne-d'Arc demandoit en vain à retourner dans son village; son épée, qu'elle croyoit avoir reçue d'une intervention divine, s'étoit cassée entre ses mains : elle n'avoit plus confiance en elle-même; mais, sans espoir, elle montroit toujours la valeur d'un soldat; les grands avoient peu à peu quitté l'armée ; elle ne se trouvoit plus associée qu'à des aventuriers brutaux, mal pourvus d'argent ou de munitions, et qui ne vouloient se soumettre à aucune discipline. Ceux-ci la conduisirent à l'attaque de Compiègne; puis, comme elle tenoit tête à une sortie, ils l'abandonnèrent lâchement au-delà d'une barrière qu'ils avoient fermée : elle y fut faite prisonnière le 24 mai 1430 par le bâtard de Vendôme, qui la vendit au sire de Luxembourg. Un honteux commerce fut fait de cette noble captive. Luxembourg la revendit ensuite au prix de dix mille francs à Pierre

Cauchon, évêque de Beauvais, qui l'achetoit au nom de Henri VI, pour la traduire devant l'inquisition. Elle fut en effet accusée de sorcellerie par-devant cet évêque et le vicaire du grand-inquisiteur. Dans son procès, on vit se déployer contre elle tout l'acharnement de la haine et la plus effrontée mauvaise foi, tandis que ses réponses faisoient briller sa piété, sa candeur et sa soumission à l'Église. Elle fut enfin condamnée à être brûlée vive, et exécutée le 23 mai 1431 à Rouen, sans que le roi, qu'elle avoit conduit à la victoire, l'archevêque de Reims, qui l'avoit au sacre admise auprès de l'autel, ou aucun de ses compagnons d'armes, fissent aucun effort pour la sauver.

Après la captivité de Jeanne-d'Arc, la France retomba dans la langueur et le découragement d'où cette héroïne l'avoit fait sortir. Charles VII ne pouvoit se résoudre à voir rien de ce qui lui causeroit de la tristesse; aussi, il évitoit également l'abord de ses capitaines, qui lui auroient demandé de l'argent ou des soldats, et de ses ministres, qui lui auroient exposé la ruine de ses finances; celui de ses sujets, qui lui auroient demandé justice des effroyables extorsions auxquelles ils étoient livrés. Il passoit dans la retraite sa vie nonchalante et voluptueuse, laissant à La Trémouille le soin d'ordonner tout autour de lui. La Trémouille ne manquoit ni de capacité ni de bravoure, mais il vouloit dominer seul : il avoit fait exiler Richemont de la cour, il tenta de le faire assassiner dans une conférence, et, n'ayant pu y réussir, il lui fit la guerre, dissipant pour son ambition privée le peu d'argent et de soldats qui restoient encore à son roi.

De leur côté, les Anglais sentoient chaque jour davantage qu'ils étoient mal affermis en France : si quelques soldats français entroient dans leurs rangs, ils les rebutoient bientôt par leur arrogance; ils annonçoient en toute occasion qu'ils ressentoient une égale haine, un égal mépris, pour tous les habitans du continent; ils maltraitoient brutalement les paysans et les bourgeois; ils sembloient se proposer de détruire le peuple français tout entier, comme une race ennemie. Aussi ils étoient pour tous un objet de haine, et tout autant pour les Bourguignons que pour les Armagnacs. Le duc de Bourgogne, il est vrai, persistoit dans son alliance avec eux, mais elle lui étoit si pénible qu'il se rendoit autant qu'il pouvoit étranger aux affaires de France : il dirigeoit toute son attention sur les Pays-Bas, et presque chaque année, il joignoit quelque seigneurie, quelque province à ses États. Bedford, dans l'espoir de réconcilier les deux peuples, avoit fait venir le jeune Henri VI en France; il fit son entrée solennelle à Rouen le 23 avril 1430. Cette ville étoit alors la vraie capitale des Anglais, qui désiroient surtout s'affermir dans la possession de la Normandie. Le 2 décembre 1431, Henri VI fut aussi son entrée à Paris, et il y fut couronné le 16 décembre; mais au bout de peu de semaines il retourna à Rouen. L'ancienne capitale, abandonnée par la cour, par tous les seigneurs et les gens riches, par tous ceux qui suivoient les tribunaux, n'avoit plus ni commerce ni industrie, et elle étoit réduite à un état de misère dont Bedford, non plus que le duc de Bourgogne, ne vouloit pas être témoin, se figurant pouvoir ainsi en repousser en quelque sorte la responsabilité.

La guerre des capitaines aventuriers, la Hire, Xaintrailles, le bâtard d'Orléans, Gaucourt, les maréchaux de Boussac et de la Fayette, continuoit cependant, et presque toujours avec succès, dans la Champagne, l'Ile-de-France, la Picardie et la Normandie : ils enlevoient aux Anglais une place après l'autre; mais comme ils ne vivoient que de la guerre, qu'ils pilloient avec une égale fureur les villes et les campagnes, qu'ils rendoient les bourgeois responsables de la présence chez eux d'un parti ennemi qu'ils avoient en vain repoussé, leurs succès étoient presque aussi funestes à la France que leurs revers.

Quelques princes du sang qui étoient arrivés à l'âge d'homme paroissoient de nouveau à la cour de Charles VII, tels que le duc d'Alençon, et les princes de la maison d'Anjou. L'ainé de ceux-ci, il est vrai, Louis III, étoit en Calabre, mais le second, René, et le troisième, Charles, comte du Maine, vivoient constamment à la cour, auprès de leur mère Yolande d'Aragon, belle-mère du roi. La fortune sembloit avoir d'abord favorisé cette famille. Louis III, souverain de Provence, avoit été adopté par Jeanne II, reine de Naples, et il étoit reconnu comme son héritier présomptif, mais il mourut en Calabre, sans laisser d'enfans, le 24 octobre 1434 ; René, le second, avoit hérité du duché de Bar ; il avoit épousé Isabelle, fille du duc de Lorraine, et lorsque ce duc mourut, le 25 janvier 1431, il se mit en possession de son héritage ; il avoit alors vingt-trois ans ; il passoit pour un bon chevalier, et il se faisoit remarquer par son goût pour la poésie, la littérature et la musique ; mais le comte de Vaudemont, cousin germain de sa femme, réclama la Lorraine comme un fief masculin : il fut secondé dans ses prétentions par le duc de Bourgogne. Une bataille fut livrée entre eux à Bullégneville, le 2 juillet 1431 ; René la perdit : son meilleur général, Barbazan, l'un des vieux capitaines de Charles VII, fut tué ; lui-même fut fait prisonnier, livré au duc de Bourgogne, et enfermé à Dijon dans une tour; et la cause royale fut aussi abattue par cette défaite que si Charles VII avoit perdu lui-même la bataille contre les Anglais.

Yolande d'Aragon et Marie d'Anjou, la belle-mère et la femme de Charles VII, n'avoient point de plus vif désir que de faire secouer à ce monarque le joug des favoris : aussi, lorsque Isabelle de Lorraine vint auprès de lui pour implorer des secours en faveur de son mari captif, conduisant avec elle Agnès Sorel, demoiselle de Touraine, d'une merveilleuse beauté, elles se réjouirent de voir Charles, pour la première fois, vraiment amoureux ; elles fixèrent Agnès Sorel à sa cour, et elles s'entendirent avec elle pour l'arracher à La Trémouille. Charles VII ne permettoit à aucun de ceux qui lui étoient attachés de correspondre avec le connétable, alors retiré en Bretagne. Cependant la mort de la duchesse de Bretagne, sœur de Charles VII, causa un rapprochement passager entre les deux cours. Le duc d'Alençon, alors âgé de vingt-quatre ans, et le seul des princes du sang qui se fût montré dans les armées royales, se rendit aux funérailles de la duchesse (20 septembre 1433) ; il y rencontra Richemont, et lui rendit compte des dispositions de la cour envers le favori ; il l'assura que son propre neveu du Bueil, tout comme Gaucourt, le commandant du château de Chinon, étoient prêts à concourir à sa perte, et il promit à Richemont d'introduire dans ce château les assassins que celui-ci proposoit de lui envoyer. Cinquante gentilshommes bretons se chargèrent de l'assassinat : introduits par surprise dans la chambre de La Trémouille, qui étoit encore au lit, l'un d'eux, Rosnieven, lui donna un coup d'épée dans le ventre; son extrême embonpoint le sauva, et du Bueil, son neveu, ne permit point qu'on l'achevât; il l'emmena dans son château de Montrésor, où La Trémouille jura, entre ses mains, de ne reparoître jamais à la cour. Charles VII avoit entendu le tumulte dans la chambre de son favori, et avoit été fort effrayé : il s'apaisa quand il sut que le connétable n'étoit pas entré dans le château ; il déclara qu'il approuvoit l'arrestation de La Trémouille, et que le tout avoit été fait pour son plus grand bien. Il reporta toutes ses affections sur Agnès Sorel, et au mois de mars 1434, il permit au connétable de reprendre le commandement des armées françaises.

Sur ces entrefaites le vieux duc de Bourbon mourut dans les prisons des Anglais. Son fils, le comte de Clermont, nouveau duc de Bourbon, qui s'étoit jusqu'alors maintenu dans la neutralité pour ne pas nuire à son père, se sentit dégagé de ses liens, et se prononça pour le parti français. Il commença par faire la guerre au duc de Bourgogne, avec lequel il confinoit; mais quelques propositions de conciliation ayant été faites, ils eurent ensemble une conférence à Nevers, au mois de janvier 1435, et là Bourbon put reconnoître combien Bourgogne étoit fatigué de l'alliance anglaise, et honteux des efforts qu'il avoit faits si long-temps pour détruire l'indépendance de son pays. Sa sœur, qu'il avoit mariée au duc de Bedford, et qui avoit long-temps maintenu la concorde entre les deux ducs, étoit morte le 13 novembre 1432, et Bedford s'étoit immédiatement remarié, sans même le consulter. Une peste, non moins terrible que celle de 1348, ravageoit Paris, et elle étoit la conséquence immédiate de la misère et du malheur. L'excès des vexations anglaises avoit enfin lassé la patience des paysans de Normandie; ils s'étoient soulevés au mois d'août 1434, au nombre, à ce qu'on prétendoit, de soixante mille hommes, mais ils avoient été hachés dans les champs, ou ramenés dans les villes pour être livrés au supplice. De toutes parts on ne voyoit que calamités, et Bourgogne désiroit y mettre enfin un terme.

Les ducs de Bourgogne et de Bourbon convinrent donc d'assembler, au mois d'août 1435, un congrès à Arras pour y travailler à la pacification générale. Les Français promettoient d'y faire de telles offres au roi d'Angleterre, qu'il pourroit en honneur les accepter; mais si le conseil de Henri VI les refusoit, Bourgogne s'engageoit à se détacher de lui. Des ambassadeurs du pape Eugène IV, du concile de Bâle et de tous les princes de la chrétienté, arrivèrent en effet à ce congrès. Les ambassadeurs de France, qui étoient au nombre de dix-huit, et parmi lesquels se trouvoient tous les principaux personnages de la monarchie, s'avancèrent enfin, après des offres moins avantageuses, jusqu'à proposer la cession à l'Angleterre de toute l'Aquitaine et de toute la Normandie; les Anglais s'obstinèrent à conserver Paris et toute l'île de France, et le 6 septembre leur députation, présidée par le cardinal de Winchester, sortit d'Arras, déclarant les négociations rompues. Bedford, gravement malade, ne dirigeoit plus leurs conseils; il mourut le 14 septembre, et Bourgogne se regarda comme dégagé de ses liens envers l'Angleterre par la mort du seul prince anglais en qui il prit confiance. Il signa donc, le 21 septembre, sa paix séparée avec Charles VII; il se déclara satisfait par l'aveu du roi, que l'assassinat de Montereau avoit été mauvais et inique, et qu'il ne pouvoit s'en excuser que sur son jeune âge; il fut relevé de l'hommage qu'il lui devoit pendant sa vie et celle de Charles, et la frontière de ses États des Pays-Bas, du côté de France, fut étendue jusqu'à la Somme.

La paix d'Arras avec le duc de Bourgogne combla les Français de joie; elle leur parut un pronostic assuré de la reconstruction de leur monarchie; et en effet, à mesure que la nouvelle s'en répandoit, malgré les efforts que faisoient les Anglais pour la cacher aux pays qui dépendoient d'eux, on voyoit des soulèvemens éclater contre eux de toutes parts. Les Parisiens, qui souffroient plus que tous les autres, étoient aussi les plus impatiens de secouer le joug de l'étranger; ils avoient pris pour une nouvelle offense le manque d'égards que les Anglais avoient témoigné aux funérailles d'Isabeau de Bavière : celle-ci étoit morte à Paris le 24 septembre 1435, pauvre et négligée par tous les partis. Ceux qui l'approchoient savoient que c'étoit une personne foible, épaisse d'esprit autant que de corps, indolente, dominée par ses habitudes et ses entours, et peu sensible à l'amour ou à la haine : long-temps après, les historiens modernes lui ont attribué une grande part aux calamités de la France, pour se dispenser d'en accuser de plus grands coupables. Lord Willoughby, qui commandoit à Paris, n'avoit plus que quinze cents Anglais sous ses ordres, lorsque le connétable de Richemont s'approcha de cette ville avec l'armée française, et lui fit des offres de pardon et de garantie. Les bourgeois de Paris lui ouvrirent volontairement leurs portes le 13 avril 1436; ce fut le maréchal de l'Ille-Adam, le même qui dix-huit ans auparavant en avoit pris possession pour les Bourguignons, qui y entra le premier pour le roi. Richemont eut besoin de résolution et d'adresse pour préserver les Parisiens du pillage de ses propres soldats ; il y réussit cependant, et en recouvrant pour Charles VII la capitale de la France, il y publia une amnistie générale.

Mais il se passa un long temps encore avant que la France recouvrât réellement la paix. Ni Charles VII, ni Henri VI, ni le duc de Bourgogne, n'avoient assez d'intelligence pour concevoir un ordre nouveau à substituer au désordre universel, ou assez d'énergie pour l'introduire. Leur indolence s'accommodoit mieux de la guerre qu'ils laissoient faire, que de la paix qu'ils auroient faite eux-mêmes. Les Anglais avoient rarement plus de trois ou quatre mille soldats en France ; encore, pour la plupart, c'étoient des hommes que leurs désordres ou leurs crimes avoient contraints à quitter leur pays ; leur conduite, là où ils se trouvoient les maîtres, étoit épouvantable, mais ils ne menaçoient plus l'existence du trône de Charles VII. Celui-ci, de son côté, n'avoit guère que douze ou quinze mille soldats qui combattoient en son nom ; mais il ne leur donnoit ni solde, ni habits, ni munitions, ni ordres ; il ne communiquoit avec eux que le moins qu'il pouvoit. Il résidoit dans la partie de ses États la plus éloignée de celle où l'on faisoit la guerre ; et cette guerre, c'étoit uniquement à ses sujets que ses sujets la faisoient. Les vainqueurs, après la prise d'une place, ne pouvoient point compter de s'enrichir par le butin qu'ils feroient sur quelques soldats anglais, prisonniers ou dévalisés : c'étoit la ville française qui étoit pillée, c'étoit le bourgeois ou le paysan français qui étoit pendu par les pieds et fustigé ou retenu sur un brasier jusqu'à ce qu'il payât rançon. Ces soldats se nommoient eux-mêmes les *écorcheurs;* les contenir étoit impossible, il falloit les détruire, et le connétable de Richemont se résolut de bonne heure à les détruire en effet. Dans ce but il s'attacha, dès l'année 1436, un gentilhomme renommé pour sa dureté impitoyable, Tristan l'ermite, et il le fit prévôt des maréchaux. Dès lors, celui-ci fit pendre au premier arbre ou jeter à la rivière, quelquefois par centaines, les soldats qui étoient accusés devant lui de désobéissance ou d'indiscipline.

Les écorcheurs cependant, qui ne trouvoient plus rien à piller dans le nord de la France, se rejetèrent sur les provinces du Midi, non pour combattre les Anglais, qui n'y étoient pas entrés, mais pour profiter de ce que les paysans et les bourgeois avoient encore quelque chose qu'on pouvoit leur ravir. En Languedoc on les désignoit par le nom de *routiers.* Une bande de ceux-ci, que conduisoit Rodrigo de Villandrade, aventurier castillan, prit querelle, en 1437, avec les fourriers du roi, les battit et les dépouilla. Charles VII en ressentit une vive colère ; il manquoit d'activité plutôt que de courage : il poursuivit

Villandrade, et le contraignit à sortir de France. Ce succès éveilla en lui un goût momentané pour la guerre; il se mit à la tête d'une petite armée qui attaqua Montereau, et qui prit cette place d'assaut le 11 octobre 1437. Il avoit alors plus de trente-quatre ans, et c'étoit la première fois qu'on le voyoit combattre. Il fit ensuite, le 13 novembre 1437, son entrée à Paris; il n'avoit plus revu cette capitale depuis l'année 1418, où Tannegui du Châtel l'en avoit emporté dans une couverture. Il n'y séjourna que peu de jours, et pendant le reste de sa vie il montra toujours de la répugnance à y faire son habitation. Au reste, on voyoit alors même s'y développer une maladie, que la misère et la profonde tristesse des habitans avoient fait naître, et qui, dans le cours de l'hiver, y emporta quarante-cinq mille personnes.

Dans l'été suivant, Charles VII convoqua à Bourges une assemblée du clergé français, à laquelle il soumit l'examen des décrets du concile de Bâle. Ce concile, assemblé dès le mois de juillet 1431, avoit mis en présence les deux systèmes du gouvernement de l'Église : la monarchie absolue des papes, telle qu'on la concevoit à Rome, et la représentation de la démocratie chrétienne, ou, si l'on veut, l'aristocratie des prélats, telle qu'on la concevoit surtout en Allemagne. La lutte étoit devenue très vive entre le concile et le pape Eugène IV, qui étoit un homme d'un esprit étroit et d'un caractère emporté, en sorte qu'il avoit compliqué encore des questions déjà difficiles. Les canons du concile de Bâle exigeoient l'assemblée périodique de conciles généraux; ils établissoient leur supériorité sur le saint-siége; ils garantissoient aux chapitres le droit d'élire aux prélatures; ils limitoient les appels en cour de Rome; enfin ils restreignoient les levées d'argent que cette cour avoit coutume de faire sur le clergé. Les prélats français accueillirent avec empressement des réformes qui augmentoient leurs propres droits : les légistes furent surtout séduits par l'extension qu'elles donnoient aux droits de la couronne. Le choix fait dans cet esprit, entre les canons du concile de Bâle, forma un corps de doctrine et de discipline auquel Charles VII donna, le 7 juillet 1438, *sa Pragmatique-Sanction* : ce nom lui est demeuré, et dès lors ce résumé des travaux du concile de Bâle a été considéré comme le code des libertés de l'Église gallicane.

Un congrès ouvert à Gravelines, en juin 1439, pour traiter de la paix générale, demeura infructueux, parce que l'Angleterre s'obstina à repousser les offres les plus avantageuses qui lui étoient faites par la France. Mais ce manque de succès des négociations détermina le roi à développer une énergie et des talens qui confondirent d'étonnement et la France et ses ennemis. Charles VII étoit né le 21 janvier 1403, il avoit donc alors trente-six ans accomplis, et il en avoit déjà régné dix-sept. Durant ce long espace de temps, on s'étoit accoutumé en France, aussi bien qu'en Angleterre, à le regarder comme tombé dans un état d'imbécillité presque semblable à celui de son père, et on l'attribuoit aux mêmes vices. On ne lui croyoit ni volontés, ni talens, ni vertus. Charles, s'il ne fut pas affecté pendant une partie de sa vie de quelque maladie mentale, ce qui n'est point improbable, avoit du moins un goût pour la mollesse et pour les plaisirs auquel il s'étoit jusqu'alors abandonné sans réserve. Mais on découvrit tout à coup qu'il y joignoit un amour de l'élégance, une bienveillance, un talent pour connoître les hommes, et une étendue dans l'esprit qu'aucun prince de sa race n'avoit encore égalés. Il semble que, dégoûté de tous ses associés, découragé par l'étendue des calamités, et ne croyant pas possible d'y trouver un remède, il avoit volontairement fermé les yeux sur ce triste spectacle, il avoit voulu s'étourdir par l'ivresse continuelle des sens, il avoit voulu rejeter de lui toute responsabilité, et il s'étoit abandonné à l'homme qu'il choisissoit pour son favori, ou même à celui que son connétable choisissoit pour lui. Mais l'accès de colère que lui causa Villandrade, en lui faisant développer, en 1437, une vigueur inaccoutumée, sembla lui faire entrevoir en même temps et les ressources que présentoit encore la France, et celles qu'il pouvoit trouver en lui-même.

Charles VII, et son père Charles VI avant lui, tout en prétendant au despotisme, en ne reconnoissant aucun obstacle légitime à leurs volontés, avoient cependant laissé anéantir entre leurs mains l'autorité royale. Toute la puissance militaire et presque toute la puissance civile avoient passé ou à des capitaines d'écorcheurs, qui ne tenoient leur autorité que de leur épée, ou à des princes du sang, ou au petit nombre de barons qui avoient survécu au système féodal. A cette époque un progrès dans l'art de la guerre, en augmentant l'importance du matériel dans les armées, avoit aussi rehaussé le rôle du gouvernement comparé à celui des soldats aventuriers. Jean Bureau, maître de l'artillerie, avoit le premier enseigné l'art de battre régulièrement les murailles en brèche, en dirigeant le feu de telle sorte que par des coups successifs il y fît une ouverture. Bureau, envoyé au connétable, avoit en effet ouvert les murailles de Meaux, qu'on croyoit inexpugnables, et pris d'assaut cette ville le 12 août 1439. Encouragé par ce succès, Charles VII résolut de recueillir lui-même la gloire des conquêtes de son artillerie, de ressaisir le pouvoir, de le concentrer dans ses mains, de le rendre cher au peuple, en le consacrant tout entier à sa défense, et de ne plus le partager avec personne. Pour cette œuvre il avoit besoin des États-Généraux, il avoit besoin que cette assemblée déployât encore une fois une puissance nationale supérieure à toutes les factions; puis il comptoit les congédier pour ne les convoquer jamais de nouveau.

Depuis le commencement de son règne, Charles VII avoit assemblé les États-Généraux à peu près toutes les années : mais les députés qui s'y réunissoient étoient aussi découragés que lui. Entourés de dangers personnels, sans espoir pour l'État, sans vues générales, ils n'arrivoient qu'en petit nombre aux assemblées; ils y marchandoient avec le roi, pour lui donner le moins d'argent possible; ils ne s'occupoient d'aucune autre affaire, et ils se hâtoient de repartir pour leurs provinces. Tel ne fut point le caractère de l'assemblée que Charles VII convoqua à Orléans, pour le mois d'octobre 1439. Les derniers succès avoient fait renaître les espérances des Français; jamais aussi ils n'avoient envoyé aux États des députés en plus grand nombre, mieux choisis, et plus remplis d'énergie. Ils entrèrent avec empressement dans le plan de réforme qui leur fut proposé par le roi. Il s'agissoit de ramener tous les gens de guerre sous son unique dépendance, d'assurer leur solde sur les provinces, de leur interdire tout pillage, et de rendre leurs chefs responsables de tous leurs désordres. Ce fut le but de l'ordonnance publiée à Orléans, le 2 novembre 1439. Elle réduisit la cavalerie de l'armée, qui étoit considérée comme en faisant le nerf, à quinze compagnies d'ordonnance de cent lances chacune ; tous leurs capitaines devoient être nommés par le roi ; pour leur paie une taille annuelle sur les provinces, de douze cent mille livres, étoit assignée à perpétuité. Tous les capitaines non compris dans les cadres des compagnies d'ordonnance étoient cassés, et les grands barons eux-mêmes ne conservoient le droit d'avoir des soldats à eux, qu'autant qu'ils s'obligeroient à les entretenir de tout point.

L'excès du désordre et de la souffrance avoit engagé les princes et les barons à consentir à l'ordonnance d'Orléans, et les députés des villes l'avoient, de leur côté, acceptée avec empressement. Mais dès que le roi commença d'une main ferme à la mettre en exécution, les princes, les grands barons et les échevins conjurèrent entre eux pour arrêter cette révolution légale qui alloit détruire leur pouvoir. On donna le nom de *Praguerie* à leur résistance. L'Europe retentissoit alors des récits des combats des Hussites, qui avoient institué à Prague un gouvernement populaire, et qui résistoient avec vaillance aux croisades dirigées contre eux, aux efforts de l'Église et de l'Europe entière. Il n'y avoit guère de rapport entre leur querelle et celle des capitaines d'aventuriers, qui ne vouloient pas abandonner la pratique d'arracher, à force de tortures, des contributions aux paysans. Les écorcheurs engagèrent à se mettre à leur tête l'héritier présomptif de la couronne, le dauphin Louis, alors âgé de dix-sept ans.

Les écorcheurs pouvoient difficilement se flatter d'intéresser le peuple à la Praguerie; ils cherchèrent plutôt, aussi bien que les grands et les princes du sang, à exciter le mécontentement général, et à lui donner cette direction. La plupart des capitaines et des seigneurs en prenoient occasion pour révéler tous les vices de Charles VII, pour rappeler le favoritisme et l'imbécillité qui avoient déshonoré son gouvernement depuis qu'il étoit sur le trône : mais ils sembloient ne songer à lui reprocher ses vices que du moment qu'il s'efforçoit de les secouer. Toutefois, parmi les princes, Richemont et le comte du Maine se montroient fidèles au roi; un riche marchand de Bourges, Jacques Cœur, qui l'avoit déjà aidé à remettre de l'ordre dans ses finances et à régler sa maison, l'assistoit de son crédit; enfin Xaintrailles, Gaucourt et un petit nombre d'autres capitaines se rallièrent à son étendard. Charles VII développa contre la Praguerie une vigueur inattendue; il attaqua d'abord en Poitou le duc d'Alençon et Dunois, bâtard d'Orléans, les deux princes qui, les premiers, avoient combattu pour lui contre les Anglais, mais qui tous deux s'étoient joints aux écorcheurs; il les força à se soumettre. Il poursuivit ensuite le duc de Bourbon et le dauphin en Bourbonnais, et il les contraignit l'un et l'autre à s'humilier devant lui, et à lui demander la paix le 17 juillet 1440.

La Praguerie paroissoit terminée lorsque le parti des princes recouvra tout à coup une nouvelle vigueur, par la mise en liberté du duc d'Orléans. Il y avoit vingt-cinq ans qu'il languissoit dans la captivité, et il n'en seroit pas sorti si le fils de son ancien rival, le duc de Bourgogne, ne s'étoit pas intéressé pour lui, et n'avoit pas engagé le conseil de Henri VI à accepter une somme de deux cent mille écus pour sa rançon, et à le remettre en liberté le 12 novembre 1440. En effet Orléans s'étoit uni étroitement avec Bourgogne, et tous deux s'étoient promis de maintenir par les armes cette puissance des princes du sang qui, depuis soixante années, causoit tant de calamités à la France.

Mais l'énergie du roi ne se ralentissoit point: en 1441, il poursuivit les écorcheurs en Champagne; il fit noyer le bâtard de Bourbon, qui croyoit que sa naissance le mettroit à l'abri du supplice que ses brigandages avoient mérité; et il força le comte de Saint-Pol à la soumission.

La guerre avec les Anglais, qui avoit long-temps langui, s'étoit ranimée, mais Charles VII vint, le 4 juin, mettre le siége devant Pontoise, et le 19 septembre il prit d'assaut cette ville, encore qu'elle eût été quatre fois ravitaillée par le brave Talbot, le meilleur des généraux anglais : à la gloire de la constance et du courage, Charles joignit celle de l'humanité, et il sauva les habitans de Pontoise des mains de ses soldats furieux. Pendant l'hiver il pacifia le Poitou, la Saintonge, le Limousin ; au printemps de 1442, il entra en Gascogne, il força les Anglais à se renfermer dans le Bordelais, et il fit sentir sa puissance aux grands seigneurs du pied des Pyrénées, les seuls qui eussent conservé l'indépendance de l'antique féodalité.

Le dauphin Louis, fils de Charles VII, entroit alors dans sa vingt-unième année. Il commençoit à montrer des qualités et des défauts qu'on n'avoit encore jamais trouvés dans sa race. Son ambition comme son activité étoient dévorantes ; il vouloit tout faire et tout voir par lui-même : élevé au milieu des armes il étoit brave, et il avoit appris la guerre, mais il lui préféroit l'intrigue, et son plus grand talent étoit de profiter des vices et des foiblesses des hommes. Après avoir été entrainé, trois ans auparavant, dans la Praguerie, il vouloit en effacer le souvenir par quelque grand service rendu à la France, et il obtint de son père la commission de venir délivrer la ville de Dieppe, devant laquelle Talbot avoit mis le siége au commencement de novembre 1442. Le dauphin arriva dans le pays de Caux au mois d'août 1443, il prit aux Anglais leurs bastions, il leur tua assez de monde, il les contraignit à lever le siége, et il signala en même temps, dans cette occasion, sa bravoure, son intelligence de la guerre et sa cruauté. L'année suivante, le dauphin fut envoyé par son père contre le comte d'Armagnac, fils de celui qui avoit donné son nom au parti d'Orléans. Le dauphin lui avoit déjà enlevé quelques châteaux, et l'assiégeoit dans celui de Lille-Jourdain, lorsque Armagnac, qui croyoit n'avoir rien à craindre de celui qui le nommoit son *beau cousin*, vint, au mois d'avril 1444, le trouver dans sa tente et se soumettre à lui. Le dauphin fit immédiatement arrêter son hôte avec Isabelle de Navarre sa femme, ses deux filles et son plus jeune fils : le vicomte de Lomagne, qui étoit l'aîné, s'étoit enfui en Navarre.

Ce fut le dernier succès de cette guerre ; le 20 mai de cette même année 1444, les Anglais signèrent avec la France une trève qui n'étoit stipulée que pour deux ans, mais qu'ils auroient volontiers rendue perpétuelle. En effet, ils éprouvoient à leur tour toutes les misères attachées à l'imbécillité de leur roi. Henri VI, alors âgé de vingt-deux ans, se montroit le digne petit-fils de Charles VI ; il se défioit de tous ceux qui auroient pu gouverner en son nom, il regardoit comme un conspirateur son oncle le duc de Glocester, en qui l'on retrouvoit l'ardeur militaire, l'amour de la gloire et les traditions de son frère Henri V. Il se décidoit presque toujours à faire le contraire de ce que Glocester conseilloit, et il faisoit échouer toutes les entreprises contre la France, pour que son oncle n'en retirât pas d'honneur. Son favori Suffolk lui persuada d'épouser une princesse française, de former à sa cour un parti français, pour l'opposer à l'ambition de son oncle et à l'humeur belliqueuse de son peuple. Dans ce but, il fit choix de Marguerite, seconde fille de René d'Anjou, qui portoit alors le titre de roi de Sicile. Le mariage fut célébré à Nancy au printemps de 1445, et la jeune princesse française, fort belle, mais sans dot, arriva à l'âge de quinze ans à la cour d'Angleterre. Elle étoit nièce de la reine de France et du comte du Maine, favori de Charles VII, et elle exerça toute son influence enfantine pour resserrer les liens entre les deux couronnes.

Plus la paix paroissoit assurée, et plus il étoit important d'employer hors de France l'activité redoutable des écorcheurs. Le dauphin Louis se chargea de les conduire contre les Suisses : il accédoit ainsi aux instances des princes d'Allemagne, qui vouloient écraser ceux qu'ils appeloient des paysans révoltés. La terrible bataille de Saint-Jacob sur la Birse, du 26 août 1444, où huit mille écorcheurs restèrent sur le champ de bataille, fit connoître au dauphin Louis ce que valoient ces paysans, et lui inspira dès lors la pensée de les appeler aux armées de France. Charles VII regarda cependant cette grande boucherie comme une délivrance. Dès lors seulement il put achever l'organisation de ses compagnies d'ordonnance, les soumettre à la discipline, exiger d'elles une complète obéissance, et disperser absolument tous ceux qui n'étoient pas entrés dans le cadre de son armée. Il exécuta ce projet en 1445, mais il ne le compléta que par l'ordonnance du 6 octobre 1447. Celle-ci soumettoit tous ceux qui causoient du désordre, tous les malvivans, à une juridiction sommaire et prévôtale; elle confondoit le pauvre avec le brigand, et livroit l'un et l'autre à la rapidité comme à la sévérité de juges chargés seulement « de punir et « faire exécuter selon leurs démérites tous ceux « qu'ils tiennent coupables ou criminaux, en tels « lieux et justices que bon leur semblera. » Mais tout le peuple avoit si cruellement souffert des violences des gens de guerre qu'il ne songeoit plus qu'à sa propre garantie, et non à celle des prévenus, et qu'il accepta comme un bienfait cette institution prévôtale, qui lui promettoit bonne et prompte justice.

Charles VII avoit contracté une trop longue

habitude de mener une vie licencieuse pour songer à se réformer. Agnès Sorel étoit toujours attachée à sa cour ; elle y étoit entrée en se mettant au service de sa belle-mère : quand celle-ci mourut, elle passa au service de sa femme. Elle avoit soin d'attirer auprès d'elle toutes les plus belles personnes du royaume, et les unes après les autres étoient séduites par le roi. Mais du milieu de ces désordres, Charles se relevoit avec une vigueur inattendue. Il semble qu'il fut le premier à sentir, dans l'Europe moderne, combien il importoit à la guerre de suivre ses succès avec rapidité : du moins fut-il le premier à se tenir toujours en mesure de le faire. Les Anglais, par leur imprudence, avoient rallumé la guerre, que, dans la désorganisation absolue de leur gouvernement, ils avoient tant besoin d'assoupir. Un de leurs capitaines avoit, au mépris de la trêve, surpris Fougères, le 24 mars 1449, et ils n'avoient point voulu ensuite restituer cette ville, ou réparer l'injure qu'ils avoient faite à la France. Charles VII en prit occasion d'attaquer la Normandie ; il y fit entrer Dunois, le 20 juillet, avec environ trois mille combattans, et bientôt il vint le joindre lui-même, avec des forces plus considérables. Il donna en même temps à cette guerre un caractère de modération et d'humanité qu'on ne lui avoit point vu jusqu'alors. Il ne permit le pillage d'aucune ville, le supplice d'aucun prisonnier. Au contraire, il se montra toujours empressé d'accorder aux places assiégées des capitulations honorables, de rattacher les Normands à la grande famille française, et de laisser les Anglais se retirer librement de la province.

L'armée française avoit marché d'abord d'Évreux sur Pont-Audemer, de manière à couper en deux la Normandie, et à interrompre toute communication entre Caen, qu'elle laissoit à sa gauche et Rouen à sa droite. Les Anglais étoient frappés de terreur, les bourgeois ne dissimuloient plus les vœux qu'ils faisoient pour le roi de France. Rouen lui ouvrit ses portes le 19 octobre 1449, Harfleur le 24 décembre, Honfleur le 18 février 1450. La perte de la Normandie blessa l'orgueil anglais, et, malgré la langueur du gouvernement, une nouvelle armée fut envoyée dans la province, sous les ordres de sir Thomas Kyriel, chevalier de grande renommée; elle fut attaquée à Fourmigny le 15 avril 1450, en tête par le connétable de Richemont, en queue par le comte de Clermont, quoiqu'ils n'eussent point encore réussi à se mettre en communication l'un avec l'autre, et elle fut entièrement défaite, avec perte de plus de la moitié des combattans. Il y avoit bien long-temps que les Français n'avoient remporté un tel avantage sur les Anglais en bataille rangée.

Caen, Falaise et Cherbourg se soumirent ensuite, et la Normandie fut entièrement reconquise en une année.

Un mois après la dernière de ces capitulations, Charles VII dirigea son armée vers le Midi, pour attaquer également la Guienne. Les circonstances étoient aussi favorables que possible, car l'Angleterre étoit réduite, sous Henri VI, précisément au point où avoit été la France sous Charles VI, après la bataille d'Azincourt : De même, un roi imbécille occupoit le trône, sans savoir distinguer ses amis de ses ennemis; de même, une reine étrangère, suspecte à la nation, et tout occupée de ses ressentimens privés, entretenoit autour d'elle un foyer d'intrigues ; de même, les princes du sang et les grands, divisés, commençoient à se disputer le pouvoir à main armée, et songeoient à renverser un trône qui ne protégeoit plus la nation. Les Gascons, se voyant abandonnés par l'Angleterre, perdirent courage. Charles VII, qui avoit confirmé tous les priviléges des Normands, ne montra pas moins d'empressement à recevoir en grâce les peuples des bords de la Garonne. Bordeaux ouvrit ses portes à Dunois le 23 juin 1451, Bayonne le 21 août; et les Anglais, qui récemment encore avoient possédé une si grande partie de la France, n'y conservoient plus que la seule ville de Calais, encore n'appartenoit-elle pas proprement à la monarchie, car si Charles VII en avoit été maître, il auroit dû la céder au duc de Bourgogne.

Cette première conquête de la Guienne ne fut point définitive, il est vrai; trois siècles de soumission à l'Angleterre avoient uni les deux pays par trop d'intérêts pour que les Anglais ne conservassent pas à Bordeaux un puissant parti. Une des révolutions qui se succédoient rapidement à la cour de Henri VI ayant augmenté momentanément la puissance royale, le vieux Talbot débarqua, le 21 octobre 1452, à Bordeaux, avec sept à huit mille Anglais, et fit révolter la province; mais, dès le printemps suivant, Charles VII les y fit attaquer avec une armée redoutable. Talbot, à quatre-vingts ans, fut tué devant Châtillon (le 17 juillet 1453), combattant avec l'audace imprudente d'un jeune homme; les Anglais n'éprouvèrent plus que des revers, et le 12 octobre 1453, Bordeaux capitula pour la seconde fois, à des conditions bien moins avantageuses pour la Guienne que celles qui avoient été accordées par le roi deux ans auparavant.

Avec la seconde conquête de la Guienne finit la période d'activité et de vertus de Charles VII. Elle avoit duré quinze ans. Pendant les dix-sept premières années de son règne, il s'étoit endormi au sein des voluptés, tandis que de toute part la patrie tomboit en ruines. Pendant les huit dernières, il se rendormit sur le trône, au faîte de sa toute-puissance. Ce contraste dans son caractère et son histoire présente un phénomène fort étrange, et peut-être n'est-il susceptible d'aucune autre explication que de celle qu'en donne son contemporain, le pape Pie II. Celui-ci assure que l'esprit de Charles VII n'étoit pas exempt de la démence de son père. Du moins la cause de cette démence, un libertinage effréné, pouvoit-il être reproché à l'un autant qu'à l'autre. La période glorieuse du règne de Charles VII répond à l'âge de sa plus grande vigueur. Peut-être que de trente-six à quarante-neuf ans l'ambition le détourna quelque peu de ses excès. Il y retomba à cinquante ans. Agnès Sorel, qui l'avoit suivi à l'armée de Normandie, étoit morte le 9 février 1450, mais sa nièce, la dame de Villequier, qui l'égaloit en beauté et en complaisance, prit sa place, et elle gouverna dès lors le sérail de femmes perdues qui entourèrent le monarque jusqu'à sa mort.

Durant cette dernière période (1453-1461), Charles VII, comme durant la première, se déroba aux regards de son peuple; il évita le séjour des villes et toute communication avec ses sujets, et le plus souvent il choisit pour sa résidence quelques châteaux du Berri, de la Touraine ou du Poitou, tandis qu'il se déchargeoit entièrement du soin de ses affaires en les abandonnant à quelque favori. Charles du Maine, son beau-frère, Dunois, bâtard d'Orléans, et Antoine de Chabannes, comte de Dammartin, étoient ceux qui lui inspiroient le plus de confiance. Leurs talens les en rendoient dignes. Les guerres civiles avoient enfin produit leur effet habituel, elles avoient élevé des hommes d'État, et les avoient mis en évidence. Aussi l'on commençoit à désigner le roi par le surnom de *Charles le bien servi*. Mais il n'y avoit dans ces hommes aucune loyauté unie à l'habileté, et comme ils avoient réussi à rendre leur monarque absolu, on retrouvoit à sa cour les perfides intrigues qui entourent le plus souvent les despotes. Ils éveilloient en lui une jalousie du pouvoir royal, qui étoit la sauvegarde du leur propre. Ils dirigeoient tour à tour les soupçons de Charles VII contre tous ceux qui l'approchoient; et comme le roi n'avoit aucune affection profonde, aucune reconnoissance, aucune mémoire, ils n'eurent point de peine à faire tomber les uns après les autres dans la disgrâce, ceux qui l'avoient le mieux servi, se débarrassant ainsi de leurs rivaux en même temps qu'ils se partageoient leur fortune.

Tel fut entre autres le sort de Xaincoings, receveur général des finances. Il fut arrêté le 16 octobre 1450, sur de futiles accusations : son argent servit au roi pour faire la guerre de Guienne; ses immeubles furent distribués entre les favoris, et lui-même demeura en prison. Ce fut encore le sort de Jacques Cœur, le riche marchand de

Bourges, dont le crédit avoit soutenu Charles VII dans tous ses grands besoins, dont l'intégrité et le talent avoient plus contribué que la valeur de ses guerriers à le maintenir sur le trône. Il fut arrêté le 31 juillet 1451; son procès fut instruit avec une iniquité révoltante; cependant on ne trouva absolument rien à sa charge, et il fut absous; mais ses immenses richesses n'en furent pas moins confisquées. Le roi prit pour sa part l'argent monnoyé, et il distribua les immeubles à ses favoris, surtout à de nouveaux juges, de qui on put enfin obtenir la condamnation de Jacques Cœur. Après avoir passé quelque temps en prison, il mourut en exil. Le successeur qui lui fut donné dans l'administration des finances fut, deux ans plus tard, traité comme lui.

La jalousie des favoris de Charles VII atteignit les princes à leur tour. Le duc d'Alençon, qui, dans sa première jeunesse, avoit conduit les armées de Charles, lorsque aucun autre des princes du sang ne vouloit s'attacher à sa cause, fut arrêté par Dunois, le 27 mai 1456, et accusé de trahison. Sa conduite n'étoit pas, il est vrai, exempte de reproches. Il avoit éprouvé une injustice de la part du duc de Bretagne, et il cherchoit à se fortifier par des alliances au dehors, pour s'en faire rendre raison par les armes; car il se regardoit comme un petit souverain, et il prétendoit, comme à un droit, à l'indépendance dont les princes du sang avoient été si récemment encore en possession. Mais les courtisans de Charles VII l'accusèrent d'avoir voulu livrer la France aux Anglais ; et un tel projet de sa part auroit été plus absurde encore que coupable, car à cette époque Henri VI avoit presque absolument perdu la raison ; les guerres civiles entre sa femme Marguerite d'Anjou et le duc d'York avoient commencé, et les Anglais étoient accablés de trop de calamités pour songer à attaquer la France. Le duc d'Alençon fut cependant condamné à mort, le 10 octobre 1458, par une commission que présidoit le roi, et qu'il avoit choisie lui-même. La sentence, il est vrai, ne fut pas exécutée ; le duc fut seulement enfermé dans la prison de Loches.

Le plus puissant des feudataires du Midi, Jean V d'Armagnac, petit-fils de celui qui avoit donné son nom au parti du roi, et fils de celui que le dauphin avoit fait prisonnier en 1444, fut à son tour l'objet des rigueurs royales. Aucun homme n'avoit encore donné un plus grand scandale. Il vivoit publiquement avec sa sœur, de qui il avoit eu deux enfans. Il avoit demandé une dispense au pape Calixte III pour l'épouser, et il l'avoit obtenue du grand-référendaire et du notaire apostolique, sans que le pape, à ce qu'on affirma plus tard, en eût connoissance. En même temps, il disputoit au roi la présentation à l'archevêché d'Auch, qu'il destinoit à une de ses créatures.

Charles VII en prit occasion pour faire entrer, au mois de mai 1455, une armée dans l'Armagnac; elle conquit cette principauté, et força le comte à se réfugier en Aragon, avec la sœur qu'il avoit épousée.

Mais c'étoit surtout le dauphin Louis que les favoris du roi regardoient comme leur ennemi : aussi prenoient-ils à tâche d'exciter contre lui la défiance du monarque. Louis, né le 4 juillet 1423, et par conséquent parvenu alors à toute la maturité de sa raison, étoit l'homme le plus spirituel qu'eût produit la race des Valois, mais son esprit mordant et satirique n'avoit servi qu'à lui faire des ennemis de tous ceux qui l'avoient approché. Il haïssoit les maîtresses du roi, ses favoris et ses ministres, et il avoit souvent parlé d'eux d'un ton à faire comprendre le danger qu'ils couroient s'ils le laissoient parvenir au trône. Tous également auroient regardé comme un grand bonheur d'être débarrassés de lui. La couronne auroit alors passé à son frère, qui étoit de vingt ans plus jeune que lui, et leur pouvoir auroit pu se prolonger pendant toute son adolescence. D'atroces soupçons éloignèrent bientôt le père du fils : de bonne heure on fit croire à Charles VII que Louis désiroit sa mort, et Louis, de son côté, savoit que tous ceux qui entouroient Charles désiroient la sienne; il savoit aussi que s'il succomboit à leurs embûches, l'indolent monarque ne voudroit pas le croire et n'en témoigneroit aucun ressentiment. De vagues soupçons avoient attribué à Louis la mort d'Agnès Sorel, comme s'il avoit vengé par le poison les longues injures faites à sa mère. Louis, qui n'avoit pour religion qu'une superstition basse et pusillanime, n'auroit en effet reculé devant aucun crime; il auroit cru s'en racheter par des pèlerinages ou des offrandes aux sanctuaires. Peu après la mort d'Agnès, Louis, en 1450, ou pour calmer les inquiétudes de son père, ou pour sa propre sûreté, se retira en Dauphiné. Cette province, regardée toujours comme étrangère au royaume, étoit pour lui plus qu'un apanage, c'étoit une sorte de souveraineté. Aussi il n'y fut pas plus tôt arrivé qu'il chercha à s'y fortifier; il leva des troupes, il mit de l'ordre dans les finances, il augmenta les impôts, il contracta alliance avec le duc de Savoie, et il épousa sa fille Charlotte, qui n'étoit qu'un enfant de six ans, mais qui lui apportoit une fort grosse dot; enfin, il parut vouloir ne chercher sa sûreté que dans ses seules forces.

Les ministres de Charles, mais surtout Dammartin, qui se croyoit plus exposé qu'un autre, tirèrent parti de toutes ces démonstrations de défiance pour aigrir toujours plus le roi contre le dauphin. Enfin Charles, en 1456, donna au comte de Dammartin l'ordre que celui-ci désiroit depuis long-temps, d'entrer en Dauphiné avec une armée, et d'enlever, pour les lui amener, les mauvais conseillers qui engageoient son fils dans des démarches si dangereuses. Louis, averti de son approche, continua à presser ses armemens, comme s'il étoit déterminé à se défendre : ce n'étoit toutefois point son intention. Un matin qu'il étoit sorti à cheval pour une partie de chasse, il poussa tout à coup au galop, avec six compagnons seulement, vers les frontières de Savoie, et, traversant le Bugey et le Valromey, il arriva le 31 août 1456 à Saint-Claude en Franche-Comté, ayant fait quarante lieues dans la journée. Il s'y mit sous la protection du duc de Bourgogne; il alla ensuite trouver ce duc dans les Pays-Bas, et il y fut reçu avec la magnificence dont la maison de Bourgogne se faisoit un mérite héréditaire.

Pendant ce temps, les troupes royales entrèrent en Dauphiné sans y rencontrer aucune résistance. Charles lui-même les suivit de près, pour prendre possession de la province; par une ordonnance du 8 avril 1457, il la réunit définitivement à la couronne, ne laissant que le titre de dauphin au fils aîné des rois futurs. Il saisit en même temps tous les revenus de son fils, et il lui adressa les ordres les plus péremptoires pour le rappeler à sa cour; il employa aussi tour à tour les sommations et les menaces auprès du duc de Bourgogne pour déterminer ce prince à lui retirer sa protection. Mais, tout en voulant contraindre son fils à revenir, il évita soigneusement de lui faire aucune promesse, de lui donner aucune garantie de sûreté personnelle. Il avoit formé le projet d'appeler son second fils à la couronne, et d'en exclure le premier, et il avoit consulté le pape sur la manière d'exécuter cette résolution. Souvent il donnoit à ses conseillers l'espérance qu'il alloit déclarer la guerre à la Bourgogne et déshériter le dauphin, mais il n'avoit plus la force de prendre un parti si vigoureux. Sa tête s'étoit affoiblie, son esprit s'étoit troublé. Les efforts mêmes de Dammartin pour l'aigrir contre Louis et lui faire croire que celui-ci vouloit attenter à ses jours ne faisoient qu'accroître sa défiance. Enfin, se figurant qu'il étoit entouré d'émissaires de son fils qui vouloient l'empoisonner, il refusa toute nourriture; il repoussa même les alimens que son plus jeune fils avoit goûtés devant lui, et, après sept jours d'une abstinence qu'il fut impossible de vaincre, il expira à Melun-sur-Yèvre, le 22 juillet 1461, dans la cinquante-huitième année de son âge.

SECTION TROISIÈME.

Règne de Louis XI. — 1461-1483.

C'ÉTOIT presque une révolution dans la monarchie française que l'arrivée au trône d'un homme doué des facultés les plus distinguées, à l'âge où elles étoient parvenues à toute leur maturité. Au moment de la mort de son père, Louis XI étoit âgé de trente-huit ans; son esprit étoit très délié; il étoit supérieur en perspicacité à celui de tous ceux qui l'approchoient. Il se proposoit de régner, non pour jouir du pouvoir et de la richesse, mais pour accomplir les projets qu'il méditoit; car il regardoit le gouvernement comme une science qu'il avoit étudiée dans les livres, dans la pratique des tyrans d'Italie, de l'usurpateur François Sforza, dont il avoit recherché l'amitié; enfin, et surtout, dans ses longues méditations. En même temps Louis XI n'avoit point de favoris; il ne prenoit conseil de personne, il ne vouloit croire personne, et il faisoit tout par lui-même. Il n'avoit rien de cette beauté de figure par laquelle presque tous ses prédécesseurs avoient été remarquables ; peut-être il le sentoit; et cette infériorité lui inspiroit de l'éloignement pour tout ce qui pouvoit parler aux yeux. Il affectoit dans ses habits, dans ses équipages, la simplicité la plus bourgeoise, tandis que tous les princes de son sang se croyoient toujours sur le théâtre, et regardoient la pompe comme le plus bel attribut, autant que la sauvegarde de la royauté ; enfin il sembloit prendre à tâche, par son activité extrême, si contrastante avec l'indolence de son prédécesseur, de tenir toujours éveillés et ses ministres et ses sujets.

Mais l'étonnement qu'excitoit un personnage si nouveau, si différent de tous les autres rois, ne s'allioit qu'à de la défiance, jamais à de l'affection. Quoique Louis eût souvent quelque chose de caressant, de flatteur même dans le langage, on avoit bientôt reconnu qu'il n'y avoit en lui point de cœur, qu'il n'étoit susceptible ni d'amour ni de haine, et qu'il ne considéroit les paroles que comme un moyen de tromper ceux auxquels il les adressoit. En effet, aucun roi ne poussa si loin que lui l'art de la cajolerie, aucun ne fut si prodigue de promesses qu'il n'avoit aucune intention d'accomplir. La plupart furent données pour satisfaire sa curiosité : celle-ci étoit insatiable, c'étoit la plus ardente de ses passions : aussi jamais on ne vit un homme aussi faux et aussi adroit se compromettre autant que lui, parce qu'à tout prix il vouloit connoître la pensée secrète de celui avec qui il traitoit, et lorsqu'il ne pouvoit le séduire autrement, il lui révéloit ses propres projets, et il ne tenoit aucun compte de ce qu'il donnoit à croire de lui-même, pourvu qu'il sût ce qu'il devoit croire d'autrui.

Quelque terreur que Louis inspirât aux ministres de Charles VII, ils n'essayèrent point de l'empêcher de monter sur le trône; ils ne s'en sentoient apparemment pas la puissance; ils s'en tinrent de préférence au lâche parti de sacrifier un seul d'entre eux pour le salut de tous les autres, et ils convinrent d'accuser le comte de Dammartin, seul, de tous les conseils donnés au père contre son fils, de toutes les mesures de rigueur que Charles VII avoit adoptées contre le dauphin; tandis que Dammartin, qui vit tous ses amis lui tourner tout à coup le dos, s'enferma au château de Saint-Fargeau, puis se cacha plus tard dans le Limousin. Les comtes du Maine, de Foix et de Dunois, expédièrent successivement des couriers à Louis, qui vivoit dans la retraite à Génappe, à quatre lieues de Bruxelles, pour lui donner avis de la maladie, puis de la mort de son père. De son côté, le duc de Bourgogne, toujours avide de pompes, toujours empressé à prendre une attitude théâtrale, déclara qu'il se chargeoit de conduire à Reims, où Louis XI fut sacré le 18 août 1461, puis à Paris, le prince qu'il avoit protégé dans son exil. Il avoit même offert de l'accompagner avec une armée de cent mille hommes, ce que Louis XI refusa sagement. Après avoir fait au nouveau souverain son hommage lige, le duc de Bourgogne se mit à genoux devant lui, en présence de toute sa cour, et lui demanda, en l'honneur de la mort et passion de notre Seigneur Jésus-Christ, de pardonner à tous ses ennemis, et de conserver dans leurs emplois tous les ministres de son père.

Louis ne fit aucune difficulté de lui accorder solennellement cette promesse. C'étoient de bonnes paroles à donner au peuple pour un commencement de règne, et peut-être Philippe de Bourgogne ne les regardoit lui-même pas autrement. Il semble cependant que Louis se sentit empressé de montrer que de telles promesses n'étoient que des jouets auxquels il n'attachoit aucune importance, et qu'il redoubla de précipitation pour tout changer dans l'administration, avant qu'un mois, depuis la mort de son père, se fût écoulé. Deux princes avoient encouru toute la colère de Charles VII, et subi de graves condamnations, le duc d'Alençon et le comte d'Armagnac : Louis XI leur accorda un entier pardon. Une institution de Charles VII, la Pragmatique-Sanction, étoit regardée comme fondant la liberté de l'Église gallicane, et elle étoit particulièrement chère au parlement, à l'université, et à tous ceux qui pouvoient prétendre à des bénéfices ecclésiastiques, parce qu'elle les garantissoit contre l'avidité des courtisans romains : Louis XI, pour faire sa cour au pape Pie II, se hâta de la supprimer. Enfin, Charles VII ayant fait voter par les États-Généraux d'Orléans une taille perpétuelle, pour le paiement des compagnies d'ordonnance, avoit continué à la percevoir avec rigueur, malgré les réclamations qu'elle causoit : Louis XI commença par annoncer des dégrèvemens d'impôts, mais, au lieu de le faire, il augmenta presque immédiatement ceux sur les boissons, et causa ainsi des soulèvemens dans plusieurs villes. En même temps qu'il changeoit le système du gouvernement de son père, Louis XI changeoit aussi les dépositaires de son autorité; il destitua le chancelier, le procureur général, le prévôt de Paris, un maréchal de France, l'amiral, le grand-sénéchal de Normandie; il fit mettre en prison un secrétaire du roi, et commencer des poursuites au parlement contre le comte de Dammartin.

Ce n'étoit ni pour la pompe de sa cour, ni pour ses plaisirs, ni pour enrichir ses favoris, que Louis XI avoit besoin d'argent; au contraire, tout sentoit l'épargne autour de lui; il avoit réprimé les voleries des financiers ; il avoit mis de l'ordre dans la comptabilité ; il ne se permettoit aucun faste, et on ne lui connoissoit qu'une seule passion, celle de la chasse ; il lui consacroit beaucoup de temps, mais assez peu d'argent, parce qu'il mettoit son autorité despotique à la place des services qu'il auroit dû payer. Il étoit jaloux de ce plaisir, il le réservoit pour lui seul, et ses ordonnances pour la préservation du gibier étoient si vexatoires qu'elles lui firent autant d'ennemis que ses actes de perfidie. Mais, malgré son esprit d'ordre et son économie, Louis XI n'accumuloit point de trésors, son épargne étoit presque toujours vide, et c'étoit la politique qui épuisoit ses finances. Il croyoit d'une meilleure économie d'acquérir des provinces avec de l'argent qu'avec le sang des soldats; le premier moyen auquel il avoit recours, pour se réconcilier avec un ennemi, étoit toujours de payer ses dettes, ou de lui donner de l'argent comptant; enfin son insatiable curiosité lui coûtoit des sommes considérables; il payoit des espions, il corrompoit des traîtres dans les conseils de tous les princes étrangers, dans la famille de tous les princes français, de tous les hommes revêtus de quelque pouvoir.

Ce fut par des sacrifices d'argent que Louis XI fit quelques acquisitions importantes dans les premières années de son règne; il eut sur les frontières d'Espagne des entrevues avec Jean II, roi d'Aragon, et avec Henri IV, roi de Castille: il se fit céder par le premier les comtés de Roussillon et de Cerdagne, comme gage de deux cent mille écus qu'il lui avoit avancés pour faire la guerre à ses enfans du premier lit. Ces comtés furent ainsi, pour la première fois, réunis à la monarchie française, tandis que l'argent déboursé pour les acquérir ouvrit au comte de Foix, l'un des ministres de Charles VII, dont Louis estimoit l'habileté, la voie au trône de Navarre : pour y placer sa femme, fille de Jean II, il fit périr par le poison le fils et la fille aînée de ce roi. L'entrevue avec Henri IV de Castille n'eut pour résultat que de changer en haine l'ancienne amitié des deux nations. Henri IV, prince efféminé et méprisé, s'y étoit rendu couvert d'or et de pierreries, avec un luxe oriental ; il regarda comme une insulte la simplicité exagérée de Louis, qui arriva au rendez-vous avec un habit étroit de drap brun, et un vieux chapeau orné seulement d'une petite madone de plomb. Les Castillans ne se tinrent pas moins que leur roi pour offensés par ce manque d'égards. Au mois de septembre 1463, Louis XI eut aussi une entrevue avec Philippe, duc de Bourgogne ; il vint le trouver à Hesdin, et, profitant de ce que ce prince magnifique étoit toujours à court d'argent, il racheta de lui, au prix de 400,000 écus, les villes au nord de la Somme, Amiens, Abbeville, Saint-Quentin, que Charles VII lui avoit cédées par le traité d'Arras.

Mais c'étoit moins les étrangers que les princes français qui donnoient à Louis XI de l'inquiétude. La fausse féodalité des princes du sang avoit été ébranlée par la bataille d'Azincourt, où un si grand nombre d'entre eux avoient été tués ou faits prisonniers; et lorsqu'elle commençoit à se relever, Charles VII, durant la période de son activité, l'avoit forcée de nouveau à la soumission; mais elle avoit recouvré ses forces depuis qu'une génération nouvelle de princes du sang étoit arrivée à l'âge viril, et que la paix augmentoit leurs richesses, avec la population et les produits de leurs apanages. Louis XI étoit profondément jaloux de ces princes : pour les affoiblir, il travailloit à les diviser; il cherchoit à aigrir l'animosité qui existoit déjà entre le duc Philippe de Bourgogne et son fils Charles-le-Téméraire; il brouilloit celui-ci avec le duc de Bretagne; il écartoit de France le comte de Foix, en le secondant dans ses complots pour assurer la couronne de Navarre à sa femme; il s'annonçoit aussi comme le bon parent et l'allié des princes de la maison d'Anjou, mais en même temps l'on remarquoit qu'il étoit entré en correspondance avec leurs ennemis. Le chef de cette maison, le roi René, prétendant au royaume de Naples, avoit fait une nouvelle tentative sur ce royaume, où son fils Jean, qui prenoit le titre de duc de Calabre, avoit été reçu d'abord avec affection par un parti nombreux, mais c'étoit un ami et un étroit allié de Louis XI, François Sforza, duc de Milan, qui avoit arrêté ses succès. La sœur de ce duc Jean de Calabre, Marguerite d'Anjou, avoit prétendu gouverner l'Angleterre au nom de l'imbécille Henri VI, son mari, mais le duc d'York avoit disputé le titre à la couronne de la maison de Lancaster, et après des batailles sanglantes, son fils s'étoit fait couronner, le 5 mars 1461, sous le nom d'Édouard IV. On croyoit que Louis XI lui avoit secrètement donné des secours. Un autre enfin des princes du sang, le duc d'Orléans, prétendoit devoir hériter du duché de Milan, au nom de sa mère, Valentine Visconti, encore que ce duché ne fût point un fief féminin, mais Louis XI étoit l'allié de François Sforza, qui s'étoit emparé par les armes de ce duché. La domination des princes du sang sur la France auroit constitué un gouvernement déplorable ; les guerres qu'ils vouloient porter au dehors, pour leur ambition privée, auroient soumis la nation à des calamités infinies ; tous ces princes enfin étoient secrètement conjurés pour dépouiller Louis de ses principales prérogatives, et c'étoit avec raison qu'il se défioit d'eux ; mais la manière insidieuse dont il les attaquoit, l'imprudence de ses paroles et le manque de foi dans ses promesses, les avoient aigris outre mesure, et ils se déterminèrent à prendre les armes contre le roi bien plus tôt peut-être qu'ils ne l'auroient fait, si en travaillant à les contenir sa conduite avoit été plus loyale.

Louis crut regagner son ascendant sur eux en

les réunissant. Il aimoit à traiter personnellement avec ses adversaires; il comptoit sur son talent pour les flatter, sur l'adresse de son esprit, sur la facilité et la grâce de son élocution. Il rassembla, le 18 décembre 1464, à Tours, les princes de son sang et les gens de son conseil, pour les mettre au fait de ses démêlés avec la Bretagne. On voyoit à cette réunion son frère Charles, jeune homme de dix-neuf ans, qu'il avoit fait duc de Berri; le roi de Sicile, René, son frère le comte du Maine, et son fils le duc de Calabre; Jacques de Pardiac, cousin du comte d'Armagnac, que Louis venoit de faire duc de Nemours, en même temps qu'il avoit fait le bâtard d'Armagnac comte de Cominges. On y voyoit encore le vieux duc d'Orléans, et son frère le comte d'Angoulême; le duc de Bourbon, et les comtes de Nevers, de Saint-Pol, de Boulogne, de Tancarville, de Penthièvre. Après que le chancelier et le président de Toulouse eurent informé l'assemblée de l'objet de la réunion, le roi prit la parole, et chacun reconnut qu'on n'avoit jamais entendu personne s'exprimer en français avec plus de force et d'élégance. Louis exposa le système qu'il s'étoit proposé de suivre dans son gouvernement, ce qu'il avoit déjà fait pour la France, ce qu'il se proposoit de faire encore; il exprima son affection et sa confiance pour les princes de son sang. Le roi de Sicile fut chargé de lui répondre pour tous; il protesta de leur reconnoissance, de leur dévouement, de leur fidélité ; tous s'écrièrent qu'ils étoient prêts à vivre ou mourir pour le roi ; mais ces princes n'avoient pas plus de loyauté ou de respect pour leur parole que Louis XI. A cette époque même ils négocioient entre eux pour s'unir par la ligue qu'ils nommèrent du *bien public :* leur but étoit de partager la France en apanages presque indépendans, où chacun des princes auroit pu vivre comme un petit souverain, tandis qu'ils n'auroient laissé au roi que ces prérogatives honorifiques, cette représentation et ce pouvoir limité auxquels les princes d'Allemagne avoient réduit leur empereur.

La ligue éclata seulement au printemps de 1465, après qu'une attaque d'apoplexie eut forcé le duc de Bourgogne d'abandonner à son fils le gouvernement de ses vastes et riches États. Louis XI avoit jusqu'alors réussi à dominer le vieux duc, soit en prodiguant l'argent à ses favoris de la maison de Croy, soit en prenant avec lui un ton de familiarité, d'amitié et de reconnoissance qui apaisa ses ressentimens. Mais Charles, qui remplaçoit Philippe, étoit pour Louis un ennemi violent, impétueux, actif et défiant, qui s'empressa d'avoir recours aux armes. Aussitôt qu'il eut levé l'étendard, le duc de Berri s'échappa de la cour de France, pour aller chercher un refuge auprès du duc de Bretagne. Dunois, bâtard d'Orléans, s'y trouvoit déjà avec les principaux ministres et capitaines de Charles VII. Dammartin, qui étoit venu se constituer volontairement prisonnier à la Bastille, s'évada, et vint joindre en Bretagne ses anciens collègues; le duc d'Alençon et le comte d'Armagnac, auxquels Louis XI avoit montré tant d'indulgence, se joignirent à ses ennemis, aussi bien que le sire d'Albret et le vicomte de Polignac. Louis, qui ne comptoit guère sur la moralité ou le respect des hommes pour leurs engagemens, fut surpris d'en trouver dans les princes moins encore qu'il n'en avoit attendu. Le roi René demeura neutre, mais son fils, le duc de Calabre, entra dans la ligue du bien public, tandis que son frère, le comte du Maine, conduisit ses soldats à Louis avec l'intention de le trahir.

Louis avoit de la bravoure et du talent militaire, mais il n'avoit que peu de forces sous ses ordres : les vieux soldats, les écorcheurs, avoient tous couru se ranger sous les drapeaux de Dunois, de Dammartin et des princes, qui promettoient de renouveler le bon temps où ils pouvoient vivre à discrétion sur le pays. Avec sa petite armée, Louis se proposa de suppléer au nombre par la promptitude, et de battre séparément ses ennemis, qui s'avançoient sur lui de trois côtés à la fois. Charles-le-Téméraire s'approchoit au nord, le duc de Bretagne à l'ouest, le duc de Bourbon au midi. Le roi marcha contre le dernier, qu'il jugeoit le plus foible; il traversa le Berri, puis le Bourbonnois, faisant observer à ses troupes la plus exacte discipline, payant tout ce qu'il prenoit, ne menaçant, ne punissant personne, et faisant sentir au paysan que c'étoit pour lui qu'il se battoit. Il prit Gannat d'assaut, et arriva enfin, au commencement de juillet, près de Riom, en vue de l'armée de la ligue, où se trouvoient les ducs de Bourbon et de Nemours, le comte d'Armagnac et le sire d'Albret. Comme il apprenoit que pendant ce temps les deux autres armées s'approchoient de Paris, il jugea qu'il étoit trop tard pour livrer bataille à la première, et il aima mieux profiter de la terreur de ses chefs pour leur faire signer, le 4 juillet, un armistice. Les ducs promirent de poser les armes, et d'exposer leurs doléances par des ambassadeurs, et le roi, croyant n'avoir plus à les craindre, repartit en hâte pour arrêter la marche de Charles-le-Téméraire.

Les deux armées se rencontrèrent, le 16 juillet 1465, à Montlhéry: chacune ne passoit guère quatorze ou quinze mille hommes. Le roi et Charolais enfoncèrent, chacun de leur côté, l'aile qui leur étoit opposée, et la mirent en déroute; Louis dut son succès à la bravoure et à l'habileté de ses soldats, Charles dut le sien à la trahison du comte du Maine, qui lui étoit opposé, car, prenant l'impétuosité et la colère pour de la valeur, il étoit parti au galop pour l'attaque, disséminant ses cavaliers sur une longue étendue de terrain, et n'en ayant plus deux cents autour de lui quand il étoit arrivé sur l'ennemi. Le résultat cependant fut en raison inverse de l'habileté. L'aile attaquée par Louis se rallia à la lisière du bois, celle du comte du Maine, au contraire, se dispersa en entier dans sa fuite. Le roi, inquiet de cette trahison, et ne sachant où elle s'arrêteroit, fit le lendemain sa retraite sur Paris, comme s'il avoit été battu. Charles, qui, par son imprudence, avoit mérité de perdre la bataille, quand il vit qu'il l'avoit gagnée, se crut le premier général du monde, et ne voulut plus écouter les conseils de personne.

Charles fit sa jonction à Étampes avec le duc de Bretagne; bientôt le duc de Bourbon et ses alliés du Midi vinrent aussi se joindre à lui, malgré l'engagement contraire qu'ils avoient pris à Riom. L'armée des princes avoit sur celle du roi une supériorité de forces effrayante. Louis sentoit d'ailleurs qu'il ne pouvoit pas même compter sur les soldats qui suivoient son drapeau. Il défendoit les intérêts du peuple et de la monarchie, mais il avoit contre lui tous les princes, tous les nobles et tous les écorcheurs, qui regrettoient le temps où ils n'avoient d'autre règle de conduite que leurs caprices, et où les paysans et les bourgeois, amis comme ennemis, étoient abandonnés à leur discrétion.

Louis se vit donc forcé à négocier, mais les

demandes des princes étoient si exorbitantes que les accorder c'étoit presque abdiquer la couronne. Il ouvrit des conférences, comptant sur son habileté, sur ses cajoleries, sur ses libéralités, pour séduire les membres de la ligue, et les détacher les uns des autres. Bientôt ses serviteurs, frappés de son empressement à racheter des traitres, remarquèrent qu'il y avoit plus de profit à le menacer ou le combattre qu'à le servir : les défections se multiplièrent autour de lui. Enfin, le 27 septembre, les portes de la ville de Rouen furent livrées au duc de Bourbon; une trahison semblable étoit préparée à Paris, et Louis eut peine à la déjouer; il reconnut alors le danger de prolonger davantage la lutte; il accepta les conditions que lui imposoient les princes, et le traité qui mit fin à cette première guerre civile fut signé à Conflans le 29 octobre 1465. Par ce traité, Louis cédoit à son frère en héritage le duché de Normandie, avec l'hommage des duchés de Bretagne et d'Alençon; il rendit gratuitement à Charles-le-Téméraire les villes de la Somme, qu'il venoit de racheter de son père, et il en ajouta d'autres en Picardie; il céda à tous les autres princes des comtés, des châtellenies, pour arrondir leurs apanages; en même temps il partagea entre eux et les capitaines de leur parti ses propres compagnies d'ordonnance, dont il leur abandonna le commandement; il fit le comte de Saint-Pol connétable, et promit aux autres conjurés les autres grandes dignités du royaume; enfin il donna à tous des sommes prodigieuses : ainsi, par exemple, le duc de Bourbon et le duc de Calabre reçurent chacun cent mille écus comptant. Telles furent les scandaleuses prétentions de ceux qui s'étoient annoncés comme prenant les armes pour *le bien public.*

Louis, qui ne se regardoit jamais comme lié par ses promesses, venoit d'éprouver que ses adversaires n'avoient pas plus de respect pour les leurs. Aussi ne se proposoit-il point d'observer long-temps le traité de Conflans; mais il comptoit sur son adresse à semer la dissension parmi les confédérés, sur les embarras qu'il pourroit leur susciter d'ailleurs, sur le mécontentement qu'ils causeroient eux-mêmes au peuple, sur les chances enfin qu'amèneroit le temps. Le plus redoutable de ses ennemis étoit Charles-le-Téméraire; il étoit maître des Pays-Bas, de l'Artois, d'une moitié de la Picardie, du Charolais, d'où il prenoit son titre, et des deux Bourgognes. Ses États égaloient presque en étendue le royaume de France, tel qu'il étoit alors constitué; ils le surpassoient de beaucoup en richesses. Charles étoit dur, hautain, colérique; mais il agissoit avec promptitude et résolution, et il ne manquoit pas d'habileté. Louis ne voyoit aucun pouvoir qu'il pût armer contre lui, si ce n'est celui de ses propres sujets; mais il ne désespéroit pas de lui donner de l'occupation en suscitant contre lui les puissantes communes des Pays-Bas, dont la maison de Bourgogne avoit mal respecté les priviléges. A cette époque, où l'industrie des villes n'avoit pris de développemens que dans un très petit nombre de contrées, celles qui l'exerçoient jouissoient en quelque sorte d'un monopole vis-à-vis de tous les pays moins avancés. Des calamités effroyables avoient fréquemment frappé les opulentes cités de la Flandre ou du pays de Liége, mais comme des manufactures semblables aux leurs n'existoient dans aucune autre partie de l'Europe, comme les marchés ne pouvoient se passer d'elles, une augmentation dans le prix de leurs produits et dans le salaire de leurs ouvriers suivoit rapidement ces calamités mêmes; une population nouvelle y accouroit de toutes parts, et la richesse s'y reformoit avec tant de promptitude qu'on s'étoit déjà persuadé que les manufactures et le commerce assuroient bien plus efficacement que l'agriculture la prospérité des nations.

Les villes de l'État de Liége étoient à cette époque celles où Louis se flattoit le plus de pouvoir susciter des ennemis à son rival. Un quatrième frère du duc de Bourbon, beau-frère de Charles, étoit alors évêque de Liége. C'étoit un prélat voluptueux et pusillanime, qui, pour se décharger des soucis du gouvernement, avoit livré ses États au duc de Bourgogne. Les agens civils et militaires qu'y entretenoit Charolais s'étoient montrés bien plus avides que dans les États propres du duc; l'oppression y étoit plus intolérable, et d'autre part, l'irritation que causoit une autorité empruntée étoit plus grande. Louis ne cessa d'exciter ces villes populeuses à réclamer par les armes le maintien de leurs priviléges. Il leur promit son appui; mais il ne leur donna jamais une aide efficace, et tandis que par cette conduite perfide, il causa leur ruine, il augmenta beaucoup ses propres dangers.

Charolais, après avoir signé le traité de Conflans, fit immédiatement des préparatifs pour attaquer les villes de Liége et de Dinant, qui l'avoient vivement offensé, et que Louis n'avoit pas compris parmi ses alliés au traité de paix. Il ouvrit sa campagne contre elles le 15 novembre 1465. Louis, qui avoit une haute idée de la puissance de la bourgeoisie, crut qu'elle seroit en état de soutenir long-temps la lutte, oubliant que son manque de foi envers elle devoit la jeter dans le découragement. En effet, les Liégeois traitèrent le 26 janvier; ils reconnurent Charolais pour leur mainbourg ou premier magistrat perpétuel, et lui payèrent une énorme contribution en or; bientôt, il est vrai, l'insolence des soldats bourguignons et le ressentiment des bourgeois rallumèrent les hostilités. Ce fut devant Dinant que Charles conduisit, le 17 août 1466, sa puissante et féroce armée. Dinant, qui fabriquoit seul en Europe tous les objets de cuivre et de laiton, qu'on nommoit alors de la dinanderie, étoit une ville presque égale à Liége en importance; sa population étoit nombreuse et belliqueuse : cependant, foudroyée pendant huit jours par toute l'artillerie de Bourgogne, elle se rendit à discrétion le 25 août, et Charolais la condamna à être rasée de fond en comble. Tous les objets de quelque valeur furent, pendant trois jours, pillés par les soldats et chargés sur la Meuse; tous les habitans furent vendus comme esclaves, en vertu d'une bulle du pape Paul II, parce qu'ils furent considérés comme révoltés contre leur évêque; enfin les édifices déserts furent livrés aux flammes le 28 août. Les Liégeois, qui avoient voulu secourir leurs confédérés, furent contraints, le 10 septembre, d'acheter une seconde fois la paix par une contribution de 600,000 flor.

La ruine et la soumission de l'État de Liége avoient été plus rapides que Louis XI ne s'y étoit attendu; cependant il avoit profité de ce qu'il avoit détourné sur ses alliés l'orage qui le menaçoit, pour achever de dissoudre la ligue de ses ennemis. Il avoit comblé de bienfaits le duc de Bourbon, qui étoit son beau-frère, ayant, comme lui, épousé une princesse de Savoie; il l'avoit attaché à ses intérêts, et il se croyoit, par lui, assuré des autres seigneurs du Midi; il avoit rappelé à son service les anciens ministres de son père, et entre autres le comte de Dammartin; il trouvoit en eux plus de décision, de connoissance des affaires, et en même temps de talens pour tromper, que dans les siens propres; aussi il les estimoit en raison de l'habileté qu'ils avoient montrée en travaillant contre lui. Il avoit fait naître une querelle entre son jeune frère, le nouveau duc de Normandie, et le duc de Bretagne, et tous deux avoient donné des preuves, à cette occasion, de leur incapacité, et du pouvoir qu'ils laissoient prendre sur eux à leurs favoris. Lorsque Louis se tint pour assuré que le duc de Bretagne ne défendroit pas son frère, il entra en Normandie au mois de janvier 1466, et se rendit maître de toute la province sans y rencontrer de résistance. Il chargea ses ambassadeurs de dire à Charolais que la sûreté de la monarchie étoit compromise si la Normandie étoit détachée de la couronne; que cependant le soulèvement des Normands l'avoit déterminé à les donner en apanage à son frère, mais qu'aussi leur retour à leur allégeance devoit être pour lui un motif suffisant de les réunir de nouveau. Charolais, alors occupé dans l'État de Liège, frémissoit, mais ne pouvoit agir, et le duc de Bretagne, effrayé de la rapidité avec laquelle un de ses anciens alliés avoit été dépouillé, oublia ses sujets de querelle avec le frère du roi, et lui donna un asile à sa cour.

Le 15 juin 1467, Philippe, duc de Bourgogne, succomba à une nouvelle attaque d'apoplexie, et Charles-le-Téméraire quitta le titre de comte de Charolais pour prendre celui de duc. Mais cette première année de son règne le mit aux prises avec la bourgeoisie de toutes les grandes villes de ses États, impatiente de recouvrer les priviléges que son père lui avoit ravis. A Gand, il se trouva, le 23 juin, prisonnier en quelque sorte du peuple soulevé, et il fut contraint de lui rendre l'organisation armée de ses soixante-douze compagnies d'arts et métiers, son administration municipale et ses blancs chaperons. Bruxelles, Anvers, Malines, s'étoient soulevés en même temps. Charles montra aux grandes villes de ses États plus de modération et de prudence qu'on n'en avoit attendu de lui. Il confirma leurs priviléges, et il réserva toutes ses forces pour attaquer les Liégeois, qui avoient voulu profiter de la même circonstance pour recouvrer aussi leurs droits. Dammartin, qui commandoit une armée française à Mézières, les y avoit excités, en leur promettant tout l'appui de Louis XI. Il leur manqua de parole; les Liégeois éprouvèrent, le 28 octobre, une terrible défaite à Bruestein, où ils eurent six mille hommes de tués, et le 12 novembre, Charles entra par la brèche à Liége, fit couper la tête à un grand nombre de bourgeois, supprima leurs priviléges, et leur fit payer une nouvelle contribution de guerre. Cependant les manufactures de Liége ne perdoient point encore le monopole qu'elles exerçoient sur tout le reste de l'Europe, et, malgré tant de calamités, de nouveaux ouvriers y accouroient pour remplacer ceux qui avoient péri dans les batailles.

Louis profitoit de son côté du répit que lui laissoit le duc de Bourgogne pour suivre ses premiers projets, et affermir son gouvernement. Averti que le duc d'Alençon avoit de nouveau pris les armes, il le fit attaquer, et lui enleva son duché, punissant ainsi de son ingratitude le plus foible de ses adversaires; il auroit bien voulu aussi attaquer le duc de Bretagne, mais les menaces du duc de Bourgogne l'en empêchèrent. Il se rabattit alors sur de plus foibles ennemis, et fit poursuivre avec vigueur les subalternes qui l'avoient trahi. Tristan-l'Ermite, gentilhomme dur et farouche, que son père avoit nommé prévôt des maréchaux, continuoit par son ordre à faire exécuter d'une manière sommaire ceux qui troubloient la paix publique. Il les faisoit pendre au premier arbre, ou coudre dans un sac et jeter à la rivière. Mais cette même justice prévôtale commençoit à atteindre en grand nombre ceux que Louis désignoit à Tristan comme dangereux ou comme suspects. Ils périssoient sans instruction, sans procédure, sans que le peuple fût instruit de ces exécutions autrement que par les corps qu'il voyoit pendus aux arbres, ou que les pêcheurs trouvoient dans leurs filets. Toutefois la France avoit tellement souffert du brigandage, elle en souffroit encore tant, partout où les princes et les écorcheurs étoient les maîtres, qu'elle étoit plutôt disposée à approuver ce qu'elle appeloit *bonne et roide justice* qu'à s'en plaindre. Louis voyoit qu'il étoit encore regardé comme le roi des pauvres, mais tous les jours il reconnoissoit à de nouvelles preuves que tous les princes, tous les barons, et tous les gens de guerre ou écorcheurs, voyoient en lui un ennemi. La ligue du bien public subsistoit toujours entre eux tous; et comme il ne pouvoit prendre aucune confiance en ses propres capitaines et ses propres soldats, quoiqu'il fût brave et qu'il entendît bien la guerre, il redoutoit de commencer les hostilités.

Louis étoit bien tenté de s'appuyer sur le peuple pour profiter des bonnes dispositions qu'il reconnoissoit en lui; mais son penchant à la méfiance l'arrêtoit toujours au moment où il auroit pu recueillir les fruits de cette faveur. Il rendit aux habitans de Paris le droit de reformer leur milice, et de la diviser par compagnies. Il la passa lui-même en revue le 14 septembre 1467, et il trouva qu'elle montoit à soixante mille hommes. Mais une force si imposante lui parut bientôt dangereuse; il ne fournit point d'armes, comme il l'avoit promis, à cette milice nouvelle ; il ne lui permit point de rétablir les chaînes au coin des rues pour les fermer à la cavalerie ; il voulut qu'elle demeurât dans une entière dépendance de lui, et il la laissa ainsi sans force. Il se montra livré aux mêmes contradictions lorsqu'il convoqua les États-Généraux à Tours, pour le 1er avril 1468. Il s'étoit proposé de s'en servir pour balancer le pouvoir des princes du sang. Ceux-ci y étoient tous invités cependant, et ceux qui n'y assistèrent pas en personne y envoyèrent des ambassadeurs. Soixante-quatre villes du royaume y avoient envoyé de leur côté chacune trois députés, un ecclésiastique et deux laïques ; l'assemblée fut nombreuse et imposante ; mais Louis avoit employé tout son talent d'intrigue à s'assurer que tous les députés lui seroient entièrement dévoués, et en raison de cette servilité même ils ne représentoient point la France, et demeurèrent sans influence sur elle. L'assemblée ne dura que huit jours, du 6 au 14 avril, et toutes ses délibérations peuvent se résumer dans les paroles de Josué (I. 16-18) que le chancelier choisit pour texte de son discours d'ouverture : « Nous « ferons tout ce que tu commanderas, et que « ceux qui ne voudront pas t'obéir soient mis à « mort. »

Le roi crut voir la preuve de l'unanimité de la nation dans celle des États-Généraux, oubliant que c'étoit lui-même qui l'avoit faite. Il voulut pousser ses avantages, et réduire son frère et le duc de Bretagne à la soumission. Il fit avancer des troupes vers les frontières des Pays-Bas, où il savoit que Bourgogne formoit de son côté une armée; mais il leur ordonna de se tenir sur la défensive, tandis que deux autres de ses armées entrèrent en Bretagne, y firent de rapides conquêtes, et frappèrent le duc et Charles de France de tant de terreur qu'elles les engagèrent à signer, le 10 septembre 1468, le traité d'Ancenis : par ce traité, tous deux rompoient leur alliance avec le duc de Bourgogne, Charles renonçoit au duché de Normandie, et il se contentoit d'une pension de 60,000 livres, en lieu d'apanage.

Pour achever de dissoudre la ligue du bien public, il ne s'agissoit plus que d'obtenir l'assentiment du duc de Bourgogne, et de lui faire abandonner l'alliance de ceux qui renonçoient à la sienne. Mais Charles-le-Téméraire étoit violemment irrité; il réclamoit l'exécution rigoureuse du traité de Conflans, qu'il disoit être scandaleusement violé dans toutes ses parties; il assembloit des troupes, et il vouloit se faire raison par les armes. Dammartin pressoit Louis de lui faire la guerre en effet : rapproché par son commandement des frontières de Liége, il assuroit qu'un nouveau soulèvement des Liégeois alloit éclater, et que le duc de Bourgogne se trouveroit alors entre deux feux.

Mais Louis se défioit de tous ses gens de guerre; il ne vouloit point en croire Dammartin luimême, auquel il n'avoit rendu sa faveur que parce qu'il le croyoit plus grand maître en fourberie qu'aucun autre de ceux qu'il pouvoit choisir. Il préféroit les négociations à la bataille, parce que, dans les premières, ne comptant que sur luimême, il ne s'exposoit pas à être trahi. Il avoit déjà éprouvé à plusieurs reprises, dans les conférences qu'il avoit eues avec ses adversaires, le pouvoir qu'exerçoit son éloquence, son esprit insinuant et ses cajoleries. Le cardinal de Balue, qu'il employoit dans ses intrigues, « un bon diable de prêtre, » comme il l'appeloit, le confirmoit dans sa défiance de Dammartin et des gens de guerre, et l'engageoit à solliciter une entrevue avec Charles-le-Téméraire. Charles ne le désiroit point; toutefois il lui répondit, le 8 octobre 1468, qu'il recevroit le roi à Péronne s'il vouloit y venir, et qu'il lui garantissoit sur son honneur qu'il pourroit, quoiqu'il advînt, s'en retourner librement aussitôt qu'il le voudroit. On ne voit point sans étonnement Louis, qui n'avoit lui-même aucun respect pour la parole ou les sermens, se fier sans autre garantie aux paroles de son ennemi; mais lorsqu'il désiroit une chose, c'étoit avec tant d'impétuosité qu'il ne calculoit jamais le prix auquel il pouvoit l'obtenir; il prodiguoit alors l'argent et les promesses, il disoit ses propres secrets, il engageoit son avenir, il exposoit enfin sa propre personne plutôt que de ne pas accomplir sa volonté.

C'est ainsi que sans hésiter, sans écouter de conseils, sans calculer ses dangers, il partit pour Péronne; il y arriva le 9 octobre 1468. Dans cette même journée l'armée du duché de Bourgogne entroit dans cette ville conduite par le sire de Neuchâtel, qui avoit rassemblé autour de lui tous les exilés de France et les ennemis les plus ardens de Louis. Quoique celui-ci eût été reçu avec beaucoup d'égards par Charles, il se troubla de l'idée que des hommes qu'il avoit persécutés étoient en armes à côté de lui; et au lieu d'accepter le logement qui lui avoit été préparé, il demanda qu'on lui dressât son lit dans la vieille tour de Péronne: c'étoit l'ancienne prison de Charles-le-Simple, faisant partie d'un château tout démeublé, mais où il pourroit résister à un coup de main, si quelque ennemi privé vouloit l'insulter. Il y étoit à peine installé, quand les portes de cette tour se fermèrent sur lui comme celles d'une prison. La nouvelle venoit de parvenir à Charles que les Liégeois, excités par Dammartin et des émissaires français, s'étoient soulevés de nouveau ; qu'ils avoient massacré le lieutenant du duc, plusieurs chanoines, quelques-uns disoient même leur évêque, et qu'une guerre terrible éclatoit sur cette frontière. Charles crut que Louis n'étoit venu le trouver que pour se jouer de lui ; il entra dans une furieuse colère, il embrassa tour à tour les partis les plus violens. Il vouloit condamner Louis à une prison perpétuelle, ou se défaire de lui, et faire proclamer roi Charles de France son jeune frère. Pendant trois nuits, Charles ne se déshabilla point ; il se promenoit, dans une agitation extrême, au travers de sa chambre. Ses courriers, tout bottés, attendoient ses ordres ; mais il hésitoit encore à prendre une décision irrévocable. Louis connut tout son danger, et se montra prêt à s'en racheter par les plus grands sacrifices. Tandis qu'il faisoit distribuer de l'argent aux conseillers de Bourgogne, il protesta qu'il étoit si loin d'avoir excité les Liégeois à la révolte qu'il étoit prêt à marcher contre eux avec son bon frère de Bourgogne. Dès son arrivée il avoit offert de confirmer le traité de Conflans, pourvu que Charles se séparât de ses alliés. Désormais, non seulement il acceptoit ce traité dans toutes ses parties, il accordoit à Charles ses prétentions les plus exagérées, il rendoit à ses États l'indépendance la plus complète. Enfin, le 14 octobre, le duc vint voir dans sa prison le roi, qui ne pouvoit dissimuler sa peur; la paix fut jurée entre eux sur la croix de saint Leu, relique sur laquelle Louis croyoit qu'on ne pouvoit se parjurer sans mourir dans l'année; il se soumit à l'humiliation, à la lâcheté de marcher contre les Liégeois qu'il avoit poussés à prendre les armes; il assista à l'extermination de ce peuple malheureux, dont la ville fut prise le 31 octobre, et dont presque tous les habitants, ou furent massacrés, ou périrent dans les flammes qui consumèrent leur cité. Louis, relâché le 2 novembre par le duc de Bourgogne, se hâta de rentrer en France, honteux de s'être ainsi jeté lui-même dans un piége.

Quelque offensé que fût Louis, quelque fondé qu'il fût à se plaindre de l'attentat contre sa liberté, et à protester contre le traité de Péronne, il l'accepta franchement, et il l'exécuta dans toute sa rigueur. Il avoit promis, par ce traité, de donner en apanage à son frère la Champagne et la Brie, et il s'étoit seulement réservé le droit de lui proposer un échange. En effet, il préféroit lui abandonner un gouvernement bien plus important encore, pourvu qu'il ne fût pas trop rapproché du duc de Bourgogne. Ce fut son but en lui offrant le duché de Guienne; l'échange fut accepté, et Charles fut, le 19 août 1469, mis en possession de cette grande province.

A cette époque, le nouveau duc de Guienne

étoit encore l'héritier présomptif de son frère, car Louis XI n'avoit point de fils, et il s'étoit un moment flatté de gagner son jeune frère par des bienfaits; mais rien ne pouvoit fixer ce prince inconstant, léger, lâche et dissimulé. Au moment même où il recevoit le plus grand apanage qu'eût jamais eu fils de France, il étoit toujours en traité avec tous les ennemis du roi. Tous les princes du sang persistoient dans la même conduite; la ligue du bien public subsistoit toujours entre eux tous, ou plutôt leur ambition, que ne contenoient ni les liens du sang, ni le patriotisme, tendoit toujours au même but. Ils vouloient devenir souverains, ils vouloient partager la France, et pour y parvenir ils faisoient cause commune avec les écorcheurs, qui vouloient seulement la piller. Louis XI, au contraire, pouvoit jusqu'alors se rendre le témoignage qu'il avoit de bonnes intentions pour le peuple, et qu'il lui faisoit réellement du bien; il réprimoit le brigandage d'une main vigoureuse, et il contenoit les soldats dans la discipline en les payant avec une grande régularité. En même temps il avoit rendu aux principales villes de ses États, à Paris, à Troyes, à Poitiers, à Tours, à Niort, à La Rochelle, des institutions municipales conçues avec une grande libéralité; elles formaient presque des républiques dont la magistrature étoit nommée par les libres suffrages des bourgeois. Louis XI connoissoit ces bourgeois, il s'associoit familièrement avec eux, il mangeoit quelquefois à leur table, il les consultoit sur les ordonnances qu'il rendoit en grand nombre pour la protection du commerce. La magistrature et tout l'ordre des gens de robe lui durent aussi leur indépendance. Par son ordonnance du 21 octobre 1467, il régla que tous ceux qui étoient investis d'offices royaux ne pouvoient être destitués que pour cause de prévarication.

Lorsque Louis XI se comparoit aux rois ses prédécesseurs ou aux princes ses contemporains, il sentoit combien il valoit mieux qu'eux, non seulement en raison de la supériorité de ses talens, mais bien plus encore parce que le but qu'il se proposoit étoit vraiment populaire; il vouloit la grandeur de la France et la sécurité des paysans et des bourgeois ; les princes du sang vouloient le partage de leur patrie et le pillage du peuple : cependant Louis XI étoit universellement haï, et il le savoit; la fausseté de son caractère, sa cruauté, l'absence en lui de tout sentiment sympathique, avoient excité dans tous les cœurs un repoussement instinctif contre lui. Il semble qu'en le reconnoissant il lâcha dès-lors davantage la bride à ses mauvaises passions, comme s'il avoit jugé inutiles des vertus qui ne lui avoient pas gagné un ami. Avant cette époque il avoit éprouvé bien plus de perfidies qu'il n'en avoit commis lui-même, mais sa santé s'altéroit, et son caractère s'aigrit en même temps ; une bile noire sembloit agacer ses nerfs, il devenoit chaque jour plus superstitieux, car son esprit, si délié sur tout autre sujet, ne s'étoit jamais permis aucun examen sur les matières religieuses ; la foi étoit en lui l'expression de la seule crainte. Les pèlerinages, le culte des reliques, celui de diverses images de la Vierge, dont il ornoit le plus souvent son chapeau, l'observation de l'*angelus*, dont il fut le fondateur, occupoient une grande partie de sa vie ; mais en même temps ses crimes se multiplioient, et sa politique devenoit chaque jour plus cruelle.

Parmi les premiers qui éprouvèrent les effets de ce redoublement de rigueur, furent le cardinal Balue et l'évêque de Verdun. Louis XI découvrit, au mois d'avril 1469, qu'ils avoient entretenu avec le duc de Bourgogne une correspondance qu'il qualifia de trahison ; il les fit enfermer dans des cages de fer de huit pieds en carré, dont Balue avoit été lui-même l'inventeur ; leur caractère sacerdotal leur sauva la vie.

La situation de Louis XI étoit toujours fort critique ; les affaires de l'Angleterre commençoient à lui causer beaucoup d'inquiétude. Il avoit gagné à grand prix l'amitié du comte de Warwick, qu'on nommoit le faiseur de rois, et il croyoit s'être assuré par lui l'alliance d'Édouard IV, le chef de la maison d'York, que Warwick avoit contribué à placer sur le trône; mais Édouard avoit disgracié Warwick, qui s'étoit retiré dans son gouvernement de Calais, et dès-lors il avoit contracté alliance avec tous les ennemis de Louis XI, non seulement avec le duc de Bourgogne, dont il étoit beau-frère, mais avec ceux de Bretagne, de Nemours et le comte d'Armagnac ; même il s'étoit lié avec le duc de Guienne, propre frère du roi, encore que la base des négociations avec Édouard IV fût de le reconnoître pour roi de France, sous condition qu'il assureroit l'indépendance à tous les princes apanagés. Louis XI vit alors qu'il devoit recourir à Marguerite d'Anjou, que jusqu'alors il avoit peu favorisée, si même il n'avoit pas agi contre elle : il la rappela de Lorraine, héritage de sa mère, où elle vivoit alors ; il la réconcilia, par l'entremise de son père le roi Réné, avec le comte de Warwick, qui l'avoit détrônée, et avec le duc de Clarence, frère de son adversaire; il favorisa enfin de tout son pouvoir la descente de Warwick en Angleterre au milieu de septembre 1470. La révolution que désiroit Louis fut rapide ; Édouard IV, abandonné de ses troupes, fut obligé de s'enfuir et de demander un asile au duc de Bourgogne dans les Pays-Bas. L'imbécille Henri VI fut tiré de prison et remis sur le trône; mais les partisans de Lancaster ne purent l'y maintenir que six mois. Au mois de mars 1471, Édouard IV rentra en Angleterre; les partisans de York accoururent en foule sous ses drapeaux; son frère Clarence se réconcilia avec lui; Warwick fut défait et tué à Barnett le 14 avril; Marguerite d'Anjou fut défaite le 4 mai à Tewksbury; Henri VI son mari, et Édouard de Lancaster son fils, furent poignardés par ordre du vainqueur; elle-même demeura captive. Son frère Jean, duc de Calabre, étoit mort cinq mois auparavant en Catalogne, et la maison d'Anjou étoit abattue en même temps que celle de Lancaster étoit éteinte. Édouard IV, plus puissant que jamais, se montroit ardent à se venger sur la France des secours que Louis avoit fournis à ses ennemis.

Cependant, à dater de cette époque, la fortune, jusqu'alors contraire à Louis XI, parut vouloir le favoriser. Le 30 juin 1470, il lui naquit un fils, qui fut depuis Charles VIII; et le 24 mai 1472, son frère, le duc de Guienne, mourut après huit mois de maladie. Ce duc avoit causé au roi tant d'inquiétudes, Louis ressentit tant de joie d'être délivré de lui, que le duc de Bourgogne l'accusa publiquement de l'avoir empoisonné, que tous les ennemis de Louis XI le crurent, et que notre seul motif pour ne point le croire aujourd'hui, c'est que l'existence des poisons lents est universellement démentie. Dans sa colère de cette mort, qui renversoit tous ses projets, Charles-le-Téméraire entra immédiatement dans le royaume à la tête d'une puissante armée, encore que la trève subsistât toujours. Il prit Nesle le 12 juin, et après la capitulation il en laissa égorger tous les habitans, hommes, femmes et enfans, dans la grande église. Il attaqua ensuite Beauvais; mais la belle résistance des bourgeois de cette ville le força, au bout d'un mois, à lever le siége. Une jeune héroïne, Jeanne Hachette, avoit excité leur enthousiasme, et déterminé les femmes aussi bien que les hommes à combattre pour la défense des remparts : elle avoit arraché l'étendard des Bourguignons comme ils venoient de le planter sur la muraille, et l'avoit porté en triomphe à l'église des Jacobins. La résistance de Beauvais sauva la France; car Louis XI ne s'attendoit pas à cette attaque, et étoit parti pour la Guienne afin d'en prendre possession. Les princes du sang se soulevoient contre lui de tous les côtés, et le duc de Bretagne introduisoit des Anglais dans sa province; mais Charles-le-Téméraire, après avoir traversé la Normandie jusqu'à la mer, brûlant sur son passage toutes les villes et les bourgades où il pouvoit pénétrer, étoit revenu en arrière pour attaquer le connétable comte de Saint-Pol, qui avoit provoqué son ressentiment. Son armée cependant étoit épuisée, et il désespéroit du succès, lorsque Louis XI lui fit proposer une trève:

elle fut signée à Senlis le 11 novembre 1472, pour un terme assez court, mais prolongée ensuite d'année en année, parce que l'ambition du duc de Bourgogne prit dès-lors une autre direction, et qu'il abandonna la France pour s'attaquer à l'Allemagne.

Charles-le-Téméraire étoit dur, hautain, superbe, despotique; il ne pouvoit se résigner à tenir un rang subalterne, à devoir l'hommage pour une moitié de ses États au roi de France, et pour l'autre moitié à l'empereur; sa richesse et son pouvoir le mettoient au-dessus de la plupart des autres rois de la chrétienté; il vouloit que son titre répondît à sa grandeur réelle ; il vouloit être reconnu pour roi de cette Austrasie des Mérovingiens, de cette Lorraine des Carlovingiens, où étoient situés ses États. En même temps il avoit eu l'ambition de former une armée à laquelle aucune autre ne pût être comparée. Il y avoit appelé les aventuriers et les vieux soldats de tous les pays, et pour la maintenir il écrasoit ses provinces d'impôts. Charles étoit brave jusqu'à la témérité, dur à lui-même et prêt à supporter toutes les privations ; mais il n'avoit aucun des talens d'un général, pas plus la science de la guerre que l'art de se faire aimer du soldat. Avec ce dernier, il étoit hautain, dur et avare; il avoit la prétention d'être un bon chevalier, et à ce titre il méprisoit les bourgeois et opprimoit les paysans ; mais à son tour il étoit haï et craint de tous ceux qui l'approchoient. Il eut avec l'empereur Frédéric III, au mois de septembre 1473, une conférence à Trèves, où il devoit être couronné ; mais il l'offensa tellement par son faste et son arrogance que Frédéric partit sans l'avertir, la veille du jour fixé pour ce couronnement, qui n'eut jamais lieu. En même temps, il avoit promis à la noblesse allemande de la venger des bourgeois des villes impériales, et des paysans suisses qui excitoient sa jalousie; il provoqua bien ainsi de nouveaux ennemis, mais il ne gagna pas de nouveaux alliés.

Dès que Louis XI vit que son redoutable adversaire se jetoit tête baissée dans la politique et les guerres de l'Allemagne, il jugea le moment venu d'attaquer ces princes du sang qui avoient si long-temps conspiré contre son trône. Fatigué des ménagemens qu'il avoit dû garder jusqu'alors, il se proposa, non plus de les humilier, mais de les détruire. Il avoit déjà repris possession de la Guienne, et il avoit donné à Dammartin le gouvernement du Languedoc : ce fut de lui qu'il fit choix pour abattre le comte d'Armagnac; mais il lui associa pour cette mission un homme déjà chargé de crimes, l'évêque qu'on nommoit le diable d'Arras, qui, en 1460, s'étoit rendu odieux par la découverte et la persécution de prétendus Vaudois dans son diocèse ; il les avoit fait brûler en grand nombre, puis l'opinion publique avoit reconnu, et le Parlement de Paris prononça plus tard, que c'étoit faussement et abusivement qu'ils avoient été accusés, et qu'on les avoit condamnés pour s'emparer de leurs biens. Armagnac étoit le dernier de ces puissans seigneurs de l'ancienne féodalité, qui partout ailleurs avoient fait place aux princes apanagés; il étoit bien aussi cousin de Louis XI, mais seulement par les femmes. Il fut assiégé dans Lectoure, sa capitale, au mois de janvier 1473 : il fut réduit à capituler le 4 mars; mais, au mépris de sa capitulation, il fut poignardé; sa femme, qui étoit enceinte, fut forcée, sous les yeux de deux secrétaires du roi, à avaler un breuvage empoisonné que lui présentoit leur apothicaire; puis, de peur que toutes ces horreurs ne vinssent à être connues du reste de la France, l'évêque d'Arras, alors devenu cardinal d'Albi, fit massacrer tous les habitans de Lectoure, et mettre le feu à la ville.

Les autres princes succomboient en même temps. Il ne restoit de la maison de Foix qu'un enfant, sous la tutelle de sa mère, qui étoit sœur de Louis XI. Le duc d'Alençon étoit par lui-même peu en état de faire résistance : Louis se chargea de l'attaquer en personne. Il prit possession au mois d'août 1473 de son duché; il fit condamner le duc à mort, mais il se contenta de le retenir en prison. La maison d'Anjou s'éteignoit : le fils du roi René, Jean, duc de Calabre, avoit été mourir en

Aragon, dont il avoit entrepris la conquête ; son petit-fils Nicolas, duc de Lorraine, mourut le 13 août 1473, assez subitement pour qu'on pût le croire empoisonné : la voix publique en accusa Louis XI, qui ne chercha point à repousser ce soupçon. Il sembloit vouloir qu'on se persuadât que ses ennemis n'avoient point de chance de vivre. Nicolas avoit été parmi les plus ardens : Louis le savoit et le disoit; d'ailleurs, la mort de Nicolas faisoit passer la couronne ducale de Lorraine à René II, petit-fils aussi du roi René, mais par sa fille Yolande, mariée à son ancien rival, le comte de Vaudémont. René II, au lieu d'être, comme son prédécesseur, l'intime allié du duc de Bourgogne, se mit sous la protection de Louis XI, au moment où Bourgogne venoit l'attaquer en trahison. Peu auparavant, Charles d'Anjou, comte du Maine, celui qui avoit été long-temps le favori de Charles VII, et qui avoit trahi Louis XI à la bataille de Montlhéry, mourut, âgé de soixante ans, le 10 avril 1473, laissant un fils du même nom que lui, en qui s'éteignit la maison d'Anjou.

La branche d'Artois, qui avoit perdu sous Philippe de Valois le comté d'où elle prenoit son titre, venoit aussi de s'éteindre par la mort du vieux comte d'Eu, le seul des princes du sang qui n'eût jamais pris les armes contre le trône. Il restoit deux branches de la maison de Bourbon, issues du fils cadet de Saint-Louis : l'aînée étoit devenue puissante par ses fréquentes alliances avec la maison royale ; la cadette des comtes de La Marche étoit pauvre et oubliée. La branche d'Orléans, issue du frère de Charles VI, avoit également deux rameaux, Louis essaya de se les attacher par le mariage de ses deux filles : il donna l'aînée au sire de Beaujeu, frère du duc de Bourbon, encore qu'il eût éprouvé à plusieurs reprises l'inimitié de celui-ci ; il fit épouser la cadette au duc d'Orléans, qui n'avoit que onze ans, tandis que son cousin germain, le comte d'Angoulême, n'en avoit que quatorze. Ainsi se trouvoit dissoute cette redoutable coalition des princes du sang, qui avoit causé à Louis XI tant d'inquiétude. Il n'avoit plus d'ennemis que les ducs de Bretagne, de Bourgogne, et le connétable de Saint-Pol : le premier descendoit du comte de Dreux, fils de Louis VI, et avoit presque oublié qu'il étoit prince du sang ; le second, issu du quatrième fils du roi Jean, étoit devenu presque étranger à la France ; le troisième, qui avoit épousé une sœur de la reine, et qui étoit cousin du duc de Bourgogne, trahissoit tour à tour son beau-frère et son cousin, dans l'espoir de se former une principauté indépendante.

Les ennemis de Louis XI avoient diminué en nombre, mais leur animosité sembloit avoir augmenté. Le duc de Bourgogne avoit conclu, le 25 juillet 1474, un traité d'alliance avec Édouard IV, par lequel il le reconnoissoit pour roi de France, et il s'engageoit à le mettre en possession de ce royaume, avec l'aide du duc de Bretagne et du connétable, sous condition qu'Édouard, qui promettoit d'attaquer la France dès la campagne suivante, la démembreroit, et reconnoîtroit l'indépendance de Charles-le-Téméraire dans le nouveau royaume qu'il constitueroit. Charles, qui avoit dû renoncer à se faire donner le titre de roi par l'empereur, avoit cherché à y suppléer d'une autre manière : il étoit entré en traité avec le vieux roi René depuis la mort de ses enfans, pour acheter son héritage et son titre, et René, non seulement s'y étoit montré disposé, mais il avoit promis de combiner ses efforts avec ceux du duc de Bourgogne pour ôter à Louis XI l'administration des finances et celle de l'armée, et pour le placer sous la tutelle des quatre plus grands seigneurs de son royaume. Dès que Louis eut connoissance de cette négociation, il fit saisir le duché d'Anjou, apanage de René ; il n'essaya point cependant de l'inquiéter dans la Provence, où ce vieux roi avoit établi sa résidence.

La descente d'Édouard IV à Calais, au mois de mai 1475, avec une brillante armée anglaise, causa une vive inquiétude à Louis XI ; en même temps, il reconnut qu'une nouvelle ligue s'étoit formée contre lui; sa propre sœur, la duchesse de Savoie, y étoit entrée, aussi bien que le duc de Milan et le roi d'Aragon, qui vouloit recouvrer le Roussillon. La France paroissoit toujours à tous les princes un pays qu'ils pouvoient espérer de partager entre eux, et Louis ne pouvoit compter sur la fidélité de personne, sur l'assistance d'aucun allié. Il est vrai qu'il n'en méritoit aucune; il excitoit tour à tour contre le duc de Bourgogne l'évêque de Cologne, les villes d'Alsace, le nouveau duc de Lorraine, de la maison de Vaudémont, et les Suisses; il leur promettoit à tous une puissante assistance, puis il manquoit effrontément à ses engagemens, et il se montroit toujours prêt à vendre ses alliés à son ennemi. Ce furent les défauts de Charles-le-Téméraire, sa dureté, son arrogance, son obstination, qui sauvèrent le roi.

En effet, le duc de Bourgogne, pendant l'hiver de 1474 à 1475, épuisa sa brillante armée au siége de Neuss, dans l'évêché de Cologne, en sorte qu'il se trouva hors d'état, au printemps de 1475, de seconder Édouard IV, comme il l'avoit promis. Le roi anglais, irrité contre son allié, qui lui manquoit de parole, se trouva en même temps circonvenu par toutes les avances, par toutes les cajoleries de Louis XI, le plus habile flatteur qui soit jamais monté sur un trône. Aussi, après de courtes hostilités, les rois de France et d'Angleterre signèrent entre eux, le 29 août 1475, le traité de Péquigny, qui rétablissoit entre les deux royaumes une trève de sept ans, avec une entière liberté de commerce. Lorsque le duc de Bourgogne se vit abandonné par le puissant allié sur lequel il avoit compté, il signa aussi à Soleure, le 13 septembre, une trève de neuf ans avec la France, sous condition que Louis abandonneroit la protection du duc de Lorraine son allié, et Charles celle du connétable son cousin. Le duc de Bretagne lui-même, quoique le plus foible des trois alliés, obtint aussi la paix de Louis, qui ne conservoit jamais de rancune que contre ceux qu'il étoit le maître d'écraser. Pour cette fois, il borna sa vengeance au connétable, son beau-frère : il se le fit livrer par Charles, dans les États duquel Saint-Pol avoit été chercher un asile, et il lui fit trancher la tête à Paris, le 19 décembre 1475.

Cependant Charles-le-Téméraire se laissoit toujours plus dominer par son orgueil, sa colère, sa fureur, contre quiconque osoit lui résister. Il attaqua la Lorraine au commencement de l'hiver, s'en rendit bientôt maître, et signala sa conquête par d'atroces cruautés. Puis, sans donner de repos à son armée, encore qu'elle eût infiniment souffert dans sa précédente campagne d'hiver contre Neuss, il entra en Suisse le 11 janvier. En vain les Suisses réclamèrent auprès de Louis XI les secours qui leur avoient été promis, ils n'en purent rien obtenir. Mais ils ne se manquèrent pas à eux-mêmes.

Dans la terrible bataille de Granson, le 3 mars 1476, Charles vit renverser et dissiper, par la phalange compacte de ces paysans à pied, l'armée où il mettoit sa gloire, et qui avoit si long-temps fait trembler l'Europe. Son trésor et ses équipages tombèrent entre leurs mains. Charles cacha quelque temps dans la solitude sa honte et ses emportemens; il y fut sérieusement malade. Cependant les Suisses n'avoient pu poursuivre son armée faute de cavalerie; aussi elle étoit dispersée et non détruite. Charles, dès qu'il fut guéri, la rassembla, l'augmenta, renouvela ses équipages, en imposant à ses peuples de plus grands sacrifices, et vint le même printemps mettre le siége devant Morat. Il y éprouva, le 22 juin, une défaite bien plus meurtrière que la première. Cette fois, huit ou dix mille Bourguignons tombèrent sous la hallebarde des Suisses. Le duc, qui, avec une douzaine de compagnons, s'enfuit à Morges, puis à Genève, étoit comme aveuglé de fureur. Il fit arrêter la duchesse de Savoie, qui, quoique sœur de Louis XI, étoit son alliée, et qui venoit lui offrir des secours; il s'enferma dans un château de la Franche-Comté, où il refusa de voir personne et de répondre à aucune lettre. Tout à coup il en sortit lorsqu'il reçut la nouvelle que le duc René II de Lorraine avoit reconquis son duché sur les Bourguignons. Ce fut sur lui qu'il voulut alors faire retomber sa colère. Il rassembla en hâte une nouvelle armée, et vint, le 22 octobre, mettre le siége devant Nanci. René II, qui avoit combattu à Morat, avec les Suisses, vint à son tour implorer leur secours. Ces braves gens furent fidèles à la reconnoissance. Au commencement de janvier 1477, René II s'approcha de Nanci avec huit mille Suisses, pour délivrer sa capitale, et le 5 janvier, l'armée de Bourgogne fut défaite une troisième fois par eux devant cette ville. Charles-le-Téméraire périt dans la déroute, sans que l'on sût sous quel bras il étoit tombé, ou sans que son corps pût être retrouvé.

Louis XI n'avoit voulu prendre aucune part à cette guerre; il n'avoit tenu aucun compte des engagemens qu'il avoit pris ou envers les Suisses ou envers le duc de Lorraine. Ce fut cependant pour lui que furent gagnées les victoires qui abattirent Charles-le-Téméraire. Humble dans les revers, la prospérité le rendoit toujours insolent et cruel. Dès qu'il apprit la bataille de Granson, il écrivit au Parlement de Paris de commencer un procès contre René, roi de Sicile, pour confisquer ses États. Il consentit cependant à ne pas y donner suite, parce que René, et sa fille Marguerite d'Angleterre, et son neveu Charles, comte du Maine, s'engagèrent à lui laisser leurs États en héritage. La santé de tous trois étoit si déplorable qu'il ne devoit pas les attendre long-temps. En même temps, il fit arrêter et enfermer à Pierre-Encise, ce cadet de la maison d'Armagnac, qu'il avoit fait duc de Nemours. Après la bataille de Morat, il prit sous sa protection la maison de Savoie, il facilita à la duchesse sa sœur les moyens de s'échapper de prison, il la reçut à sa cour, mais il s'empara du gouvernement de la Savoie, comme si elle faisoit partie de ses États. Après la bataille de Nanci enfin, il fit saisir par ses généraux les deux Bourgognes, la Picardie et l'Artois, sous prétexte qu'à lui appartenoit la garde-noble de Marie de Bourgogne, fille unique de Charles, sa parente et sa filleule, qui n'avoit pas plus de vingt ans. Mais, au lieu de la protéger pendant sa minorité, il excita les villes de Flandre à se soulever contre elle pour recouvrer leurs priviléges, et, trahissant perfidement sa confiance, il communiqua aux insurgés les lettres que ses conseillers lui avoient écrites de sa part, ce qui fut cause qu'ils furent massacrés sous les yeux de cette jeune princesse.

Louis XI avoit été sauvé par la fortune, de cette position critique où il étoit demeuré si long-temps. Dans l'intérieur de la France, tous ses anciens ennemis étoient abattus; au dehors, il ne lui restoit de même aucun motif d'inquiétude. En Angleterre, Edouard IV, qui avoit paru si grand sur le champ de bataille, où le coup d'œil du général lui avoit valu tant de victoires, se laissoit énerver par son goût effréné pour les plaisirs. L'Espagne étoit encore affaiblie par ses guerres civiles, bien que le mariage de Ferdinand d'Aragon avec Isabelle de Castille, dès 1469, y jetât les fondemens de l'union de toute la Péninsule. La maison de Bourgogne, représentée par une jeune femme, étoit humiliée et penchoit vers sa ruine. Il y eut un moment où cette princesse auroit accepté la main du dauphin, fils de Louis XI, encore qu'elle eût vingt ans et qu'il n'en eût que huit; mais Louis ne sut pas en profiter : il ne vouloit marcher à son but que par des voies détournées; sa passion pour l'intrigue, sa cruauté, sa perfidie, augmentoient avec les années; son état habituel de maladie sembloit aussi les développer. Tant de vices le rendoient également odieux, et à la jeune princesse qu'il avoit été question de faire entrer dans sa famille, et aux peuples qu'elle gouvernoit. Aussi, pour éviter la reprise de ces négociations, Marie de Bourgogne se hâta d'épouser, le 19 avril 1477, Maximilien d'Autriche, fils de l'empereur Frédéric III, qui devint pour Louis XI un rival non moins redoutable que n'avoit été Charles-le-Téméraire.

A cette même époque, le 4 avril 1477, Louis fit mourir sur l'échafaud son ancien ami le duc de Nemours pour avoir eu connoissance des intrigues des princes contre lui. Comme il assiégeoit Arras, peu de semaines auparavant, il avoit fait trancher la tête à vingt-trois des premiers citoyens de cette ville, qui lui étoient envoyés en députation. Deux ans plus tard il fit raser cette ville, l'une des plus riches et des plus industrieuses de ses états, parce qu'il voyoit qu'il y étoit détesté; de même il fit massacrer tous les habitans d'Avesne. Les cruautés, les voleries de ses lieutenans dans les deux Bourgognes, poussèrent les peuples de ces deux provinces à la révolte, lorsqu'ils virent que tous leurs recours à sa justice étoient sans résultat, et il reperdit deux provinces qu'il lui auroit été facile de conserver s'il s'étoit montré plus humain. Les Suisses, offensés par Louis, contractèrent avec Maximilien et la maison d'Autriche une alliance perpétuelle. Maximilien étoit pauvre, et l'avare empereur ne lui donnoit point de secours pour l'aider à recouvrer l'héritage de la princesse qu'il avoit épousée; mais les Flamands avoient embrassé sa cause avec ardeur, plus encore par haine pour les perfidies de Louis que par dévouement à Marie de Bourgogne; et dans la bataille de Guinegate, le 7 août 1479, les milices de Flandre détruisirent l'infanterie française qui leur était opposée, tandis que la cavalerie de Maximilien fut enfoncée et poursuivie bien loin du champ de bataille par la gendarmerie française.

La bataille de Guinegate, où quatre mille morts

couvrirent le champ du combat, demeura indécise comme l'avoit été celle de Monthléry : il n'y en eut point d'autre pendant tout ce règne; et le 27 août 1480, une trêve signée avec Maximilien mit un terme aux hostilités, et remit Louis XI en possession du duché de Bourgogne. Il sentoit que sa santé étoit détruite, et quoiqu'il ne pût se résoudre à envisager l'approche de la mort, il s'étudioit à rétablir la paix dans son royaume pour éviter, ou des soucis à lui-même pendant sa maladie, ou des dangers à son fils. Ses terreurs de tout genre alloient croissant avec le déclin de sa santé ; il trembloit devant son médecin comme devant son confesseur ; il avoit recours aux pratiques de la plus basse superstition, comme aux remèdes les plus bizarres, pour combattre ses maux. En même temps, une défiance soupçonneuse le troubloit sur des complots imaginaires ; il multiplioit les tortures pour les découvrir, les supplices pour les punir. A son château de Montils-les-Tours, on entendoit à toute heure les chants des moines, entremêlés avec les cris et les gémissemens des malheureux qu'il livroit aux bourreaux. A tous les arbres de son parc on voyoit quelque homme pendu, et toutes les rivières du voisinage rouloient les corps de ceux que Tristan l'ermite avoit fait coudre dans des sacs et jeter à l'eau.

Ceux qui avoient causé à Louis XI le plus d'inquiétude moururent tous avant lui. René d'Anjou expira le 10 juillet 1480, et son neveu Charles du Maine le 11 décembre 1481. Louis XI prit possession de leurs héritages, et réunit à la monarchie la Provence, qui depuis le temps des Carlovingiens n'avoit plus fait partie de la France. Marie de Bourgogne mourut le 27 mars 1482. En elle s'éteignit cette puissante maison, qui avoit fait courir tant de dangers à la France. Les états des Pays-Bas avoient eu déjà le temps de se dégoûter de Maximilien, qui, pendant cinq ans de règne, n'avoit montré qu'orgueil, imprudence et incapacité; ils lui refusèrent la tutelle de ses enfans, et ils signèrent, le 23 décembre 1482, avec Louis, le traité d'Arras, par lequel ils promettoient en mariage au dauphin leur princesse Marguerite d'Autriche, qui n'étoit âgée que de deux ans, et qui devoit lui être remise pour l'élever comme sa fille. Elle apportoit pour dot à la France toutes les provinces disputées entre les deux maisons. Le duc de Bourbon étoit arrivé à un âge avancé, et n'avoit pas d'enfans, en sorte que sa succession devoit passer à son frère, mari de la fille de Louis XI. Édouard IV, enfin, étoit mort inopinément le 9 avril 1483, ne laissant que des fils en bas âge. Louis ne lui survécut pas long-temps; il mourut le 30 août de la même année, et la France et l'Europe semblèrent délivrées d'une longue oppression, lorsqu'elles virent expirer le plus spirituel, le plus habile des rois qui eussent régné sur la France, mais aussi le plus faux, le plus cruel et le plus détesté.

SECTION QUATRIÈME.

Règne de Charles VIII. — 1483-1498.

Au moment de la mort de Louis XI, son fils, Charles VIII, étoit majeur, suivant la loi royale de France, car il étoit âgé de treize ans et deux mois ; mais la loi, en avançant sa majorité, n'avoit pu changer la nature : le nouveau roi n'étoit qu'un enfant; il étoit de plus maladif, difforme, timide, et son ignorance étoit extrême ; les médecins lui avoient interdit tout exercice d'esprit qui auroit pu le fatiguer. Sa mère, Charlotte de Savoie, qui, au reste, mourut quatre mois après Louis XI, n'avoit jamais obtenu la confiance de son mari, et elle ne fut point appelée à diriger le jeune roi. Louis XI avoit recommandé son fils, quant aux soins physiques et à la continuation de son éducation, à sa fille aînée, Anne, baronne de Beaujeu, qui étoit alors âgée seulement de vingt-deux ans; mais il n'avoit point prétendu lui attribuer ainsi des pouvoirs politiques, ou une régence. Une telle innovation auroit été également contraire aux lois et aux usages de la monarchie. Il avoit entendu que son fils seroit roi, et que tout pouvoir royal seroit concentré en lui seul; c'étoit à lui qu'il avoit adressé ses conseils peu avant de mourir, celui entre autres de ne point changer de ministres et de conserver le royaume en paix, au moins pendant quatre ou cinq ans; mais il n'essaya point de former pour lui un conseil de régence, ou de donner des ordres qui dussent être exécutés après lui.

Louis XI étoit entré dans sa soixante-unième année quand il mourut. Aucun des Capétiens n'avoit parcouru encore une si longue carrière, tant une vie luxurieuse et l'indulgence pour tous les appétits grossiers avoient été fatales à leur constitution. Cependant cette brièveté de vie augmentoit la chance des minorités, et celles-ci étoient toujours pour la monarchie une crise redoutable : après le règne de Louis XI, cette crise avoit quelque chose de plus effrayant encore. Dans sa défiance universelle, il avoit presque extirpé les princes du sang. L'héritier présomptif du trône, après son fils, étoit son gendre, le duc d'Orléans, qui n'avoit alors que vingt-deux ans : il étoit bien jeune, bien étourdi, pour être appelé à la régence. Entre les princes du sang, le premier pour la puissance et la considération étoit le duc de Bourbon; mais il étoit âgé de soixante ans, et chaque année il étoit retenu huit mois dans son lit par la goutte. Tous les autres avoient éprouvé les vengeances de Louis XI, et tous les avoient méritées, car ils s'étoient montrés constamment les ennemis de la monarchie.

Si le jeune monarque ne trouvoit pas d'appui dans sa famille, il n'en trouvoit pas davantage dans la noblesse, objet de la défaveur et de la persécution du feu roi. Il ne pouvoit compter ni sur l'armée, jalouse de ce que Louis XI n'avoit montré de confiance qu'aux transfuges bourguignons, et aux mercenaires qu'il enrôloit à grands frais chez les Écossais et les Suisses; ni sur la magistrature, à laquelle ce roi avoit soustrait presque toutes les causes criminelles, pour les faire juger par son grand-prévôt, ou par des commissions qu'il choisissoit de manière à s'assurer des condamnations. Le peuple enfin n'avoit pas moins de ressentiment que les autres ordres : durant les dernières années, il avoit été accablé par les impôts, décimé par les supplices, et la terreur l'empêchoit seule de manifester sa haine.

Le conseil du roi sentit la nécessité de convoquer les États-Généraux, pour relever quelque part une autorité nationale qui conciliât l'obéissance au jeune prince. Ces États furent assemblés à Tours, le 15 janvier 1484, et ils durèrent jusqu'au 15 mars. Ils sont dignes d'étude sous bien des rapports : on y vit se développer un patriotisme et des talens qu'on n'attendoit point de la France opprimée. Au lieu de se diviser par ordres, ils se partagèrent en six nations, de France, de Bourgogne, de Normandie, d'Aquitaine, de Langue-d'Oc, et de Langue-d'Oïl. Dans ces six bureaux, ils rédigèrent leurs cahiers, dans lesquels ils dénonçoient les abus existans, et ils en demandoient la réforme. Tous s'accordoient sur la plus importante de toutes, l'obligation imposée à la couronne de convoquer des assemblées nationales tous les deux ans.

Toutefois, les États-Généraux de Tours ne laissèrent après eux aucun fruit : ils avoient sanctionné les impôts, tout en demandant des modifications aux plus onéreux. La gabelle du sel étoit un de ceux qui causoient le plus de souffrances : dans l'Anjou, le Maine et le pays Chartrain, plus de cinq cents personnes avoient été punies du dernier supplice, sous prétexte d'avoir fait la contrebande du sel; et les députés de ces provinces affirmoient que les fermiers de la gabelle s'étoient fait assurer par leur bail la confiscation des biens des familles les plus riches, qu'ils se chargeoient ensuite de faire tomber dans quelque transgression. La taille étoit plus intolérable encore. Le paysan qui avoit acquitté sa quote-part se voyoit emprisonner pour acquitter celle de son voisin, car tous les taillables étoient responsables les uns pour les autres. Dans leur désespoir, beaucoup d'entre eux avoient émigré, d'autres étoient morts de faim, ou s'étoient tués avec leurs femmes et leurs enfans; beaucoup de familles, auxquelles on avoit enlevé leur bétail, s'atteloient elles-mêmes à la charrue. Les États réduisirent la taille de 4,400,000 livres à 1,500,000, et les compagnies d'ordonnance que cette taille devoit payer, à dix-huit cents hommes d'armes. Mais ils ne furent pas plus tôt congédiés que tous les impôts les plus vexatoires furent rétablis; que la fixation de la taille et celle des compagnies d'ordonnance furent dépassées, et que la cour, ne tenant aucun compte de la périodicité des États-Généraux, qui lui avoit été imposée, prit la résolution de ne plus les convoquer.

Les États-Généraux n'osèrent pas prendre sur eux de régler le conseil du roi, ou l'exercice de la puissance suprême. Ils déclarèrent que puisque Charles VIII montroit une discrétion au-dessus de son âge, il convenoit qu'il gouvernât par lui-même; que le duc d'Orléans, comme premier prince du sang, présidât le conseil; et conclut, à la pluralité des voix, qu'en son absence ce fût le duc de Bourbon, qu'on venoit de faire connétable de France, et après lui, le sire de Beaujeu; qu'enfin le sire et la dame de Beaujeu restassent auprès de la personne du roi comme ils y avoient été jusqu'alors. Le duc d'Orléans, qui se croyoit sûr de son droit, comme de la faveur du roi son cousin, demanda lui-même aux États de ne pas prendre un arrêté plus précis. Mais il étoit joué par Anne de Beaujeu : cette jeune femme avoit toute l'astuce de son père, toute son ambition, toute sa jalousie des autres princes. Comme elle s'aperçut qu'Orléans, au lieu de siéger au conseil, et de prendre la direction des affaires, s'attachoit seulement à plaire à Charles VIII, et se faisoit le compagnon de tous ses jeux, elle emmena le roi loin de lui, et par l'ascendant qu'elle avoit sur son frère, par la crainte qu'elle lui inspiroit, elle le fit agir contre ses propres inclinations. Après l'avoir conduit de Paris à Montargis, elle donna commission à une bande d'aventuriers d'enlever à Paris le duc d'Orléans, et de le lui amener prisonnier. Ce duc, surpris aux halles, où il jouoit à la paume, eut pourtant le temps de s'enfuir à cheval. Il gagna les frontières de Bretagne; il fut dès lors traité en rebelle, et, pour nuire à madame de Beaujeu, il n'hésita point à s'allier aux ennemis de la France. Il rechercha l'amitié du farouche Richard III, qui avoit succédé, en Angleterre, à son frère Édouard IV et à ses fils, qu'il avoit fait périr. Orléans s'allia aussi avec Maximilien d'Autriche, qui prétendoit gouverner les Pays-Bas au nom de son jeune fils Philippe, tandis que les États de ces provinces, secondés par madame de Beaujeu, s'étoient chargés eux-mêmes de la tutelle de cet enfant de cinq ans, et ne vouloient plus obéir à son père, dont ils avoient trop éprouvé l'inconséquence.

Anne de Beaujeu, qu'on ne désignoit plus que par le nom de Madame, mais qui n'avoit aucun titre légal pour gouverner, qui ne siégeoit point au conseil, qui ne signoit point les ordonnances, vit bientôt tous les princes du sang se réunir contre elle, et jusqu'à son beau-frère, le duc de Bourbon; elle conduisit toutefois les affaires avec tant d'adresse et de bonheur que son administration fut couronnée par des succès presque constans. Louis XI avoit tendu tous les ressorts du gouvernement, et la souffrance qu'il avoit causée ainsi étoit universelle et effroyable, mais il avoit suffi de les relâcher pour jouir de la puissance qu'il avoit créée. Les ministres qu'il avoit laissés à sa fille étoient doués d'une grande habileté; ses troupes étoient braves et bien disciplinées; son artillerie étoit supérieure à aucune autre en Europe; ses finances étoient en bon ordre, et soumises à une comptabilité rigoureuse; enfin, l'habitude de l'obéissance s'étoit universellement établie; la peur qui l'avoit fondée duroit toujours, encore que les supplices fussent devenus plus rares, et que quelques uns des plus odieux entre les ministres de Louis XI eussent été sacrifiés à la haine publique.

Au dehors, Anne de Beaujeu seconda la révolution d'Angleterre, qui fut accomplie par la bataille de Bosworth (22 août 1485), où Richard III fut tué, en combattant contre le comte de Richemond : celui-ci étoit descendu, par les femmes, d'un fils légitimé de Jean de Gand, que les partisans de la Rose-Rouge reconnoissoient, faute de mieux, pour représentant de la ligne de Lancaster. Il étoit petit-fils d'Owen Tudor, qui avoit épousé en secondes noces Catherine de Valois, veuve de Henri V. Il fut reconnu pour roi d'Angleterre sous le nom de Henri VII, sous condition qu'il épouseroit Élisabeth, fille d'Édouard IV, et héritière de la ligne d'York, ou de la Rose-Blanche. L'élévation au trône de Henri Tudor mit fin aux longues et sanglantes guerres civiles de l'Angleterre. Anne de Beaujeu avoit aussi donné des secours aux États de Flandre pour combattre Maximilien ; mais les Flamands, qui avoient eu des succès dans la campagne de 1484, furent moins heureux dans celle de 1485. Ils finirent par ouvrir à Maximilien les portes de Gand le 22 juin, et ils le reconnurent pour tuteur de son fils, moyennant une amnistie générale, et la garantie de tous leurs priviléges.

Au dedans, Madame s'attacha surtout à dissiper la ligue des princes du sang, qui ne vouloient pas reconnoître son pouvoir usurpé, et qui s'étoient unis par leur traité du 13 décembre 1486 : « Pour faire entretenir les ordonnances des Trois-États, violées par l'ambition et convoitise de ceux qui entourent le roi. » Le duc de Bourbon et le duc de Lorraine, qu'Anne avoit eu jusqu'alors l'art d'opposer aux autres, s'étoient joints dans cette occasion au duc d'Orléans, au duc de Bretagne, et à tout le reste des princes du sang; Dunois, fils du grand bâtard d'Orléans, prêtoit au parti des princes toute son habileté et tout son talent pour l'intrigue. Le roi, dont la santé s'étoit fortifiée, et dont la présomption avoit été encouragée par ses flatteurs, commençoit à supporter avec impatience le joug de sa sœur. Cependant les généraux d'Anne de Beaujeu poursuivirent avec succès la guerre contre les princes, en Bretagne. Sur ces entrefaites, le duc de Bourbon mourut sans enfans, le 1er avril 1488. Son frère Beaujeu lui succéda, et Madame, au lieu d'être la femme d'un petit baron, se trouva mariée au plus puissant et au plus riche des princes du sang. Bientôt après, l'homme qu'elle préféroit, et à qui elle accordoit le plus de confiance, Louis de la Trémouille, défit l'armée des princes à Saint-Aubin-du-Cormier, le 27 juillet 1488. Il lui envoya le duc d'Orléans et le prince d'Orange, qu'il avoit faits prisonniers, et, avant de recevoir ses ordres, il fit couper la tête à tous les capitaines et à tous les chevaliers que le sort des armes avoit livrés en même temps entre ses mains.

Peu après, François II, duc de Bretagne, qui depuis trente ans avoit toujours offert l'asile de sa province, presque indépendante, à tous les mécontens, mourut le 9 septembre 1488. Il ne laissoit que deux filles, dont l'aînée, âgée de près de douze ans, devoit être son héritiere. Anne de Beaujeu, qui, peu de jours auparavant, avoit accordé la paix à la Bretagne, fit recommencer les hostilités pour assurer au roi la garde-noble de la jeune duchesse. Cependant Madame remarquoit que son frère montroit tous les jours plus de disposition à secouer son joug. Elle s'étoit éloignée de lui pour s'établir à Riom, dont le duc de Bourbon avoit fait la capitale de ses États, et où elle se sentoit souveraine. Les affaires du royaume en souffrirent. Maximilien, Henri VII, Ferdinand et Isabelle, voyoient tous avec une égale jalousie que la Bretagne, si long-temps l'asile de tous les ennemis du royaume, le centre de toutes leurs intrigues, alloit être incorporée à la France. Tous envoyèrent des auxiliaires aux Bretons, pour les aider à défendre leur indépendance. La lutte se prolongea plus de trois ans, et exposa la Bretagne à d'affreux ravages. Les conseillers de la jeune duchesse, Anne de Bretagne, l'engagèrent à accepter pour époux Maximilien d'Autriche, alors roi des Romains. Mais ce prince, qui se plaisoit à faire toujours le contraire de ce qu'on attendoit de lui, au lieu de venir recevoir en personne la main de sa jeune et belle épouse, envoya son maréchal, célébrer en son nom, dans l'été de 1490, son mariage par procuration, tandis qu'il partit pour la Hongrie, pour y faire une guerre qu'aucun intérêt pressant ne sollicitoit.

Tandis que Madame se retiroit en Bourbonnais, Charles grandissoit : le 30 juin 1491 il accomplissoit sa vingt et unième année. Sa sœur n'avoit plus de prétexte pour gouverner à sa place; elle avoit rendu la liberté au prince d'Orange de la maison de Châlons, le plus puissant et le plus riche des seigneurs de la Bourgogne, récemment redevenus Francais, et Orange avoit déjà acquis beaucoup d'influence sur le jeune roi; mais Madame se refusoit toujours à rendre la liberté au duc d'Orléans, encore qu'il eût épousé sa sœur, et qu'il fût premier prince du sang et héritier présomptif de la couronne. Charles VIII, qui l'avoit toujours beaucoup aimé, ne réussissant point par des sollicitations, partit lui même du Plessis-lès-Tours, comme pour une partie de chasse; il s'approcha de Bourges, où Orléans étoit détenu, et donna ordre au geôlier de le lui livrer. C'étoit au mois de mai 1491. Il se chargea ensuite de le réconcilier avec le duc et la duchesse de Bourbon. Il reçut aussi en grâce ses cousins d'Armagnac, fils de ce duc de Nemours que son père avoit fait exécuter; puis il chargea le prince d'Orange, qui étoit oncle de la duchesse de Bretagne, d'une négociation délicate avec elle, pour terminer la guerre dans cette province. Anne de Bretagne, comme femme de Maximilien, qu'elle n'avoit jamais vu, prenoit déjà le titre de reine des Romains. Charles VIII, de son côté, étoit fiancé dès le 23 juin 1483, avec Marguerite d'Autriche, fille de Maximilien, et il faisoit élever à sa cour cette enfant alors âgée de onze ans, tandis qu'il étoit déjà en possession de sa dot, le comté de Bourgogne, le Charolais et l'Artois. Le prince d'Orange étoit chargé de rompre ce double engagement, et de marier Charles VIII avec Anne de Bretagne. Le mariage fut célébré en effet le 6 décembre 1491. Aucun affront ne pouvoit être plus sanglant pour Maximilien, à qui Charles VIII enlevoit sa femme, tandis qu'il répudioit sa fille. L'Église étoit scandalisée de ce que deux mariages solennels étoient rompus sans son consentement. Cependant le traité était avantageux à la France : la Bretagne étoit réunie à la monarchie, tout en conservant tous ses antiques priviléges, et la paix et la sécurité étoient rendues à tout l'occident du royaume.

Le roi étoit arrivé à l'âge où les jeunes gens croient aisément n'avoir plus besoin d'écouter des conseils; sa santé s'étoit fortifiée, et toute son ambition étoit de briller comme un conquérant. Il n'avoit jamais fait d'études d'aucun genre, jamais entendu lire autre chose que des livres ··e chevalerie; aussi il n'avoit pas la première notion, ou de l'art du gouvernement, ou de l'art de la guerre; mais il attachoit toutes ses idées de gloire à la bravoure personnelle ou bien au pouvoir de détruire. Il ne rêvoit alors que la conquête de Constantinople ou de Jérusalem; car rien ne lui paroissoit pouvoir immortaliser un héros comme la guerre contre les infidèles. Ses conseillers et ses courtisans, au contraire, comptoient diriger son ardeur sur l'Italie. Depuis deux siècles, c'étoit le champ de bataille vers lequel se portoient les aventuriers de la France, de l'Angleterre et de l'Allemagne : les uns s'engageoient au service des maisons d'Anjou ou de Durazzo, dans les longues guerres du royaume de Naples; les autres, formés en compagnies d'aventure ou associés aux *condottieri*, faisoient la guerre pour le compte des petits princes ou des républiques qui se partageoient cette contrée. Les revers de ceux qui périssoient dans ces expéditions étoient bien vite oubliés; les plus fortunés seuls revenoient en France pour étaler les richesses qu'ils avoient gagnées, et raconter les voluptés dont ils s'étoient enivrés dans cet heureux climat. L'Italie étoit infiniment plus avancée en civilisation que tous les autres pays de l'Europe, mais elle étoit bien plus riche que puissante. Sa division en petits états rendoit sa défense difficile, et Louis XI avoit par avance préparé ce champ nouveau pour les conquêtes de son fils. Il s'étoit fait céder tous les droits de la seconde maison d'Anjou sur le royaume de Naples, autant que ces droits, sans validité dès leur principe, pouvoient être transmissibles par testament. En même temps, il s'étoit assuré des portes de l'Italie ; il s'étoit fait le tuteur des enfans de sa sœur, qui régnoient en Savoie et en Piémont, et qui se regardoient comme des princes français ; le marquis de Saluces lui avoit fait hommage; son cousin le duc d'Orléans étoit seigneur d'Asti, ville donnée en dot à son aïeule Valentine Visconti ; enfin, le duc de Milan, qui tenoit alors la république de Gênes sous sa protection, étoit son allié. Ainsi donc, si Charles VIII vouloit faire la guerre, il y avoit plus de chances favorables pour lui en attaquant l'Italie qu'aucune autre contrée.

Avant de s'engager dans cette expédition, il convenoit cependant de faire la paix avec les autres voisins de la France, qui tous avoient commencé des hostilités avec elle pour soutenir l'indépendance de la Bretagne. Henri VII, roi d'Angleterre, ne désiroit point s'engager dans des expéditions continentales; mais les Anglais ressentoient pour les guerres de France le même attrait que les Français pour les guerres d'Italie; de même, ils n'en gardoient d'autres souvenirs que celui de leurs victoires, de leurs pillages et de leurs excès. Henri VII, en annonçant à son parlement son intention de faire la guerre à la France, en obtint, sur cette espérance, de riches subsides; mais il ne fut pas plus tôt débarqué à Calais qu'il chercha à dégoûter ses soldats de leur expédition. Il les fatigua en les conduisant au siége de Boulogne, qu'il entreprit au milieu des pluies de l'automne de 1492, et quand il les vit rebutés il vendit la paix à Charles VIII par le traité d'Étaples, du 3 novembre 1492, comme il avoit auparavant vendu la guerre à son parlement. La France s'engageoit à lui payer, pendant quinze ans de suite, cinquante mille écus par année, et les conseillers du roi se réjouirent de s'être débarrassés à ce prix d'un ennemi toujours dangereux.

Il sembloit plus difficile d'apaiser Maximilien d'Autriche, auquel Charles VIII avoit fait les deux plus mortelles offenses auxquelles un époux et un père pussent être exposés; mais Maximilien, le plus brave prince de son siècle, en étoit aussi le plus inconséquent. Il sembloit faire consister toute sa politique à tromper toujours l'attente universelle. Il faisoit alors une guerre ruineuse en Hongrie, et il se prêta avec empressement au traité de Senlis, du 23 mai 1493, par lequel Charles VIII rendoit au roi des Romains sa fille, et avec elle les comtés de Bourgogne, d'Artois et de Charolais, qu'elle lui avait apportés pour dot. Enfin, Charles VIII rendit aussi à Ferdinand et

Isabelle, gratuitement, par le traité de Barcelonne, du 19 janvier 1493, le Roussillon et la Cerdagne, que son père avoit acquis, à titre d'engagement, pour le prix de deux cent mille écus. C'étoit le seul de ces traités qui fût réellement désavantageux; mais Charles VIII parut s'y déterminer dans un mouvement d'enthousiasme, pour témoigner son admiration à ces monarques espagnols qui venoient d'achever la conquête de Grenade et de subjuguer ainsi le dernier royaume maure de l'Espagne.

Les habiles conseillers de Charles VIII avoient préparé d'avance aux Français des alliances en Italie. Louis-le-Maure, gouverneur du duché de Milan pour son neveu Jean Galeaz Sforza, les y avoit lui-même appelés; mais il ne s'attendoit point à leur voir passer les Alpes avec un tel déploiement de puissance. Charles VIII arriva à Turin, le 5 septembre 1494, avec environ trente-deux mille hommes. On remarquoit dans son armée cette superbe artillerie que les frères Bureau avoient perfectionnée pendant les guerres de Charles VII, et qui n'avoit point alors d'égale en Europe. On y comptoit trois mille six cents hommes d'armes, des compagnies d'ordonnance formées sous le même monarque, et huit mille Suisses. L'impétuosité et la bravoure des gentilshommes français, qui entroient seuls dans la cavalerie; le courage, la discipline et la force du corps des Suisses, leur donnoient un avantage prodigieux sur les armées des autres nations. Les uns et les autres apportoient en outre à la guerre une férocité qui s'accroissoit encore par le mépris que les peuples barbares sentent presque toujours pour les peuples civilisés.

Les Français, descendus en Italie par le mont Genèvre, avoient été reçus en Piémont comme des amis. La Lombardie et l'état de Gênes leur avoient été ouverts par Louis Sforza. Ce ne fut qu'en entrant en Toscane par Pontrémoli qu'ils rencontrèrent pour la première fois une légère opposition. Mais à Rapallo, à Fivizzano, et devant Sarzane, où ils trouvèrent enfin l'occasion de faire le coup de lance, ils égorgèrent non seulement tous leurs adversaires, mais tous leurs prisonniers, jusqu'aux malades dans les hôpitaux, jusqu'aux femmes et aux enfans. Cet excès de barbarie contrastoit avec l'humanité dont on ne se départoit point alors dans les guerres d'Italie. Il n'est que trop vrai qu'il leur fut avantageux. Il frappa de terreur les armées qui auroient pu leur disputer le passage. Charles VIII avançoit toujours, sans se soucier de comprendre quels étoient ses amis ou ses ennemis. Il excitoit des révolutions à Pise et à Florence dont il ne se rendoit point compte; il rompoit par la terreur les alliances formées contre lui; il épouvantoit le coupable Alexandre VI, qui s'enferma au château Saint-

Ange, et lui laissa traverser sans obstacle l'État pontifical. La même terreur gagna Alphonse II, roi de Naples, qui s'enfuit en Sicile, après avoir abdiqué en faveur de son fils Ferdinand II. Celui-ci à son tour fut abandonné par ses soldats, et il fut réduit à s'embarquer à Naples, le 21 février 1495, pour Ischia, tandis que le lendemain Charles VIII, à la tête de l'armée française, fit son entrée dans la capitale de son adversaire.

Dans toute cette expédition, Charles VIII n'avoit eu occasion de signaler ni son talent pour la guerre, ni même sa bravoure : il n'avoit combattu nulle part; il n'avoit couru d'autre danger que celui de succomber à la funeste maladie que la découverte de l'Amérique venoit d'introduire en Europe, et que les débauches du roi et de son armée répandirent dans toute l'Italie. Cependant, il se considéroit comme un conquérant, et il se croyoit le souverain de toutes les villes où il étoit entré à la tête de ses soldats. Il ne tarda pas à montrer aux peuples combien il étoit incapable de les gouverner. En entrant à Naples, il avoit confirmé tous les priviléges de la monarchie et de la ville, il avoit promis toutes les grâces qu'il dépend d'un roi d'accorder. Son caractère étoit doux et bienveillant, mais il n'avoit ni goût ni capacité pour les affaires; il ne songeoit qu'au plaisir; il passoit ses journées à jouer à la paume; il n'assistoit à aucun conseil, et il distribuoit des grâces, des titres, des fiefs, des gouvernemens, avec une prodigalité qu'il regardoit comme de la magnificence; il ne connoissoit ni la faveur qu'il accordoit, ni celui à qui il l'ôtoit, ni celui à qui il la donnoit, en sorte que ses libéralités eurent bientôt mis un désordre épouvantable dans toute l'administration. Elles avoient mécontenté les Napolitains de tous les partis: les Angevins l'accusoient d'ingratitude, et le parti de Duraz de tyrannie. La principale affaire de Charles fut de donner à Naples, du 22 avril au 1er mai, le plus beau tournoi qu'eût encore vu l'Italie; après quoi, il se hâta de repartir pour la France, afin d'étaler aux yeux des dames françaises les lauriers qu'il croyoit avoir gagnés. Il repartit de Naples le 20 mai 1495, avec la moitié seulement de son armée; il laissa l'autre moitié au chef d'une branche cadette des Bourbons, Gilbert de Montpensier, cousin germain des deux derniers ducs de Bourbon, qu'il nomma vice-roi de sa nouvelle conquête.

A l'effroi, à la stupeur qu'avoit causée cette invasion si rapide, cette marche tout au travers de l'Italie d'une armée barbare qui sembloit irrésistible, avoient déjà succédé, dans tous les États de cette contrée, le ressentiment et la ferme détermination de s'unir, pour maintenir l'indépendance italienne, pour contenir l'ambition et l'arrogance françaises. Louis-le-Maure, devenu duc de Milan, par la mort de son neveu, qu'on l'accusoit d'avoir empoisonné, voyoit les Français, qu'il avoit lui-même introduits en Italie, s'y conduire comme ses plus ardens ennemis. Le duc d'Orléans, que Charles VIII avoit laissé à Asti, avoit déjà commencé les hostilités pour conquérir le Milanais, qu'il prétendoit être son héritage. Le pape, les Vénitiens, Ferdinand et Isabelle, Maximilien, accusoient tous Charles VIII de n'avoir pas observé les traités qu'il avoit signés avec eux. Une ligue entre tous ces États, pour la défense de l'indépendance italienne, fut conclue à Venise le 31 mars. Mais, avant qu'elle pût mettre en campagne les troupes qu'elle faisoit enrôler en Allemagne et en Espagne, Charles VIII, traversant l'État pontifical et la Toscane aussi rapidement pour retourner en France qu'il l'avoit fait pour arriver à Naples, avoit déjà passé les Apennins à Pontrémoli, et débouchoit dans les plaines de Lombardie à Fornovo, au-dessus de Parme. C'est là qu'il rencontra, sur les bords du Taro, l'armée des confédérés, commandée par le marquis de Mantoue. Elle étoit, pour le nombre, fort supérieure à la sienne, et ses chefs lui étoient également fort supérieurs en habileté ; mais elle étoit toute composée d'Italiens, qui se conduisoient d'après leur tactique lente et précautionneuse, et qui d'ailleurs n'étoient point encore revenus de la terreur que leur avoit inspirée au premier abord la férocité des Français et des Suisses. De plus, les chevaux des Français étoient beaucoup plus vigoureux que ceux des Italiens, tandis que les cuirasses des derniers étoient beaucoup plus lourdes.

L'armée française ayant passé le Taro, au-dessus de Fornovo, le 6 juillet 1495, continua sa marche le long de la rivière, en prêtant le flanc avec beaucoup d'imprudence aux ennemis. En même temps, la tête de la colonne avançant à grands pas, la distance entre l'avant-garde, le corps de bataille et l'arrière-garde, fut bientôt si grande que les ennemis pénétroient sans difficulté dans l'espace qui les séparoit. Mais la bravoure des troupes françaises répara les fautes de leurs généraux. Dans toutes les charges de cavalerie entre les deux armées, les Italiens furent toujours renversés par les Français, et les valets de ceux-ci, qui les suivoient avec de grands couteaux, s'élançant sur le champ de bataille, tuoient aussitôt tous ceux qu'ils y trouvoient étendus et accablés par leur armure. On n'avoit encore jamais vu dans les guerres d'Italie traiter ainsi les guerriers abattus, que le plus souvent on renvoyoit libres, après les avoir dépouillés de leurs armes. Le combat ne dura guère plus d'une heure, mais la perte des alliés fut considérable; aussi l'armée du roi put dès lors continuer sa retraite, toujours suivie par ses ennemis; mais ils montroient bien moins de désir d'en venir de nouveau aux mains. Cependant, après son entrée en Piémont, le roi vit avec inquiétude que les rangs de ses ennemis s'épaississoient de toute part autour de lui. Il fut délivré de tout nouveau danger par la descente d'une seconde armée suisse, que des négociateurs français avoient appelée en Italie par la promesse du pillage. Charles VIII profita de la terreur qu'elle inspiroit pour signer avec le duc de Milan, le 10 octobre, un nouveau traité de paix. Il repassa ensuite les Alpes, et le 7 novembre il étoit de retour à Lyon.

Montpensier ne put pas défendre long-temps le royaume de Naples, dont Charles VIII lui avoit confié la garde. Il y fut attaqué en même temps par le jeune et brave Ferdinand II, qui en avoit été chassé l'année précédente, et par Gonzalve de Cordoue, le vainqueur de Grenade, qui étoit arrivé à son aide avec un corps de vieux soldats espagnols. Montpensier fut obligé, au mois de novembre 1495, de rendre par capitulation les châteaux de Naples. Il essaya ensuite de disputer à la maison d'Aragon la possession de la Pouille; mais le 20 juillet 1496, il dut capituler de nouveau dans Atella, et s'engager à évacuer tout le royaume. Il fut conduit à Pozzuolo, où il devoit s'embarquer avec ses compagnons d'infortune; mais quelques uns de ses lieutenans n'ayant pas voulu obéir à ses ordres et remettre les forteresses qu'ils occupoient, il fut détenu sur cette côte malsaine jusqu'à la fin de l'été : l'épidémie se mit parmi ses troupes ; il y succomba lui-même, et à peine cinq cents de ses soldats échappèrent à la fièvre et purent rentrer en France.

Charles VIII, qui étoit revenu à Lyon, séjourna près de deux ans dans le couvent de Saint-Just de cette ville. Il passa de là à Moulins, puis à Tours, et enfin à Amboise. Son expédition avoit mis en mouvement l'Europe tout entière ; une conquête si importante, si rapidement accomplie ; une armée qui s'aventuroit à une si grande distance de ses foyers, et qui avant d'atteindre son but avoit bouleversé dix peuples divers, faisoient pressentir les forces gigantesques que les grands empires déploieroient dans leurs luttes futures. Pendant tout le moyen âge, l'action de chacun d'eux avoit été renfermée dans ses propres frontières : les rois avoient combattu contre leurs propres vassaux, ou bien ceux-ci s'étoient fait la guerre les uns aux autres. La longue rivalité de la France et de l'Angleterre n'avoit elle-même été entretenue que par les grands fiefs que le roi anglais possédoit en France. Mais une autre ère pour la politique avoit commencé avec l'expédition de Charles VIII. L'Europe avoit appris à se regarder comme ne formant qu'un seul corps, intéressé à maintenir l'équilibre entre ses membres, et à empêcher par un effort commun la prépondérance d'un seul. L'Allemagne, l'Espagne, l'Angleterre, se crurent en danger par suite des révolutions de Naples : des alliances nouvelles unirent les uns aux autres les souverains les plus éloignés, et firent rencontrer sous les mêmes drapeaux les soldats des extrémités de l'Europe.

Toutefois, le jeune homme qui avoit causé ce grand changement ne le comprenoit pas ; il en détournoit ses regards, au lieu de songer à le diriger. Il s'abandonna, comme son aïeul et son bisaïeul, à un libertinage effréné, qui consumoit rapidement son intelligence, sa santé et sa vie. Il ne s'occupoit point de sa femme; il fut à peine sensible à la mort successive de ses trois enfans; et lorsque, faisant un effort sur lui-même pour s'arracher à ses débauches nocturnes, il croyoit rentrer dans le chemin de l'honneur, c'étoit seulement en faisant succéder les tournois et les jeux chevaleresques aux danses lascives. Il dissipoit avec profusion les revenus de l'État : aussi se trouvoit-il dans l'impossibilité d'envoyer à ses partisans en Italie les renforts qu'il leur avoit promis. Ce furent sa prodigalité et les fêtes de sa cour qui l'empêchèrent de faire passer aucun argent à Montpensier, et qui causèrent la perte de ce général et de toute son armée.

Dans les derniers mois de sa vie, Charles VIII revint à Amboise, château où il étoit né, et qu'il avoit pris en grande affection; il y ressentit cet affaissement universel qui annonçoit sa fin prochaine, et que plusieurs de ses conseillers regardèrent comme un commencement de réforme. Le duc d'Orléans, son héritier présomptif, ne s'y trompa pas; il jugea imprudent de s'éloigner dans un tel moment, et il ne voulut point accepter le commandement d'une armée destinée pour l'Italie.

Le troisième des dauphins étoit mort vers la fin de l'année 1497, et cette fois Charles VIII avoit été frappé de l'extinction rapide de sa maison. On lui entendit annoncer sa résolution de réformer sa vie, de s'occuper de ses affaires, de soulager son peuple. Il avoit une qualité rare et précieuse dans un roi : la bonté; jamais on ne lui avoit entendu adresser une parole dure à personne. Mais lors même qu'il auroit eu assez d'énergie pour persister dans ses projets de réforme, la capacité pour les accomplir lui manquoit. Le temps pour l'entreprendre ne lui fut point accordé. Il fut frappé d'apoplexie, le 7 avril 1498, dans une galerie basse du château d'Amboise, et il y mourut le même jour, âgé de moins de vingt-huit ans.

SECTION CINQUIÈME.

Premières années de Louis XII. — 1498-1500.

Au moment de la mort de Charles VIII, le duc d'Orléans étoit déjà universellement reconnu comme héritier légitime de sa couronne ; il étoit beau-frère et en même temps cousin au septième degré du feu roi, comme petit-fils de ce frère de Charles VI qui avoit été assassiné par le duc de Bourgogne. Il étoit alors âgé de trente-six ans, et il y en avoit vingt-cinq qu'il étoit marié à la fille aînée de Louis XI. Celle-ci, Jeanne de France, étoit alors âgée de trente-quatre ans ; sa personne étoit contrefaite ; elle n'avoit jamais eu d'enfans, et depuis plusieurs années elle vivoit séparée de son mari.

Plusieurs messages furent expédiés d'Amboise, la nuit même de la mort du roi, à Blois, où se trouvoit alors le duc d'Orléans ; il accourut et fut reconnu pour roi sans aucun empêchement ; il prit le nom de Louis XII. Le respect pour les droits de l'hérédité s'étoit affermi avec le cours des siècles, et l'habitude de l'obéissance étoit universelle. D'ailleurs, l'aristocratie jusqu'alors si redoutable des princes du sang avoit perdu sa puissance; la plupart des branches de la famille royale s'étoient éteintes : celle d'Alençon, issue d'un frère de Philippe VI, étoit représentée par un enfant de neuf ans; celle d'Angoulême, issue d'un frère du père de Louis XII, par un enfant de cinq ans; celle de Montpensier, issue d'un oncle du duc de Bourbon, alors existant, par un enfant de neuf ans. Ce duc de Bourbon, auparavant sire de Beaujeu et mari de la fille de Louis XI, étoit âgé de soixante ans, et il n'avoit qu'une fille. Un comte de Vendôme, enfin, d'une branche tout-à-fait cadette et jusqu'alors presque oubliée des Bourbons, n'avoit que neuf ans. Ainsi, par une singulière coïncidence, tous les princes du sang étoient enfans, et il n'y en avoit aucun qui pût donner de l'inquiétude au nouveau roi.

Une princesse cependant pouvoit lui causer de la jalousie, car elle représentoit une des plus puissantes branches de la maison royale, et sa principauté, plus qu'aucune autre, avoit conservé des habitudes d'indépendance : c'étoit la veuve du dernier roi, Anne de Bretagne, qui, quoique mariée depuis près de sept ans, n'étoit âgée que de vingt-un ans; elle étoit hautaine, vindicative et très ambitieuse. Dès le lendemain de la mort de son mari, elle repartit pour la Bretagne, y rendit des ordonnances, y fit frapper des monnoies, et convoqua à Rennes les États de la province, se hâtant ainsi de dissoudre l'union de sa patrie avec la France, union regardée comme le plus grand bienfait du règne de Charles VIII; elle donna même lieu de craindre que par un nouveau mariage elle ne livrât cette province à quelque ennemi de la monarchie. Aussi, la première pensée de Louis XII et de son ami et principal conseiller, George d'Amboise, alors archevêque de Rouen, fut d'unir de nouveau la Bretagne à la France, en mariant la veuve du feu roi à son successeur. Anne de Bretagne accéda à cette proposition moins de deux mois après la mort de son premier époux; seulement elle se montra fort jalouse de ses droits comme souveraine indépendante de la Bretagne; elle lui réserva tous ses priviléges par un traité du 19 août 1498, elle chercha même à lui conserver la chance d'être séparée de nouveau de la monarchie. Ce mariage ne pouvoit se solenniser sans être précédé par le divorce de Louis d'avec sa femme légitime : or celle-ci, la reine Jeanne, s'y refusoit et démentoit toutes les allégations par lesquelles le roi vouloit établir la nullité de son mariage. Un grand scandale fut donné à cette occasion à toute la France; mais la chaire de Saint-Pierre étoit alors occupée par un homme, Alexandre VI, de la maison Borgia, qui trafiquoit sans scrupule des lois de la religion ou de celles de la conscience. Il accorda, le 13 septembre, les dispenses à Louis XII pour son nouveau mariage; les juges qu'il avoit nommés cassèrent le premier le 17 décembre, et le 7 janvier suivant le roi fut marié avec Anne de Bretagne.

Le nouveau monarque n'avoit jusqu'alors été regardé que comme un homme de plaisir; ses mœurs avoient été fort déréglées, et son ambition lui avoit fait contracter des alliances fort contraires à l'intérêt de son pays. Toutes ses notions de politique, il les avoit acquises à l'école de Louis XI, et il ne se croyoit appelé à aucune bonne foi dans la conduite des affaires publiques : la nature l'avoit doué de peu de talens, et son éducation ne leur avoit donné l'appui d'aucun principe. Mais depuis quelques années il avoit accordé toute sa confiance à George d'Amboise, prélat qui lui étoit demeuré fidèle dans tous ses revers, et pour lequel, dès qu'il parvint au trône, il se hâta de demander le chapeau de cardinal. Amboise lui inspira le goût de l'ordre et de l'économie, vertus peut-être les plus importantes de toutes pour un roi; il y joignit une disposition bienveillante et un grand désir de se faire aimer du peuple français. Ce fut ainsi que dans un règne de dix-sept ans, signalé par plusieurs calamités et par plusieurs grands actes de perfidie, Louis XII réussit néanmoins à mériter le surnom de *Père du peuple*, et à laisser après lui une mémoire honorée.

Pendant les trois premières années de son règne, qui sont seules comprises dans le quinzième siècle, on remarqua surtout son assiduité au Parlement lorsqu'il séjournoit à Paris, et les efforts qu'il faisoit pour se mettre en état de comprendre la législation. Il en profita pour attacher son nom à l'ordonnance de Blois, publiée au mois de mars 1499, qui introduisoit quelque règle dans le cahos de l'ordre judiciaire, conformément aux demandes qui lui avoient été adressées par une assemblée de notables. En même temps, il rétablit l'ordre dans les finances et la discipline parmi ses troupes; et sa puissance étoit tellement supérieure à celle de tous les autres souverains de l'Europe qu'il lui suffit d'interdire les profusions auxquelles on étoit accoutumé pour se retrouver dans l'affluence, d'autant plus que les gouvernemens qui l'avoient précédé, n'ayant point de crédit, n'avoient point pu contracter de dettes, en sorte qu'ils n'avoient pas pu engager l'avenir.

D'autre part, le premier objet de l'ambition de Louis XII étoit d'obtenir la souveraineté du Milanais. Il prétendoit que cet héritage lui étoit dévolu, comme petit-fils de Valentine Visconti, encore que les femmes et leur descendance fussent exclues de l'hérédité par la loi commune de l'Italie, et plus expressément encore par les deux bulles impériales qui avoient institué le duché de Milan. Sans égard pour les traités conclus par son prédécesseur, il travailla d'abord à détacher du duc Louis Sforza tous ses alliés; après s'être assuré de Ferdinand et d'Isabelle, du Pape, des Vénitiens et des Suisses, il envahit la Lombardie au mois d'août 1499; il n'y éprouva aucune résistance, et le 2 octobre, il fit son entrée dans Milan. Il déclara bien à cette occasion qu'il confirmoit les priviléges du duché et de sa capitale, qu'il aboliroit les impôts les plus onéreux, qu'il répandroit ses faveurs parmi la noblesse, et qu'il lui rendroit entre autres le droit de chasse; le joug des vainqueurs ne tarda pas, néanmoins, à devenir insupportable aux vaincus. Les Français, éblouis de la richesse de la Lombardie, ne croyoient jamais pouvoir lui demander trop d'argent. D'ailleurs, les Milanais n'avoient pas seulement à satisfaire le fisc, ils avoient tour à tour à se défendre contre une soldatesque étrangère, qui ignoroit leur langage et ne respectoit pas leurs mœurs, et contre leurs émigrés rentrés du parti guelfe, qui s'appuyoient sur l'ennemi de leur pays, pour écraser leurs compatriotes.

L'irritation que tant de vexations devoient produire ne tarda pas à éclater. A peine Louis XII avoit repassé les monts pour rentrer en France que la Lombardie se révolta, et que Louis-le-Maure, qui s'étoit retiré auprès de l'empereur Maximilien, son gendre, rentra dans Milan, le 6 février 1500. Ce retour cependant lui fut bien funeste. Louis XII, avec une activité dont on avoit jusqu'alors vu peu d'exemples, et que le bon ordre dans lequel il avoit mis ses finances lui permettoit d'exercer, fit partir aussitôt sa gendarmerie et solder des Suisses pour réprimer la rébellion. Les Suisses étoient alors au faîte de leur réputation guerrière : seuls libres au milieu de peuples courbés sous le joug, seuls aussi ils avoient conservé, jusque dans les derniers rangs de la société, la valeur et le point d'honneur militaires. Tous les potentats vouloient en engager à leur service, tous cherchoient à les séduire par les pensions, la haute paie et la licence des camps; tous les flattoient, et travailloient à l'envi à les corrompre. Ils ne réussirent que trop : la nation entière sembla saisie par un esprit de vertige; tous ces vigoureux paysans, à l'appel des étrangers, s'empressoient de quitter la charrue pour venir en peu de mois gagner une haute paie, en versant le sang de ceux qui ne les avoient point offensés. Après quoi ils dissipoient dans une débauche forcenée l'argent qu'ils avoient si avidement rassemblé.

Il suffisoit aux Suisses de deux ou trois jours de

marche pour arriver dans le duché de Milan; les embaucheurs du duc et du roi avoient travaillé à l'envi dans les montagnes pour faire des levées; et en effet, les deux armées qui devoient, l'une attaquer, l'autre défendre la Lombardie, se trouvèrent composées presque uniquement de Suisses. Leur répugnance à combattre les uns contre les autres fit naître des conférences journalières entre les deux camps: mais le résultat de leurs négociations fut plus fatal encore à l'honneur des Suisses, que n'auroit pu l'être une guerre fratricide. Le 9 avril 1500, les Suisses que Louis-le-Maure avoit conduits avec lui à Novarre, au nombre de dix mille, convinrent avec leurs compatriotes du camp français de retourner dans leurs montagnes, d'abandonner au fer de l'ennemi leurs compagnons d'armes, italiens et stradiotes, et de livrer aux Français le prince qu'ils servoient. Louis Sforza fut en effet arrêté le 10 avril, comme il se cachoit sous un déguisement dans leurs bataillons, et mis entre les mains de Louis XII. Celui-ci eut la barbarie de le laisser languir en prison pendant dix ans, et jusqu'à sa mort, dans une solitude absolue, lui refusant même la permission ou de lire ou d'écrire pour adoucir ses ennuis.

Ce dernier succès affermit la domination de Louis XII sur une partie importante de la Lombardie; en même temps, il réunissoit sous son obéissance la France telle qu'elle est constituée de nos jours, à la réserve de la Flandre, de l'Artois, de la Lorraine, de l'Alsace et de la Franche-Comté. Il étoit également tout puissant dans tous les États de la maison de Savoie; la république de Gênes reconnoissoit son protectorat, comme elle avoit reconnu auparavant celui des Sforza. Les petits États de la Toscane et de la Romagne, en sollicitant son alliance, s'étoient chargés d'entretenir les troupes françaises cantonnées chez eux. Tout enfin se préparoit pour une expédition contre le royaume de Naples. Les coffres de l'État étoient pleins; les armées étoient nombreuses et bien disciplinées; elles se croyoient invincibles; ceux qu'elles devoient combattre étoient frappés de terreur et d'étonnement. Leur rapidité, leur valeur, mais aussi leur férocité, faisoient fuir leurs ennemis devant elles, plus rapidement qu'elles ne pouvoient les atteindre. Quand on compare cet état redoutable de puissance à l'anéantissement de la monarchie, sous un roi en démence, au commencement du même siècle, on est confondu de la force vitale qui réside dans les sociétés humaines, et de la rapidité de leurs développemens, en dépit des vices de leur administration. Si l'on regarde en arrière en effet, les souvenirs de Charles VI, de Charles VII et de Louis XI ne semblent point promettre un accroissement de prospérité. Toutefois, c'étoit après avoir gémi sous leur sceptre que la France manifestoit tout à coup tant d'énergie et d'ambition, et qu'elle commençoit déjà à rêver la monarchie universelle.

CHAPITRE XII.

Les Français au seizième siècle.

SECTION PREMIÈRE.

Suite et fin du règne de Louis XII. — 1501-1514.

Le seizième siècle fut une période brillante pour la France, mais il s'en faut de beaucoup que ce fût une période de bonheur. Jamais encore le pays ne s'étoit trouvé en mesure d'employer au dehors de plus grandes forces; jamais le gouvernement n'avoit si complétement disposé de toute l'énergie nationale. Avec tant de puissance, on se fait craindre, on se fait haïr, on fait souvent beaucoup de mal aux autres, on se fait rarement du bien à soi-même.

Tous les grands feudataires, anciens rivaux de la couronne, avoient disparu; tous les princes du sang apanagés, qui dans le siècle précédent avoient formé une nouvelle et formidable féodalité, avoient été domptés par la jalousie féroce de Louis XI, et plus encore par leurs propres vices, car c'étoient ces vices qui les avoient condamnés tous à mourir jeunes, et à ne laisser que des mineurs en possession de leurs apanages. Ainsi, il ne restoit plus de grands seigneurs qui balançassent le pouvoir royal. La noblesse possédoit, il est vrai, toujours ses châteaux, mais elle ne songeoit jamais à les défendre contre la couronne. Elle abusoit de son pouvoir sur les paysans, comme, dans tous les temps, les riches ne sont que trop disposés à abuser de leur pouvoir sur les pauvres. Mais elle dispensoit ainsi le pouvoir royal de prendre aucun souci, et de faire aucune dépense pour l'administration des campagnes, tandis que les villes étoient gouvernées tout aussi économiquement par des magistratures municipales, qu'elles élisoient elles-mêmes, et qui ne coûtoient rien au trésor royal. Aucun des ordres de l'État ne considéroit ses droits comme pouvant s'étendre jusqu'à la résistance à la volonté du monarque ; le clergé étoit tout dévoué à la couronne, et il étoit prêt, au besoin, à la servir même contre la cour de Rome ; la noblesse mettoit son ambition à entrer dans les compagnies d'ordonnance, qui, déjà, étoient reconnues comme la meilleure cavalerie de l'Europe ; le tiers-état fournissoit aux armées ses francs-archers, infanterie nombreuse, mais peu estimée, qui devoit son établissement à Charles VII ; la magistrature ne songeoit ni à ses priviléges, ni même à sa conscience ; elle rendoit la justice selon les passions du roi, toujours prête à condamner ou à absoudre, selon les suggestions qu'elle recevoit de lui.

C'étoient moins encore les droits qui manquoient en France aux différens ordres de l'État que les nobles sentimens par lesquels on les défend ou on les fait tourner à l'avantage général de la société : personne ne montroit ou d'intelligence de la vraie liberté, ou de respect pour sa propre dignité, ou de résolution à faire triompher la justice et la vérité par amour du devoir. L'ordre du roi et l'empressement à faire sa volonté sembloient tenir lieu de toute morale. Personne ne songeoit à se demander si une guerre étoit juste ou injuste, et ce silence si complet de l'opinion et de la conscience publiques doit expliquer la scandaleuse perfidie de la conduite du gouvernement pendant tout ce siècle. Cependant on voyoit naître une notion vague de patriotisme; on disoit de tel ou tel, qu'il étoit *bon Français ;* mais cette désignation, donnée à des étrangers comme à des nationaux, devoit surtout être entendue comme signalant les hommes prêts à soutenir les intérêts français au prix de leur fortune, de leur vie, et même de leur conscience. En même temps une certaine élégance avoit pénétré dans les mœurs, comme dans les intelligences; un point d'honneur militaire assez rigoureux s'étoit introduit à la place de la vraie moralité, et la foi d'un chevalier méritoit encore quelque créance, tandis que la foi d'un roi, d'un ambassadeur, d'un ministre ou d'un juge, n'en méritoit aucune. Le Français, fait pour la société, et entraîné par l'amour du plaisir, avoit appris de bonne heure à plaire ; et quoique, pour la vraie civilisation, pour l'instruction surtout, il fût fort en arrière de l'Italien, ou même de l'Espagnol et de l'Allemand, il paroissoit plus qu'eux fait pour le monde : c'étoit toujours chez lui qu'on cherchoit le modèle de la vraie chevalerie.

Avec ces qualités, ces défauts et ces élémens de puissance, les Français, pendant la première moitié du seizième siècle, se ruèrent sur les contrées étrangères, et surtout sur l'Italie. Ils y remportèrent quelques brillantes victoires, ils y éprouvèrent aussi de sanglantes défaites, et peu après le milieu du siècle ils furent contraints d'évacuer entièrement cette péninsule. La guerre qu'ils y avoient portée l'avoit ruinée ; elle avoit détruit sa liberté et son indépendance, et en l'abandonnant ils la livrèrent aux rivaux qu'ils devoient redouter le plus. L'autre moitié du siècle fut remplie par des guerres de religion ; elles furent cruelles, acharnées, ruineuses, et elles laissèrent la France bien plus épuisée à la fin du siècle qu'elle ne l'étoit à son commencement. Toutefois, ce furent elles qui contribuèrent le plus à relever et à faire grandir le caractère français, car elles enseignèrent à tous les ordres de la nation qu'il existe un autre devoir que celui de l'obéissance passive, une autre dignité humaine que celle que les rois distribuent, une loi de la conscience enfin, supérieure aux lois des hommes.

Au commencement du seizième siècle, Louis XII étoit âgé de trente-neuf ans; il régnoit depuis trois ans sur la France, depuis un an sur le Milanais. Il pouvoit compter sur le dévouement de la république de Florence, sur la neutralité de celle de Venise, qui commençoit à s'inquiéter des projets hostiles des Turcs. Louis XII avoit intéressé la dernière à la conquête du Milanais, en lui en abandonnant la portion située sur la gauche de l'Adda. Il s'étoit assuré du pape, le scandaleux Alexandre VI, en prêtant à son fils, l'odieux César Borgia, ses compagnies d'ordonnance pour accomplir la conquête de la Romagne et l'extermination de ses petits princes. Le roi Frédéric de Naples, qui s'étoit fait chérir de son peuple, mais qui sentoit sa foiblesse, cherchoit à tout prix à se réconcilier avec Louis, et lui offroit de se reconnoître pour son vassal. Ferdinand et Isabelle en Espagne, Henri VII en Angleterre, Maximilien en Allemagne, étoient jaloux de la France, mais ils ne trouvoient point de champ de bataille pour la combattre; ils n'avoient point de place forte en Italie, l'entrée de cette région leur étoit toujours fermée; aussi, si Louis XII avoit accepté le rôle de protecteur et de bienfaiteur de l'Italie, s'il s'y étoit conduit avec bonne foi, personne n'auroit pu y troubler sa domination. Malheureusement le nouveau roi voulut être habile. Parmi les courtisans, parmi les ministres, se conservoit toujours cette admiration pour l'habileté de Louis XI que nous voyons naïvement exprimée par Brantôme. Ce fut le modèle que se proposèrent Louis XII et le cardinal d'Amboise, mais ils ne surent imiter que sa perfidie, et son système de ne jamais marcher au but que par une voie détournée.

 Louis XII préluda par trois traités divers à chacune de ses guerres et de ses tentatives de conquête en Italie. Il conclut le traité de Blois, du 15 avril 1499, avec les Vénitiens, pour le partage du Milanais; le traité de Grenade, du 11 novembre 1500, pour le partage du royaume de Naples; le traité de Cambrai, du 10 décembre 1508, pour le partage des États de la république de Venise. L'esprit de ces trois traités est toujours le même. Par chacun d'eux, Louis XII offroit à un rival puissant une partie des dépouilles d'un État plus foible, sous condition que ce rival trahît l'État foible dont il auroit dû être l'allié, qu'il s'avançât en prétendant lui donner des secours, et qu'il tournât contre lui ses armes, au moment de sa plus grande nécessité. Dans ces trois traités, Louis XII laissoit toujours aux États dont il recherchoit l'alliance le rôle le plus odieux, car il y a un degré de moins de noirceur à acheter des traîtres qu'à trahir soi-même; mais, d'autre part, il s'assuroit d'avance le rôle de dupe, car le rival qu'il avoit appelé à une première trahison envers celui qu'il vouloit dépouiller ne manquoit jamais de la faire suivre par une seconde trahison envers lui-même. Aussi ce furent les étrangers que Louis avoit introduits lui-même en Italie qui le chassèrent successivement du Milanais, du royaume de Naples et des États de Venise.

Nous avons déjà parlé de l'invasion du Milanais, qui appartient au quinzième siècle; la première entreprise militaire du seizième fut l'attaque du royaume de Naples, en exécution du traité de Grenade. Louis XII la dirigeoit de Lyon, tandis qu'il donna le commandement de l'armée d'expédition à un général écossais au service de France, Eberard Stuart d'Aubigny. Frédéric d'Aragon, le meilleur et le plus aimé des rois qui fussent montés sur le trône de Naples, n'avoit pu cependant réunir des forces suffisantes pour se défendre. Depuis l'expédition de Charles VIII, ni les finances ni l'armée nationale n'avoient pu se rétablir. Aussi avoit-il eu recours aux puissans chefs de sa maison, Ferdinand et Isabelle, qui, comme parens, comme compatriotes, comme anciens alliés, étoient ses protecteurs naturels. Ils avoient envoyé dans l'île de Sicile, qui leur appartenoit, Gonzalve de Cordoue avec une puissante armée. Frédéric l'appela à lui, il lui ouvrit ses places fortes de Calabre, il lui livra tous ses arsenaux, puis, au moment où les Français passoient la frontière pour entrer dans la Campanie, il apprit, avec autant d'étonnement que d'indignation, que les rois d'Espagne lui déclaroient la guerre, et qu'ils étoient convenus avec Louis XII de partager son royaume. Les Français s'avançoient cependant, et quoi qu'ils n'eussent été aucunement provoqués, quoi qu'ils n'eussent contre les Napolitains aucune cause de rancune, ils faisoient la guerre avec une férocité inconnue à l'Italie. Lorsqu'une forteresse étoit prise après s'être défendue, ils pendoient tous les soldats qu'ils y trouvoient; lorsqu'ils s'emparèrent de Capoue, le 25 juillet 1501, ils massacrèrent sept mille de ses paisibles habitans. Cependant Frédéric aima mieux encore s'adresser à eux pour se rendre qu'au général espagnol qui l'avoit si perfidement trahi. Naples et Gaëte avoient volontairement ouvert leurs portes. Les châteaux de la capitale étoient seuls demeurés à Frédéric, qui avoit cherché un refuge à Ischia. Il les livra à d'Aubigny par sa capitulation du 25 août, puis, montant lui-même sur les vaisseaux français, il fut conduit à Louis XII, qui le retint en Anjou, dans une honnête captivité, jusqu'à sa mort, survenue trois ans plus tard. Dans le même temps, son fils, Ferdinand, duc de Calabre, s'étoit enfermé dans Tarente pour défendre cette ville contre les Espagnols : Gonzalve de Cordoue, après l'avoir assiégé longtemps, trompa son gouverneur, le comte de Potenza, par de faux sermens. Il avoit promis de laisser le jeune prince en liberté; il l'arrêta cependant et l'envoya en Espagne, où l'héritier du trône de Naples ne mourut qu'en 1550, après une captivité d'un demi-siècle. — Il fallut un long temps à Gonzalve de Cordoue pour soumettre la Calabre et la Pouille, qui devoient demeurer en partage à ses maîtres. Les habitans, indignés de tant de perfidie, se défendoient contre lui avec obstination. Mais à peine la capitulation de Tarente leur eut fait poser les armes que Gonzalve de Cordoue commença à l'Atripalda les hostilités contre les Français.

Avant toutefois que les ministres de Louis XII recueillissent les fruits amers de la perfidie qu'ils avoient suggérée à leurs alliés dans le royaume de Naples, le ressentiment d'une autre perfidie, qu'ils avoient suggérée à d'autres alliés, fut sur le point de leur faire perdre la Lombardie. Depuis l'infâme transaction de Novarre, où les Suisses avoient vendu le souverain qui s'étoit confié à eux, ils étoient toujours demeurés dans un état effrayant de fermentation. Ces paysans des montagnes, enrichis par les soldes qu'ils avoient reçues, par les dépouilles de la Lombardie qu'ils avoient ravies, par les gages du crime pour lesquels ils s'étoient vendus, étoient encore corrompus par les excès auxquels ils s'étoient livrés dans les camps, et tourmentés par les remords dès qu'ils n'étoient plus étourdis par le vin. Ils sentoient qu'ils avoient violé non seulement la bonne foi, mais l'honneur militaire. Ils ne se rendoient point compte du parti qu'ils devoient prendre, mais leur ressentiment contre la France s'aigrissoit chaque jour. Enfin, au mois d'août 1501, sept mille Suisses entrèrent en Lombardie, et s'emparèrent de Lugano. Bientôt ils s'y trouvèrent entourés et harcelés par la gendarmerie française. Ils s'étoient à peine avancés d'une journée en dehors de leurs frontières, quand ils s'aperçurent que les capitaines qui leur donnoient l'exemple de la bravoure dans les batailles n'avoient aucune des qualités des généraux; que leurs piques, qui repoussoient avec tant de fermeté la cavalerie ennemie, ne leur servoient à rien pour la poursuivre; qu'ils ne formoient enfin qu'un des élémens d'une armée, et non une armée complète. Ils traitèrent de nouveau avec Louis XII, et retournèrent dans leurs montagnes: cependant c'étoit la première explosion d'une haine qui ne cessa dès lors de s'accroître, et qui, plusieurs années plus tard, coûta à la France la possession du Milanais.

Le traité de Grenade n'étoit pas moins honteux que la convention de Novarre, mais les Espagnols n'étoient pas troublés par le remords comme les Suisses. Ferdinand-le-Catholique et son général Gonzalve de Cordoue étoient endurcis sur le reproche de perfidie. Leurs soldats, non plus que les Français, ne songeoient point à la politique, et ne jugeoient jamais leurs chefs. Mais les Espagnols, ayant une fois mis le pied en Italie, vouloient s'y étendre, et les habitans du royaume de Naples, après une première explosion d'indignation, sembloient s'entendre mieux avec eux qu'avec les Français. D'ailleurs, le partage de leur patrie entre deux dominations rivales blessoit non seulement leur orgueil national, mais tous leurs intérêts économiques. Louis XII ne se laissa point tenter par la guerre qui s'allumoit près de Naples pour visiter ce royaume, il ne s'avança jamais jusque là; seulement, dans l'été de 1502, il vint passer quelques semaines à Milan et à Gênes, puis il retourna en France pour diriger de Lyon les expéditions de ses généraux. Dans cette guerre, on vit se distinguer quelques hommes, dont le nom est resté cher à la France, comme celui de braves officiers, de parfaits chevaliers, tels que d'Aubigny, Louis d'Ars, la Palisse, et surtout Bayard, mais ils ne commandoient pas en chef, et ils firent preuve de vaillance et de loyauté, non de tactique, de stratégie, ni des talens et des qualités qu'on doit chercher dans un général. Ceux au contraire auxquels Louis XII confioit la conduite suprême de la guerre ne brilloient point par une habileté supérieure; ils s'accordoient mal entre eux, et ils ne furent pas heureux. Le duc de Nemours, fils de celui que Louis XI avoit fait périr, fut nommé par Louis XII vice-roi de Naples, et sa nomination offensa ceux qui avoient, avant lui, conquis ce royaume. Il attaqua aussitôt les Espagnols, et entra dans la Pouille, et d'Aubigny dans la Calabre, tandis que Gonzalve de Cordoue se tenoit sur la défensive, et attendoit l'effet des fièvres de l'été. Celles-ci affoiblirent en effet bientôt les armées françaises; pendant l'hiver, elles s'épuisèrent au siége de Barlette; puis, au printemps suivant, d'Aubigny fut défait, le 21 avril 1503, à Seminara, et son armée fut entièrement dissipée. Huit jours après, Nemours fut attaqué, le 28 avril, à Cerignola, par Gonzalve lui-même. Il y fut tué. Son armée, mise en déroute, ne s'arrêta dans sa fuite que lorsqu'elle fut arrivée à Gaëte; tandis que les Espagnols entrèrent, le 14 mai, à Naples, et que le royaume entier se soumit à eux.

Louis avoit eu en même temps recours aux négociations pour cimenter son pouvoir sur l'Italie, mais il avoit moins de bonheur encore dans la diplomatie que dans les armes. Le fils de Maximilien, Philippe, héritier de sa mère Marguerite de Bourgogne, et souverain des Pays-Bas, étoit arrivé à l'âge d'homme. En 1503, il avoit vingt-cinq ans; il étoit marié à Jeanne, fille et unique héritière de Ferdinand et d'Isabelle, et il en avoit déjà un fils, qui depuis fut connu sous le nom de Charles-Quint. Philippe, héritier présomptif de tant de monarchies, désiroit la paix, parce qu'elle suffisoit à confirmer ses droits. Il traversa la France en 1501 pour se rendre en Espagne; des fêtes magnifiques l'accueillirent partout sur son passage, et, durant son séjour à Blois, où vivoit alors Louis XII, il confirma par serment des traités déjà négociés par le cardinal d'Amboise avec Maximilien son père et avec Ferdinand son beau-père. Il traversa de nouveau la France en 1503 pour retourner dans ses États, et il signa, le 5 avril, à Lyon, un nouveau traité avec Louis XII, au nom des monarques espagnols. Mais il étoit difficile de lier par des traités le capricieux et fantasque Maximilien ou le fourbe Ferdinand. Louis XII vouloit obtenir du premier l'investiture du duché de Milan, et les sommes énormes qu'il offroit pour prix de cette faveur témoignoient assez combien il se défioit de ses propres droits. Quant aux rois d'Espagne, il offroit d'assurer le royaume de Naples à Charles, leur petit-fils, conjointement avec Claude sa fille. C'étoient deux enfans de trois ans qu'il proposoit de marier ensemble. Aucun projet ne pouvoit être plus fatal à l'indépendance de la France, plus dangereux pour l'Europe entière. Charles-Quint, mari de Claude, et secondé par son beau-père, auroit bientôt fait voir quel cas il faisoit de la loi salique. Heureusement, Ferdinand et Isabelle préférèrent une jouissance actuelle à une espérance pour leur petit-fils. Ils ne ratifièrent point le traité de Lyon, et les hostilités recommencèrent.

Louis XII crut qu'il forceroit les monarques espagnols à renouer les négociations en les attaquant dans leur propre pays. Il dirigea deux armées, l'une par Fontarabie, l'autre par le Roussillon, pour envahir l'Espagne, mais elles n'eurent aucun succès. Une troisième armée bien plus considérable devoit délivrer les Français assiégés à Gaëte et recouvrer le royaume de Naples. Louis XII s'étoit proposé de donner à cette armée un puissant auxiliaire, l'homme le plus habile comme le moins scrupuleux de l'Italie, César Borgia, qui avoit réussi en peu d'années à se former une principauté considérable en Romagne, et une excellente armée. Voulant le gagner à sa cause, Louis XII avoit consenti à lui prêter des troupes françaises pour accomplir ses trahisons; mais César n'avoit pas plus tôt atteint son but qu'il se détachoit d'une alliance qui ne lui rapportoit plus rien. Une nouvelle négociation fut entamée avec lui pour l'engager à favoriser l'expédition de Naples. Borgia consentoit bien à seconder les Français, mais il y mettoit pour condition que Louis XII lui abandonneroit les Florentins, les plus anciens et les plus fidèles alliés de la France, que le tyran de la Romagne comptoit surprendre et subjuguer au milieu de la paix. Un autre crime de Borgia épargna cette infamie à la France : pendant que la négociation duroit encore, le pape et son fils, se trompant de bouteille, burent d'un vin empoisonné qu'ils avoient préparé pour un riche cardinal invité à dîner avec eux. Alexandre VI en mourut, le 18 août 1503; César Borgia fut à l'agonie, et quand il se releva de son lit de douleur, il dut songer à se défendre, non à faire de nouvelles conquêtes.

Cependant, la vacance du saint-siége ouvrit une nouvelle carrière à l'ambition de George d'Amboise, le ministre et le favori de Louis XII. Il ne douta point qu'avec l'appui de la France il ne pût parvenir lui-même au souverain pontificat. Il arriva en poste de Paris à Rome avec deux cardinaux qu'il avoit tirés de prison, sous condition qu'ils lui donneroient leurs votes; il traita avec César Borgia, qui lui promit le vote des dix-huit cardinaux espagnols dont il disposoit. Mais surtout, pour intimider les autres, il donna ordre à l'armée française, qui étoit arrivée à Népi, de s'y arrêter, et de demeurer dans l'État pontifical, jusqu'à ce que l'élection fût terminée. Malgré ces précautions, Amboise fut joué; on l'engagea d'abord à donner ses voix à un cardinal moribond, Pie III, qui en effet ne régna que dix jours; et quand le conclave se rassembla de nouveau, Amboise avoit perdu la majorité, et dut consentir à la nomination du fougueux Julien de la Rovère, qui prit le nom de Jules II. Le retard de l'armée française, sacrifiée à l'ambition de George d'Amboise, avoit cependant causé sa perte : elle ne put arriver sur le Garigliano, par où elle comptoit entrer dans le royaume de Naples, qu'après avoir donné le temps à Gonzalve de Cordoue de s'y fortifier puissamment. Elle y fut arrêtée pendant toute la saison des pluies, et embourbée dans les marais. La maladie s'y répandit bientôt, et y causa d'affreux ravages. Pendant qu'elle luttoit contre ce fléau, elle fut attaquée, le 27 décembre 1503, par Gonzalve de Cordoue, et complétement défaite. Tout le royaume de Naples fut alors perdu.

Lorsque l'on considère Louis XII comme politique ou comme guerrier, on ne voit point que sous ce double rapport il ait mérité la faveur qui s'est attachée à son nom. En effet, les Italiens, aux dépens desquels il exerça presque uniquement son activité, ne virent en lui qu'un esprit foible, dominé par un ministre peu habile; un négociateur sans foi, et un guerrier qui vouloit effrayer ses ennemis par la férocité de ses soldats, au lieu de les vaincre par l'habileté de ses généraux. Mais en France, où

Louis XII étoit vu de plus près, on lui trouvoit des qualités qui lui rattachoient les cœurs. Au lieu de montrer aucune rancune à La Trémouille, qui l'avoit vaincu et fait prisonnier lorsqu'il n'étoit que duc d'Orléans, il lui avoit confié le commandement de ses armées ; il n'avoit point craint de se faire accuser d'avarice par les courtisans, parce qu'il avoit voulu avant tout être ménager de l'argent de ses peuples. Malgré la guerre qu'il avoit faite presque sans relâche, il n'avoit point augmenté les impôts, mais il avoit trouvé des ressources suffisantes dans l'ordre et dans l'économie. Ses ordonnances enfin avoient, pour la première fois, fait sentir qu'un législateur se proposoit d'organiser le royaume, au lieu d'innover au hasard et selon son caprice. C'est ainsi qu'il érigea en parlement l'échiquier de Normandie, et qu'il donna une existence nouvelle au parlement de Provence ; en même temps, il assura à l'administration de la justice, dans toute la France, une indépendance qu'elle n'avoit encore jamais connue. Le parlement de Grenoble et l'archevêque d'Embrun avoient recommencé les persécutions contre les Vaudois : ces malheureux habitans des Hautes-Alpes passoient rarement dix ans sans que quelqu'un de leurs voisins essayât de les convertir par des supplices ou de s'enrichir par la confiscation de leurs biens. Louis XII se fit rendre compte des accusations intentées à ces pauvres gens, il abolit tous les procès commencés, avec une tolérance merveilleuse pour son siècle. Les Vaudois ayant déclaré qu'ils croyoient tout ce que croyoit l'Église, il ne voulut point qu'on les pressât de questions, ou qu'on cherchât à les mettre en contradiction avec eux-mêmes ; au contraire, il ordonna qu'on les laissât tranquilles.

Depuis un siècle, depuis surtout que la faction de Bourgogne avoit effrayé la cour par ses violences, les rois de France ne faisoient plus à Paris leur résidence habituelle : Louis paroissoit préférer le séjour de Blois, celui de Tours ou celui de Lyon. Il visita cependant sa capitale en février et mars 1502 : il gagna la bienveillance des habitans par une grande bonhomie, et il ne fit que rire des comédiens qui avoient eu la hardiesse de le jouer lui-même sur leurs tréteaux. Après la défaite de son armée au Garigliano, découragé par tant d'efforts infructueux, il signa, le 25 février 1504, une trève de trois ans avec l'Espagne, et cet abandon de ses projets ambitieux fut aussi un bienfait pour son peuple ; mais on ne sauroit reconnoître le même caractère dans le traité de Blois du 22 septembre suivant, auquel Louis XII se laissa entraîner par complaisance pour sa femme Anne de Bretagne. Celle-ci avoit perdu successivement deux fils qu'elle avoit eus de lui ; aussi elle concentroit toutes ses affections sur sa fille Claude, et elle vouloit faire d'elle une grande reine, aux dépens de l'héritier masculin de la couronne de France, qui ne lui inspiroit que de la jalousie. Le fils de l'archiduc Philippe, souverain des Pays-Bas, étoit le plus grand parti qu'elle pût procurer à sa fille. Il étoit l'héritier futur de Maximilien d'une part, de Ferdinand et d'Isabelle de l'autre. Anne vouloit que sa fille lui portât encore tous les droits de la France sur le duché de Milan et le royaume de Naples; sur son propre héritage, la Bretagne; sur le comté de Blois, héritage personnel de son mari; enfin la restitution de tout l'héritage de Bourgogne, dont la France s'étoit emparée à la mort de Charles-le-Téméraire. Ce fut sur ces bases que fut signé, à Blois, le 22 septembre, le contrat de mariage de Charles de Luxembourg, qui fut depuis Charles-Quint, avec Claude de France.

A l'époque de ces négociations, Louis XII étoit grièvement malade. Il eut, à trois reprises différentes, des rechutes dangereuses d'une fièvre continue, de laquelle on espéroit peu le sauver; depuis même qu'il étoit entré en convalescence, on continuoit à le croire atteint d'éthisie, et le peuple en témoignoit une grande douleur. La reine Anne de Bretagne, qui étoit hautaine et impérieuse, et qui le dominoit absolument, lorsqu'elle se crut assurée de le perdre, se hâta d'envoyer tous ses effets les plus précieux en Bretagne. Elle avoit aussi donné ses ordres pour enlever le jeune comte d'Angoulême, l'héritier présomptif de la couronne, qu'elle vouloit sacrifier à sa fille. Le maréchal de Gié eut le courage de la traverser dans ces audacieuses entreprises, et Louis XII, dans sa convalescence, eut la foiblesse de sacrifier à la reine ce sujet fidèle, qui fut jugé par une commission, et dégradé pour avoir sauvé la France.

Cependant, à mesure qu'il recouvroit ses forces, Louis XII sentoit mieux ce qu'il devoit à la France et à l'Europe. Le 31 mai 1505, il fit son testament, qui à la vérité resta clos, et dont il déroba soigneusement la connoissance à la reine, aussi bien qu'à Maximilien et à Philippe. Par cet écrit, il régloit déjà que sa fille, au lieu d'épouser le fils de Philippe, le prétendant à la monarchie universelle, et l'ennemi futur de la France, épouseroit son propre neveu, François, comte d'Angoulême, et deviendroit ainsi reine de France. Lorsqu'il se sentit tout-à-fait rétabli, il assembla les états du royaume à Tours, le 14 mai 1506, pour rejeter sur eux la rupture du traité de Lyon, confirmé par celui de Blois, par lesquels il avoit promis sa fille à Charles de Luxembourg. Ces états, en effet, qui ne furent consultés ni sur les finances ni sur l'administration, qui ne furent animés par aucune passion nationale, mais qui agirent seulement comme des marionnettes, dont le roi tenoit lui-même les fils dans sa main, le saluèrent du nom de *père du peuple*, et le supplièrent en même temps de donner sa fille en mariage à son neveu. Louis XII feignit l'étonnement ; il leur répondit que cette proposition étoit pour lui tout-à-fait inattendue; qu'il n'en avoit jamais ouï parler ; puis, le 19 mai, il leur déclara qu'il accordoit leur requête, et le 21 les deux enfans furent fiancés.

Quelque salutaire que fût pour la France cette résolution de Louis XII, elle ne pouvoit manquer d'offenser l'empereur et le roi de Castille, puisqu'elle mettoit à néant des traités solennels faits avec eux, et qui leur étoient si avantageux ; mais on ne pouvoit jamais prévoir la conduite que tiendroit le capricieux Maximilien ; et, quant à son fils Philippe, qui prenoit le titre de roi de Castille depuis la mort de sa belle-mère Isabelle, survenue le 26 novembre 1504, il n'eut pas le temps d'en montrer son ressentiment. Ses prétentions étoient fondées sur les droits de Jeanne sa femme, qui l'aimoit avec adoration ; mais Ferdinand, père de Jeanne, se soucioit fort peu de sa fille, et ne ressentoit pour son gendre que de l'envie et de la défiance. Il s'étoit mis immédiatement en possession de la Castille, et il avoit fait sommer Philippe d'y ramener son épouse Jeanne (la Folle), pour que l'on pût reconnoître si elle étoit ou non en son bon sens et en état d'administrer le royaume. Dans ces différends, qui éclatoient entre le beau-père et le gendre, Louis XII , par une singulière préférence, s'efforçoit de se brouiller avec Philippe, dont il n'avoit jamais eu à se plaindre, et de faire au contraire une étroite alliance avec le fourbe Ferdinand, ce Ferdinand qui, en apprenant que Louis XII lui reprochoit de l'avoir trompé trois fois, s'écria : « Il en a menti, l'ivro- « gne, je l'ai trompé plus de trente. »

Le 12 octobre 1505, Louis XII signa à Blois un traité avec Ferdinand-le-Catholique, par lequel les deux monarques s'engageoient à être désormais « comme une seule âme animant deux corps à la fois. » Pour rendre plus étroite cette alliance, Louis XII donnoit en mariage à Ferdinand sa propre nièce, Germaine de Foix, fille de Marie d'Orléans, qui avoit épousé le vicomte de Narbonne. Germaine, qui étoit d'une grande beauté, avoit dix-huit ans, et son mari cinquante-trois; elle étoit sœur de Gaston de Foix, que Louis XII employa peu après dans les guerres d'Italie, et elle portoit en dot à Ferdinand toutes les prétentions de la France au royaume de Naples. Ce mariage excita à juste titre la défiance de Philippe, qui évita de traverser la France lorsqu'il se rendit en Castille avec sa femme pour prendre possession de ce royaume, après que celle-ci se fut rétablie de ses couches. Il s'embarqua le 10 janvier 1506; mais, poussé par la tempête en Angleterre, et honteusement détenu par

Henri VII, il ne put remettre à la voile de Weimouth que le 22 avril ; il débarqua le 28 à la Corogne. Après deux entrevues avec son beau-père, il fut mis paisiblement en possession de la Castille. Ferdinand, pour éviter les soupçons, partit même le 4 septembre pour le royaume de Naples. Louis XII ne prévoyoit pas un établissement si facile à Philippe en Castille, quand il écrivit, le 31 mai, au sire de Chièvres, que le roi de Castille avoit laissé comme gouverneur aux Pays-Bas, que, « pour des raisons qui seroient trop lon- « gues à raconter, » il rompoit le mariage conclu entre sa fille et Charles d'Autriche, et qu'il la destinoit à son cousin le comte d'Angoulême. Avant qu'une réponse pût être donnée à cette étrange communication, Philippe tomba malade à Burgos d'une fièvre pestilentielle, et mourut le 25 septembre 1506, à l'âge de 28 ans : à cette époque Louis XII étoit encore malade, et ses médecins ne croyoient pas qu'il atteignît l'année suivante.

L'année suivante, cependant, ou en 1507, Louis XII avoit recouvré ses forces, et l'Italie éprouva cruellement les conséquences de sa vigueur nouvelle, tandis que la manière dont il exerça son pouvoir sur la France nous demeure presque absolument inconnue : les historiens contemporains de ce règne ne parlent jamais de l'administration intérieure, et lorsqu'ils n'ont point de guerre à raconter, ils croient n'avoir plus rien à dire.

La république de Gênes, qui s'étoit mise sous la protection des derniers ducs de Milan, avoit été, avec leur duché, annexée à la France, mais sous les conditions qu'elle avoit réglées elle-même avec les Sforza, en conservant toutes ses libertés, et en n'abandonnant au lieutenant du roi que les prérogatives auparavant exercées par le doge. Ces prérogatives avoient surtout pour objet de maintenir l'équilibre entre les patriciens et les plébéiens ; mais un tel équilibre, aux yeux des gentilshommes français, étoit une chose monstrueuse : aussi secondèrent-ils les patriciens dans leurs plus arrogantes usurpations. Les Génois, poussés à bout, prirent les armes contre les nobles, qui avoient commencé à affamer la capitale ; sous les ordres de leurs magistrats légitimement élus, ils attaquèrent Lucien Grimaldi dans Monaco. Le gouverneur du roi, prenant fait et cause pour les gentilshommes, fit, sans aucune dénonciation préalable d'hostilités, foudroyer la ville de Gênes par son artillerie ; puis au mois d'avil 1507, Louis XII passa les Alpes avec une armée formidable : il battit les Génois sur les hauteurs de Belvédère, leur enleva la forteresse de la Lanterne, et les réduisit à invoquer sa clémence. Au lieu de clémence, ils ne rencontrèrent en lui qu'une rigueur inouïe. Le roi fit pendre le doge de Gênes, Paul Novi, qui avoit déployé dans ses courtes fonctions un grand courage, uni à une grande activité; il fit pendre encore soixante et dix-neuf des premiers citoyens après une procédure sommaire; il condamna la ville à une contribution militaire de 300,000 florins, égale au produit de la taille de tout le royaume de France pendant six mois; enfin, il fit brûler tous les priviléges de Gênes, et son traité avec la France, qui les garantissoit.

L'État populaire paroissoit à Louis XII une révolte permanente, un bouleversement des lois de la nature et de la société; aussi, quoique la meilleure garantie de ses possessions en Italie fût l'alliance des républiques de Florence, de Venise et des Suisses, il étoit toujours prêt à sacrifier à leurs ambitieux voisins, ces peuples dont l'existence n'étoit pas sanctionnée par l'autorité royale. En revanche, il avoit pour l'autorité impériale le plus profond respect, et il la mettoit sans hésiter au-dessus de la sienne : aussi, lorsqu'à force de sollicitations il avoit reçu, le 6 avril 1505, l'investiture du duché de Milan, il avoit permis qu'on insérât dans son serment ces paroles : « Que « le sérénissime roi des Français, comme duc de « Milan, veut et doit dès à présent à votre ma-« jesté, comme roi des Romains, son vrai sei-« gneur, et à ses successeurs, être fidèle, obéis-

« sant et serviable, et faire tout ce qu'un fidèle
« prince vassal de V. M. doit faire. »

Cependant il savoit que cet empereur, indigné de son manque de foi et du mariage de la fille de France, qui avoit été promise à son petit-fils, étoit résolu à lui reprendre le Milanais. Maximilien, qui étoit éloquent, brave, séduisant dans ses manières, avoit assemblé, au mois de juin 150 , une diète de l'Empire à Constance ; il lui avoit représenté l'oppression de l'Italie par les Français, la confiscation des priviléges de la ville impériale de Gênes, comme une offense que Louis XII faisoit à toute la nation allemande ; il avoit échauffé les Allemands de son enthousiasme, et déjà l'on annonçoit que la plus formidable armée que l'Empire eût encore mise sur pied entreroit l'année suivante en Italie pour en chasser les Français, et rendre le duché de Milan au fils de Louis-le-Maure, qui étoit neveu de l'empereur ; mais les Suisses refusèrent à Maximilien de lui fournir des soldats contre les Français. Les Vénitiens lui refusèrent le passage au travers de leur territoire pour entrer en Italie ; et quand son armée se présenta à leurs frontières, ils la repoussèrent avec tant de vigueur qu'ils contraignirent le monarque allemand à signer, le 7 juin 1508, une trève de trois ans pour toute l'Italie.

Ce fut le moment que choisit Louis XII pour renouveler la perfidie du traité de Grenade, mais avec des circonstances bien plus odieuses encore. Il s'adressa à Marguerite d'Autriche, gouvernante des Pays-Bas, pour entrer en traité avec Maximilien son père; il lui proposa de renouveler un traité secret, déjà conclu à Blois en 1504, pour partager les états de la république de Venise entre la France et l'Empire; et afin de rendre plus rapide et plus certaine la destruction de ce foible allié, il appela le Pape, Ferdinand, roi d'Aragon et de Naples, et les petits princes d'Italie, à prendre chacun leur part dans cette spoliation. Tel fut le traité de la ligue de Cambrai, signé le 10 décembre 1508, entre le cardinal d'Amboise et Marguerite d'Autriche. Si Louis XII avoit voulu trahir la France, livrer l'Italie à ses ennemis, et s'en faire chasser ensuite lui-même avec opprobre, il n'auroit pas agi autrement qu'il ne fit.

Les hostilités commencèrent le 15 avril 1509, sans déclaration de guerre, et Louis XII ayant rejoint son armée, qui avoit passé l'Adda, gagna en personne, le 15 mai, la bataille d'Aignadel, ou Vaila, sur les Vénitiens. Ceux-ci étoient commandés par deux hommes de talent, l'Alviano et Pitigliano; mais l'un étoit aussi bouillant et impétueux que l'autre étoit précautionneux et méthodique; leur désaccord causa leur ruine.

Ils avoient combattu cependant avec une rare bravoure, et la perte de leur armée fut proportionnée à son obstination : elle fut immense, et elle frappa de terreur tous les sujets des Vénitiens. La plupart s'empressèrent d'envoyer leur soumission à Louis XII, avant qu'il pût s'approcher d'eux ; ceux au contraire qui résistèrent furent traités avec la plus effroyable rigueur : ainsi, il fit pendre aux créneaux de leur forteresse tous les habitans de Caravaggio; il fit passer au fil de l'épée tous ceux de Peschiera et toute la garnison, encore que les officiers de son armée sollicitassent sa compassion pour les gentilshommes vénitiens qui se trouvoient parmi les prisonniers. Aucune provocation ne justifioit l'infliction d'un tel traitement à de braves gens, d'anciens alliés attaqués au sein de la paix, dans leur propre pays. Louis XII n'avoit d'autre but que de glacer de terreur tous ceux qui pouvoient lui résister, et il y réussit. En quinze jours, il s'étoit mis en possession de toute la partie du territoire de Venise, jusqu'au Mincio, dont il s'étoit réservé l'acquisition par le traité de Cambrai. Pour lui, la campagne étoit finie avant que Maximilien eût commencé la sienne : il licencia son armée, et repassa en France vers le milieu de l'été.

Maximilien, qui n'avoit point pu l'année précédente, franchir la barrière que lui opposoit la république de Venise et entrer en Italie, profita de ce que la France l'abaissoit elle-même pour lui, et lui livroit des places de guerre dans les plaines de la Lombardie, sans renoncer à son intention de se venger de Louis XII, et sans cesser d'enregistrer les affronts qu'il avoit reçus de lui. Les soldats de Maximilien ne montrèrent pas moins de férocité envers les malheureux Vénitiens que n'en avoient montré ceux de Louis XII. Mais le sénat, pour sauver ses sujets, prit la généreuse résolution de délier tous ses vassaux de leur serment de fidélité, et de leur permettre de céder à la force aux meilleures conditions qu'ils pourroient. Le Pape, le roi d'Aragon, les ducs de Ferrare et de Mantoue, s'étoient déjà mis en possession des districts qui leur avoient été assignés par la ligue de Cambrai. Vérone, Vicence et Padoue avoient ouvert leurs portes aux impériaux. Bientôt le joug de l'étranger étoit devenu insupportable au peuple. Padoue se souleva et chassa les Autrichiens, le 17 juillet. Maximilien en entreprit le siége avec la plus formidable armée; tous ses efforts furent vains, et il fut obligé de le lever le 3 octobre 1509.

Louis XII avoit profité de ce que Jules II nourrissoit quelque ressentiment contre la république de Venise, pour l'engager dans la ligue de Cambrai. Mais ce vieillard impétueux et irascible avoit cependant un cœur généreux et une âme italienne : il s'indignoit de voir détruire l'indépendance de l'Italie, il étoit révolté des atrocités que commettoient les ultramontains. Toutes les lois de la guerre étoient violées ; depuis la première invasion des Français en Italie, la patrie des arts, des lettres et de la civilisation, rétrogradoit rapidement vers la barbarie. Dans les guerres purement italiennes, il y avoit eu bien peu d'exemples de villes prises d'assaut qui eussent été livrées au pillage ; mais les ultramontains ne s'en tenoient point à cet acte de rigueur ; le plus souvent ils refusoient tout quartier aux vaincus ; ils envoyoient au supplice des garnisons entières qui s'étoient rendues à discrétion ; ils ordonnoient un massacre universel des bourgeois, avec leurs femmes et leurs enfans. C'étoit ainsi que Louis XII avoit constamment fait la guerre en Italie ; c'étoit ainsi que vouloit la faire Maximilien, lorsqu'il refusa une capitulation à Vicence, pour faire un exemple, disoit-il, de cette *ville rebelle*, tandis que Vicence s'étoit insurgée contre les impériaux par fidélité pour son souverain légitime. Louis XII, en 1510, envoya une puissante armée, sous les ordres de M. de Chaumont, gouverneur du Milanais, pour seconder Maximilien ; cette armée ne se signala que par l'exécrable forfait des grottes de Masano, où elle étouffa six mille réfugiés, hommes, femmes et enfans, pour se partager leurs dépouilles. C'étoient les Barbares, en effet, qui avoient envahi le sol de l'ancienne civilisation; et Jules II n'eut plus d'autre pensée que de chasser d'Italie les Barbares; de lier intimement tous les États de l'Italie avec les Suisses, que la nature sembloit avoir placés sur leurs montagnes comme gardiens des portes de cette contrée, et d'unir pour la défense d'une même liberté les républiques des Alpes avec les républiques italiennes, qui avoient les premières enseigné au monde quels sont les droits des nations.

Le bouillant Jules II poursuivoit avec l'impétuosité qui lui étoit propre ce nouveau projet; mais en même temps il y apportoit le coup d'œil européen, et la haute politique de la cour de Rome; aussi il réussit bientôt à dissoudre la ligue de Cambrai, et à la remplacer par une ligue plus honorable pour la défense des droits de tous. Le 24 février 1510, il réconcilia les Vénitiens avec l'Église, et il intenta un procès au duc de Ferrare pour s'être mis sous la protection de la France, au mépris des droits de suzeraineté que le saint-siége avoit sur lui. Au milieu de la même année, il engagea les Suisses à refuser de renouveler leur alliance avec la France, et à s'unir plus intimement avec le saint-siége.

La diète helvétique avoit été vivement offensée de ce que Louis XII, en refusant ses demandes, lui avoit répondu qu'il ne vouloit pas se soumettre à l'insolence d'un ramassis de paysans et de montagnards. Ce mépris, habituel en lui, pour tout pouvoir populaire, lui coûta cher. De leur côté, Ferdinand d'Aragon et Henri VIII d'Angleterre, qui l'année précédente avoit succédé à son père Henri VII, signèrent, le 24 mai 1510, un traité d'alliance dirigé contre la France. L'Europe étoit prête au combat, et l'attaque commença au mois de septembre 1510, telle que Jules II l'avoit combinée avec toute l'habileté d'un général d'armée. Dix mille Suisses entrèrent en Lombardie; une flotte vénitienne vint se présenter devant Gênes, et une armée espagnole, se joignant aux troupes pontificales, s'avança par la Romagne jusqu'à Bologne. Il n'y eut point, il est vrai, dans ces mouvemens toute la simultanéité sur laquelle avoit compté le pontife, et leur succès fut incomplet. Les Suisses et la flotte vénitienne se retirèrent sans avoir rien accompli; l'armée pontificale borna ses conquêtes à une partie des États du duc de Ferrare, allié de la France. Cependant, les Français furent obligés de se replier sur le Milanais. Pendant l'hiver, Jules II vint en personne joindre l'armée qu'il avoit dirigée contre eux. Il leur prit les deux places de Concordia et de Mirandola, où il entra par la brèche. Chaumont, honteux de s'être laissé jouer et ensuite vaincre par un vieux prêtre, tomba malade et mourut à Correggio, le 11 mars 1511, sollicitant en vain le pape de lui accorder son absolution. Son oncle, le cardinal d'Amboise, étoit mort le 25 mai précédent, et Louis XII n'eut plus après lui de premier ministre.

Autant qu'on peut en juger par plusieurs propos qui sont rapportés de Louis XII, ce monarque étoit peu respectueux envers la puissance pontificale, et peu accessible à aucune crainte superstitieuse. La fermentation des esprits qui dans peu d'années devoit faire éclater la réformation ébranloit déjà la puissance de Rome, et les prélats, au lieu de la défendre, recevoient toutes leurs inspirations du souverain auquel ils devoient leur avancement; ils se montroient prêts à sanctionner tout ce que celui-ci leur ordonneroit. Louis XII, quand il se brouilla avec Jules II, ayant convoqué à Tours une assemblée du clergé de France, celle-ci, sans hésitation, comme sans discussion, déclara, le 14 septembre 1510, que le roi avoit le droit de rompre ses relations avec le pape quant aux choses temporelles; de lui faire la guerre, soit pour se défendre lui-même, soit pour défendre son confédéré le duc de Ferrare; enfin, de faire exécuter les décrets du concile de Bâle. Quant aux motifs de la guerre, les prélats n'en prirent aucune connoissance : l'esprit public n'étoit point encore éveillé en France sur les affaires d'État; personne ne songeoit à juger les droits du roi, ou son but dans ses fatales entreprises. Aucune gazette, aucun manifeste, aucune allocution à une assemblée publique, n'instruisoit le peuple, ou des causes de la guerre, ou de ses succès. Seulement les gentilshommes et les aventuriers aimoient cette vie d'excès et de pillages, tandis que les bourgeois et les paysans se réjouissoient de ce qu'aucune armée étrangère ne ravageoit plus le sol de la France.

D'autre part, Anne de Bretagne étoit superstitieuse, et elle se désoloit de voir son mari en guerre avec le saint-siége; du moins elle ne voulut pas y prendre part, et elle fit voter tous les prélats de Bretagne en conséquence. D'après ses instructions, ils protestèrent, le 26 septembre, contre les décisions de l'assemblée de Tours, déclarant qu'ils ne faisoient point partie de l'Église gallicane, et qu'ils repoussoient tout ce qui étoit contraire à l'honneur du saint-siége ou favorable aux doctrines du concile de Bâle. Ce fut avec plus de chagrin encore qu'Anne vit Louis XII convoquer d'abord un concile national à Lyon, pour le 11 avril 1511, puis un concile œcuménique à Pise, pour le 1er de septembre de la même année, avec l'intention d'y déposer le pape, au risque de renouveler le schisme de l'Église. Louis, dans cette occasion, croyoit encore agir de concert avec Maximilien, dont il avoit si fort recherché l'alliance. Mais Maximilien ne lui avoit point pardonné : il empêcha les prélats des Pays-Bas de se rendre à Lyon, ceux de l'empire de se rendre à Pise; et l'assemblée, qui devoit, dans cette dernière ville, représenter l'Église universelle, et qui se trouva composée seulement d'un petit nombre d'intrigans, se sépara bientôt d'une manière ridicule et honteuse, pour une querelle chez des filles publiques.

Ce concile schismatique donna cependant occasion à l'hypocrite Ferdinand-le-Catholique de déclarer, comme champion de l'Église, la guerre à la France. Une ligue, qui se fit appeler sainte, fut signée le 5 octobre 1511, entre le pape, le roi d'Aragon et les Vénitiens, et une armée suisse, plus puissante qu'aucune des précédentes, s'avança jusqu'aux portes de Milan. Louis XII avoit donné le gouvernement du Milanais au fils de sa sœur, Gaston de Foix, qu'il avoit fait duc de Nemours. C'étoit un jeune prince de vingt-deux ans, d'une valeur brillante, d'une activité infatigable, et que de bons capitaines, Bayard, Yves d'Allègre et la Palisse instruisoient dans l'art de la guerre. Nemours, dans une campagne d'hiver, étonna la sainte ligue par sa rapidité; il l'effraya par sa férocité. Le 6 février 1512, il força l'armée combinée des Espagnols et de l'Église à lever le siége de Bologne; le 19 février, il reprit Brescia, qui s'étoit soulevée en faveur des Vénitiens, ses anciens souverains; mais il abandonna cette malheureuse ville à un massacre universel : un de ses capitaines, Fleuranges, prétend, dans ses Mémoires, que les

Français y tuèrent quarante mille personnes sans défense. Cette boucherie lui fut fatale cependant: ses soldats désertèrent en foule pour emporter en France le butin gagné au pillage de Brescia. Toutefois, Gaston de Foix marcha de nouveau à la rencontre de l'armée de la ligue: il l'attaqua le dimanche même de Pâques, 11 avril 1512, sous les murs de Ravenne. La bataille fut la plus meurtrière de ce siècle. Gaston avoit déjà perdu six mille hommes, mais il en avoit tué douze mille aux ennemis, lorsqu'il vit l'infanterie espagnole, que toutes les charges de sa gendarmerie n'avoient pu entamer, faire sa retraite en bon ordre. Il fondit sur elle, espérant encore la rompre, mais il y fut tué; les Français s'arrêtèrent, et les Espagnols continuèrent leur retraite.

Une victoire si sanglante eut les mêmes effets qu'auroit pu avoir une défaite. Maximilien jusqu'alors s'étoit laissé seconder par les Français, pour la conquête de la Marche véronaise, mais il ne les avoit point aidés lui-même, et dans le temps même où il les recevoit comme auxiliaires dans son armée, il traitoit avec leurs ennemis. Le 6 avril 1512, il signa une trêve avec la sainte ligue, et il rappela ceux de ses sujets qui se trouvoient sous les drapeaux de Gaston. Peu après, il permit à vingt mille Suisses, qui avoient pris les armes contre la France, de traverser le territoire autrichien pour venir se mettre sous la direction de l'habile général des Vénitiens, Jean-Paul Baglioni. Tandis que celui-ci avançoit, la Palisse, le 18 juin, évacua Pavie, avec les restes de l'armée française, qu'il ramena en France. Gênes en même temps recouvra son indépendance, et les Suisses, au nom de la sainte ligue, donnèrent, le 29 décembre, l'investiture du duché de Milan à Maximilien Sforza, fils de ce Louis-le-Maure que Louis XII avoit retenu dans ses prisons jusqu'à sa mort.

L'Italie étoit perdue pour la France, et tous les alliés de Louis XII étoient sacrifiés. Le duc de Ferrare, les Bentivoglio, les Florentins, étoient opprimés par la sainte ligue. Charles III, duc de Savoie, qui jusqu'alors étoit demeuré dans une entière dépendance de la France, se voyoit contraint de recourir à la miséricorde des vainqueurs. En Espagne, Ferdinand-le-Catholique avoit attaqué Jean d'Albret, prince français qui régnoit en Navarre : il lui avoit enlevé toute la Navarre espagnole, et Pampelune s'étoit rendue à lui, le 21 juillet 1512. La victoire, il est vrai, brouilla bientôt les alliés entre eux, et leur fit reconnoître combien leurs vues étoient différentes. Les Suisses par leur brutalité, les Espagnols par leur froide cruauté, tous deux par leur cupidité insatiable, avoient bientôt fait regretter aux peuples les Français, qui, du moins, ne se montroient cruels que lorsqu'ils étoient échauffés par le combat. Le fougueux Jules II, enivré de sa victoire, ne supportoit aucune opposition, et dans son emportement il étoit prêt à bouleverser de nouveau l'Europe. Des négociations contradictoires dissolvoient les anciennes alliances, pour en préparer de nouvelles, et chaque puissance s'y engageoit avec la plus insigne mauvaise foi : la guerre enfin alloit recommencer sans qu'on sût encore quels seroient les deux partis qui en viendroient aux mains, lorsque le vieux pontife, qui n'avoit pas cessé d'agiter les brandons de la discorde, fut atteint d'une petite fièvre dont il mourut le 21 février 1513.

Le cardinal de Médicis, qui lui succéda sous le nom de Léon X, avoit été choisi par les ennemis de la France, et ils avoient compté trouver aussi en lui un ennemi de la France. Mais c'étoit un ami des arts et des lettres, et surtout un homme de plaisir, qui ne s'abandonnoit point à ses passions comme Jules II, qui, d'autre part, ne songeoit point à l'indépendance de sa patrie. Cependant il entra dans la ligue contre la France, signée à Malines, le 5 avril 1513, entre Maximilien, Henri VIII, Ferdinand et le Pape. Louis XII recueilloit enfin les fruits de la perfidie dont il avoit usé dans la ligue de Cambrai : il voyoit s'unir contre lui tous ceux qu'il avoit excités à détruire son ancienne alliée. Il fut obligé, dans son abandon, de recourir à cette alliée elle-même, qu'il avoit trahie, et de signer avec Venise une ligue contre l'empereur et le Pape. Mais son amitié fut aussi fatale à cette république que l'avoient été auparavant ses hostilités : l'armée qu'il renvoya en Lombardie sous les ordres de La Trémouille fut défaite par les Suisses à la Riotta, près de Novarre, le 6 juin 1513; les Français évacuèrent précipitamment l'Italie, et tous les ennemis de la France retombèrent sur les Vénitiens.

Tous ces voisins de la France, que Louis XII avoit si imprudemment provoqués, commençoient enfin à violer ses frontières. Henri VIII, jeune et présomptueux, pouvoit disposer des immenses trésors que son père avoit amassés par son avarice, et il se croyoit appelé à renouveler les victoires de Crécy, de Poitiers et d'Azincourt; ses sujets, enflés d'un même orgueil, étoient plus avides encore que lui d'une guerre contre la France. Au mois de mai et de juin 1513, il fit transporter à Calais une forte armée anglaise, avec laquelle il entreprit le siége de Térouane. Maximilien vint l'y joindre : il déclara qu'il ne prétendoit qu'à l'honneur de combattre en volontaire dans les bataillons anglais. Dans le vrai, il venoit les diriger par son talent militaire. Il étoit inconséquent, dissipateur, capricieux, inaccessible à tout conseil; mais il avoit le coup d'œil et la décision d'un bon capitaine. En effet, il eut l'art de tourner l'armée française, qui, commandée par de Piennes, s'étoit avancée jusqu'à Guinegate, pour secourir Térouane. Le 16 août 1513, cette armée, s'apercevant de sa fausse position, prit honteusement la fuite, sans avoir combattu. Cette déroute fut nommée la *journée des Éperons*. La Palisse, Bayard et Bussy d'Amboise, qui, avec les plus braves guerriers, avoient tenu ferme, furent tous faits prisonniers. Heureusement pour la France que Henri VIII et Maximilien, au lieu de poursuivre les fuyards, s'acharnèrent au siége de Tournai, dont ils se rendirent maîtres seulement le 24 septembre. Dans le même temps, une redoutable armée de dix-huit mille Suisses, soutenue par de la cavalerie franc-comtoise, avoit envahi la Bourgogne; La Trémouille, qui y commandoit, étoit sans forces pour sauver Dijon et toute la province. Il essaya de tromper les Suisses par un traité, et il y réussit. Par sa convention du 13 septembre, il promettoit que le roi évacueroit les châteaux qu'il tenoit encore dans le Milanais, qu'il renonceroit au duché de Milan, et qu'il paieroit 400,000 écus aux Suisses. La Trémouille donna des otages pour l'exécution de ce traité, quoi qu'il sût bien qu'il n'avoit aucune autorité pour le conclure; mais il donna aussitôt au roi le conseil de ne point le ratifier.

La situation de la France devenoit chaque jour plus fâcheuse : il ne lui restoit qu'un seul allié, le roi d'Écosse : il fut tué le 9 septembre à la bataille de Flowden, où les Écossais perdirent huit mille de leurs meilleurs soldats. Mais Louis XII avoit à faire à une ligue entre des princes de mauvaise foi, et divisés entre eux d'intérêts : les défauts et les vices de chacun d'eux lui profitèrent. Maximilien n'accomplissoit jamais ce qu'il avoit promis, il rouloit toujours dans sa tête cent projets contradictoires, et n'en vouloit abandonner aucun, en même temps qu'il n'en exécutoit aucun non plus. Ferdinand-le-Catholique auroit cru manquer d'adresse s'il avoit manqué de perfidie; et il ne signoit jamais d'alliance sans chercher le moyen de nuire à celui dont il promettoit d'être l'ami. Henri VIII, orgueilleux et irascible, après s'être confié à l'un et à l'autre, et avoir prodigué pour eux son argent et ses soldats, s'aperçut qu'il étoit trompé par tous deux. Le pape Léon X enfin songeoit à se rapprocher de la France. Grâce à cette disposition de toutes les puissances, il ne fut pas difficile de les amener à signer avec la France, le 13 mars 1514, à Orléans, une trêve pour une année, qui devoit donner le temps de négocier un traité de paix.

La reine Anne de Bretagne, femme de Louis XII, étoit morte dès le 9 janvier précédent. Elle avoit toujours dominé le roi par son caractère entier, impérieux et vindicatif; elle avoit toujours conservé la même prédilection pour Maximilien, à qui elle avoit été fiancée, et pour toute la maison d'Autriche; et elle n'avoit point renoncé au projet de donner sa fille ainée au petit-fils de ce prince, et de lui assurer la couronne de France, au mépris de la loi salique; aussi elle avoit toujours empêché que le mariage de cette fille avec François d'Angoulême, l'héritier de la couronne, se célébrât. Il fut enfin solennisé le 18 mai 1514; et d'autre part, Louis XII, pour achever de détacher Henri VIII de ses anciens alliés, épousa, le 11 octobre de la même année, sa jeune sœur Marie d'Angleterre. Mais au moment où il contractoit ce nouveau mariage, quoi qu'il n'eût encore que cinquante-trois ans, sa santé étoit complétement affaissée. Au milieu des fêtes de la cour, on le vit bientôt languir dans une rapide décadence : il dépérissoit à vue d'œil; et le 1er janvier 1515, il expira dans son palais des Tournelles, à Paris.

Louis XII a conservé une réputation supérieure à ses talens et à ses vertus : le surnom de *père du peuple* a répandu du lustre sur son souvenir, encore qu'il ne fût probablement qu'une fleur de rhétorique que le député de Paris avoit jetée dans son discours aux États de Tours. Les affaires publiques, pendant tout son règne, étoient ignorées de ses sujets; elles le sont de la postérité. Les bonnes études avoient bien recommencé en France, mais la censure des livres avoit été établie à la même époque, et elle ne permettoit à personne de juger les rois ou les grands personnages, ou de discuter les affaires de l'État. Au lieu d'historiens, les Français n'ont consulté sur Louis XII que ses deux panégyristes, d'Auton et Saint-Gelais : les historiens du reste de l'Europe tenoient sur lui un autre langage. Toutefois Louis XII avoit une qualité précieuse, l'amour de l'ordre et de l'économie ; il sut aussi profiter souvent des conseils d'hommes plus habiles que lui. Gui de Rochefort, son chancelier, lui fit adopter des vues sages sur l'organisation judiciaire ; la réforme qui y fut apportée pendant son règne se ressentit du progrès général des lumières. Enfin, Louis XII ne pouvoit que gagner à la comparaison, soit avec son beau-père Louis XI, soit avec son gendre et son successeur François Ier.

SECTION DEUXIÈME.

Règne de François Ier. — 1515-1547.

FRANÇOIS D'ANGOULÊME, duc de Valois, fils de Charles d'Angoulême, qui étoit cousin germain de Louis XII, fut reconnu sans hésitation comme successeur de ce roi, et aussi facilement que s'il avoit été son fils. Mais son mariage, célébré huit mois auparavant avec la fille aînée de Louis XII, contribua beaucoup à lui ouvrir l'accès du trône. Malgré l'attachement des Français aux droits de la ligne masculine, si la fille du roi avoit été mariée à un prince puissant qui ne fût pas appelé à la succession; si avant de mourir, et le père et la mère avoient cherché à favoriser leur fille et leur gendre aux dépens d'un collatéral qui leur auroit inspiré de la jalousie, une guerre civile s'en seroit suivie, et peut-être la constitution de la monarchie auroit succombé. Ce fut donc une heureuse circonstance pour la France que la rupture du mariage entre Charles d'Autriche et Claude de France; c'en fut une autre également heureuse que le mariage précipité de la veuve de Louis XII, Marie d'Angleterre, avec Charles Brandon, duc de Suffolck, son amant. Il évita à la France une autre cause probable de guerre civile, dans la naissance d'un posthume, qu'il auroit fallu reconnoître pour fils de Louis XII.

François Ier, au moment de son accession au trône, étoit âgé de vingt ans et quelques mois. La hauteur de sa taille, la beauté de sa figure, son adresse dans les armes et dans tous les exercices du corps, sa bravoure, qu'il avoit eu déjà occasion de signaler, son amour enfin du plaisir, que ses jeunes camarades estimoient en lui plus que ses qualités morales, le signaloient à l'admiration de ceux qui, comme lui, ne connoissoient le monde que par les romans de chevalerie. Il avoit de l'élévation dans le caractère; il se proposoit d'être un bon et un grand roi; il vouloit se montrer gracieux pour ses sujets, magnifique pour les courtisans, galant pour les dames. Mais il vouloit aussi qu'une parole de sa bouche fût comme un décret de la Providence, et il ne concevoit pas même qu'il pût y avoir dans le royaume de personnage ou de corporation qui eût l'audace d'apporter des limites à son autorité.

Comme Louis XII n'avoit ressenti contre son gendre aucune jalousie, François ne conservoit non plus aucun ressentiment contre les ministres du feu roi, et en général il les maintint dans leurs emplois; mais il accorda un crédit presque illimité à sa mère, Louise de Savoie, femme intrigante et galante, alors âgée de quarante ans, qui l'aimoit avec idolâtrie, qui le flattoit, qui lui rendoit tous les plaisirs faciles, et qui avoit bien plus contribué à développer en lui des vices que des vertus. Il donna les sceaux de chancelier à Antoine Duprat, le conseiller le plus intime de Louise, homme pervers, qui faisoit de la justice un instrument de la politique, et qui ne songea qu'à écarter toute borne à l'autorité royale, en ramenant les parlemens à une obéissance passive. Aussi, malgré l'enthousiasme qu'un prince jeune et beau excite toujours, ne tarda-t-on pas à dire que sous François Ier, avec Loyse de Savoye, *loy se desavoye* (la loi sort de son droit chemin).

Cependant l'avénement de François Ier à la couronne peut être signalé comme formant la transition du moyen âge aux temps modernes : les changemens dans les mœurs et l'esprit de la nation, qui depuis quelque temps se préparoient en silence, éclatèrent tous à la fois; alors on vit naître un goût vif pour les lettres et les arts, qui s'annonça par de glorieux monumens; on vit naître un attrait nouveau pour les plaisirs de la société, pour l'esprit, pour la galanterie, qui corrompit les mœurs, tout en donnant, peut-être, plus d'élégance aux manières; on professa une estime pour le savoir, un zèle pour l'étude, qui honorèrent surtout la magistrature française, en qui la dignité de caractère se joignit bientôt à la science ; on se livra enfin à une indépendance d'opinions qui, admettant les hommes à juger ce qu'ils avoient auparavant adoré avec crainte, conduisit les uns à de nouveaux systèmes de philosophie, les autres à la réforme de la religion. La France, jusqu'alors pauvre en écrivains, commença à se regarder, à s'étudier elle-même ; ses folies et ses vices, comme ses vertus et son savoir, laissèrent des traces ; et l'on vit se former la double série des écrivains courtisans et des philosophes, des amis du désordre, et de ceux de la sagesse, double série qui ne fut plus interrompue jusqu'à la chute du trône de Louis XVI.

La première pensée de François fut de recouvrer le duché de Milan, qui avoit été si long-temps l'objet de l'ambition de Louis XII ; les rapports politiques de la France avec les autres puissances de l'Europe sembloient alors favoriser ce projet. François éprouva peu de peine à réconcilier Marie, veuve de Louis XII, avec son frère Henri VIII, après le mariage scandaleusement précipité de cette reine avec le duc de Suffolck : Henri, touché peut-être de ce que François avoit sauvé à sa sœur quelque opprobre, promit d'être fidèle à son amitié. Les ministres du jeune Charles d'Autriche, souverain des Pays-Bas, âgé de quinze ans, se défioient également de ses deux grands-pères, Maximilien et Ferdinand, et désiroient pouvoir, au besoin, leur opposer la protection du roi de France. Il étoit difficile de prévoir ce que feroit le capricieux Maximilien ; quant à Ferdinand, il ne vouloit point renouveler la trêve avec la France, parce que François refusa d'y comprendre le Milanais. Le Pape, Léon X, désireux d'attendre les événemens pour se décider, promettoit de rester neutre ; les Vénitiens confirmèrent leur alliance avec les Français, et les Génois promirent de se déclarer pour eux dès que l'armée de François Ier auroit passé les Alpes. Tous les Italiens en effet, également opprimés par les Français, les Allemands, les Espagnols et les Suisses, regrettoient toujours ceux qui venoient d'être chassés, et trouvoient toujours le joug actuel le plus intolérable de tous.

François Ier chargea sa mère de la régence pendant qu'il conduiroit son armée en Italie; il nomma connétable Charles de Montpensier, qui prenoit le titre de duc de Bourbon depuis son mariage avec l'héritière de ce duché : c'étoit la fille de la fameuse Anne de Beaujeu. Bourbon, alors âgé de vingt-six ans, étoit devenu le premier des princes du sang, et le plus puissant seigneur du royaume. François Ier forma son armée de deux mille cinq cents lances françaises, chacune servie par huit chevaux ; de six mille fantassins gascons, exercés à la discipline espagnole par Pietro

Navarro, illustre transfuge biscayen; de neuf mille landsknechts ou fantassins allemands, qu'il fit enrôler sous ses drapeaux pour remplacer les Suisses, et de quatre mille aventuriers français seulement. Les guerriers qui s'étoient illustrés sous le règne de Louis XII étoient tous dans son armée; ils lui firent traverser, du 10 au 15 août, les Alpes du Dauphiné, par le chemin qu'on avoit jugé impraticable jusqu'alors de Rocca Sparviera. L'habile tacticien Prosper Colonne, général du duc de Milan, qui, avec vingt mille Suisses, s'étoit chargé de défendre l'entrée de l'Italie, n'avoit jamais cru possible qu'une armée passât par un tel chemin, aussi fut-il surpris dans son quartier à Villafranca, et fait prisonnier. L'apparition subite de l'armée française répandit la terreur dans toute l'Italie. Les armées de Ferdinand, de Maximilien et du Pape n'osèrent faire aucun mouvement; les Suisses seuls, qui attachoient leur orgueil à la conquête du duché de Milan, et qui se croyoient invincibles, descendirent avec fureur de leurs montagnes pour soutenir leurs compatriotes, qu'ils apprenoient avoir été tournés, mais non vaincus; ils rompirent les négociations que François avoit cherché à entamer avec ceux-ci, et le 13 septembre 1515, ils sortirent de Milan, au nombre de quarante mille, pour attaquer le roi, qui, dix milles plus au midi, avoit son quartier à Marignan; ils s'avancèrent par la ligne droite et le grand chemin, en phalange serrée, la pique basse, ne se souciant point des charges de cavalerie qui venoient se briser sur leurs flancs, ni des larges trouées que l'artillerie faisoit dans leur unique colonne ; ils fondirent ainsi sur l'armée française : s'ils avoient eu toute la journée devant eux, ils l'auroient détruite ; mais la bataille ne commença qu'à trois heures après-midi, elle ne fut suspendue que lorsque la lune, en se couchant à minuit, ne permit plus de se reconnoître. Lorsqu'elle recommença au point du jour, le roi avoit eu le temps de prendre de meilleures dispositions ; l'impétuosité des Suisses s'étoit ralentie, et à dix heures du matin ils se retirèrent en bon ordre, sans être poursuivis. Ils laissèrent sur le champ de bataille douze mille des leurs, ils avoient tué six mille hommes à François Ier ; mais comme ceux-ci étoient pour la plupart des fantassins allemands, les Français ne les estimoient que ce qu'ils coûtoient, un florin du Rhin par homme.

Cette terrible bataille de Marignan, à l'issue de laquelle François se fit donner par Bayard l'ordre de chevalerie, inspira dans toute l'Europe une si haute idée de la puissance des armes françaises que de toute part les ennemis de la France se montrèrent empressés à négocier. Le jeune roi atteignit le but de son ambition, la possession du duché de Milan ; et par une suite de traités avec les puissances rivales, il rétablit enfin la paix générale. La bataille de Marignan, en lui faisant reconnoître toute la valeur des Suisses, lui avoit inspiré le plus vif désir de se réconcilier avec eux. Il leur fit les offres les plus avantageuses; il leur prodigua l'argent, et il obtint d'abord que huit des cantons signassent avec lui, le 7 novembre 1515, le traité de Genève, d'après lequel il pouvoit recommencer à lever chez eux des soldats. Cinq cantons rejetoient encore toutes ses offres, et persistoient dans leur inimitié; mais avant qu'une année fût écoulée, Maximilien, à l'amitié duquel ils avoient voulu demeurer fidèles, leur fit éprouver encore une fois ses caprices : alors ils se réunirent à leurs confédérés, et signèrent, le 29 novembre 1516, le traité de Fribourg, connu sous le nom de paix perpétuelle, qui dèslors a uni leur république à la France.

Ferdinand-le-Catholique mourut en Espagne le 23 janvier 1516; Charles, son petit-fils, qui devoit lui succéder, n'avoit encore que seize ans; souverain reconnu des Pays-Bas, il étoit aussi appelé aux couronnes des divers royaumes d'Espagne et des deux Siciles; mais M. de Chièvres, qui gouvernoit pour lui, n'espéroit guère pouvoir l'en mettre pacifiquement en possession; aussi il recherchoit l'amitié de la France, et il montra de l'empressement à signer, le 13 août 1516, le traité de Noyon, par lequel une étroite alliance étoit stipulée entre Charles et François Ier. L'aïeul paternel de Charles, Maximilien, n'avoit point encore voulu renoncer à ses projets de conquête ; au contraire, il fit au mois de mars 1516 une nouvelle tentative sur l'Italie : il y attaqua les Vénitiens avec une puissante armée ; mais tout à coup il prit l'alarme sur des conférences qu'il remarqua entre les Suisses qui suivoient ses étendards et ceux qui étoient à la solde de la France : il quitta son camp avec précipitation, et retourna en Allemagne. Alors les conseillers de son petit-fils le sollicitèrent de se prêter enfin à la pacification générale ; il consentit à évacuer Vérone, qu'il occupoit toujours, et à accéder, le 4 décembre 1516, au traité de Noyon. Ainsi furent terminées les guerres qui étoient nées de la ligue de Cambrai ; mais la république de Venise, épuisée par les atroces dévastations de tant d'armées barbares qui s'étoient disputé son territoire, avoit cessé d'être, comme avant cette ligue, une puissante gardienne des Alpes, capable d'en fermer également le passage, et aux Autrichiens et aux Turcs ; l'Italie avoit perdu sa garantie, et les Français ne jouissoient plus dans le duché de Milan de la même sécurité que si Louis XII ne l'avoit jamais attaquée.

Les Français avoient eu encore une autre république pour alliée, c'étoit celle de Florence. Cette cité, fidèle aux anciens souvenirs de l'alliance des Angevins avec le parti guelfe, ne s'étoit jamais laissé ébranler dans son dévouement à la France; mais les désastres des Français en 1512, après la bataille de Ravenne, lui avoient été funestes. Les Espagnols, après avoir égorgé les habitans de Porto, avoient contraint les Florentins à se soumettre à la famille de Médicis, ennemie en même temps de la liberté et des Français. Le chef de cette famille étoit, quelques mois plus tard, monté sur le trône pontifical, et dèslors François Ier ne songea plus qu'à regagner la bienveillance du Pape, sans tenir compte de l'expérience de ses prédécesseurs, qui devoit lui apprendre que les souverains de l'état ecclésiastique ne se tiennent jamais pour liés par leurs engagemens, et qu'ils se rangent toujours au parti des vainqueurs. François promit sa garantie à l'autorité des Médicis sur Florence; il maria la plus jeune sœur de sa mère à Julien de Médicis, frère de Léon X, en lui donnant pour dot le duché de Nemours. Il fit également bon marché avec le Pape des libertés de l'Église gallicane. Trois objets étoient en dispute entre la France, qui avoit adopté les doctrines du concile de Bâle, et la cour de Rome : 1°. la suprématie des conciles sur les papes, et leurs convocations périodiques : la France y renonça ; 2°. le droit de conférer les prélatures, usurpé par la cour de Rome, et que la pragmatique réservoit aux chapitres, selon la forme ancienne des élections canoniques : le Pape abandonna ces élections à la couronne : 3°. enfin, les exactions pécuniaires de la cour de Rome sur les Églises des Gaules, entre autres les annates : François Ier voulut que son clergé y demeurât soumis après les avoir seulement quelque peu limitées. Ce fut sur ces bases que François Ier, après avoir eu une conférence avec Léon X à Bologne, signa, le 18 août 1516, le concordat qui abolit la pragmatique-sanction, et qui limita les libertés de l'Église gallicane. Ces libertés étoient surtout chères à tous ceux qui suivoient en France la carrière des lettres, et qui se plaignoient d'être supplantés par des intrigans arrivés de Rome, où ils avoient acheté leur promotion. Le Parlement de Paris et l'Université dénoncèrent le concordat comme un sacrifice cruel et impolitique des droits des Français. Leur résistance fut longue et obstinée; mais François Ier s'emporta jusqu'aux plus violentes menaces, et le concordat fut enfin enregistré au Parlement le 16 mars 1518.

François Ier jouissoit alors de toute cette faveur que les Français, par-dessus tous les peuples, sont disposés à accorder à la jeunesse, à la bravoure et à la beauté réunies dans leur souverain. Il passoit ses journées dans les fêtes, il visitoit tour à tour les châteaux de l'ouest et du midi de la France ; il y vivoit entouré des femmes qu'il avoit séduites, et auxquelles il prodiguoit les trésors de l'État; il faisoit succéder rapidement les parties de chasse aux tournois, aux bals et aux festins, de sorte que la cour sembloit sans cesse enivrée de plaisirs. Sa mère l'encourageoit dans cette dissipation : c'étoit ainsi qu'elle réussissoit à se réserver toute la direction des affaires sans porter ombrage à François Ier, car elle voyoit bien qu'il étoit fort jaloux de son autorité; il prétendoit régner par lui-même, et il se vantoit d'avoir mis les rois de France *hors de pages,* parce qu'il avoit accoutumé les princes du sang, les pairs, les trois ordres de l'État à lui obéir sans hésitation : tout partage du pouvoir avec eux lui auroit paru honteux pour la majesté royale.

Louise de Savoie ne contredisoit jamais le roi son fils, mais elle n'avoit pas de peine à le distraire de ses volontés et à les lui faire oublier. Du reste elle avoit toute l'adresse d'esprit et l'intrigue qu'on trouve souvent dans les femmes galantes. On la jugeoit habile en politique en raison de cette adresse, et cependant elle ruinoit le royaume et aliénoit ses anciens alliés, parce qu'elle n'avoit ni pitié pour les pauvres ni foi pour ses engagemens, et qu'au milieu des prodigalités royales, elle accumuloit pour elle-même d'immenses richesses. Pour satisfaire sa cupidité, le chancelier Duprat inventoit chaque jour de nouveaux moyens de lever de l'argent. Un de ses expédiens fut de mettre en vente tous les offices de judicature, depuis les siéges des présidens et conseillers au Parlement jusqu'à ceux des élus, receveurs, greffiers et procureurs. On eut bientôt occasion de reconnoître qu'en introduisant la vénalité dans la formation de la magistrature, on l'introduisoit aussi dans la distribution de la justice. En même temps l'Italie étoit opprimée et mécontente ; en Allemagne, la France perdoit ses alliés, et tous ses partisans s'éloignoient d'elle ; mais au dedans, malgré la dilapidation des finances, le roi conservoit de la popularité parmi ses sujets : sa jeunesse, sa belle figure, les grâces de ses manières, son esprit dans la conversation, lui gagnoient le cœur de la noblesse ; elle accouroit avec empressement à ses fêtes, et elle en admiroit la magnificence. D'ailleurs le peuple avoit trop oublié tout sentiment de liberté pour être choqué du despotisme royal ; il ne sympathisoit point avec les Parlemens, que le roi avoit humiliés ; il jouissoit de l'éclat et des libéralités de la cour, sans songer que ce seroit à lui à en payer les frais ; il tiroit même une sorte de vanité du pouvoir absolu du roi, comme si c'étoit une grandeur française à laquelle le peuple participoit, que d'avoir un chef qui fût plus qu'un homme ; mais ce contentement général devoit expirer en même temps que la paix publique.

Or, François Ier s'ennuyoit déjà de la paix : se regardant comme le premier chevalier entre les rois, il vouloit briller dans quelque expédition chevaleresque. Dès l'an 1518 il avoit annoncé au Pape, à l'empereur, au roi d'Angleterre et au roi de Castille, qu'il vouloit attaquer l'empire turk avec quarante mille fantassins et trois mille hommes d'armes. Bientôt l'ambition de se faire nommer empereur le séduisit comme le rapprochant davantage encore de Charlemagne, auquel tous ses courtisans le comparoient. Maximilien étoit mort le 11 janvier 1519 sans avoir pu réussir à faire nommer roi des Romains son petit-fils Charles d'Autriche. Les Allemands, jaloux des libertés de leur pays, voyoient avec inquiétude que depuis quatre-vingts ans la couronne impériale avoit été portée par des ducs d'Autriche, et s'ils faisoient encore une fois choix d'un prince autrichien, ils craignoient que l'empire ne devînt héréditaire dans cette maison ; mais lorsqu'ils apprirent que le roi François s'annonçoit de son côté comme candidat pour la même dignité, ils reconnurent aisément qu'ils ne pouvoient l'élire sans renoncer à toute espérance de préserver ces mêmes libertés, car le jeune homme qui vouloit être leur empereur avoit mis sa gloire à ne respecter aucune liberté, ni en France, ni en Italie. Bien plus, sa recherche d'une couronne nouvelle indiquoit qu'il ne tenoit aucun compte, ni des désirs, ni des intérêts du peuple dont il étoit le chef. Aucune ambition, en effet, ne pouvoit être plus funeste à la France. Si son roi avoit été élu elle auroit dû dès-lors sacrifier son sang et ses richesses à la défense du levant de l'Europe, et se résigner à ce que son roi allât s'établir au centre de son nouvel empire.

François Ier, lorsqu'il s'offrit pour candidat à l'empire, se recommanda aux électeurs en leur rappelant la mémoire de Charlemagne, dont il promettoit de faire revivre la gloire; en insistant sur ses droits de membre de l'empire comme roi d'Arles et duc de Milan; enfin, en promettant qu'il feroit concourir toutes les forces de la France et de l'Italie pour seconder l'Allemagne et faire la guerre aux Musulmans. Mais en même temps il travailloit ouvertement à corrompre les électeurs à prix d'argent; il mettoit une sorte de pompe à faire suivre ses ambassadeurs par des mulets chargés d'espèces monnoyées. Avec aussi peu de pudeur, ceux-ci invitoient les princes allemands à des banquets continuels, d'où les convives sortoient toujours ivres : ceux mêmes qui aiment le vice et qui en acceptent les jouissances ne veulent pas l'avouer comme motif de leurs actions, et François offensa ceux qu'il vouloit séduire. D'autre part, Charles d'Autriche, âgé seulement alors de dix-neuf ans, n'avoit encore donné aucun indice des grands talents qu'il développa plus tard : on savoit seulement que depuis deux ans il étoit en Espagne en butte aux révoltes de presque tous ses sujets, et l'on commençoit à répandre qu'il étoit atteint de la même infirmité que sa mère Jeanne-la-Folle. Ce fut lui cependant qui fut élu le 5 juillet 1519; il étoit le cinquième des Charles qui avoient porté la couronne impériale, et il fut dès-lors désigné par le nom de Charles-Quint.

François Ier prit d'abord galamment la préférence accordée à son jeune rival, et il assura qu'elle ne troubleroit point la bonne harmonie entre eux : cependant la jalousie le dévoroit, et la rivalité entre ces deux souverains dura autant que leur règne. L'Europe avoit alors le malheur d'être gouvernée par des princes que leur âge livroit à toutes les passions de la jeunesse. Le plus sérieux d'entre eux, le plus réfléchi, le plus maître de lui-même, étoit peut-être Charle-Quint, quoiqu'il fût aussi le plus jeune, car il n'avoit que vingt ans, lorsque, le 22 mai 1520, il quitta l'Espagne, qu'il laissa en proie aux guerres civiles, pour aller prendre la couronne en Allemagne. A cette même époque, François avoit vingt-six ans, Henri VIII d'Angleterre en avoit vingt-huit, et le pape Léon X en avoit quarante-quatre : cependant les trois derniers étoient tellement enivrés par la passion de la pompe et des plaisirs qu'elle sembloit les diriger seule dans leur politique.

Le faste royal ne fut jamais déployé d'une manière plus éblouissante que dans cette même année 1520, signalée par le couronnement de l'empereur. Ce fut celle de la rencontre de François et de Henri VIII au champ du Drap-d'Or, entre Ardres et Calais, et les préparatifs de cette entrevue occupèrent presque uniquement les deux cours de France et d'Angleterre. Les deux rois n'avoient d'autre ambition que de se surpasser l'un l'autre par un luxe forcené; et les sommes qu'ils y dépensèrent auroient suffi pour mettre à exécution les projets les plus ambitieux. Au milieu des fêtes, les deux jeunes princes se prodiguèrent le nom de frères, ils se donnèrent de nombreux témoignages d'amitié et de confiance. Leur entrevue n'eut cependant aucun résultat politique, et elle les laissa moins amis qu'ils n'étoient avant de se voir. François, depuis long-temps, s'étoit étudié à gagner par des présens le cardinal Wolsey, premier ministre et confident de Henri VIII; mais il ne soupçonnoit pas que l'avide prélat tendoit la main en même temps à Charles-Quint. Les pensions, les rouleaux d'or, les bénéfices ecclésiastiques ne suffisoient plus à le satisfaire : il s'étoit bercé de l'espoir de monter sur le trône pontifical, il songeoit aux votes dont il pourroit s'assurer pour le conclave futur; et dans cette occurence, l'appui de l'empereur lui paroissoit devoir être plus puissant que celui du roi de France. Cette partialité se manifesta dès l'année suivante, lorsque les deux monarques recoururent à la médiation du roi d'Angleterre.

Charles-Quint, qui étoit menacé par des soulèvemens dans toutes les parties de sa domination en Espagne, qui voyoit en même temps commencer la grande fermentation religieuse de la réforme en Allemagne, et qui avoit déjà, au mois de mars 1521, donné audience à Luther, à la diète de Worms, étoit loin de désirer la guerre avec la France. Le roi François Ier ne la désiroit pas non plus. Cependant l'humeur que lui donnoit le triomphe de son rival se manifestoit par mille petites chicanes : sous prétexte de faire passer des renforts au roi de Navarre, il avoit envoyé une armée à Pampelune, qui s'avança jusqu'aux frontières de Castille, mais qui s'y fit battre par les Castillans; il avoit pris sous sa protection Robert de la Marck, duc de Bouillon, et lui avoit inspiré tant d'audace que celui-ci avoit déclaré la guerre à l'empereur, et ravagé le Luxembourg; il avoit enfin signé un traité avec Léon X pour attaquer de concert le royaume de Naples, et le partager entre la France et l'Église. Mais, tout en harcelant ainsi son rival par de petites piqûres d'épingle, il ne s'attendoit point à la guerre, il ne la vouloit point, et lorsqu'elle éclata, il se laissa prendre par surprise, il n'y étoit nullement préparé.

Léon X, qui avoit signé un traité secret avec François Ier contre Charles-Quint, en avoit signé un autre avec Charles-Quint contre François Ier. Sa gloire littéraire, comme protecteur des poètes et des artistes, a trop fait oublier en lui le mauvais prêtre et le mauvais homme : léger, inconséquent, présomptueux, il avoit besoin de troubles pour se dissimuler à lui-même qu'il s'étoit ruiné par sa prodigalité. Il vouloit la guerre, sans que son ambition eût aucun objet, car sa famille s'étoit déjà éteinte avant lui. Il se décida contre la France au moment où François comptoit encore assez sur son alliance pour demander que ses légats fussent admis aux conférences de Calais. Ces conférences furent ouvertes, le 4 août 1521, sous la présidence du cardinal Wolsey, parce que Henri VIII, averti des premières hostilités dans le Luxembourg, en Navarre et en Italie, offrit sa médiation au roi et à l'empereur, les priant « de ne pas commencer légèrement une si grosse guerre ». Les conférences n'eurent aucun résultat, et avant que neuf mois fussent écoulés, Henri VIII déclara lui-même la guerre à François Ier, le 29 mai 1522, se fondant seulement sur ce que le roi de France avoit le premier commencé les hostilités contre l'empereur, malgré la paix dont le roi d'Angleterre étoit garant.

Il n'est pas facile de décider quel étoit celui qui avoit en effet porté les premiers coups, du moins le roi n'avoit-il pas eu certainement l'intention de mettre toute l'Europe en mouvement. Son trésor étoit vide, ses arsenaux étoient vides aussi, toutes les fortifications des places frontières étoient en ruines ; il n'avoit point d'armée en Picardie et en Champagne ; l'armée qui occupoit la Lombardie n'avoit point touché de solde depuis une année entière ; elle avoit donc dû vivre aux dépens du pays, et elle avoit soulevé contre elle l'indignation de tous les habitans. Rien n'étoit prêt pour la résistance, lorsque, le 1er août 1521, Léon X déclara la guerre à la France, et que le 1er octobre, Prosper Colonna, général du pape et de l'empereur, passa le Pô, et entra dans le Crémonais. Lautrec, gouverneur du Milanais, étoit alors à Paris : il déclara au roi ne pouvoir défendre la Lombardie qu'autant qu'il y toucheroit 400,000 écus pour payer les soldes arriérées, et enrôler l'infanterie étrangère, qui seule faisoit la force des armées. L'argent lui fut promis, il partit, mais on lui manqua de parole : sans argent, il ne put retenir les Suisses à son service, et le 19 novembre les impériaux lui enlevèrent Milan. Cependant le pontife, qui avoit renouvelé cette guerre fatale, eut à peine le temps d'en apprendre les premiers succès. Léon X mourut, le 1er décembre 1521, mais son successeur, le Flamand Adrien VI, étoit personnellement dévoué à l'empereur, qu'il avoit élevé, et il demeura attaché à la ligue contre la France.

La campagne de 1522 s'ouvrit d'une manière non moins funeste pour la France. La maîtresse du roi étoit alors la belle comtesse de Châteaubriand, et François avoit mis ses trois frères, les maréchaux de Lautrec, de Lescuns et de Lesparre, à la tête de ses trois meilleures armées : ils auroient mérité cependant d'être choisis par des motifs plus honorables; ils ne manquoient ni de talens ni de bravoure, et s'ils éprouvèrent des revers, ils les durent à une intrigue de Louise de Savoie, qui détourna pour son usage l'argent qui leur étoit destiné. Les Suisses de l'armée de Lautrec, lui demandant argent ou bataille, le contraignirent à combattre, à la Bicocca, le 29 avril 1522, malgré le désavantage du terrain : il y éprouva une grande défaite, et les Français furent contraints d'évacuer l'Italie.

Cette retraite, après tout, les mettoit à l'abri des plus mauvaises chances de la guerre; il étoit difficile aux ennemis d'entamer les frontières de la France; ils avoient reconnu la neutralité des États de Savoie, des Suisses, de la Franche-Comté et de la Lorraine, en sorte que dans tout le levant du royaume le roi n'avoit aucun besoin de tenir des armées sur pied : le Midi n'en réclamoit pas davantage, car il étoit sans exemple que les Espagnols eussent tenté de franchir les Pyrénées; par mer, aucune invasion ne pouvoit être bien redoutable. Il ne restoit donc que la Champagne et la Picardie qui pussent offrir un champ de bataille; et en effet, ce fut dans ces deux provinces que les armées flamande de Charles-Quint et anglaise de Henri VIII cherchèrent à pénétrer. François Ier, qui n'avoit encore ni argent ni soldats, ne leur y opposa point d'armée; il se confia à la résistance des forteresses, et il vit avec plaisir ses ennemis s'épuiser à leur siége. D'ailleurs, il avoit peu de goût pour cette guerre de chicane; il étoit brave, mais il n'entendoit rien à l'art militaire : aussi, impatienté par les marches et les contre-marches, par les soins à prendre pour relever les fortifications des places, ou leur faire passer des convois, il se hâtoit de se distraire pour se dispenser d'y songer. Une seule chose pouvoit le séduire, c'étoit la bataille : il accouroit à l'armée pour une action d'éclat; mais aussi, deux fois dans cette campagne il fit perdre l'occasion de défaire les ennemis, parce qu'en apprenant qu'il y auroit un engagement, il ordonna de suspendre l'attaque jusqu'à ce qu'il fût arrivé, et chaque fois ce retard leur donna le temps de se retirer d'une position dangereuse.

Depuis l'affaire de la Bicocca, la France n'avoit pas éprouvé de nouvel échec; elle souffroit cependant cruellement : les impôts étoient augmentés, leur perception étoit injuste et ruineuse, et ils accabloient les cultivateurs et les bourgeois. Les charges sans nombre que le chancelier mettoit chaque jour en vente avoient pour privilége l'exemption de tout impôt; aussi, tous les plus riches contribuables se hâtoient de les acheter, et se faisoient effacer du rôle; mais la paroisse n'en devoit pas moins fournir la taille entière à laquelle elle avoit été taxée, en sorte que leur part du fardeau retomboit sur les autres, et accabloit ceux qui avoient le moins de ressources. Tout ce détail étoit ignoré de François Ier : excepté dans un jour de bataille, il ne s'occupoit point d'affaires; il passoit ses journées à la chasse ou avec ses maîtresses, et les besoins les plus extrêmes du trésor ne l'engageoient jamais à mettre des bornes à ses dissipations. Aussi ses troupes n'étoient point payées, et comme le soldat, avec les armes à la main, ne se résigne jamais à mourir de faim, il se jetoit sur le paysan et le forçoit, quelquefois par des tortures effroyables, à satisfaire ses besoins, ses caprices ou ses vices. Cependant la guerre ne faisoit pas de progrès, et comme les ennemis s'épuisoient de leur côté, la France auroit eu peu de dangers à courir, si le roi ne s'étoit pas fait un ennemi du plus puissant des princes du sang, et ne s'étoit pas en même temps obstiné à reconquérir l'Italie au lieu de se défendre chez lui.

Les différentes branches de la maison royale s'étoient rapidement éteintes, il n'en restoit plus que quatre, celles d'Alençon, de Montpensier, de Vendôme et de la Roche-sur-Yon. Le duc d'Alençon, petit-fils de celui que Louis XI avoit deux fois condamné à mort, avoit déjà commandé une des armées de François Ier; mais il y avoit montré peu de talent et peu de courage. Sa fortune, ébranlée par des confiscations répétées, n'étoit pas considérable; Montpensier, Vendôme et la Roche-sur-Yon, formoient les trois plus jeunes rameaux de la branche de Bourbon, qui jusqu'alors avoient eu peu de bien et peu de crédit dans l'État; mais l'extinction des branches aînées avoit attiré sur eux l'attention. Montpensier, en épousant sa cousine, avoit acquis le titre de duc de Bourbon, et François Ier avoit fait de Vendôme un duc; plus tard il renouvela aussi le titre de duc de Montpensier pour le prince de la Roche-sur-Yon.

Entre ces princes, le seul duc de Bourbon, que François avoit fait connétable, conservoit la richesse, le faste et l'esprit d'indépendance de ces princes apanagés qui avoient si long-temps menacé le trône de Louis XI. Il étoit de six ans plus âgé que le roi; il lui étoit supérieur en talent pour la guerre, mais il lui ressembloit par la valeur et l'amour du plaisir. Lorsqu'il perdit sa femme, en 1521, et peu après sa belle-mère Anne de Beaujeu, la fille de Louis XI, il parut à Louise de Savoie, mère du roi, un parti digne d'elle. On prétend qu'il répondit à ses avances qu'il n'épouseroit jamais une femme sans pudeur, et il s'en fit ainsi une ennemie acharnée. Les hommes de loi, empressés alors de servir les passions royales, assurèrent Louise que la chicane avoit des ressources pour le dépouiller de tous ses héritages, et François, partageant le ressentiment de sa mère, se joignit à elle pour intenter à Bourbon un procès qui devoit le ruiner de fond en comble. Tandis que Louise réclamoit tout l'héritage des Bourbons, prétendant faire casser la donation que la femme du connétable avoit faite à son mari, l'avocat du roi réclamoit le comté de la Marche et le duché de Nemours, comme anciens apanages, et le trésor royal suspendoit tous les traitemens et les pensions du prince, sous prétexte des besoins de l'État. L'injustice étoit criante et scandaleuse; d'autre part, Bourbon ne trouvoit dans son cœur aucun sentiment d'honneur qui l'empêchât de se venger. Il n'avoit jamais songé qu'il avoit une patrie et des devoirs envers la France, qu'il ne devoit point trahir : il n'hésita pas à entrer en traité avec Charles-Quint et Henri VIII, pour démembrer la monarchie. On lui promit de lui faire un royaume indépendant de la Provence, du Dauphiné et de l'Auvergne, tandis que de son côté il devoit armer ses vassaux du Bourbonnais, et prendre à sa solde douze mille landsknechts ; et au moment où François Ier passeroit les Alpes, en 1523, pour envahir l'Italie, il devoit lever l'étendard de la révolte, se mettre entre lui et la France, et lui fermer le retour.

François, qui ne trouvoit point d'argent pour les besoins ordinaires de la guerre, épuisoit toutes ses ressources pour les expéditions d'éclat. Au milieu de l'été de 1523, il avoit rassemblé la plus brillante armée, et il avoit fait choix, pour la conduire en Italie, de son favori l'amiral Bonnivet, jeune homme plus présomptueux encore, plus libertin, plus étourdi que lui, mais également brave. Pendant ce temps, il traversoit le Bourbonnais pour aller le joindre, et il comptoit emmener avec lui le duc de Bourbon, sur lequel ses soupçons étoient déjà éveillés. Le duc, à l'arrivée du roi à Moulins, feignit d'être malade; il le reçut auprès de son lit, et il l'assura de sa fidélité et de son dévouement; puis, ayant trompé sa vigilance, il s'échappa le 7 septembre; il brava des dangers infinis, et gagna d'abord la Franche-Comté, d'où il passa plus tard en Italie, et là il obtint de l'empereur d'être employé dans ses armées contre la France.

Au moment de la rébellion du duc de Bourbon,

le roi jugea qu'il seroit dangereux pour lui de s'éloigner de son royaume; il renonça donc à conduire lui-même son armée en Italie, et il chargea Bonnivet d'accomplir seul la conquête du Milanais, qu'ils avoient méditée ensemble; mais il lui recommanda de démentir par sa prudence la réputation de légèreté que lui faisoient ses envieux. Cette recommandation fut fatale à la France: Bonnivet se dépouilla de la rapidité, de l'audace, de l'impétuosité, qui sembloient attachées à ses défauts mêmes, sans revêtir les vertus contraires. Il devoit combattre de grands tacticiens, Prosper Colonna, généralissime de l'armée d'Italie, et, après sa mort, Pescara; il laissa voir combien il leur étoit inférieur dans l'art de la guerre. Il ne sut point s'emparer de Milan, qu'en raison de la foiblesse de leur armée, ces deux généraux avoient laissé presque sans défense; et après qu'ils eurent reçu des renforts il se laissa repousser sur les bords du Tessin, dans une position marécageuse, où les maladies, pendant l'hiver, lui firent perdre une partie de son armée. Enfin, au mois d'avril 1524, il fut forcé de se diriger vers le Saint-Bernard, pour faire par là sa retraite; mais de Novarre à Ivrée, il fut harcelé par l'armée impériale, qui le poursuivoit; il y fut blessé lui-même, ainsi que plusieurs de ses officiers; et Bayard, qui n'avoit jamais commandé en chef, mais qui avoit obtenu l'admiration des deux armées par une touchante union de bravoure et de bonté, de simplicité et de générosité, y fut tué le 30 avril 1524.

Les revers n'abattoient point François Ier, mais ils ne lui enseignoient point non plus la prudence. Il vivoit dans une dissipation trop constante pour comprendre les leçons que la fortune lui donnoit. Il perdit sa femme Claude, fille de Louis XII, le 20 juillet 1524, sans que la maladie ou la mort de cette modeste et vertueuse princesse suspendissent un moment son libertinage. A cette époque il étoit entré en Provence, pour repousser l'armée impériale qui assiégeoit Marseille. Le duc de Bourbon avoit persuadé à Charles-Quint que sa présence suffiroit pour soulever la moitié de la France. Un certain nombre de gentilshommes s'étoient en effet attachés au prince proscrit, entre autres Philibert de Chalton, prince d'Orange, le plus puissant des seigneurs bourguignons, qui avoit de son côté éprouvé une criante injustice. Mais les peuples étoient indifférens à la querelle de l'un et de l'autre. Ils ne voyoient point dans Bourbon le représentant héréditaire de leur province. L'esprit de la féodalité n'avoit pu se maintenir même dans le plus ancien et le plus puissant des apanages. Ce n'étoit pas, il est vrai, le patriotisme qui avoit pris sa place; la noblesse étoit toujours prête à combattre, par point d'honneur ou par avidité, et pour et contre la France ; mais la masse du peuple ne savoit qu'obéir et souffrir. En effet, dans cette période si belliqueuse, les bourgeois, les paysans, avoient presque renoncé aux armes ; ce n'étoit point de Français que se composoient les armées françaises. Sur trente mille fantassins que François conduisit en Provence pour repousser l'invasion des impériaux, quatorze mille étoient Suisses, six mille Allemands, trois ou quatre mille Italiens, et à peine six mille étoient Français.

Cette armée, appuyée par quinze cents lances de noblesse française, ne vit pas même l'ennemi. Pescara et Bourbon, avertis de son approche, firent leur retraite par la rivière de Gênes, du 28 septembre au 8 octobre, sans l'attendre. Mais les courtisans de François lui persuadèrent que sa dignité royale seroit compromise si, après s'être mis à la tête d'une grande armée, il ne se signaloit pas par quelque action d'éclat. Aussi, quoique la saison fût déjà avancée, il rebroussa chemin vers les montagnes du Dauphiné ; il traversa les Alpes de Saluces, et il arriva à Pignerol le 17 octobre. Ses meilleurs généraux blâmoient un passage si tardif ; toutefois l'armée impériale, qui, presque en même temps, revenoit de Provence, étoit alors découragée, fatiguée, affoiblie par les maladies, manquant d'argent et de munitions. Si François avoit agi contre elle avec promptitude, avec résolution, il auroit rejeté au-delà des Alpes du Friuli ces troupes éparses, avant qu'elles pussent se réunir. Il auroit soulevé les Italiens, que les atroces exactions des Espagnols et des Allemands réduisoient au désespoir ; il auroit fait entrer dans son alliance le pape Clément VII, qui, le 18 novembre 1523, avoit succédé à Adrien VI ; il y auroit raffermi la république de Venise, qui vers le même temps avoit été contrainte de renoncer à l'amitié de la France. Mais le roi ne connoissoit pas les premiers principes de l'art de la guerre ; il ne concevoit pas qu'il fallût à un général autre chose que de la bravoure ; il n'avoit pas plus d'idée de l'administration militaire que de l'administration civile ; et avec une complète incapacité pour les affaires, il agissoit d'après un inflexible entêtement, il ne vouloit croire personne, et il ne soumettoit sa conduite qu'à une seule règle, celle de préserver en toute chose sa dignité royale, dont il étoit toujours préoccupé.

François ne poursuivit point Lannoy et Pescara, parce que la dignité d'un roi de France ne lui permettoit pas de laisser derrière lui des villes et des citadelles en état de révolte ; il n'entra pas dans Milan, parce qu'il n'étoit pas de sa dignité d'entrer dans une ville dont le château tenoit pour un autre. Il vint donc, le 28 octobre, mettre le siége devant Pavie ; bientôt il convertit ce siége en blocus. Pescara, voyant qu'il n'étoit pas poursuivi, s'étoit arrêté à Lodi, avec son infanterie espagnole; Bourbon avoit été lever des landsknechts en Allemagne et les lui ramenoit. Déjà le roi étoit averti que l'armée de ces deux généraux grossissoit chaque jour, qu'elle étoit aussi nombreuse que la sienne, et cependant il détacha de celle-ci une forte division qu'il envoya vers le Midi, pour tenter une révolution dans le royaume de Naples.

La situation de l'armée française commençoit à devenir dangereuse, mais le plus grand danger pour elle tenoit à l'infatuation de son roi. Pescara avoit déjà plus de troupes que lui, mais François, trompé par de faux états des revues, ne vouloit pas le croire. Pescara se mit en mouvement, le 25 janvier 1525, pour se rapprocher, et obliger le roi à lever le siége; mais François ne voulut pas qu'il fût dit qu'un roi de France se laissoit influencer par la crainte de qui que ce fût; il ne voulut point lever le siége de Pavie, et il s'obstina à attendre l'attaque dans ses lignes, ayant à dos une forte place ennemie. Enfin Pescara se résolut, le 24 février 1525, à forcer son passage dans Pavie, au travers du parc de Mirebel. Ainsi s'engagea la bataille. François, entouré de ses jeunes compagnons, s'y comporta avec cette gaîté, avec cette valeur brillante, qui pouvoient être le mérite d'un bon chevalier, mais non d'un général d'armée : ce fut même une charge de cavalerie qu'il ordonna à contre-temps à laquelle on attribua la perte immédiate de la bataille, car il couvrit ainsi sa propre artillerie, fort supérieure à celle des impériaux, et il la força à suspendre son feu ; en même temps il dégarnit les flancs de ses Suisses et de ses landsknechts, et il laissa dans sa ligne un vide dans lequel Pescara se hâta de jeter un corps redoutable de fusiliers espagnols. Déjà les Français étoient coupés, déjà la gendarmerie royale étoit attaquée en face, en flanc et par derrière. Les fautes du capitaine avoient été multipliées, mais elles étoient encore rachetées par la bravoure des soldats, par la résolution imperturbable des compagnies d'ordonnance, qui, toutes composées de gentilshommes, se battoient comme si les yeux de tous leurs ancêtres veilloient sans cesse sur chacun d'eux. Cependant Bonnivet, la Palisse, Lescuns, La Trémouille, s'étoient déjà fait tuer auprès du roi : l'espoir étoit perdu, et ils n'avoient pas voulu survivre à cette déroute. Le duc d'Alençon, le premier des princes du sang, s'étoit enfui, trop tôt pour son honneur, avec l'arrière-garde. François, quand toute résistance devint impossible, voulut fuir aussi, mais il fut renversé de son cheval, et arrêté par quatre fusiliers espagnols. Alors un des transfuges de Bourbon le reconnut, quoi qu'il n'eût encore pas dit un mot; il fit approcher Charles de Lannoy, vice-roi de Naples, et c'est à lui que François Ier se rendit.

Dans la fatale bataille de Pavie, la bravoure de François Ier ne se démentit pas un instant; mais on a voulu voir aussi de l'héroïsme dans la manière dont il supporta ce grand revers : il mérita peu un tel éloge. On lui a prêté une lettre à sa mère, fameuse par son laconisme et son énergie. « Madame, tout est perdu, fors l'honneur. » La lettre, au contraire, est longue et sans dignité ; seulement on y trouve cette phrase : « Pour vous « avertir comment se porte le ressort de mon « infortune, de toutes choses ne m'est demeuré « que l'honneur et la vie, qui est sauve. » Sa lettre à Charles-Quint est d'une humilité qui approche de la bassesse. « Par quoi, lui disoit-il, s'il vous « plaît avoir cette honnête pitié, et moyenner la « sûreté que mérite la prison d'un roi de France, « lequel on veut rendre ami et non désespéré, « vous pouvez faire un acquest, au lieu d'un pri-« sonnier inutile, de rendre un roi à jamais votre « esclave. » Cette lettre fut portée à Charles-Quint par le commandeur Pennalosa, auquel François, impatient de le savoir arrivé, donna un sauf-conduit, pour qu'il pût traverser la France.

Peut-être dans les monarchies ne devroit-on jamais permettre aux rois de marcher en personne aux armées ; tout au moins la loi de l'Etat devroit prononcer d'avance qu'un roi prisonnier a cessé d'être roi, qu'il ne peut plus traiter au nom de son peuple, qu'il ne peut jamais sacrifier son royaume pour sauver sa personne. Cette loi serviroit de garantie aux rois prisonniers eux-mêmes : on cesseroit de leur demander une rançon exorbitante, dès qu'on les verroit réduits au rang de particuliers. Mais François Ier ne savoit point le comprendre, il ne savoit voir que son propre avantage, il ne sentoit que pour soi. Dès qu'il étoit prisonnier, la France elle-même lui paroissoit perdue; aussi étoit-il impatient de recouvrer la liberté à tout prix; il ne pouvoit croire que Charles V la lui refusât s'il avoit avec lui une conférence; et il n'étoit pas moins désireux de passer en Espagne que Charles de Lannoy de l'y conduire, et de le dérober ainsi aux généraux ses collègues, ou aux tentatives que les Italiens pourroient faire pour le remettre en liberté. De concert avec Pescara et Bourbon, Lannoy avoit fait conduire François à Gênes. C'est là qu'il fut embarqué, le 7 juin 1525, sur des galères françaises, que le roi avoit secrètement fournies pour son propre trajet. Il vint prendre terre le 15 au port de Roses en Catalogne.

Charles V, en apprenant la captivité de son rival, en avoit rapporté toute la gloire à Dieu; il avoit interdit toute réjouissance publique, et il avoit paru ne compatir qu'au malheur du monarque tombé de si haut : ce langage d'emprunt, cette modération, cette humilité, coûtent peu dans la haute prospérité, lorsqu'on veut en même temps tirer le parti le plus rigoureux de ses avantages. Charles, qui ne vouloit rien accorder à la compassion, refusa pendant trois mois de voir son captif, jusqu'au moment où il apprit que François, succombant à l'anxiété, à l'attente trompée, au découragement, étoit tombé si gravement malade que les médecins craignoient pour sa vie. En mourant, il auroit emporté l'énorme rançon sur laquelle l'empereur avoit compté : ce dernier vint donc, le 28 septembre, le voir à Madrid, où il étoit détenu ; il lui prodigua les expressions d'égard et de bienveillance, et il assura ainsi sa guérison ; mais les sacrifices qu'il lui demandoit n'en étoient pas moins exorbitans : c'étoit la restitution de l'héritage de Charles-le-Téméraire, tel qu'il l'avoit possédé au temps de sa plus grande puissance, et en même temps la décision en sa faveur de toutes les questions qui avoient été controversées entre ce prince et Louis XI.

La France avoit jugé de la bataille de Pavie comme avoit fait son roi : en apprenant sa captivité, elle s'étoit regardée comme perdue. Toutefois Louise de Savoie, que son fils avoit nommée régente avant son départ pour l'Italie, étoit, dès le commencement, plus accoutumée à régner que lui ; mais avec ses petites intrigues, son manque d'ordre, son manque de foi, elle étoit bien peu propre à gouverner l'État dans un moment de crise. Le duc d'Alençon étoit mort de douleur et de honte à Lyon, un mois après la bataille, où il avoit manqué de cœur : sa ligne s'éteignoit en lui. Le duc de Vendôme, devenu le premier des princes du sang, se réunit à la régente. Le Parlement de Paris, se croyant appelé, par une grande calamité publique, à prendre quelque part aux affaires, ne fit qu'ajouter au désordre et augmenter l'alarme. Il fit saisir l'argent dans les caisses royales, pour relever les fortifications de Paris, où l'on étoit à cent lieues de toute armée ennemie. Il adressa aussi des remontrances à Louise de Savoie, déclarant que les malheurs du royaume étoient un juste châtiment du ciel, pour l'indulgence qu'on avoit montrée aux hérétiques. Les controverses que Luther avoit commencées en 1518 avoient eu déjà du retentissement en France, et l'on disoit que le roi, en n'ordonnant point de supplices, s'étoit montré peu zélé pour la foi. Louise, pour satisfaire le Parlement, fit brûler deux luthériens à Paris ; quelques autres prirent la fuite. Louise profita aussi de ce qu'elle commandoit sans partage pour soumettre à un procès criminel le financier Semblançay, qui avoit fait connoître à son fils ses dilapidations : il fut pendu après la mise en liberté de François Ier.

Cependant les autres souverains de l'Europe,

encore qu'ils fussent en guerre avec la France, commençoient à s'effrayer de son abaissement. Ils sentoient que Charles-Quint alloit les accabler d'un joug insupportable, et ils se montroient empressés à sauver l'équilibre de la chrétienté. Henri VIII, le premier, chercha querelle à l'empereur pour se détacher de lui, et il signa, le 30 août 1525, un traité d'alliance défensive entre l'Angleterre et la France ; le Pape, les Vénitiens, le d c de Milan, ne pouvant supporter davantage l'effroyable tyrannie des Espagnols et des Allemands, sollicitèrent de leur côté la régente de se mettre à la tête d'une ligue dont le but auroit été de rendre à son fils la liberté, et à l'Italie son indépendance. Louise accueillit toutes ces ouvertures avec empressement, mais ce fut pour trahir ceux qui se confioient en elle. Elle fit connoître à l'empereur quelle étoit la fermentation de l'Italie, pour lui faire peur, et obtenir ainsi de lui de meilleures conditions. Dès le commencement des négociations, elle et son fils étoient déterminés à abandonner tous leurs alliés et à ne songer qu'à eux-mêmes. Le roi eut, il est vrai, un moment la pensée d'abdiquer, il en fit même dresser l'acte, mais ce fut pour que Charles-Quint en eût connoissance ; puis, au lieu de persister dans cette généreuse détermination, il se résolut à signer, le 14 janvier 1526, le traité de Madrid : seulement il protesta en secret que ce traité lui étoit arraché par la violence, et que les engagemens qu'il prenoit étoient en conséquence invalides. Par le traité de Madrid, François Ier abandonnoit tous ses alliés, il renonçoit à toutes ses prétentions sur l'Italie, il cédoit à l'empereur le duché de Bourgogne, il lui donnoit ses deux fils en otage, il promettoit d'épouser sa sœur, et il pardonnoit au connétable de Bourbon et à tous ceux qui l'avoient suivi. A ces conditions, le roi fut échangé contre ses fils le 18 mai 1526, au milieu de la Bidassoa, et il fut remis en liberté.

François n'eut pas un moment la pensée d'exécuter le traité de Madrid tel qu'il l'avoit signé ; d'autre part, il étoit découragé de la guerre, et il désiroit fort ne point la recommencer. Il se proposa donc d'exciter aux armes les puissances plus foibles, qui lui avoient offert leur alliance pour sauver l'équilibre de l'Europe, de les engager à se compromettre pour donner de l'inquiétude à Charles-Quint, et d'en profiter pour obtenir de celui-ci des conditions meilleures en les abandonnant. Ce jeu perfide plaisoit surtout à sa mère, femme fausse et intrigante, qui se croyoit habile dès qu'elle réussissoit à tromper. Elle dirigeoit les négociations, tandis que François s'étourdissoit dans les plaisirs, s'abandonnoit à une nouvelle maîtresse, qu'il fit duchesse d'Étampes, et se refusoit à toute affaire qui auroit pu exciter en lui un retour vers de tristes idées. Ces négociations mensongères, ces promesses qu'il n'avoit point l'intention d'accomplir, ces démonstrations de vigueur auxquelles il ne donnoit point et ne vouloit point donner de suite, eurent cependant des résultats bien funestes pour l'Italie et pour la civilisation du genre humain. Elles causèrent la ruine du duc de Milan, François Sforza, second fils de Louis-le-Maure, et l'atroce oppression de ses sujets par les Espagnols; puis, l'année suivante, le 6 mai 1527, la prise de Rome par l'armée de brigands que conduisoit le duc de Bourbon : il y fut tué, mais la capitale de la chrétienté fut livrée pendant plusieurs mois à un pillage qui surpassa en horreurs ceux que, dix siècles auparavant, lui avoient infligé les Barbares destructeurs de l'empire romain.

Dans la même année, François, au lieu de se contenter de petites démonstrations hostiles, comme il avoit fait dans la précédente, envoya une puissante armée en Italie, sous les ordres de M. de Lautrec. Ce général eut d'abord quelques succès en Lombardie, mais, au lieu de les poursuivre, il s'avança vers le royaume de Naples, où il entra le 10 février 1528, pour y tenter une révolution à l'aide des Angevins. Dans ce pays lointain, aucun succès n'étoit possible sans argent, et François s'étoit engagé solennellement à faire passer 130,000 écus par mois à son général, pour la solde de ses troupes et ses approvisionnemens; mais les maîtresses du roi, ses parties de chasse et ses festins passoient toujours avant les dépenses de la guerre. François supprima ce paiement mensuel; Lautrec, réduit à subordonner ses opérations au besoin de lever des contributions militaires, ruina les campagnes, détruisit les troupeaux de la Pouille, aliéna ses partisans, et vint enfin, du 1er mai au 16 août, assiéger Naples, et y périr de fièvres contagieuses avec toute son armée. L'année suivante, le comte de Saint-Pol vint se faire battre à Landriano, le 21 juin 1529, avec une nouvelle armée française.

Les deux monarchies française et autrichienne étoient également épuisées; François Ier et Charles-Quint n'avoient plus ni argent ni crédit, et, quoique leur exaspération allât toujours croissant, ils n'avoient plus moyen de faire la guerre. Enfin, Louise de Savoie, mère du roi, et Marguerite d'Autriche, tante de l'empereur, se donnèrent rendez-vous à Cambrai. Elles eurent, à elles deux seulement, des conférences secrètes, où elles n'admirent aucun diplomate : là, elles modifièrent le traité de Madrid, dont elles firent cependant la base de la négociation nouvelle. Le plus important des changemens qu'elles y apportèrent fut d'engager Charles-Quint à renoncer à la restitution du duché de Bourgogne, et à fixer la rançon de François à deux millions d'écus d'or. Il n'abandonna aucun de ses alliés; le roi de France, au contraire, livroit tous les siens à la merci de l'empereur. Sous ce rapport, le traité de Cambrai, signé le 5 août 1529, qu'on nomma aussi *la paix des dames*, étoit bien plus honteux que celui de Madrid. Celui-ci pouvoit être considéré comme une capitulation imposée par la force à la foiblesse. L'autre étoit un acte de trahison envers des alliés qui s'étoient dévoués à la France depuis ses malheurs, et qu'elle sacrifioit pour s'éviter de faire des concessions à ses propres dépens. Le sort de ces alliés fut d'autant plus cruel qu'ils étoient plus foibles : les barons angevins de Naples périrent sur l'échafaud, la république de Florence fut anéantie, toute la Toscane soumise à une tyrannie soupçonneuse et cruelle; on exigea du duc de Milan et de la république de Venise des sacrifices d'argent ruineux ; le roi de Navarre demeura privé de tout ce qu'il avoit possédé au-delà des Pyrénées; les ducs de Bouillon, de Gueldres, de Savoie, de Ferrare et d'Urbin, durent demander grâce à l'empereur, et se soumettre désormais à toutes ses volontés.

Ce fut cependant cette oppression même de l'Italie, à laquelle François avoit donné les mains, qui contribua le plus à lui procurer la réputation de protecteur des arts et de père des lettres. Il avoit eu occasion d'observer combien la civilisation étoit plus avancée dans ce pays que dans tout le reste de l'Europe; aussi tous les petits souverains de l'Italie considéroient comme leur plus beau titre de gloire les relations qu'ils entretenoient avec les poètes, les philologues, les artistes, qui formoient de chacune de leurs cours comme autant d'académies. Cet exemple ne fut pas perdu pour François ; il apprit à regarder les savans comme les dispensateurs de la renommée, et si son ambition se dirigeoit surtout sur l'Italie, c'est qu'il croyoit que les littérateurs de ce pays pouvoient seuls établir sa gloire. Depuis la ruine de ce beau pays, à laquelle il avoit tant contribué, il offrit un asile auprès de lui à cette foule d'hommes célèbres qui ne pouvoient plus y vivre, aux poètes et aux prosateurs florentins surtout qui ne trouvoient de refuge nulle part. Il leur accorda des pensions et reçut en retour des louanges, et ce fut cet échange de grâces pécuniaires contre des flatteries qui lui donna une réputation supérieure à son mérite.

La protection que François accordoit aux savans le mit aussi en rapport avec les premiers réformateurs. Ceux qui vouloient opposer l'autorité des saintes écritures à celle de la cour de Rome avoient entrepris avec zèle l'étude des textes sacrés dans les langues originales ; on leur devoit la renaissance de l'étude du grec et de l'hébreu. François n'étoit point savant, il étoit moins encore philosophe : par goût de libertinage, il avoit vu avec plaisir les érudits attaquer les prêtres et les moines, qu'il méprisoit; il se scandalisa au contraire quand il les vit attaquer aussi les images, antiques objets de sa vénération. Une image de la Vierge fut brisée dans la rue des Rosiers, le 31 mai 1528, par des sectaires qui se croyoient appelés à détruire l'idolâtrie. Il vit dans cet acte une rébellion, un signe de mépris pour son autorité, et les luthériens lui parurent dès lors des criminels de lèse-majesté, qu'il résolut de punir. Pendant tout le reste de sa vie, on le vit passer tour à tour du désir d'être flatté par les savans à la colère contre les novateurs, et en conséquence montrer de la faveur à la réforme, puis envoyer au supplice les réformateurs.

La politique contribuoit aussi, il est vrai, à cette fluctuation dans les opinions religieuses de François Ier : depuis l'humiliation à laquelle il avoit été soumis, sa jalousie contre Charles-Quint s'étoit changée en haine; il avoit protesté contre le traité de Cambrai, comme auparavant contre celui de Madrid. Il espéroit que le moment viendroit où il pourroit revendiquer les concessions qu'il avoit dû faire, et ce moment sembloit approcher depuis qu'il voyoit son rival engagé dans une lutte périlleuse avec le sultan des Turcs, Soliman-le-Magnifique. D'autre part, il souffroit de se voir absolument dépourvu d'alliés en Europe, encore qu'il n'en dût accuser que lui-même, et le lâche abandon qu'il avoit fait d'eux par le traité de Cambrai. Les querelles de l'Église lui offrirent deux occasions de contracter des alliances nouvelles : d'une part, Henri VIII, dans son empressement à se divorcer d'avec Catherine d'Aragon, provoquoit l'inimitié de l'empereur et du pape; d'autre part, les luthériens d'Allemagne, qu'on commençoit à désigner par le nom de protestans, s'étoient confédérés par la ligue de Smalkalde, pour défendre contre l'empereur et le Pape leur liberté de conscience. Henri VIII, de même que les protestans, auroient volontiers réuni leurs querelles aux haines de François; mais celui-ci, tout en négociant avec eux, ne pouvoit renoncer à l'espoir de rétablir sa domination sur l'Italie. Pour y parvenir, l'appui du Pape étoit nécessaire; dès qu'il se flattoit de l'obtenir, il abandonnoit les protestans, et, pour se l'assurer mieux, il fit, le 28 octobre 1533, épouser à son fils Henri Catherine de Médicis, nièce de Clément VII.

On croit souvent ne pas comprendre le caractère de François Ier, parce qu'on y rencontre un degré d'inconséquence dont on ne peut se rendre raison; toutes ses actions semblent contradictoires, tous ses projets semblent s'exclure l'un l'autre; mais il ne faut point lui supposer plus d'ordre, plus de portée dans l'esprit, que ses actions n'en manifestent. Ses favoris, ses ministres lui ressembloient, parce qu'il les avoit choisis en raison des rapports qu'il leur trouvoit avec lui-même; ils étoient braves, présomptueux, mais aussi inconsidérés que lui, se figurant comme lui qu'il y avoit de la grandeur dans tout ce qui étoit étrange ou violent. Bonnivet s'étoit fait tuer à la bataille de Pavie, mais l'amiral de Brion-Chabot et le maréchal Anne de Montmorency ne valoient pas mieux que lui pour le conseil. François, il est vrai, auroit trouvé dans un rang moins élevé des capitaines et des négociateurs habiles, mais il n'écoutoit pas leurs conseils, il ne leur demandoit que d'obéir. Aucun d'eux ne se permettoit de juger ses actions, de mettre en doute son droit; tous paroissoient persuadés qu'en politique il faut renoncer à toute notion du juste et de l'injuste. D'ailleurs la noblesse aimoit la guerre, c'étoit pour elle le grand jeu de hasard qui menoit à la fortune et à la distinction. Ceux qui succomboient étoient bientôt oubliés. Les étrangers, qui formoient presque seuls l'infanterie, n'étoient estimés que par l'argent qu'ils coûtoient; et quant au peuple, soit qu'il fût écrasé, ruiné, mourant de faim ou égorgé, la cour n'entendoit jamais ses plaintes.

François Ier vouloit faire concourir les protestans de Smalkalde avec le pape et le roi d'Angleterre pour l'accomplissement de ses projets sur l'Italie, et il ne vouloit pas s'apercevoir qu'il ne pouvoit flatter les uns sans mécontenter les autres. Il vouloit toujours attirer l'attention, il se croyoit toujours sur un théâtre, et il songeoit surtout à l'effet que dans chaque occasion il devoit produire; mais il ne combinoit pas ces effets divers, et il ne s'attendoit pas à ce que ses actions fussent expliquées les unes par les autres. En même temps il étoit si jaloux de son pouvoir, si offensé de toute manifestation d'une opinion nationale, qu'il lui étoit impossible de connoître l'impression que produisoient ses actions. Cette irritabilité de l'orgueil donnoit un caractère féroce à sa législation; il s'y montroit impitoyable, parce que tout délit devenoit à ses yeux l'offense personnelle de la désobéissance. Il voulut se donner une infanterie nationale pour remplacer les Suisses et les Allemands, qu'il ne pouvoit pas toujours enrôler au dehors, et il ordonna, en 1534, la formation de sept légions françaises, qui lui donneroient quarante-deux mille hommes; mais il crut que la terreur lui suffiroit pour les organiser. Au lieu de leur promettre des récompenses, il menaça tous leurs manquemens d'atroces supplices, et toutes ces menaces ne purent réussir à leur inspirer l'esprit militaire. Il chercha à réprimer les brigandages que le désespoir du peuple rendoit fréquens, et son ordonnance du 11 janvier 1535, pour introduire le supplice de la roue, et punir de mort quiconque tenteroit d'alléger la souffrance des suppliciés, nous fait voir la férocité ingénieuse calculant d'avance tout ce que l'homme peut endurer de souffrance avant de mourir.

Il y a quelque chose de plus révoltant encore dans l'invention des supplices auxquels François Ier condamna les protestans découverts dans ses États, parce que dans cette occasion ce n'étoit pas la passion qui l'aveugloit, mais qu'il songeoit seulement à servir sa politique par les tourmens qu'il leur infligeoit. L'empereur avoit découvert ses secrètes intrigues avec Soliman et les frères Barberousse, rois d'Alger, qu'il appeloit, l'un à envahir l'Allemagne, les autres à ravager les côtes de l'Italie et de l'Espagne; aussi Charles rendoit François responsable des souffrances auxquelles il exposoit tant de milliers de chrétiens, entraînés dans l'esclavage des infidèles. Charles dénonçoit François comme s'alliant indifféremment avec les Musulmans, avec le schismatique Henri VIII, avec les hérétiques luthériens, toujours avec les ennemis de l'Église. François voulut alors faire preuve de zèle pour le catholicisme; il fit arrêter un grand nombre de Français qui avoient embrassé les opinions nouvelles, puis, se mettant à la tête d'une procession nombreuse et solennelle, qui, le 21 janvier 1535, visita tous les quartiers de Paris, il s'arrêta dans les six places principales, dans chacune desquelles un reposoir pour le Saint-Sacrement et un bûcher avoient été préparés d'avance; la victime humaine étoit attachée à une balançoire, qui, au moment où le roi paroissoit, s'abaissoit pour la plonger dans les flammes, et l'en retirer immédiatement : elle continuoit à s'abaisser et à se relever jusqu'à ce que le malheureux eût péri dans d'atroces douleurs; alors seulement le roi continuoit sa marche.

Cependant, lorsque la nouvelle de ces supplices parvint aux confédérés de Smalkalde, ils en furent remplis d'indignation et d'horreur. Se défiant dès lors des offres et des promesses de la France, ils cherchèrent à se rapprocher de Charles-Quint, et surtout de son frère Ferdinand, qui n'avoit point encore signalé son intolérance par des cruautés semblables. François n'y avoit point songé d'avance : il apprit avec surprise qu'il perdoit les alliés sur lesquels il avoit compté le plus, que ses émissaires étoient repoussés de toute l'Allemagne, et que ses capitaines n'y pouvoient plus lever de landsknechts. D'autre part, Clément VII étoit mort le 25 septembre 1534, et l'alliance contractée à cause de lui avec la maison de Médicis ne répondoit plus de la bienveillance de l'Église. François, pour regagner la confiance des princes luthériens, professa qu'il n'avoit jamais confondu la confession d'Augsbourg des Allemands avec les doctrines dont Calvin faisoit à cette époque même l'exposition dans son *Institution chrétienne*, et que c'étoient celles-là seules qu'il avoit punies. Il pressa même Mélanchton de venir le trouver en France, l'assurant qu'il n'étoit pas loin d'adopter ses opinions. Enfin, il rendit à Coucy, le 16 juillet 1535, une ordonnance pour faire remettre en liberté tous ceux qui étoient détenus pour cause d'opinions, et cette ordonnance peut être considérée comme le premier édit de tolérance accordé à la France.

Une pensée dans l'esprit de François dominoit toujours toutes les autres, c'étoit le désir de se relever de l'humiliation qu'il avoit éprouvée à Pavie, en faisant avec succès la guerre à l'empereur, et lui enlevant de nouveau l'Italie. Deux héritages avoient rétabli inopinément ses finances : d'une part, sa mère étoit morte, le 29 septembre 1531, et dans ses coffres il avoit trouvé la somme énorme de quinze cent mille écus d'or; ensuite, le chancelier Duprat étoit mort aussi, le 9 juillet 1535, et le roi, sans jugement, sans même en alléguer de motif, confisqua sa succession mobilière, montant à quatre cent mille écus. Grâce à la possession de tant d'argent comptant, le roi avoit remis sur pied une fort belle armée. Il avoit compté d'abord s'en servir pour attaquer le duc de Milan, François II Sforza. Mais ce prince maladif étant mort sans enfans, le 24 octobre 1535, Antonio de Leyva, qui commandoit une garnison espagnole dans la forteresse, prit possession de son duché au nom de l'empereur : celui-ci étoit alors occupé en Afrique de sa glorieuse expédition contre Tunis. François, pour profiter de son armée, envahit les États de Savoie, prétendant, contre toute apparence de raison et de justice, qu'ils auroient dû passer en héritage à sa mère. Louise étoit sœur d'un premier lit du duc Charles III de Savoie, régnant depuis 31 ans, et qui étoit alors âgé d'environ cinquante ans. Les lois de Savoie excluoient les femmes de la succession, ensorte que Louise n'auroit eu aucun droit, même lorsqu'elle n'auroit pas eu de frère. De plus, elle avoit formellement renoncé, le 10 septembre 1523, à toute prétention qu'elle pourroit exercer contre son frère ou la maison de Savoie. Le duc Charles, qui étoit foible et irrésolu de caractère, avoit tenu ses États dans une dépendance absolue de la France, jusqu'au traité de Madrid, qui l'avoit rejeté de l'alliance française : heureusement pour lui, il étoit aussi beau-frère de l'empereur, qui le reçut dans la sienne. Attaqué à l'improviste par le roi son neveu, il ne fit aucune résistance : la Savoie lui fut enlevée dans l'automne de 1535, et le Piémont dans le printemps de 1536.

Charles V, cependant, étoit revenu de Tunis à Naples et à Rome; il désiroit conserver la paix avec la France, et il offrit à François Ier de donner à son troisième fils, devenu duc d'Angoulême, l'investiture du duché de Milan. Il est vrai qu'il y ajoutoit la condition que François trahiroit de nouveau tous ses alliés, et qu'il s'uniroit à Charles V pour faire la guerre aux Turcs, aux luthériens et à Henri VIII.

François, loin de montrer aucune répugnance pour cette perfidie, admettoit que ce seroit pour lui une chose honorable que de faire la guerre aux ennemis de la foi ; il y mettoit seulement pour condition que le duché de Milan seroit accordé à son second fils, non au troisième, et que lui-même en auroit l'usufruit. Afin de donner plus de poids à ses demandes, ce fut le moment qu'il choisit pour faire envahir le Piémont par l'amiral Chabot avec une brillante armée française. Charles-Quint apprit à Rome ces hostilités, et il se sentit blessé en même temps du langage des ambassadeurs de France : se trouvant, le 8 avril 1536, dans un consistoire public tenu par le Pape, il s'avança dans le cercle au milieu de tous les ambassadeurs de la chrétienté, et dans un discours véhément il récapitula les divers actes de mauvaise foi dont le roi avoit usé envers lui, et qu'il venoit de couronner par l'attaque d'un vassal de l'empire, le duc de Savoie, son beau-frère. Il vouloit, dit-il, mettre un terme à des différends qui s'aigrissoient toujours plus ; il proposoit de nouveau la paix, mais aux conditions seulement qu'il avoit déjà offertes, ou bien un combat singulier entre lui et François, ou enfin une guerre qui devroit réduire l'un des deux à être le plus pauvre gentilhomme de la chrétienté. En réponse à cette provocation publique, on attendoit de François une déclaration de guerre ; au contraire, il donna l'ordre à ses généraux de licencier leurs armées, en laissant seulement des garnisons dans les places fortes du Piémont et de la Picardie. Il est probable qu'avec sa légèreté accoutumée il avoit dissipé pour ses plaisirs tout l'argent sur lequel il avoit compté pour la guerre, et qu'il n'étoit plus en état de payer ses troupes.

Cependant les offres de Charles-Quint n'avoient point été acceptées, la paix n'étoit point faite, et il continuoit à s'avancer à la tête de son armée : c'étoit la plus redoutable qui eût encore menacé la France. Puisqu'il ne trouvoit point d'ennemis à combattre, il résolut d'entrer lui-même dans les États de son adversaire, et il envahit la Provence. Rien n'auroit été plus facile que de fermer cette province aux ennemis, et de la défendre : on ne peut y entrer en effet que par des passages étroits, montueux et sauvages, et François avoit bien du temps devant lui, puisque Charles V passa le Var seulement le 25 juillet 1536. Mais à la persuasion d'Anne de Montmorency, qui étoit alors le favori en crédit, et qui montroit déjà le caractère dur et impitoyable par lequel il se signala dans les guerres de religion, le roi, au lieu de défendre la Provence, se résolut à la dévaster et à la ruiner. Le roi et le connétable, établis avec leur armée, d'abord à Lyon, et plus tard à Avignon, envoyèrent des partis de cavalerie, avec ordre de détruire tout le pays qui s'étend de la mer jusqu'à la Durance, et des Alpes jusqu'au Rhône : tous les fours et les moulins devoient être abattus, tous les blés et les fourrages brûlés, tous les tonneaux défoncés et les vins épandus, tous les puits corrompus, en y jetant des matières en fermentation. L'ordre de dévastation ne concernoit d'abord que les fermes et les villages, puis il fut étendu aux villes du second ordre, et enfin à Aix, la capitale elle-même de la Provence ; mais, avec quelque rigueur qu'il fût exécuté, François ne pouvoit faire qu'une province approvisionnée pour nourrir ses six cent mille habitans pendant une année n'eût pas de vivres pour cinquante mille soldats pendant deux mois, surtout lorsque ces soldats étoient bien résolus à tout prendre, et à laisser mourir de faim les habitans autour d'eux. Cependant le système de défense réussit, et ce qu'il y a d'étrange, il a trouvé des historiens assez bas pour y applaudir. Le désespoir des Provençaux, leur misère, leur terreur, comme ils erroient à l'aventure dans les champs et les bois, multiplièrent parmi eux les maladies contagieuses ; l'épidémie gagna bientôt l'armée impériale, occupée aux siéges d'Arles et de Marseille, sous l'ardeur du ciel de Provence pendant le mois d'août ; les convois de vivres ne lui arrivoient plus qu'irrégulièrement. Enfin, Charles-Quint, sans avoir réussi ni dans l'un ni dans l'autre siége, fut obligé de se retirer avec son armée affoiblie et découragée. Il ressortit de Provence le 25 septembre. Il y avoit perdu vingt mille soldats par la maladie ; mais François avoit condamné, pour obtenir ce résultat, une des plus belles provinces de sa monarchie à une désolation dont elle ne s'est jamais entièrement relevée.

François avoit voulu la guerre, mais au moment où il auroit fallu combattre, le souvenir de la bataille de Pavie troubloit son imagination, et il faisoit reculer ses troupes ; souvent aussi il les licencioit, parce qu'en raison de ses dissipations, il n'avoit plus moyen de les payer. En 1536, il licencia au printemps, comme la guerre commençoit, l'armée qui avoit conquis le Piémont. Dans l'automne de la même année, il en assembla une seconde, mais elle ne passa jamais Avignon, et ne vit point l'ennemi. Au commencement du printemps de 1537, il se mit lui-même à la tête de l'armée qu'il assembla en Picardie : avec elle, il attaqua et prit Hesdin, avant que l'armée impériale fût rassemblée ; mais, comme celle-ci s'approchoit enfin, le 3 mai il licencia la sienne : la conséquence de cette bizarre manœuvre fut que les impériaux purent, sans être inquiétés, attaquer et prendre Saint-Pol le 15 juin, et y massacrer quatre mille cinq cents habitans. Cependant Montmorency réunit alors une nouvelle armée pour couvrir la frontière, mais elle étoit à peine arrivée à portée de l'ennemi qu'il signa une trêve pour les Pays-Bas. De son côté, François étoit parti pour l'armée de Piémont, lui conduisant de puissans secours. Il traversa les Alpes, força le pas de Suze le 31 octobre, et arriva jusqu'à Rivoli, mais il n'y fut pas plutôt en présence de l'ennemi qu'il négocia, et un armistice de trois mois fut signé entre les deux puissances.

Il y avoit quelque chose d'étrange à voir ces deux grands monarques se provoquer, s'approcher avec des armées redoutables, et se séparer, pendant deux campagnes de suite, sans avoir combattu; mais l'étonnement redoubloit quand on songeoit aux outrages sanglans par lesquels ils s'étoient réciproquement provoqués. Pendant la campagne de Provence, François avoit perdu son fils aîné, mort le 10 août 1536, d'une pleurésie qu'il s'étoit attirée par son imprudence. Le roi accusa l'empereur de l'avoir fait empoisonner, d'avoir voulu le faire empoisonner lui-même avec ses trois fils; et, pour donner du corps à cette accusation, il fit écarteler Sébastien Montecuculi, échanson du jeune prince, et il reput lui-même ses yeux de cet horrible supplice. Bientôt cependant, lorsqu'il changea de politique, il fit supprimer du procès toutes les charges qu'il y avoit fait insérer contre les lieutenans de l'empereur. L'année suivante, il cita au Parlement Charles, comme comte de Flandres et d'Artois, et il le menaça de la perte de ces deux fiefs pour félonie, sans cependant faire aucune allusion à une accusation qui venoit de coûter la vie à un innocent.

Malgré des apparences si défavorables, le pape Paul III travailloit à rétablir la paix entre les deux souverains; il s'offroit comme médiateur, et vint à Nice, au printemps de 1538, pour les engager à avoir entre eux une conférence; ses efforts furent inutiles; François et Charles refusèrent de se rencontrer. Ils signèrent toutefois, le 18 juin, une trêve de dix ans, en vertu de laquelle chaque souverain devoit garder ce dont il étoit alors en possession. Un tel arrangement étoit surtout défavorable au duc de Savoie, auquel, de tous ses États, il ne restoit plus que la seule ville de Nice. Les Français retenoient tout le reste, plutôt comme indemnité du duché de Milan, auquel ils prétendoient, que d'après aucun titre qui pût soutenir un instant d'examen.

Cependant le motif de François pour refuser une conférence à Nice avec l'empereur n'étoit point sa répugnance à rencontrer celui qu'il avoit nommé l'empoisonneur de son fils, bien au contraire, c'étoit le désir de dérober aux yeux clairvoyans du Pape l'alliance intime qu'il vouloit contracter avec Charles. François régnoit déjà depuis vingt-deux ans; il avoit cru illustrer le commencement de son règne par la conquête du Milanais : dès-lors la possession de cette province étoit devenue le but de tous ses efforts; il s'en étoit fait une passion qu'il vouloit satisfaire à tout prix. Pour y parvenir, il s'étoit allié avec tout ce qu'il détestoit le plus, avec les partisans de la liberté politique à Florence, à Venise, en Suisse; avec les partisans de la liberté religieuse en Allemagne, enfin avec les ennemis de toute chevalerie, les Turcs; aussi c'étoit avec un sentiment de joie qu'il avoit trahi et sacrifié les premiers; et il auroit eu plus de plaisir encore à sacrifier les protestans et les Turcs; malgré sa longue rivalité, il entretenoit au contraire pour la dignité impériale un sentiment de vénération qui lui rendoit pénible de combattre l'empereur. Montmorency, alors son favori et son principal conseiller, nourrissoit les mêmes haines et les mêmes affections. Il étoit dépourvu de talent militaire et de hautes capacités d'aucun genre; mais en revanche il étoit bon travailleur : il avoit un but auquel il rapportoit toutes ses actions, et il y persistoit avec obstination. Dans ses manières, il étoit dur, hautain, impitoyable, et il

avoit donné à ceux qui lui obéissoient une haute
idée de sa supérioriré d'esprit, par le mépris seul
qu'il témoignoit pour leur entendement; ce fut
lui qui engagea François à offrir à Charles-Quint
de se liguer avec lui contre les libertés civiles de
l'Europe, de même que contre l'hérésie et l'isla-
misme, pour obtenir en retour le duché de Milan. Charles, de son côté, étoit attaqué par Soliman et par Barberousse, avec les armées et les
flottes les plus redoutables que les Musulmans
eussent encore dirigées contre la chrétienté; il
regardoit Henri VIII et les protestans d'Allemagne comme ses ennemis; il savoit en même temps
quelle horreur ses vieilles bandes espagnoles excitoient dans les pays qu'il avoit subjugués; il
étoit sans argent pour les payer, et arrêter ainsi
leurs brigandages; aussi sa situation étoit bien
assez critique pour qu'il fût prêt à acheter à un
haut prix l'amitié et la coopération de François Ier.

En effet, au moment même où les deux monarques refusoient au vieux pontife de se voir à
Nice, ils étoient déjà secrètement d'accord. Il
leur importoit de dérober à sa connoissance une
ligue entre eux qui lui auroit causé plus de
craintes que leurs précédentes hostilités. Cette
ligue devoit avoir pour résultat de détruire toute
liberté civile et religieuse, toute indépendance
des petits États; elle auroit maintenu le catholi-

cisme, mais en l'asservissant sous l'autorité temporelle ; elle auroit laissé aux papes l'État de l'Église, mais en faisant d'eux les premiers vassaux de l'empire ; elle auroit enfin fait reculer, peut-être pour plusieurs siècles, le genre humain vers la barbarie.

L'entrevue que Charles-Quint n'avoit point voulu avoir à Nice, il vint la chercher à Aigues-Mortes. La flotte d'André Doria, qui s'étoit donnée à lui en 1528, l'y transporta le 14 juillet 1538. François Ier, qui l'attendoit, monta sur ses galères, tout comme Charles se mit à son tour entre les mains des Français. Leurs conférences durèrent quatre jours; ils se donnèrent toutes les marques d'amitié et de confiance qui pouvoient le mieux démentir leurs calomnies réciproques, et ils se séparèrent complétement réconciliés. Aussi, François Ier crut déjà n'avoir plus besoin de ses anciens alliés les protestans d'Allemagne, et il commença aussitôt à faire pendre ou brûler leurs coreligionnaires dans toutes les provinces qu'il traversoit, encore que sa sœur, mariée d'abord au duc d'Alençon, et, après sa mort, au roi de Navarre, eût embrassé leurs opinions, et les inculquât à sa fille, la fameuse Jeanne d'Albret.

Les sujets de François ne furent pas les seuls auxquels il fit sentir le changement de sa politique, il chercha querelle en même temps à tous ses anciens alliés : il avoit des engagemens pécuniaires avec Henri VIII, auquel il devoit payer une subvention annuelle de cent mille écus, il les rompit; il chercha l'occasion de mortifier son ambassadeur; il proposa enfin à Charles-Quint d'envahir l'Angleterre de concert avec lui et le roi d'Écosse, et lorsqu'ils l'auroient conquise, d'en faire trois parts, dont l'une demeureroit à chacun des trois monarques alliés. Mais l'empereur lui fit comprendre qu'il falloit commencer par subjuguer les protestans de la ligue de Smalkalde, afin que Henri VIII ne pût point lever chez eux des landsknechts. Antonio Rincon, réfugié espagnol, résident de France auprès de Soliman, étoit à peine arrivé à Constantinople, chargé de solliciter les Turcs d'envahir l'Allemagne avec une puissante armée, lorsque Soliman fut averti que le roi de France avoit fait alliance avec son ennemi, et qu'il poursuivoit désormais le projet ou le rêve de se faire empereur d'Orient. Enfin, les ministres de l'empereur et du roi de France avoient officiellement averti la ligue de Smalkalde et la ligue des Suisses, que ces deux monarques étoient d'accord pour assurer.par les armes le triomphe de la religion catholique. Sur ces entrefaites, Charles-Quint, qui avoit demandé à ses États des Pays-Bas un subside extraordinaire, ne put y faire consentir les Flamands; il y eut à Gand un soulèvement, et les Gantois invoquèrent François Ier, comme leur suzerain, en garantie de leurs priviléges. François ne se contenta pas de leur refuser son intervention amicale, il communiqua à Charles-Quint toute leur secrète correspondance et les noms de ceux qu'il pouvoit poursuivre à cette occasion comme criminels de lèse-majesté. En même temps il lui proposa de traverser la France, pour se rendre d'Espagne, où il étoit alors, dans les Pays-Bas. Rien ne pressoit toutefois, car les Gantois n'avoient préparé aucune résistance, et n'en opposèrent en effet aucune. Aussi Charles, tout en acceptant l'offre du roi, ne se hâta point. Il employa trois mois, d'octobre 1539 à la fin de janvier 1540, pour traverser la France. Chaque ville lui préparoit une entrée magnifique et lui donnoit des fêtes. Cette magnificence avoit été le but principal de François Ier : il vouloit séduire l'empereur par la somptueuse réception qu'il lui avoit préparée, par la déférence qu'il lui montra lorsqu'ils furent ensemble à Paris, et il comptoit en retour obtenir le duché de Milan, comme un cadeau de sa galanterie.

Charles-Quint avoit une tête plus politique et moins romanesque; mais il étoit bien résolu à acheter au plus haut prix la coopération du roi de France. Il avoit senti vivement combien d'inconvéniens étoient attachés à la dissémination de ses États dans toute l'Europe, et il vouloit y remédier. Déjà il avoit abandonné à son frère son héritage d'Autriche, et il l'avoit fait nommer roi des Romains. Il vouloit réserver pour son fils l'Espagne, l'Italie, et ses conquêtes en Afrique, et il offroit de céder à sa fille tout le magnifique héritage de la maison de Bourgogne, en la mariant au duc d'Orléans, second fils du roi; mais il y mettoit pour condition que François Ier renonceroit au Piémont comme à toutes ses prétentions sur l'Italie, et qu'il s'uniroit intimement avec l'empereur pour faire la guerre à tous ses ennemis. Il fut fort surpris quand, au mois d'avril 1540, François refusa sèchement ces propositions, beaucoup plus avantageuses que n'étoient les demandes qu'il avoit faites.

Pour comprendre cette bizarrerie, il falloit savoir que François, constamment souffrant d'une honteuse maladie, étoit devenu capricieux, irritable, impatient de toute opposition à ses désirs. Il ne se soucioit point de la Belgique, de l'Artois, de la Franche-Comté, c'étoit le Milanais qu'il vouloit : il bouda, il répondit avec aigreur, enfin il rompit toute négociation avec l'empereur. Dans son humeur, il changea tout le ministère qui avoit voulu le rapprocher de la maison d'Autriche; il avoit disgracié l'un de ses deux favoris, l'amiral Brion-Chabot; il le fit juger et condamner par une commission nommée par lui, et devant laquelle il déposa lui-même; puis, mécontent de n'avoir point obtenu contre son ami une sentence capitale, comme il la demandoit, il reprit cette sentence le 8 février 1541, pour la modifier par son autorité royale et l'aggraver. Montmorency, le rival de Chabot, que depuis trois ans le roi avoit fait connétable, fut disgracié dans le même temps. Le chancelier Poyet, qui avoit dirigé le procès de Chabot, fut disgracié à son tour. Mais quoique le roi voulût changer de politique, et renouer ses liaisons avec les ennemis de l'empereur, il ne put plus inspirer aux protestans d'Allemagne aucune confiance; ils aimoient mieux encore s'abandonner aux princes autrichiens que se fier à lui. Dans son dépit, il recommença à presser le supplice des protestans français; il mit son espoir dans les Turcs et dans les Barbaresques, et il chargea le sieur de Rincon de retourner auprès de Soliman.

L'alliance des Barbares, que recherchoit François Ier, n'étoit pas moins odieuse aux protestans qu'aux catholiques. Sans doute la tolérance et l'humanité devroient nous enseigner à rechercher la paix avec les Musulmans comme avec tous les autres hommes, à respecter leurs droits chez eux, à oublier leur religion dans les rapports politiques qu'on entretient avec eux; mais les appeler à envahir la chrétienté, à s'avancer dans les pays civilisés, en détruisant les villes, en massacrant la population ou en l'entraînant en esclavage, c'est un crime, et ce sera toujours un crime, quelque progrès que fasse, ou la tolérance, ou l'indifférence en matière religieuse. Tous les efforts de François Ier tendoient à livrer l'Allemagne et l'Italie aux Turcs; il ne tint pas à lui que la religion, la liberté et la civilisation ne fussent détruites dans les pays d'où elles se sont répandues sur toute l'Europe.

Antonio Rincon repartit pour faire un troisième voyage à Constantinople, et reporter au sultan le traité d'alliance qu'avoit accepté François Ier. Il avoit beaucoup de corpulence, les longs voyages le fatiguoient, et il s'obstina à traverser la Lombardie, comptant pouvoir le faire de nuit et déguisé. Il fut assassiné le 3 juillet 1541, sur le Pô, qu'il descendoit en bateau, par des gens qu'avoit appostés le marquis de Guasto, gouverneur du Milanais. François témoigna hautement son indignation de ce qu'on avoit violé, disoit-il, dans son envoyé, le sacré caractère des ambassadeurs. Il pouvoit cependant d'autant moins réclamer pour Rincon leur privilége que, loin de l'avouer, il avoit toujours repoussé comme une calomnie toute mention de ses négociations avec la Porte. Il se hâta de dépêcher un nouvel envoyé au sultan, dont les victoires lui rendoient l'alliance plus désirable. A la fin de juillet 1541, Ferdinand d'Autriche, frère de l'empereur, avoit été défait devant Bude par Soliman II, dans une grande bataille, en sorte que toute l'Europe occidentale étoit ouverte aux Musulmans. Vers le même temps, Charles V s'étoit embarqué à la Spezzia avec la plus brillante armée, se dirigeant vers Alger, où il avoit l'espoir d'écraser Barberousse : ce fut lui, au contraire, qui, assailli par d'horribles tempêtes, perdit et son armée et sa flotte sur la côte d'Afrique. La maison d'Autriche sembloit accablée par ce double revers. François Ier jugea que le moment étoit propice pour recommencer contre elle les hostilités.

La guerre à laquelle François Ier se résolut en 1541 étoit déjà la cinquième de son règne, ce fut aussi la dernière. Elle étoit entreprise sans motifs raisonnables ; elle étoit l'effet de l'impatience, de la mauvaise humeur d'un homme toujours souffrant et toujours mortifié dans sa vanité. Elle fut conduite avec moins de bon sens encore qu'aucune des précédentes. L'art de la guerre avoit cependant fait des progrès en France même, et François étoit secondé par beaucoup d'excellens officiers et par quelques bons capitaines ; mais il étoit trop absolu pour que l'expérience ou le savoir des autres pussent servir à l'éclairer, trop violent pour ménager ses peuples et trouver en eux des ressources, trop ignorant pour se faire une juste idée de ses forces, trop troublé par le souvenir de sa défaite à Pavie pour savoir profiter de la bravoure de ses soldats et de l'audace qui avoit fait le fond de son propre caractère. La paix étoit alors plus que jamais nécessaire au rétablissement de ses finances ; il y renonçoit, non pour repousser un danger dont il se crût menacé, non pour se laver d'une injure qui compromît sa dignité, mais pour faire une conquête à laquelle il s'attachoit avec le caprice d'un enfant.

Toutefois, quoique le désir passionné de recouvrer le Milanais fût le seul motif de François pour renouveler les hostilités, il ne tenta aucune opération militaire qui pût avoir ce résultat. Au printemps de 1542, il partagea ses forces en deux armées, qu'il confia à ses deux fils : le dauphin devoit attaquer le Roussillon, le duc d'Orléans le Luxembourg. En même temps, le duc de Clèves, qui avoit formé une armée d'aventuriers et de brigands pour conquérir la Gueldre, devoit faire une diversion dans les Pays-Bas, et François avoit promis de l'y seconder ; mais il manqua de parole à ce duc, il le laissa écraser par les impériaux, et avant la fin de la campagne cet allié, qui restoit seul aux Français, avoit dû se soumettre aux plus dures conditions pour obtenir sa grâce de Charles-Quint. Le duc d'Orléans avoit eu d'abord quelques succès dans le Luxembourg ; mais ce jeune étourdi n'aimoit dans la guerre que les hasards de la bataille : voyant qu'il n'avoit aucune chance d'amener son adversaire à l'accepter, puisqu'il ne tenoit pas la campagne, il licencia ses soldats le 10 août, et partit à franc étrier pour les Pyrénées, afin de se trouver à la bataille qu'il ne doutoit point que son frère, dont il étoit jaloux, livreroit aux Espagnols. Son départ causa la perte de tout ce qu'il avoit conquis dans le Luxembourg. Son frère n'étoit, au reste, pas plus que lui sur le point de livrer bataille. Charles-Quint n'avoit point d'armée en Roussillon, mais il avoit mis une bonne garnison dans Perpignan, profitant pour cela des lenteurs du dauphin, puis de celles du roi, qui avoit envoyé à son fils ordre de l'attendre, mais qui, embarrassé par tout le luxe de la cour, ne se mouvoit jamais que lentement. Quand le dauphin parut, le 26 août, devant Perpignan, il étoit trop tard, l'occasion de prendre la place étoit perdue; après une suite de fautes, il fallut lever le siége le 4 octobre, sans avoir tiré aucun parti d'une armée de quarante mille hommes, pour laquelle le roi avoit dépensé des sommes énormes.

Pour la campagne suivante, ou de 1543, François Ier fonda tout son espoir sur la coopération des Turcs. Il ne dépensa pas moins de 800,000 écus pour attirer en Europe le roi corsaire Cheir Eddyn Barberousse, qui étoit amiral de Soliman. Ce roi d'Alger amena lui-même sur les côtes de Provence sa redoutable flotte; un fils du duc de Vendôme, le comte d'Enghien, alla l'y joindre avec un corps nombreux de noblesse française ; ensemble, ils prirent, le 10 août 1543, la ville de Nice, dernier asile du duc de Savoie, oncle du roi : ce prince n'avoit cependant jamais donné aucun sujet de plainte à François, et n'étoit pas même en guerre avec lui. Barberousse passa ensuite l'hiver à Toulon, ravageant sans ménagemens la Provence, où il étoit reçu comme ami, et y enlevant des milliers de paysans pour recruter la chiourme de ses galères. La France ne pouvoit recueillir aucune espèce d'avantage de la dévastation du comté de Nice ou des ravages des Barbaresques en Italie, mais c'étoit elle qu'on accusoit de ce que l'Algérien, appelé par elle, avoit enlevé sur toute la longueur des côtes, de Monaco jusqu'à la Sicile, des milliers d'esclaves : aussi, cet outrage fait à la religion, à la civilisation et à l'humanité, excita contre la France une réprobation si universelle qu'elle ne pouvoit plus trouver en Europe un seul allié. Le roi de Danemarck, avec lequel elle avoit traité pour la première fois en 1541, et les princes protestans d'Allemagne, rompirent toute relation avec elle.

La troisième campagne commença, en 1544, sous de plus funestes auspices encore : le roi, que les besoins de l'État n'engageoient jamais à modérer son luxe ou ses dépenses, se trouvoit sans argent. Le poids intolérable des impôts avoit causé un soulèvement à la Rochelle et dans les provinces de l'Ouest. Dans les autres, le peuple ne résistoit pas, mais il mouroit. Le soldat, sans paie, alloit chercher sa vie dans les campagnes : il commençoit par tuer le bétail et piller les granges, puis, si le paysan résistoit, il brûloit sa maison, et souvent tout le village. Dans tous les lieux où les armées avoient été cantonnées, et surtout près des frontières, on pouvoit traverser plusieurs lieues de terrain, en Picardie jusqu'à dix-sept lieues, sans rencontrer un seul habitant. Les levées de soldats n'avoient point eu de part à cette dépopulation : François n'avoit aucune confiance dans l'infanterie française ; ce n'étoit qu'à défaut de Suisses, de landsknechts et de Basques qu'il consentoit à admettre quelques bataillons français dans son armée ; encore il n'essayoit de les soumettre à la discipline que par la rigueur des punitions; jamais il n'y avoit pour eux ni distinctions ni récompenses, et jamais la solde ou les rations ne leur étoient distribuées qu'après que tous les autres étoient satisfaits.

La France cependant étoit menacée par un nouvel ennemi. François avoit imprudemment provoqué Henri VIII. Il avoit engagé Jacques V, roi d'Écosse, à l'attaquer dans le Cumberland ; l'armée des Écossais avoit été dissipée, Jacques V en étoit mort de chagrin le 14 décembre 1542, ne laissant pour héritière qu'une fille âgée de sept jours, que sa beauté et ses malheurs rendirent depuis si fameuse sous le nom de Marie. Henri VIII voulut se venger : le 11 février 1543, il conclut un traité d'alliance avec l'empereur. Les deux monarques se promirent de se partager la France, et au printemps de 1544 Henri avoit rassemblé une armée de quarante mille hommes à Calais ; Charles-Quint en commandoit une non moins forte en Lorraine, et le marquis del Guasto, gouverneur du Milanais, avec une troisième armée également redoutable, devoit balayer les garnisons françaises du pied des Alpes, puis entrer en France par Lyon. François, sur aucune de ses frontières, ne sembloit préparé à la résistance ; il n'avoit point rassemblé d'armée en France, mais par de grands efforts il avoit réussi à en former une en Piémont, qu'il avoit mise sous les ordres du comte d'Enghien. Il lui avoit donné ordre, de même qu'à tous ses autres généraux, d'éviter toute bataille. Toutefois, sur les instantes sollicitations d'Enghien, il consentit à révoquer cet ordre. Aussitôt que ce changement de résolution fut connu, toute la noblesse de cour partit en foule pour rejoindre le prince. Enghien avoit alors vingt-cinq ans. Comme général, il commit des fautes nombreuses. Cependant, grâce à son impétueuse valeur et à celle de sa noblesse, il remporta, le 14 avril 1544, la victoire de Cérisoles, qui coûta douze mille hommes aux impériaux. Il ne put point, il est vrai, en tirer avantage, et poursuivre les ennemis : François, menacé par la double invasion de Henri VIII et de Charles-Quint, avoit donné des ordres pressans pour qu'on lui ramenât en France toutes les meilleures troupes de l'armée d'Italie. Charles-Quint avançoit au travers de la Champagne, et le peu de résistance qu'il y rencontroit faisoit déjà soupçonner plusieurs des gentilshommes de la province de trahison. Mais la ville de Saint-Dizier, devant laquelle il se présenta le 8 juillet, lui ferma ses portes, et malgré le mauvais état de ses fortifications, grâce à l'intrépidité du capitaine Lalande, qui y commandoit, et qui y fut tué, elle l'arrêta jusqu'au 16 août. Le dévouement de la garnison et des bourgeois de cette petite ville sauva la France. Le roi, qui étoit l'agresseur dans cette guerre, et qui laissoit cependant toujours l'attaque aux ennemis, put enfin rassembler son armée. Il est vrai qu'il étoit résolu à éviter toute bataille : ses troupes se reployoient sans cesse à mesure que les impériaux avançoient. Charles-Quint étoit déjà parvenu jusqu'à Villers-Cotterets et à Soissons; les Parisiens, alarmés, faisoient partir en hâte tous leurs effets les plus précieux, ou pour Rouen ou pour Orléans; et Henri VIII, qui avoit assiégé Boulogne, et qui s'en rendit maître le 14 septembre, pouvoit aisément prendre à revers l'armée sur laquelle la France fondoit toute son espérance : alors le roi étoit perdu.

Heureusement pour celui-ci, Charles-Quint et Henri VIII se défioient l'un de l'autre, et comme chacun d'eux se flattoit d'obtenir de meilleures conditions de François aux dépens de son associé, ils étoient convenus qu'ils pourroient traiter séparément avec la France. Or Charles-Quint ne désiroit point le démembrement de la monarchie française : il vouloit achever d'anéantir les libertés de l'Allemagne, de l'Italie, de l'Espagne et des Pays-Bas; il vouloit se délivrer des protestans et des Turcs, et pour atteindre ce but, l'alliance de la France, qui lui avoit été offerte par le connétable de Montmorency, étoit le projet qui lui sourioit le plus. Quelques conférences pour la paix ayant été ouvertes à Crépy en Valois, les négociateurs impériaux ramenèrent ce projet sur le tapis. Charles-Quint offrit de nouveau de céder l'héritage de Bourgogne à sa fille, en la donnant en mariage au duc d'Orléans, sous condition que François augmenteroit l'apanage de ce fils, qu'il paroissoit préférer. Une jalousie très marquée avoit déjà éclaté entre le dauphin et le duc d'Orléans; l'empereur, qui en étoit averti, comprenoit que s'il adoptoit le second fils de France, et s'il en faisoit son gendre, celui-ci ne tarderoit pas à devenir un rival dangereux pour le fils aîné, auquel François laisseroit la couronne. Sur de telles bases, le traité de Crépy en Valois, entre la France et l'empire, fut signé le 18 septembre

1544. C'étoit le plus honorable de tous ceux qu'avoit acceptés François Ier, car, par ce nouvel accord, il ne manquoit de foi à personne; il ne sacrifioit aucun allié, et il ne se soumettoit à aucune condition qu'il n'imposât en retour à l'empereur avec une parfaite réciprocité.

Avant la signature de ce traité, des négociations avoient aussi été entamées entre Henri VIII et François Ier, mais les demandes du monarque anglais avoient été exorbitantes : lorsque toute crainte du côté de l'Allemagne eut cessé, les négociateurs français déclarèrent aux Anglais qu'ils ne se soumettroient point à une telle extorsion, et les conférences furent rompues : la guerre dura encore deux ans entre les deux royaumes, sans être marquée par aucun fait d'armes éclatant, sans présenter à l'un ou à l'autre peuple l'espoir d'aucun avantage durable; elle fut cependant signalée par de grandes cruautés, et elle réduisit la Picardie à l'état le plus déplorable; enfin le traité de Guines, du 7 juin 1546, laissa les rapports des deux peuples au point où ils étoient avant la guerre. Tant que François étoit demeuré aux prises avec Charles-Quint, comme il sentoit à quel point il étoit isolé en Europe, il avoit usé de ménagemens envers les protestans, car c'étoit parmi eux, presque uniquement, qu'il levoit et les landsknechts et les Suisses, qui formoient le nerf de ses armées. Mais il n'eut pas plus tôt fait la paix avec l'empereur qu'il crut pouvoir donner le signal pour de nouvelles persécutions. D'ailleurs, le traité de Crépy devoit être l'accomplissement des projets formés à Aigues-Mortes pour anéantir toutes les libertés civiles et religieuses de l'Europe. Aussi, le Pape, de concert avec les deux monarques, convoqua, le 19 novembre 1544, le concile de Trente, qui avoit été quelque temps interrompu, et qui devoit se réunir de nouveau afin de détruire l'hérésie. Charles-Quint commença en même temps à ordonner des supplices dans les Pays-Bas pour cause de religion : il n'y en avoit encore eu aucun en Allemagne. François, avec une féroce émulation, voulut se recommander à l'affection des dévots, en allant plus vite en besogne que l'empereur. Son intérêt seul l'avoit quelquefois rendu tolérant; ses inclinations le portoient à détruire sans pitié tous ceux qui osoient penser en religion autrement que lui, car leur plus grand crime à ses yeux étoit de se montrer rebelles à son autorité. D'ailleurs sa bigoterie s'accroissoit avec l'âge, et les douleurs continuelles que lui faisoient éprouver ses honteuses maladies aigrissoient encore son caractère.

Même pendant la dernière guerre, les protestans français n'avoient point été à l'abri de la persécution ; elle n'étoit pas continuée avec violence, ou d'une manière uniforme, mais avec des alternatives d'acharnement et d'indolence. Les victimes pendant les années 1541 et 1542 n'étoient pas nombreuses, mais chaque supplice présentoit des circonstances remarquables d'atrocité de la part des juges, de constance et de foi de la part des martyrs. Après la paix de Crépy, François voulut qu'un acte plus éclatant encore annonçât à l'Europe son zèle pour la foi, et sa résolution de détruire quiconque ne se soumettroit pas aux enseignemens de l'Église.

Il existoit en Provence, dans un district montueux, entre Aix et le comtat Venaissin, une colonie de Vaudois, sortis originairement du Dauphiné et du marquisat de Saluces; ils occupoient deux villes et une trentaine de villages, et on assuroit que s'ils étoient attaqués ils pourroient mettre quinze mille hommes sous les armes; mais ils avoient en général vécu plus exempts de persécution que leurs frères des hautes Alpes. Les seigneurs de qui ils tenoient leurs terres à cens les protégeoient, parce qu'ils avoient, par leur industrie, changé en un fertile jardin tout le district qu'ils occupoient. Leur prospérité même excita la jalousie de leurs voisins; ils furent dénoncés au Parlement de Provence comme hérétiques, et celui-ci rendit, le 18 novembre 1540, un effroyable arrêt, lequel portoit : « Qu'en punition de leurs erreurs tous leurs vil-
« lages seroient rasés, les forêts coupées, les ar-
« bres fruitiers arrachés, les chefs et principaux

« *révoltés* exécutés à mort, et leurs femmes et
« enfans réduits en esclavage. » Mais cet arrêt
ayant été rendu par contumace contre des absens
qui n'avoient point été entendus en leur défense,
l'exécution en avoit été suspendue sur les instances des princes protestans alliés du roi; puis
des lettres de grâce avoient été expédiées le 8 février 1541 aux habitans de Mérindol et de Ca-
brières, et à tous ceux qui avoient été accusés en
Provence pour cause de religion. Après la paix
de Crépy, le roi, n'ayant plus de ménagement à
garder avec les princes leurs protecteurs, écrivit,
le 1er janvier 1545, au Parlement de Provence :
« De mettre à exécution l'arrêt rendu quatre ans
« auparavant contre les Vaudois, malgré ses let-
« tres de grâce, et de faire en sorte que le pays
« fût entièrement dépeuplé de tels séducteurs. »

Les Vaudois de Provence avoient déjà beaucoup souffert, mais ils n'avoient jamais résisté;
paisibles et timides, ils avoient cherché seulement à demeurer ignorés de leurs voisins; ils
n'avoient point eu avec eux de querelles, ils ne
croyoient point avoir provoqué leur ressentiment. Un secret profond enveloppa la révocation
de leurs lettres de grâce et les préparatifs de
l'expédition destinée à les égorger. Une petite
armée fut conduite par les barons d'Oppède et de
La Garde, dont le premier étoit président du tribunal qui les avoit condamnés; le second étoit

un aventurier employé par François auprès des Barbaresques. Elle partit d'Aix le 13 avril 1545, passa la Durance et entra par le Pertuis dans le pays qu'habitoient les Vaudois. Dans les trois premiers villages qu'elle atteignit le lendemain, les habitans, n'ayant pas le moindre soupçon des desseins formés contre eux par le gouvernement auquel ils étoient soumis, furent tous égorgés et leur maisons furent brûlées. L'armée, voyant qu'elle ne rencontroit aucune résistance, se partagea le jour suivant en petites troupes pour détruire tout le pays à la fois. Cependant la terreur la devançoit, et désormais elle trouvoit vides tous les villages où elle entroit; mais les fuyards ne pouvoient éviter leur sort : chargés de leurs enfans en bas âge, ou de leurs effets les plus précieux, ils succomboient les uns après les autres à la fatigue; les plus foibles, les vieillards, les femmes, les enfans, restoient sur la route; à mesure que les soldats les atteignoient, ils les égorgeoient après en avoir fait le jouet, ou de leur atroce cruauté, ou de leur impudicité. Tout le pays fut ainsi détruit du 14 au 19 avril; et pour atteindre aussi ceux qui erroient encore dans les bois ou dans les montagnes, le Parlement d'Aix et le gouvernement pontifical d'Avignon firent proclamer, le 24 avril, par toute la province : « Que nul n'osât donner « retraite, aide, secours, ni fournir argent ni « vivres à aucun Vaudois, sous peine de la vie. »

Après cette effroyable boucherie, François Ier ne fut point encore désaltéré du sang de ses sujets. Au mois d'août 1545, il envoya dans les diverses provinces des conseillers du Parlement de Paris, comme commissaires pour la poursuite et la punition des hérétiques. Il n'y eut pas de provinces, il y eut à peine des villes où l'on ne vit des arrestations et des supplices. A Meaux, quarante-un hommes et dix-neuf femmes furent arrêtés le 8 septembre 1546, dans une maison où ils s'étoient assemblés pour prier Dieu; tous reçurent la torture ordinaire et extraordinaire pour arracher d'eux le nom de quelques-uns de leurs condisciples, puis quatorze d'entre eux furent brûlés vifs sur le marché de Meaux, le 4 octobre, tandis qu'une populace forcenée poussoit autour d'eux des cris de joie.

Cependant le duc d'Orléans étoit mort le 9 septembre 1545, avant que son mariage, arrangé par le traité de Crépy, eût été célébré, et l'eût mis en possession de l'héritage de Bourgogne. Avec cette mort, tous les avantages que François Ier avoit attendus de son alliance avec l'empereur lui échappoient. En vain il lui redemandoit quelque compensation pour les droits auxquels il avoit renoncé dans cette espérance. Charles-Quint étoit alors au comble de ses prospérités; tous ses ennemis fléchissoient devant lui, et il ne vouloit rien entendre; s'étant assuré de l'alliance du Pape, il avoit attaqué en 1546 les protestans de la ligue de Smalkalde, et il avoit eu contre eux des succès beaucoup plus rapides que François Ier ne s'y étoit attendu. Celui-ci sentoit renaître sa jalousie; il auroit voulu arrêter la carrière victorieuse de Charles-Quint, il auroit voulu sauver l'électeur de Saxe et le landgrave de Hesse, avec lesquels il chercha à renouveler ses anciennes liaisons; il leur promit des secours, il sollicita le roi d'Angleterre pour qu'il lui en fît passer aussi ; mais ce roi, chagrin, malade, cruel, que l'embonpoint empêchoit presque de se mouvoir, répondoit à peine. Tout à coup François apprit que Henri VIII étoit mort le 29 janvier 1547, à l'âge de cinquante-six ans : c'étoit son contemporain, son rival, son émule; François crut reconnoître dans cet événement la cloche funèbre qui lui annonçoit sa propre mort. En effet, il expira à Rambouillet, le 31 mars 1547, âgé de cinquante-trois ans, des suites de la maladie qui le rongeoit depuis long-temps.

SECTION TROISIÈME.

Règne de Henri II. — 1547-1559.

On trouveroit avec peine un monarque qui ait fait à la France et à l'humanité plus de mal que François Ier; cependant sa mémoire est en général restée populaire, et la faveur dont elle jouit encore est un phénomène qui mérite l'attention. Il la doit en partie aux gens de lettres, auxquels il accorda des pensions : il achetoit ainsi leur silence sur ses vices et sur ses crimes; mais il ne négligeoit pas en même temps les mesures les plus rigoureuses contre l'imprimerie pour arrêter toute révélation qui lui auroit été défavorable. Au milieu de ce silence forcé des détracteurs et ces louanges des panégyristes, les cris de détresse des malheureux étoient peu entendus, et l'oubli avoit bientôt recouvert le tombeau des victimes. Mais François doit aussi en partie sa bonne renommée à la sympathie que sentoit pour lui la noblesse, seule partie de la nation qui fût agissante et qui conservât des souvenirs. Cette noblesse avoit elle-même presque tous les défauts comme les qualités de François Ier : elle étoit brave, insouciante, inconséquente; elle aimoit passionnément le plaisir, elle n'estimoit qu'elle-même, et comptoit pour rien les autres ordres de la nation; aussi elle se trouvoit admirablement représentée par son roi; mais surtout François a grandi aux yeux de la génération suivante, qui le comparoit avec ses successeurs, non qu'il valût réellement beaucoup mieux qu'eux, mais, à distance, le mal qu'il avoit fait étoit oublié, tandis que le mal présent étoit mieux apprécié, grâce aux progrès de la discussion et des lumières, et plus vivement senti.

Henri II, son fils et son successeur, entroit dans sa vingt-neuvième année le jour même où il montoit sur le trône. Sous quelques rapports, il ressembloit à François Ier; mais la ressemblance même faisoit ressortir la supériorité du père sur le fils. Sa figure, quoique belle, n'égaloit point celle de son prédécesseur; son corps étoit robuste, il excelloit dans tous les exercices du corps, tandis que son esprit étoit lent et paresseux; il avoit repoussé toute instruction et éloigné les hommes de lettres, dont son père goûtoit l'entretien; son caractère étoit bienveillant, mais foible; il avoit besoin d'être gouverné, et ceux auxquels il s'abandonna firent peser bien dûrement leur joug sur la France. Depuis long-temps il avoit fait choix d'un vieux favori et d'une vieille maîtresse : le connétable de Montmorency, qu'il nommoit son compère, avoit cinquante-quatre ans quand Henri II monta sur le trône; Diane de Poitiers, qu'il fit duchesse de Valentinois, en avoit quarante-huit. Il appela encore à sa faveur Saint-André, qu'il fit maréchal, le fils de ce seigneur, le duc de Guise, chef de la branche cadette de Lorraine, et deux de ses frères. Il auroit pu difficilement s'entourer d'êtres plus hautains, plus durs, plus avides, plus propres à le rendre odieux; il écarta de lui tous les ministres de son père, il fit même intenter des procès criminels à quelques-uns d'entre eux; mais ceux-ci, en offrant de riches cadeaux à quelqu'un des favoris du roi, firent bientôt cesser les poursuites. C'est de cette manière que la justice fut administrée pendant tout le règne de Henri II. Des hommes en crédit accusoient-ils quelque personnage marquant d'un crime d'État, une grande animosité se manifestoit dans les poursuites, le prévenu étoit menacé du dernier supplice, puis tout à coup il étoit pardonné, parce qu'il avoit su faire accepter ses présens en haut lieu. La duchesse d'Étampes, maitresse de François Ier, contre laquelle Diane de Poitiers avoit longtemps ressenti une amère jalousie, fut exilée de la cour, et les présens que lui avoit faits le feu roi lui furent repris; mais Diane ne ressentoit point la même jalousie contre la reine Catherine de Médicis, quoique celle-ci, qui avoit alors vingt-six ans, fût d'une grande beauté : la maitresse savoit que l'épouse légitime n'avoit aucune influence sur son mari, et qu'elle suivroit sans résister le char de sa rivale.

Montmorency, qui avoit pris la principale direction des affaires, maintint, pendant les cinq premières années du nouveau règne, la France en paix avec ses voisins; toutefois, il ressentoit contre l'empereur une profonde jalousie, et, sans arriver à des hostilités directes, il saisissoit toutes les occasions de lui nuire. Charles-Quint étoit sans inquiétude sur ses frontières : il avoit fait la paix avec les Français et avec les Turcs, et dès-lors il avoit pu tourner toutes ses forces contre les princes protestans de l'Allemagne. Il avoit dissous la ligue de Smalkalde, il avoit fait prisonniers l'électeur de Saxe et le landgrave de Hesse, et il avoit en même temps évité de soulever les esprits par des persécutions. En attendant les décisions du concile de Trente, il avoit établi pour tout l'empire un mode de vivre en matière religieuse qu'on nomma l'*intérim*. Il éludoit par des expressions ambiguës les questions controversées, et il laissoit aux protestans le droit de demeurer membres de l'église catholique sans renoncer à leur foi ni à leur culte. L'ambition de l'empereur s'étoit accrue avec ses succès, et il commençoit à aspirer à la monarchie universelle. Montmorency vouloit lui en barrer le chemin sans renouveler la guerre, et il profitoit de ce que la France avoit gardé provisoirement possession des États de la maison de Savoie, pour étendre ses intrigues dans toute l'Italie. Cette contrée gémissoit sous l'effroyable tyrannie des gouverneurs espagnols, qui joignoient à la cupidité et à la férocité la plus complète ignorance de tous les principes d'administration. La France encourageoit les Italiens dans toutes leurs tentatives pour secouer le joug; elle promettoit son appui à tous les mécontens : aussi les conspirations à Gênes, à Naples, à Milan, se multiplièrent, mais elles échouèrent toutes, et ceux que la France avoit excités à ce jeu hasardeux périrent par des supplices atroces.

Les royaumes rivaux entre lesquels les îles Britanniques étoient divisées désiroient tous deux également l'amitié de la France pendant la minorité de leurs souverains. Édouard VI, roi d'Angleterre, fils de Henri VIII, n'avoit que onze ans; Marie Stuart, reine d'Écosse, n'en avoit que six. Le premier étoit élevé par ses oncles maternels dans toute la ferveur du protestantisme; la seconde, par sa mère, sœur du duc de Guise, dans tout le zèle du catholicisme. Malgré cette divergence, ils étoient déjà promis en mariage l'un à l'autre par un traité; mais les Guises, d'accord avec tous les catholiques d'Écosse, enlevèrent, en 1548, leur nièce du milieu de son royaume, la conduisirent en France et la firent épouser à François, fils de Henri II.

Les Anglais ressentirent vivement la rupture d'un mariage qui auroit équivalu pour eux à la conquête de l'Écosse ; c'étoit une insulte, c'étoit presque un acte d'hostilité : cependant ils avoient tellement besoin de la paix, au milieu des intrigues et des factions d'une minorité, qu'ils consentirent, le 24 mars 1550, pour la raffermir, à rendre Boulogne à la France : c'étoit la seule de ses conquêtes que Henri VIII eût pu conserver. Les Écossais, de leur côté, virent d'abord avec joie le mariage de leur jeune reine avec l'héritier du trône de France ; mais bientôt il leur parut dur de n'être plus gouvernés que par des Français, d'autant plus que ceux-ci les regardoient comme des Barbares qu'il falloit sevrer de leurs libertés et corriger de leurs hérésies : aussi le mépris des lieutenans de Henri II pour les droits nationaux et la rigueur des Guises, qui envoyoient les protestans au supplice, firent succéder une répugnance universelle à l'ancien amour des Écossais pour les Français.

Henri II passoit ses journées à la chasse, au jeu de paume ou auprès des dames. Il ne mettoit aucune borne à ses dépenses, et en même temps il ne se mêloit d'aucune affaire. Montmorency, qui faisoit tout, qui avoit à pourvoir à tout, devoit détourner des besoins de l'État des sommes énormes pour la cour ; il en détournoit d'autres pour lui-même, car il amassa une fortune scandaleuse. Pour cela, il dut aggraver sans mesure le fardeau que portoit le peuple; il ne songeoit pas même à ressentir pour lui quelque pitié. La rigueur intolérable de la gabelle du sel, qu'il établit en Guienne, en violation expresse des priviléges de la province, poussa enfin ses habitans, au milieu de l'été de 1548, à un soulèvement universel. Malheureusement pour les révoltés, ils se livrèrent à des fureurs qui effrayèrent les classes plus intelligentes, et les forcèrent à se séparer d'eux. La populace, abandonnée à elle-même, auroit encore été bien plus puissante que l'armée que Montmorency se hâta de conduire contre elle, si elle avoit su faire usage de sa force; mais la prévoyance et la connoissance des choses et des hommes sont l'attribut du petit nombre, et les masses ignorantes se perdent si elles repoussent de leur sein l'élite intelligente, qui seule peut assurer leur succès. La Guienne, quoique soulevée d'une extrémité à l'autre, n'opposa aucune résistance; les cent mille bras de la multitude demeurèrent inutiles, car personne dans cette masse ne sut les faire agir ensemble. La soumission de cette province n'apaisa cependant point le connétable; il fit, dans Bordeaux seulement, exécuter cent quarante prisonniers. Il y en eut de brûlés, de rompus vifs, de pendus aux battans des cloches qu'ils avoient sonnées; les juges et les bourreaux sembloient faire assaut d'invention pour prolonger les douleurs et l'agonie. Les petites villes, les villages, furent traités avec la même rigueur que la capitale ; souvent les officiers de justice s'efforçoient de faire croire que ceux qui avoient quelque propriété s'étoient compromis, car alors les confiscations enrichissoient le connétable, qui partageoit avec eux.

On est naturellement porté à penser que les progrès de la civilisation devoient avoir adouci les mœurs, et que le peuple devoit être exposé à moins de souffrances au seizième siècle qu'au onzième ou au douzième : un examen plus attentif amène à croire le contraire. L'histoire des siècles vraiment barbares ne présente point d'atrocités semblables à celles des châtimens de la Guienne sous Henri II. Alors les États étoient bien plus petits, les oppresseurs, bien plus rapprochés des opprimés, les connoissoient mieux, et éprouvoient pour eux plus de sympathie : d'ailleurs ils voyoient plus clairement qu'en détruisant leurs sujets ils se ruinoient eux-mêmes, et ils étoient trop foibles et trop pauvres pour supporter de si grandes pertes. Les courtisans du seizième siècle s'attachoient au contraire à bien convaincre un roi de France qu'il étoit trop grand et trop riche pour ressentir la perte d'une ville ou d'une province ; tandis que la dignité de sa couronne exigeoit que le châtiment fût proportionné non à l'offense, mais à la grandeur de la personne offensée : aussi, à la guerre, demandoient-ils qu'une ville qui avoit osé tenir contre un si grand roi fût pillée, brûlée, et tous ses habitans égorgés ; et devant les tribunaux, vouloient-ils que les supplices fissent frissonner d'effroi, car le crime principal du coupable étoit sa désobéissance aux ordres du monarque. Cette jurisprudence atroce fut surtout établie pendant les règnes de François Ier et de Henri II, qui, plus que tous les autres, s'enorgueillissoient de leur grandeur théâtrale. Elle souille en particulier les travaux sur la législation de François Olivier, que François Ier nomma chancelier en 1545, et que Henri II conserva dans cette dignité jusqu'en 1550. On lui a fait la réputation d'un magistrat intègre et d'un bon jurisconsulte, mais aucun ne multiplia comme lui les supplices qui font frémir l'humanité.

Le fanatisme contribuoit en même temps à couvrir les échafauds de victimes dont on s'efforçoit de prolonger les souffrances. Henri II étoit d'autant plus zélé à venger l'Église qu'il étoit plus ignorant. Il laissa son cabinet contracter des alliances toujours plus étroites avec les protestans d'Allemagne ou avec les Turcs ; pour lui, il ne se relâcha jamais dans la poursuite des hérétiques : chaque année, chaque mois, les bûchers étoient allumés dans les principales villes de France. Un jour un courtisan lui indiqua dans son palais un tapissier suspect d'hérésie : Henri II s'amusa à entrer en controverse avec lui, comme il le regardoit travailler. Cet homme, nommé Hubert Burré, oubliant les grandeurs humaines lorsqu'il s'agissoit de la foi, lui répondit avec fermeté. Il fut aussitôt dénoncé et condamné à être brûlé à petit feu. Henri vint se placer à une des fenêtres des Tournelles pour voir son supplice. Burré le reconnut, et, fixant ses yeux sur lui, ne les détourna plus jusqu'au moment où il expira dans les tourmens. Ce regard, empreint de tant de souffrances et de tant de courage, fit sur Henri II une impression d'effroi qui ne s'effaça jamais de sa pensée : il ne modéra point les supplices, mais il ne voulut plus y assister en personne.

A cette époque, l'ambition de Charles-Quint s'accroissoit avec les succès, et elle commençoit à compromettre la sûreté de la France. Il marchoit d'un pas toujours égal vers la monarchie universelle, et il vouloit la consolider par le pouvoir absolu; aucun monarque n'avoit été servi par des ministres plus habiles, mais plus impitoyables. Aucun n'avoit exposé les pays soumis à sa domination à une oppression plus cruelle. Aussi leur ruine étoit complète : la Lombardie et les Deux-Siciles, autrefois les pays les plus riches de la terre, voyoient rapidement disparoître leur population affamée; l'Espagne, l'Italie, l'Allemagne, la Belgique, la Hongrie, la Bohême, perdoient chaque jour quelqu'une des garanties de leur liberté, ou de l'esprit qui leur avoit servi à la défendre. Chaque conquête de la maison d'Autriche étoit une défaite pour le genre humain ; ces défaites se succédoient rapidement, et toute résistance sembloit désormais désespérée.

Le roi de France, sans amour pour la liberté ou civile ou religieuse, étoit néanmoins intéressé à la défendre chez ses voisins : soit que le connétable de Montmorency le sentît, ou qu'il fût mu seulement par sa jalousie contre l'empereur, il se présenta comme champion des libertés de l'Europe, et il trouva en France des hommes publics habiles à emprunter le langage du patriotisme; d'autres, en plus grand nombre, étoient prêts à servir le roi, quelle que fût la cause pour laquelle il les employoit. Henri chargea M. d'Aramon, son ambassadeur à la Porte, de ranimer l'esprit belliqueux de Soliman II, qui, déjà parvenu à soixante ans, désiroit la paix, de l'engager à rompre la trève, et à ravager par ses flottes les côtes de l'Italie et de l'Espagne. Le même Aramon travailloit à allumer une guerre civile en Hongrie, et il s'entremettoit auprès des chevaliers de Malte, qui étoient maîtres de Tripoli, pour les décider à capituler et à remettre cette ville au grand-seigneur. M. d'Urfé, ambassadeur de France à Rome, s'efforçoit d'intimider le pape Jules III par ses menaces, et, n'ayant pu y réussir, il prit, le 27 mai 1551, sous la protection du roi, Ottavio Farnèse, duc de Parme; il le défendit contre le saint-siége, en sorte que les premières hostilités auxquelles Henri II se laissa entraîner furent dirigées contre le souverain-pontife. Enfin, un négociateur plus adroit encore, Jean de Fresse, évêque de Bayonne, conclut, le 5 octobre 1551, un traité secret de subsides avec Maurice de Saxe, et promit à ce prince ambitieux et dissimulé l'assistance de la France lorsqu'il se déclareroit tout à coup contre l'empereur. Cette dernière trame fut conduite par Maurice avec une habileté consommée, et elle eut un plein succès. Il assiégeoit alors Magdebourg, ville qu'on regardoit comme la citadelle du protestantisme, et, protestant lui-même, il étoit à la tête d'une armée impériale lorsqu'il accorda une trève à Magdebourg; il forma, dans l'hiver, une armée nouvelle des soldats avec lesquels il avoit attaqué cette ville et de ceux qui l'avoient défendue, et, en en prenant le commandement le 18 mars 1552, il marcha rapidement sur Inspruck, où il se flattoit de surprendre l'empereur. Il y entra le 23 mai, comme Charles venoit de s'enfuir; il rompit le concile de Trente, et mit en fuite les Pères qui le composoient; il contraignit enfin Charles-Quint à signer, le 2 août 1552, la paix publique de Passau, qui mit les deux religions en Allemagne sur un pied d'égalité.

Les secours pécuniaires que Henri II fournit aux protestans d'Allemagne contribuèrent puissamment à sauver la liberté politique et religieuse de l'Europe, et à faire avorter tous à la fois les projets que Charles-Quint avoit poursuivis avec tant de persévérance et d'habileté depuis le commencement de son règne; mais la guerre que dans le même temps Henri II entreprit contre l'empereur n'eut rien de glorieux, encore qu'elle procurât à la France quelques conquêtes. Ce fut le 10 mars 1552 qu'il vint se mettre à Châlons à la tête de l'armée qu'il avoit rassemblée en Champagne : on y comptoit environ trente-deux mille hommes, dont la moitié étoient des Suisses ou des landsknechts; quant aux fantassins français, ils étoient là pour faire nombre; mais le roi n'avoit en eux aucune confiance. Henri II entra en Lorraine comme dans un pays ami : l'empereur n'avoit point de troupes dans toute cette contrée. Arrivé devant Metz, grande et riche ville impériale, très jalouse de sa liberté, Henri demanda aux magistrats d'admettre dans leurs murs une enseigne, ou cinq cents hommes de ses troupes, pour la sûreté de ses convois, en promettant de la retirer avant la fin de la campagne; mais les chevaliers ne se faisoient jamais scrupule de manquer de foi à des bourgeois : au lieu de cinq cents soldats il en entra cinq mille; la ville fut prise, et demeura dès-lors annexée à la France. C'étoit le 10 avril. Le 14, Henri se présenta devant Nanci. La duchesse douairière de

Lorraine, quoique nièce de l'empereur, étoit venue le trouver dans son camp, tandis qu'il étoit encore en Champagne; elle lui avoit promis de le recevoir en ami dans sa capitale, et il s'étoit engagé en retour à respecter la neutralité de la Lorraine. Cependant, dès qu'il fut entré à Nanci il envoya la duchesse douairière en Allemagne, et son fils, qui n'avoit que dix ans, mais dont il vouloit faire son gendre, à Paris, pour être élevé avec le dauphin. L'armée française s'empara encore en trahison, le 13 avril, de Toul, et le 12 juin de Verdun : c'étoient aussi deux villes impériales et deux évêchés, que Maurice de Saxe avoit consenti à laisser occuper au roi pour le rémunérer de l'assistance qu'il donnoit aux défenseurs des libertés de l'empire. Henri II entra ensuite en Alsace par Saverne, et il essaya de se rendre également maitre par tromperie de la puissante ville impériale de Strasbourg; mais son stratagème fut déjoué par les bourgeois : alors il ordonna qu'on conduisît les chevaux de l'armée jusqu'au Rhin, pour les y abreuver, afin que chacun se souvînt qu'une armée française s'étoit avancée sous son règne jusqu'au grand fleuve de l'Allemagne; puis il la licencia.

Charles-Quint étoit impatient de se venger sur la France de l'humiliation qu'elle lui avoit fait éprouver. La paix de Passau lui laissoit les mains libres pour le faire. Il passa le Rhin, le 15 septembre 1552, à la tête de soixante mille hommes, et, ne trouvant point d'armée à combattre, il vint attaquer Metz, où le duc de Guise s'enferma avec un grand nombre de jeunes seigneurs de la cour. La ville ne fut point investie par l'armée de l'empereur avant le 19 octobre : la saison étoit déjà trop avancée pour qu'il pût assiéger avec succès une ville aussi forte ; tous ses généraux le lui représentoient ; mais Charles-Quint s'étoit à son tour laissé enivrer par la toute-puissance, et il n'écoutoit plus de conseils. L'hiver commença bientôt avec une rudesse inaccoutumée ; les soldats tour à tour s'enfonçoient dans la boue ou étaient pris dans la glace ; des maladies effroyables se manifestèrent, et Charles-Quint avoit déjà perdu trente mille hommes quand il se détermina, le 1er janvier, à lever le siége. Le duc de Guise acquit beaucoup de gloire par la valeur et l'habileté qu'il déploya dans cette défense, et plus encore par l'humanité avec laquelle il traita les malades impériaux que Charles-Quint fut obligé d'abandonner devant Metz ; mais quant à cette malheureuse ville, à laquelle les Français, sans provocation et en pleine paix, avoient ravi sa liberté, elle perdit en même temps son commerce, sa population, sa richesse et toutes les traces de sa prospérité passée.

Du côté du Piémont la guerre languissoit ; Henri II avoit donné le commandement de cette principauté au maréchal de Cossé-Brissac; mais comme il ne lui envoyoit ni argent ni soldats, Brissac ne pouvoit pas tenir la campagne. Fernand de Gonzague, qui lui étoit opposé en Lombardie, pour une raison semblable, ne la tenoit pas non plus. Le 16 septembre 1553, Charles III, duc de Savoie, mourut d'une fièvre lente à l'âge de soixante-six ans, à la porte des Etats d'où il avoit été chassé. Son fils Emmanuel-Philibert succéda à son titre, mais il étoit alors en Flandre. L'empereur lui avoit donné le commandement de son armée, et il venoit de s'y signaler par la prise de Hesdin : c'étoit en se recommandant à Charles-Quint comme un général habile qu'il espéroit rentrer enfin dans l'héritage de ses pères. La mort d'un autre souverain rendoit en même temps la situation de la France plus critique. Édouard VI, qui n'avoit pas accompli sa seizième année, expira en Angleterre le 6 juillet 1553, d'une phthisie pulmonaire. Il fut remplacé par la fanatique et cruelle Marie, sa sœur aînée, qui n'eut d'autre pensée que de détruire ce qu'elle nommoit l'hérésie, et de contracter, pour y parvenir, l'union la plus intime avec la maison d'Autriche; aussi elle se hâta de promettre sa main et la couronne d'Angleterre à son cousin Philippe d'Autriche, fils de Charles-Quint.

Ainsi, la France se trouvoit de toute part entourée d'ennemis; en même temps, ses ressources intérieures s'épuisoient rapidement; un désordre effrayant régnoit dans ses finances, et c'étoit par les expédiens les plus ruineux, les plus contraires à la bonne foi, les plus destructifs pour le commerce et le crédit, que le nouveau chancelier Bertrandi cherchoit à remplir le trésor. Ces exactions auroient trouvé une excuse si leurs produits avoient été réservés pour les besoins impérieux de la guerre; mais rien ne pouvoit enseigner au roi l'économie, et il dissipoit dans des fêtes de cour les capitaux dus par des particuliers à d'autres particuliers, et qu'il forçoit les débiteurs à rembourser à lui-même, non à leurs créanciers. Aussi le connétable, qui avoit pris le commandement de l'armée, n'osa-t-il jamais se rapprocher des ennemis, et laissa-t-il Charles-Quint prendre et raser Térouane le 20 juin, et le prince de Piémont traiter Hesdin avec la même cruauté, le 18 juillet, sans se mettre en peine de les défendre.

Cependant, Henri II essaya de prendre sa revanche en 1554; il se mit le 18 juin à la tête d'une armée composée en grande partie d'Allemands et de Suisses : il ravagea le Hainault, le Cambrésis et l'Artois, brûlant les villes et faisant pendre les habitans qui se rendoient à discrétion, pour les punir d'avoir osé résister à un si grand roi. En même temps, il promettoit des secours aux peuples qui, en Italie, gémissoient sous une effroyable oppression. C'est ainsi qu'il entretint la guerre de Sienne contre le duc de Florence, et la révolte des Corses contre les Génois; mais il ne considéroit l'un et l'autre peuple que comme des brandons qu'il jetoit dans le camp ennemi, et qu'il destinoit lui-même à être consumés. Il les excitoit par son alliance, par ses promesses, à braver tous les dangers, à faire à la patrie les plus généreux sacrifices, tandis qu'il étoit bien décidé d'avance à les abandonner lors de la paix. Par cette politique cruelle, il causa la ruine de la république de Sienne, réduite enfin à capituler, le 21 avril 1555, ainsi que le redoublement de l'oppression des Corses.

Mais si la détresse de la France étoit extrême, celle de tous les États de Charles-Quint n'étoit pas moindre. Les Espagnes, les deux Siciles, le Milanais, les Pays-Bas, étoient ruinés; la Hongrie étoit envahie par les Turcs; l'empereur lui-même sembloit plus épuisé encore que ses divers royaumes; tous ses projets avoient été déjoués par l'habileté de Maurice de Saxe; sa santé étoit perdue; des douleurs de goutte, aiguës et presque continuelles, lui permettoient rarement de vaquer à ses affaires. Il soupiroit après le repos; il offroit à la France une paix avantageuse, ou même une trève qui auroit laissé chacun en jouissance de ce qu'il possédoit. La lenteur d'esprit de Henri II retardoit les négociations plus qu'aucune difficulté provenant des conditions demandées; Charles-Quint, qui ne pouvoit résister à ses souffrances, ne voulut plus différer l'exécution du projet qu'il avoit arrêté en secret depuis long-temps. Il abdiqua en faveur de son fils, le 25 octobre 1554, la souveraineté des Pays-Bas; puis, le 16 janvier suivant, celle de tous les royaumes d'Espagne. Le 27 août 1556, il abdiqua aussi celle de l'empire en faveur de son frère Ferdinand. Alors, il partit pour une délicieuse vallée de l'Estramadure, afin de chercher dans la dévotion, la solitude et la jouissance d'un beau climat, le repos dont il sentoit un si extrême besoin.

Henri II n'auroit pu se rendre compte à lui-même du but qu'il se proposoit par la continuation de la guerre : il n'espéroit point de conquête, il ne nourrissoit point de ressentimens profonds, il n'avoit point d'insultes à venger. Il aimoit la guerre, il est vrai, pour briller dans les camps par son adresse dans tous les exercices du corps; mais il savoit bien que la guerre mettoit obstacle au seul désir un peu vif qu'il ressentît, celui de l'extermination des hérétiques : elle le forçait au contraire à rechercher leur alliance comme celle des Turcs. Son principal ministre, Montmorency, désiroit aussi la paix pour soulager ses épaules d'un trop lourd fardeau. Il consentit donc à signer avec Philippe II, le 5 février 1556, la trève de Vaucelles, par laquelle les deux parties belligérantes étoient maintenues pendant cinq ans en possession de tout ce qu'elles occupoient. Mais la faveur de Montmorency commençoit à foiblir devant celle des Guises. Dans cette maison, on comptoit six frères, tous ambitieux, et doués de grands talens. Leur sœur gouvernoit l'Écosse comme reine régente; leur nièce étoit fiancée à l'héritier du trône; leur petit-neveu, le duc de Lorraine, devoit épouser la fille du roi. Ils avoient des prétentions à la souveraineté de la Provence et du royaume de Naples, comme descendus par les femmes de la seconde maison d'Anjou, et la guerre seule leur sembloit ouvrir pour eux la chance de nouvelles grandeurs. La nomination d'un pape napolitain, Paul IV, de la maison Caraffa, vieillard impétueux et avide de brouiller l'Italie, pouvoit favoriser leurs projets sur les deux Siciles, et ils engagèrent Henri II à recommencer les hostilités, non pour son propre compte, mais comme allié du pape.

Ce fut au mois de janvier 1557 que le duc de Guise entra en Italie pour soustraire ce pays à l'influence espagnole. Henri II lui avoit confié pour cette expédition une armée de quinze mille hommes; la moitié d'entre eux étoit des Suisses. Ce corps sembloit bien foible pour traverser toute l'Italie, mais l'épuisement des états soumis à l'Espagne étoit si grand qu'il suffit pour leur inspirer une extrême terreur. Guise auroit aisément soulevé toute la Lombardie; il auroit réuni à l'alliance de France tous ces états indépendans de droit, esclaves de fait, qui gémissoient sous l'oppression espagnole, s'il avoit commencé, comme l'en pressoit le duc de Ferrare, par assurer dans ce pays la base de ses opérations. Il voulut au contraire pousser en avant. Il arriva le 4 mars à Rome, où il compromit le pape en lui faisant recommencer les hostilités; le 15 avril, il passa la frontière de Naples, et il laissa massacrer tous les habitans de Campli, première bourgade qu'il rencontroit dans le royaume qu'il venoit conquérir. Cet acte de férocité lui fut funeste. Il vint échouer huit jours après devant Civitella, mauvaise place dont les habitans se défendirent à outrance, pour éviter un sort semblable. Pendant ce temps, les hostilités avoient aussi recommencé en Picardie : le nouveau duc de Savoie, à la tête de l'armée espagnole, vint mettre le 28 juillet 1557 le siége devant Saint-Quentin. Gaspard de Coligni, neveu du connétable de Montmorency, se jeta dans cette place, et en entreprit la défense; bientôt il y fut joint par son frère Dandelot; mais l'état déplorable où ils trouvèrent une ville aussi importante, sans munitions, sans armes, sans milice, montroit bien la misère extrême du peuple, et l'incurie du Gouvernement. Montmorency rassembla une armée pour délivrer ses neveux : alors, malgré les représentations de ses officiers, il s'engagea si imprudemment au milieu des marais que cette armée, tournée par le duc de Savoie, fut entièrement détruite le 10 août à la bataille de Saint-Quentin, et lui-même il demeura prisonnier des Espagnols, avec presque tous les grands seigneurs qui l'avoient suivi.

Cependant Philippe II étoit trop précautionneux pour permettre au duc de Savoie de poursuivre ses avantages. Le roi s'étoit hâté de rappeler le duc de Guise de Rome, et celui-ci avoit laissé le pape et les états italiens s'arranger comme ils pourroient avec le roi d'Espagne. Il ne fut pas plus tôt de retour à la cour qu'il eut seul l'oreille du roi. La captivité de Montmorency ne lui laissoit point de rivaux. Sa bonne fortune lui présenta d'ailleurs l'occasion de relever sa réputation. Le 1er janvier 1558, il surprit Calais, où Marie d'Angleterre, oubliant qu'elle avoit declaré la guerre à la France, n'avoit laissé que huit cents hommes de garnison. Ce jour-là même, les forts de Nieulay et de Risbank furent pris; la ville se rendit le 8, et la joie que causa ce coup de main fit oublier le désastre de Saint-Quentin. Henri II put se féliciter de ce succès devant de prétendus États-Généraux qu'il assembla à Paris, du 6 au 10 janvier 1558. Il est probable qu'il désigna lui-même comme députés les provinciaux qui se trouvoient alors dans la capitale. Il les divisa en quatre ordres, du clergé, de la noblesse, de la magistrature et du tiers-état; il ne leur rendit aucun compte de son administration; il ne les invita point à délibérer, mais il écouta quatre discours d'apparat des orateurs des quatre ordres, dont les deux premiers parlèrent debout, les deux autres à genoux. En résultat, ces États lui accordèrent un don gratuit demandé au peuple de trois millions d'écus. Une partie de cet argent fut dissipée dans les fêtes par lesquelles la cour célébra, le 24 avril, le mariage du dauphin, avec Marie reine d'Écosse. Avec le reste, deux armées furent formées. L'une, sous les ordres du duc de Guise, attaqua et prit Thionville, le 22 juin; l'autre, sous le maréchal de Termes, entra dans la West-Flandre, dont elle poussa les peuples au désespoir par d'effroyables ravages. Ce maréchal eut bientôt lieu de se repentir de sa cruauté; lorsque le comte d'Egmont vint l'attaquer, tout le pays étoit soulevé contre les Français, qui s'efforçaient de faire leur retraite sur Calais en suivant le bord de la mer. Arrivés à Gravelines, ils furent assaillis par la nombreuse cavalerie d'Egmont, le 13 juillet 1558; ils s'étoient adossés à la plage pour lui faire face, lorsque dix vaisseaux anglais, attirés par le bruit de l'artillerie, vinrent s'embosser derrière eux, et les prirent à revers. Serrés entre deux feux, ils furent bientôt mis en fuite; mais les paysans, exaspérés par leurs outrages, les attendoient à toutes les issues, et les égorgeoient aussitôt. De toute cette armée, presque aucun fuyard ne put éviter son sort.

Henri II commençoit enfin à se fatiguer d'une guerre si coûteuse et si meurtrière; les Guises avoient renoncé à l'espoir de conquérir Naples; Montmorency, que les Espagnols avoient relâché sur parole, languissoit de se libérer, et de retirer de leur captivité son fils et ses neveux. Il avoit fait adopter à son roi le projet qu'il avoit précédemment suggéré à François Ier, et que celui-ci n'avoit jamais bien pu comprendre. Il lui avoit souvent représenté que les souverains de l'Europe, au lieu de s'affoiblir par leurs combats, devoient se réunir pour attaquer de concert tous ceux qui se prétendroient ou patriotes ou réformateurs, tous ceux qui parleroient des droits de leur conscience ou de ceux de leur pays, tous ceux qui, en montrant quelque hésitation à se soumettre à la volonté de leur monarque, se rangeroient par ce fait seul dans la classe ou des rebelles ou des hérétiques.

Jamais l'Europe n'avoit eu des chefs plus prêts à s'entendre pour cette ligue d'oppression et de persécution. L'impitoyable Philippe II regardoit avec une égale horreur la liberté civile et la liberté religieuse; il écrasoit l'une et l'autre en Espagne, aux Pays-Bas, en Lombardie, et dans les Deux-Siciles. L'inquisition avoit reçu de lui une direction plus énergique, et de toute part elle allumoit des bûchers. Sa femme Marie avoit en Angleterre fait brûler les premiers les prélats que son père ou son frère avoient appelés aux dignités les plus éminentes de l'église anglicane. Déjà deux cent quatre-vingt dix personnes avoient péri par ses ordres sur les bûchers, et dans ce nombre on comptoit soixante femmes et quarante enfans. En Autriche et en Hongrie, l'empereur Ferdinand passoit pour plus doux, seulement parce qu'il étoit plus foible et plus faux ; car dès qu'il s'étoit senti le maître en Bohême, il avoit entrepris d'extirper le protestantisme, encore que ce fût la religion de la grande pluralité des habitans. En Ecosse, les Guises, au nom de leur nièce Marie, allumoient également des bûchers. A Rome, le fougueux Paul IV, malgré sa haine contre Philippe II, n'admiroit au monde que l'inquisition espagnole. Il répétoit sans cesse que c'étoit la seule arme qui convint au saint-siége, le seul bélier qui pût abattre l'hérésie; aussi, il pressoit avec impétuosité Henri II de donner à l'inquisition en France la même organisation qu'elle avoit en Espagne. Il expédia même une bulle le 26 avril 1557 pour charger trois cardinaux de réformer le saint-office et les tribunaux de la foi, dans tout le royaume de France, par la seule autorité du saint-siége. Henri II, qui avoit sollicité cette bulle, la confirma le 24 juillet; mais le Parlement de Paris, jaloux de toute juridiction ecclésiastique indépendante de la sienne, refusa d'enregistrer l'édit du roi.

Cependant la France étoit peut-être le pays où les supplices des protestans étoient le plus nombreux et le plus atroces. Le roi, qui se mêloit peu des affaires, qui ne les comprenoit pas, et qui s'en soucioit moins encore, avoit réduit toute sa politique et toute sa religion à une seule idée fixe, l'extirpation de l'hérésie. Ses courtisans l'excitoient encore, par une infâme cupidité, à sévir contre les protestans. Parmi les faveurs qu'ils sollicitoient de lui, celle qu'ils obtenoient le plus aisément étoit la confiscation des biens des hérétiques, non pas d'un individu seulement, mais de ceux de toute une ville, de toute une province. Alors, ils la faisoient exploiter par des hommes de loi à eux, qui se chargeoient de découvrir les sectaires, de les dénoncer et de les faire condamner, moyennant une part du profit. D'autre part, les parlemens, les présidiaux, les juges-mages, étoient intéressés à rendre les poursuites actives. C'étoit en multipliant les condamnations qu'ils comptoient prouver au roi que la France pouvoit se passer d'inquisition. Enfin, le peuple, qui au commencement avoit vu les sectaires avec pitié, presqu'avec faveur, avoit été fanatisé par les prédications des moines et les calomnies dont les protestans étoient l'objet : il les épioit, quelquefois il les attaquoit avec fureur dans leurs rassemblemens; il s'enivroit de joie à leur supplice, et tandis que les martyrs, au milieu des flammes du bûcher, entonnoient le psaume : « Mon Dieu, prête-moi l'oreille, dans ma douleur sans pareille, » il leur répondoit par d'effroyables hurlemens.

Ainsi, une paix qui réuniroit tous les rois dans un but commun, et par laquelle ils s'engageroient à surprendre les protestans partout à la fois, pour les exterminer, ne devoit pas être difficile à conclure. Une suspension d'armes fut signée le 17 octobre 1558, et suivie de conférences à Cercamp dans le Cambrésis. Henri se montroit prêt à renoncer à toutes ses prétentions sur l'Italie et à évacuer les Etats de la maison de Savoie, sur lesquels il n'avoit, en effet, aucun droit; mais il vouloit conserver ce qu'il regardoit comme ses conquêtes propres, Calais et les Trois-Evêchés dont il s'étoit emparé en Lorraine. La mort de Marie, reine d'Angleterre, qui succomba le 17 novembre 1558 à une hydropisie, et à laquelle succéda sa sœur, la protestante Elisabeth, fut cause que Philippe n'insista pas sur Calais. Les Trois-Evêchés appartenoient à l'empire, non à l'empereur, et Ferdinand et Philippe firent bon marché des droits du corps germanique, auquel ils prenoient peu d'intérêt. La France, selon son usage, abandonna le peu d'alliés qui lui restoient, savoir : les Turcs, les protestans d'Allemagne et les neveux du pape. Elle ne demanda pas même de pardon pour les Siennois et les Corses, qu'elle avoit compromis. Deux mariages, celui de la sœur de Henri II avec Philibert-Emmanuel, duc de Savoie, et celui de sa fille avec Philippe II, roi d'Espagne, devoient voiler ce que les renonciations pouvoient avoir d'humiliant, parce que ces princesses portoient en dot à leurs époux tous les droits litigieux de la France. A ces conditions la paix fut signée à Cateau-Cambrésis, le 2 avril 1559, avec l'Angleterre, et le 3 avril avec Philippe II. Dès lors la cour ne parut plus occupée que de fêtes, pour les trois mariages qui devoient se célébrer en même temps; c'étoient ceux de la sœur du roi et de ses deux filles, dont la seconde épousoit le duc de Lorraine.

Au milieu de ces fêtes, Henri II ne perdoit pas de vue sa grande affaire, l'extermination de l'hérésie. Il étoit irrité contre le Parlement de Paris des obstacles que ce corps avoit suscités à l'introduction de l'inquisition. Il vouloit aussi faire cesser une dissidence qui se manifestoit dans le tribunal lui-même. La grand'chambre faisoit brûler irrémissiblement tous les sectaires traduits devant elle; la Tournelle, présidée par Séguier et du Harlay, les condamnoit le plus souvent au simple bannissement. Henri II se rendit inopinément, le 14 juin 1559, à une assemblée de toutes les chambres, qui délibéroient sur cette question même. Il se prononça pour la répression la plus rigoureuse, et il croyoit qu'il suffiroit d'avoir énoncé sa volonté pour faire cesser tout dissentiment. Il fut confondu de voir que quelques conseillers osoient croire que le sentiment religieux et la conscience ne devoient pas céder aux suggestions du roi. Vivement offensé de cette liberté d'opinions, il fit arrêter aussitôt deux membres du Parlement; le lendemain, il en fit arrêter six autres encore, et il nomma une commission extraordinaire, dans laquelle il fit entrer le grand-inquisiteur, pour les juger. Mais il ne devoit pas vivre jusqu'au jour de sa vengeance. Les fêtes des mariages continuoient; on les célébroit surtout par des tournois, dans lesquels Henri II brilloit par son adresse. Celui du 29 juin paroissoit terminé, lorsque Henri II invita le comte de Montgommery, son capitaine des gardes, à rompre encore une lance avec lui. La lance de Montgommery se rompit en effet, mais un de ses éclats entra par la visière dans l'œil du roi et le blessa mortellement. Il expira le 10 juillet 1559, âgé d'un peu plus de quarante ans, après un règne de douze ans et trois mois. De dix enfans qu'il avoit eus de Catherine de Médicis, quatre fils et trois filles lui survécurent.

SECTION QUATRIÈME.

Règne de François II. — 1559-1560.

Il y avoit plus de soixante-dix ans que la France n'avoit été soumise au gouvernement d'une minorité. Louis XII, François Ier, Henri II, étoient montés sur le trône jeunes encore, mais en âge de gouverner par eux-mêmes. L'état ne s'en étoit pas mieux trouvé. Comme rois, comme arrivés à l'âge d'homme, ils avoient cru tout savoir et pouvoir décider de tout. Le progrès des années les avoit rendus plus arrogans, plus capricieux, plus durs, sans les rendre plus sages : ils avoient travaillé de tout leur pouvoir à détruire le peu qui restoit des libertés nationales ; ils avoient regardé les remontrances, les conseils, les plaintes, comme des actes de révolte ; ils avoient estimé que la vie et la fortune de leurs sujets étoient à eux, et ils les avoient prodigués sans aucun scrupule ; ils avoient entraîné la France de guerre en guerre, sans y être appelés par des offenses à repousser, par l'honneur national à défendre, par un grand but d'utilité publique à atteindre ; et l'on reculeroit d'effroi devant une énumération de toutes les villes qu'ils avoient fait raser ou brûler, dont ils avoient fait égorger ou pendre tous les habitans. La désolation des campagnes étoit plus horrible encore : les paysans étoient chaque jour pillés par les soldats, qui les exposoient à la torture pour leur arracher leurs épargnes cachées; ils voyoient leur bétail égorgé, leurs greniers brûlés : aussi la plupart avoient renoncé au labourage, ils s'étoient enfuis dans les bois, où bientôt ils périssoient de misère.

Cependant ces mêmes rois, qui n'avoient pas cessé de faire la guerre, sembloient s'être attachés à détruire l'esprit militaire en France, non point parmi la noblesse, il est vrai, mais dans tout le reste du peuple. Comme les princes, les capitaines, les simples gentilshommes vouloient que les roturiers supportassent seuls les conséquences des calamités de l'Etat, qu'ils obéissent seuls, qu'ils payassent seuls, qu'ils fournissent seuls du travail et des vivres; ils étaient attentifs à leur ôter tout moyen de résister. Non seulement ils les tenoient désarmés, ils les menaçoient encore, ils les humilioient pour qu'ils fussent toujours tremblans. Ils avoient pourtant été contraints de les appeler quelquefois aux armées pour y former l'infanterie nationale; mais même alors ils leur témoignoient en toute occasion un profond mépris. Les Gascons seuls avoient été moins avilis ; on les avoit admis à prendre rang après les Suisses et les landsknechts, soit parce qu'on les regardoit presque comme étrangers à la France, soit plus encore parce que parmi les fantassins de cette province il y avoit beaucoup de pauvres gentilshommes. Du moins sous Louis XII et François Ier la cavalerie était toute française, et la lance fournie, avec son coutilier et ses deux archers, étoit regardée comme offrant la réunion de la meilleure cavalerie pesante avec la meilleure cavalerie légère. Mais au temps de Henri II les capitaines français eux-mêmes commencèrent à reconnaître que les *pistoliers* étaient supérieurs aux lanciers. Le pistolet étoit l'arme des *reiters* ou de la cavalerie allemande ; on envoya donc en enrôler au loin, et bientôt, dans les armées françaises, il n'y eut presque plus de Français, à la réserve des jeunes gentilshommes, qui venoient en volontaires servir avec l'état-major.

Après la mort de Henri II, la France fut successivement soumise à deux minorités, ou, mieux encore, pendant la vie des trois fils de ce roi, la France fut toujours gouvernée par une femme. Ce fut aussi une période de malheurs, de convulsions et de guerres civiles, et à son terme, la France étoit peut-être encore plus ruinée qu'à son commencement. Mais du moins c'étoit la France qui agissoit, qui se passionnoit, qui déchiroit son propre sein ; c'étoit une nation malheureuse, insensée, mais une nation vivante ; une nation qui avoit compris la valeur de la liberté politique, de la liberté religieuse, de la bravoure dans les armes; une nation qui vouloit de grandes choses, lors même qu'elle ne réussissoit pas à les atteindre. Dès lors, on devoit la plaindre, mais on devoit aussi l'estimer.

François II étoit âgé de quinze ans et demi lorsqu'il monta sur le trône; sa santé étoit délicate, son esprit étoit foible et lent. Quoique majeur selon la loi, il étoit hors d'état de gouverner par lui-même, et on devoit s'attendre à ce qu'il laissât prendre à sa mère, Catherine de Médicis, un grand ascendant sur lui. Celle-ci étoit alors âgée de trente-neuf ans; mais depuis vingt-six ans qu'elle vivoit en France, elle avoit en quelque sorte dissimulé son existence. Jamais elle n'avoit obtenu de crédit sur l'esprit de son mari, et elle avoit vécu en bonne intelligence avec la vieille maîtresse du roi et son vieux favori, qui ne se défioient point d'elle. Catherine étoit souple, adroite, indifférente entre les opinions et les partis; elle ne se passionnoit jamais, elle ménageoit tout le monde, elle ne sentoit aucune préférence pour la vertu sur le vice; mais elle calculoit ses paroles comme ses actions, et elle vouloit gouverner ses fils sans en prendre la responsabilité sur elle-même. Elle vit que François étoit fort amoureux de sa femme Marie d'Écosse, qui, alors âgée de dix-huit ans, étoit brillante de beauté; elle résolut aussitôt de se fortifier de son influence, et d'appeler les Guises ses oncles à partager avec elle le pouvoir.

Claude Ier, duc de Guise, mort en 1550, étoit le cinquième fils de René II, duc de Lorraine; il avoit laissé six fils, dont deux furent ducs de Guise et d'Aumale, deux cardinaux de Lorraine et de Guise, un grand-prieur de Malte, et un marquis d'Elbeuf. Toutes leurs seigneuries étoient en France, et ils s'étoient fait naturaliser Français; mais ils conservoient l'orgueil des souverains indépendans de Lorraine, prétendant au royaume de Naples. Ils étoient vaillans, adroits, ambitieux, faits pour briller comme chefs de parti; et en effet, ils se présentoient au peuple pour être les défenseurs de l'ancienne Église, et les promoteurs de toutes les mesures de rigueur destinées à supprimer l'hérésie. Le connétable de Montmorency étoit jaloux des Guises, et se prononçoit comme leur adversaire; il étoit non moins intolérant qu'eux, mais plus hautain et plus dur; cependant les protestans mettoient en lui leur espérance, parce que ses fils penchoient vers leurs opinions, et que ses trois neveux, le cardinal de Châtillon, Coligni et Dandelot, les avoient ouvertement adoptées et les honoroient par leurs vertus. Un troisième parti se présentoit comme ayant des droits au pouvoir, auquel on n'avoit point songé pendant la vie de Henri II : c'étoit

celui des princes du sang. Toutes les branches
aînées de la famille royale s'étoient successivement éteintes; il ne restoit plus qu'une branche
cadette de la branche déjà cadette des Bourbons,
issue de Saint-Louis en 1256. Le chef de la famille, Antoine, duc de Vendôme, avoit, en 1555,
acquis le titre de roi de Navarre et la souveraineté du Béarn, par son mariage avec Jeanne
d'Albret : c'étoit un homme foible, inconstant
et dominé par ses favoris. Un de ses frères, qui
étoit cardinal de Bourbon, et deux de ses cousins de la branche de Montpensier, n'étoient
pas plus faits que lui pour conduire un parti;
mais son troisième frère, Louis, prince de Condé,
étoit bouillant, impétueux et plein de valeur :
tous penchoient vers les opinions protestantes,
et Condé devint bientôt le chef de cette classe
nombreuse de la noblesse qui, par haine pour
la domination du clergé, par esprit d'indépendance, plus encore que par zèle religieux, avoit
embrassé la réforme. Vers cette époque, on commençoit à donner en France aux réformés le
nom de *huguenots*, nom emprunté à la ville
sainte des protestans, Genève. Dans cette république, dès l'an 1518, on désignoit par ce nom,
ou celui d'*Eidgenossen* (confédérés de la Suisse),
les partisans de la liberté.

Le triomphe des Guises fut d'abord complet.
Les obsèques du feu roi éloignoient pour tout

un mois le connétable de la cour; François II et sa mère en profitèrent pour lui faire demander les sceaux de l'État, et lui annoncer qu'en raison de son âge avancé ils lui accordoient le repos. Les Bourbons étoient en province; ils étoient pauvres et sans puissance; ils tardèrent longtemps à venir à la cour, et n'osèrent point annoncer leurs prétentions à être, comme premiers princes du sang, les conseillers d'un roi mineur et les dépositaires de son autorité; ils se laissèrent même écarter de nouveau de la cour par une mission en Espagne. Les Guises, restés seuls, poursuivirent avec zèle le projet formé, de concert avec Philippe II, d'écraser les protestans partout à la fois; ils avoient déjà donné le signal à leur sœur Marguerite, reine régente d'Écosse, qui supprima tout à coup la tolérance religieuse, et mit en jugement tous les ministres protestans en un même jour. Les Guises, de leur côté, firent continuer le procès des conseillers au Parlement arrêtés par Henri II. Le plus vertueux d'entre eux, Anne du Bourg, fut brûlé le 23 décembre 1559, sur la place de Grève. Ses collègues, qui désiroient le sauver, le pressoient avec instance, au lieu de se défendre, de se renfermer dans le silence; mais il voulut confesser à haute voix sa foi, et il attira ainsi sur lui sa terrible condamnation. Le roi adressa ensuite coup sur coup des lettres-patentes au Parlement pour lui enjoindre de punir de mort irrémissiblement tous ceux qui auroient assisté aux conventicules des hérétiques.

Mais depuis que la noblesse s'étoit associée à la réforme, les sectaires ne se soumettoient plus avec la même patience aux persécutions et aux supplices; ils commençoient à résister et à opposer la force à la force. L'exemple des Écossais faisoit impression sur eux. Depuis l'union des deux royaumes, par le mariage du roi, les affaires d'Écosse étoient connues de toute la France. Là aussi la lutte s'étoit engagée entre les princes du sang, qui s'étoient mis à la tête des protestans, et les Guises, qui faisoient agir leur sœur Marguerite. La résistance aux persécutions commandées par celle-ci commença à Perth, pendant que Henri II vivoit encore, et les insurgés étoient entrés à Édimbourg sans coup férir, le 29 juin 1559. Ils avoient, le 21 octobre, déclaré que des sujets ont le droit de résister à des princes tyranniques, et déposé Marguerite de Guise de la régence; et le 27 février suivant ils avoient signé une alliance avec l'Angleterre. C'étoient autant de précédens qui montroient aux huguenots français ce qu'ils pouvoient faire. Un gentilhomme du Périgord, nommé La Renaudie, homme doué de résolution, d'activité et d'intelligence, mais forcé de se cacher pour se soustraire à un procès criminel, tenta de faire en France précisément ce qu'avoient fait les Écossais. Tandis qu'une foule désarmée de protestans devoit présenter au roi une pétition pour obtenir de lui la liberté de conscience, quinze cents gentilshommes, arrivant armés de toutes les provinces, devoient surprendre la cour, qui étoit alors à Blois, enlever les Guises, les envoyer devant les tribunaux, et confier aux Bourbons l'administration de l'autorité royale. Le complot de La Renaudie fut révélé au cardinal de Lorraine et à son frère le duc de Guise ; ils rassemblèrent sans bruit des soldats, conduisirent la cour à Amboise, ville où ils se sentoient plus en sûreté qu'à Blois, et ils attendirent sans montrer de défiance. La Renaudie, de son côté, ne se découragea point : ses gentilshommes lui arrivoient de toutes les parties du royaume ; ils attaquèrent Amboise le 15 mars 1560, toutefois ils ne purent s'en rendre maîtres : surpris par ceux qu'ils avoient compté surprendre, ils furent attaqués avec des forces supérieures, non seulement sous les murs d'Amboise, mais dans la forêt, où leurs partis détachés furent taillés en pièces les uns après les autres. La Renaudie fut tué dans un de ces combats, le 18 mars. Dès la veille, le duc de Guise avoit profité de l'effroi de François II, pour se faire nommer par lui lieutenant-général du royaume. Au moment où la résistance finit, les supplices commencèrent. Tous les prisonniers, tous ceux qui furent arrêtés comme ayant trempé dans la conspiration d'Amboise, furent noyés, pendus, ou décapités; et le roi, ses jeunes frères et les dames de la cour assistèrent à ces exécutions, des fenêtres du château, comme à un spectacle qui devoit leur être agréable.

Cependant Catherine, tout en voulant se servir des Guises, n'avoit pas compté se mettre dans leur dépendance. Elle voyoit avec inquiétude que l'issue de la conspiration d'Amboise avoit abattu tous ceux qui auroient pu opposer quelque résistance à ces chefs ambitieux. Montmorency et ses neveux, le roi de Navarre et les Bourbons, couroient risque d'être enveloppés eux-mêmes dans les procédures contre le parti vaincu.

Catherine commençoit donc à accueillir l'idée d'assembler les États-Généraux, que la noblesse mécontente demandoit universellement, pour les opposer aux Guises. De leur côté, ces princes, qui jusqu'alors avoient souvent déclaré qu'assembler les États-Généraux, c'étoit abdiquer la puissance royale, commençoient à se persuader que, depuis que le chef de leur maison étoit investi de la dignité de lieutenant-général du royaume, il leur seroit facile d'influencer les élections, d'éveiller le fanatisme des masses, et de faire alors confirmer leur pouvoir par la plus haute autorité nationale. Dans cet espoir, ils commencèrent par convoquer à Fontainebleau, pour le 21 août 1560, une assemblée des notables, ou des personnages qu'ils désignèrent eux-mêmes comme les plus importans dans le royaume. Coligni, qu'aucun danger ne détournoit jamais de ce qu'il regardoit comme l'accomplissement d'un devoir, présenta une pétition des religionnaires à cette assemblée, qui demandoient qu'on suspendît la rigueur des peines prononcées contre eux, et qu'on leur accordât des temples pour prier Dieu, afin qu'ils ne fussent plus réduits à fréquenter des assemblées secrètes et illicites. Les Guises, qui s'étoient enfin résolus à convoquer les États-Généraux pour le 10 décembre suivant, à Orléans, reconnurent qu'une telle demande devoit leur être déférée. Ils promirent d'en faire le premier objet de la délibération future, et en attendant ils donnèrent des ordres pour qu'on ne molestât point les religionnaires qui s'assembleroient sans armes. Leur but étoit de calmer ainsi la défiance de leurs ennemis, et de les engager à comparoître tous aux États-Généraux.

Au mois d'octobre, des États provinciaux furent assemblés dans les divers gouvernemens de France, pour nommer des députés aux Etats-Généraux, et rédiger leurs cahiers. Les Guises avoient mis beaucoup de zèle et d'adresse à écarter les huguenots de ces assemblées : ils se croyoient déjà sûrs de la majorité des députés du royaume, et ils avoient fait dresser par la Sorbonne une confession de foi qu'ils vouloient faire souscrire par tous les députés, en envoyant immédiatement au supplice comme hérétiques tous ceux qui s'y refuseroient. Ils comptoient bien que Coligni et son frère Dandelot seroient parmi les premières victimes, car ils les savoient incapables de tout subterfuge, de toute dissimulation pour sauver leur vie. Une guerre civile, qui éclatoit dans le Midi, devoit encore augmenter l'animosité du parti catholique. On apprenoit que le 5 septembre Ferrières-Maligny avoit tenté de surprendre Lyon, où les religionnaires étoient en grand nombre; que les atrocités commises par Maugiron, lieutenant du roi en Dauphiné, avoient forcé un gentilhomme qu'on ne connoissoit plus que sous le nom du brave Montbrun à se mettre avec sa jeune femme à la tête d'une petite armée qui tenoit la campagne; qu'en Provence les deux frères Mouvans avoient aussi levé l'étendard de la révolte, aimant mieux périr dans la bataille que sur les échafauds.

De leur côté les Bourbons étoient fort embarrassés : c'étoient eux qui avoient demandé avec le plus d'instance les Etats-Généraux, et quand même ils craignoient désormais de s'y trouver en minorité, ils ne savoient comment refuser d'y paroitre. Ils arrivèrent en effet à Orléans le 29 octobre, et ils reconnurent à l'instant même combien leurs craintes étoient fondées, à l'appareil militaire dont ils trouvèrent le roi entouré, et au manque d'égards avec lequel on les reçut. Ce jour-là même le prince de Condé fut arrêté dans la chambre de la reine-mère : son frère le roi de Navarre fut aussi mis en surveillance. Une commission fut nommée le 13 novembre pour juger le premier, et elle avoit ordre de le trouver coupable. Coligni, de son côté, s'étoit rendu à Orléans, quoiqu'il se crût assuré d'y périr. Le projet des Guises avoit pleinement réussi : tous leurs ennemis étoient entre leurs mains ; les Bourbons, les Châtillons, les protestans, tous étoient également perdus, lorsque le 16 novembre le roi tomba malade. Il s'étoit formé un abcès dans sa tête qui lui causoit de violentes douleurs, et qui fut bientôt suivi de gangrène. Les médecins déclarèrent presque dès le commencement de la maladie qu'il n'y avoit plus aucune espérance ; et, en effet, François II mourut le 5 décembre 1560, peu avant d'avoir accompli dix-huit ans et d'avoir régné dix-huit mois.

SECTION CINQUIÈME.

Règne de Charles IX. — 1560-1574.

Le frère de François II, Charles IX, qui étoit appelé à lui succéder, étoit âgé de dix ans et demi seulement au moment où il montoit sur le trône. La monarchie française ne reconnoissoit aucune loi fondamentale qui réglât les régences ou les tutelles pour les rois mineurs. Ni François II, ni son père Henri II n'avoient non plus fait aucune disposition testamentaire. Le plus prochain entre les princes du sang, dont l'origine royale remontoit, il est vrai, à plus de trois cents ans, en sorte qu'on ne pouvoit plus le regarder comme parent du roi, étoit prisonnier et menacé d'un supplice capital : le premier officier de la couronne, le connétable, étoit en disgrâce et absent de la cour ; la reine-mère, qui, jusqu'à la mort de son mari, n'avoit joui d'aucun crédit, se trouvoit isolée au milieu des partis, dont aucun ne s'étoit attaché à elle ; on la regardoit comme une étrangère dont chacun se défioit, et l'on répétoit que la loi fondamentale du royaume, qui avoit écarté les femmes de la couronne, lors même qu'elles étoient du sang royal, n'avoit pu vouloir leur déférer la régence lorsqu'elles étoient étrangères.

Catherine de Médicis, cependant, avoit un appui : dès le 1ᵉʳ avril 1560 elle avoit fait nommer chancelier le savant et vertueux Michel de l'Hôpital, magistrat intègre, modéré, et tolérant par caractère, qui la couvroit de sa considération propre et la dirigeoit de ses conseils. Elle avoit encore toute l'autorité maternelle sur son jeune fils. Dès le 6 décembre, lendemain de la mort de François II, elle le conduisit au conseil d'État. Charles IX, qui avoit bien appris d'elle sa leçon, dit à tous les grands personnages qui s'y trouvoient assemblés, « qu'il les prioit d'obéir désormais à ce que leur commanderoit la reine dame sa mère, » et ce mot d'un enfant fut la loi de l'État. Mais Catherine sentoit bien que son autorité n'avoit aucune base et qu'elle pouvoit s'évanouir en un instant. Elle se défioit de tous et n'aimoit personne ; elle voulut pourtant ménager tout le monde. Pendant le règne de l'aîné de ses fils, elle avoit trouvé bien pesant le joug des Guises, mais ils avoient perdu le talisman qui leur avoit donné tant de pouvoir sur l'esprit du feu roi, la beauté de sa femme, Marie d'Écosse, leur nièce. Pour les mieux contenir, Catherine résolut de relever leurs anciens rivaux, le connétable de Montmorency et le maréchal de Saint-André, favoris de Henri II, mais surtout les princes du sang prisonniers. Elle eut donc une conférence avec le roi de Navarre, et elle lui rendit sa liberté sous condition qu'il ne prétendroit point à la régence ; elle lui attribua en même temps une part qui sembloit considérable dans les pouvoirs du gouvernement, tandis qu'elle confirma tous les grands officiers de l'État dans leurs fonctions.

Les États-Généraux, convoqués par le feu roi, justement pour l'époque où commençoit le nouveau règne, s'assembloient cependant à Orléans, où étoit alors la cour. Catherine de Médicis en fit faire l'ouverture par Charles IX, le 13 décembre ; ensuite, les trois ordres se séparèrent pour rédiger leurs cahiers. L'esprit du nouveau gouvernement étoit incertain, mais déjà la persécution étoit suspendue et l'on pouvoit s'apercevoir que, contre l'attente du duc de Guise et malgré ses intrigues, les principes de la réforme avoient une grande influence sur les députés. La majorité des membres, parmi la noblesse, parmi les bourgeois des villes, parmi tous ceux enfin qui avoient reçu quelque éducation, laissoit percer le désir d'une réforme fondamentale dans l'État et dans l'Église. L'état des finances, il est vrai, influoit singulièrement sur les délibérations des députés de la nation. D'après les comptes qu'on leur avoit communiqués, les dettes montoient à quarante-trois millions et demi ; les revenus à douze millions deux cent soixante mille livres, et ces revenus étoient entièrement absorbés par les dépenses courantes. En adoptant la réforme, on pouvoit sortir tout d'un coup de cette détresse. La confiscation des biens énormes du clergé avoit fait passer en un instant de la pauvreté à l'opulence les rois d'Angleterre, de Danemarck, de Suède, et tous les princes protestans de l'Allemagne.

Les cahiers, d'après les instances de la cour, furent présentés le 1er janvier 1561. Ils n'étoient point le résultat des délibérations des trois ordres, mais seulement une rédaction commune, une récapitulation des vœux exprimés dans les cahiers de chaque bailliage : les députés ne les énonçoient point comme leur appartenant en propre, ils n'en étoient que les rapporteurs. Le clergé dans son cahier demandoit la répression de l'hérésie, par la mise en vigueur des ordonnances de François Ier et de Henri II, et par l'interdiction aux tribunaux civils de recevoir aucun appel en matière de religion. Cette dernière demande auroit laissé à l'inquisition et aux évêques une juridiction exclusive sur les hérétiques. D'autre part, le clergé vouloit que l'élection des pasteurs fût rendue au peuple, et l'inspection des écoles aux évêques diocésains. La noblesse, n'ayant pu s'accorder pour une rédaction commune, présenta quatre cahiers contradictoires, qui exprimoient quatre nuances d'opinion, depuis le maintien des lois répressives de l'hérésie, jusqu'à la tolérance, puis à la réforme plus ou moins complète. Le tiers-état s'étoit trouvé plus unanime : il signaloit les vices de l'organisation actuelle du clergé, et requéroit sa réforme; il insistoit pour qu'on ne persécutât plus personne pour la foi; il demandoit des assemblées périodiques des États, et il posoit les bases d'une constitution plus libérale. Le vœu d'employer les biens du clergé à payer les dettes publiques perçoit dans tous les cahiers; mais les États s'étoient en même temps déclarés sans pouvoirs pour imposer de nouvelles charges au peuple, ou régler définitivement les finances. L'Hôpital, n'ayant pu les engager à offrir à la couronne une aide plus efficace, adopta enfin leur proposition, de les renvoyer à leurs commettans, avec les états de finance qui leur étoient soumis, et les projets du gouvernement, lequel demandoit entre autres que le clergé rachetât en six ans le domaine du roi, ses aides et ses gabelles, engagés à divers prêteurs. Un seul député de chaque ordre par province, pour plus d'économie, devoit rapporter le 1er mai les réponses de ses commettans; dans cette attente, les États d'Orléans furent congédiés le 31 janvier.

Catherine de Médicis avoit été des premières à calculer comment l'adoption de la religion réformée pourroit la tirer de toutes ses difficultés pécuniaires. Les dames attachées à sa maison étoient pour la plupart protestantes; les courtisans, séduits par l'attrait de la nouveauté, accouroient au prêche; la révolution religieuse sembloit sur le point de s'accomplir; déjà la reine paroissoit se lier d'une manière intime avec les princes du sang; elle nomma, le 30 mars 1561, le roi de Navarre lieutenant-général du royaume, et parut partager avec lui son autorité; elle fit prononcer par le parlement l'innocence du prince de Condé; elle montra un redoublement de faveur à la duchesse de Montpensier, qui étoit zélée protestante; à Coligni et à Dandelot, auxquels leur loyauté concilioit le respect général. Le chancelier, qui étoit tout au moins tolérant, et qui avoit des protestans dans sa famille, avoit rendu un édit pour défendre de s'injurier par les noms de huguenot et de papiste, et pour faire remettre tous les religionnaires en liberté. Mais le parlement de Paris, bientôt imité par tous les autres parlemens du royaume, repoussa cet édit, comme contraire aux anciennes lois du royaume; il menaça du dernier supplice ceux qui assisteroient au prêche, ou qui vendroient des livres défendus; il auroit plutôt adopté la réforme que la co-existence de deux religions dans l'État. C'étoit la tolérance et non la nouvelle doctrine qui lui paroissoit monstrueuse. De leur côté, les moines commençoient à fanatiser la populace et à lui persuader de se faire justice à elle-même des huguenots. Enfin, la vieille cour s'étoit alarmée de la proposition faite dans les États de revenir sur les prodigalités de Henri II. Sa maîtresse, la duchesse de Valentinois, et ses deux favoris, Montmorency et Saint-André, recherchèrent les Guises. Bientôt il se forma entre eux une union intime pour la défense de la religion catholique, la reprise des persécutions, et le maintien des libéralités du père du roi. Elle fut jurée à la table de la communion, le 6 juin 1561, par le duc de Guise, le connétable de Montmorency et le maréchal de Saint-André : on la nomma le triumvirat.

Le chancelier de l'Hôpital avoit trouvé le conseil d'État disposé à le seconder dans ses intentions tolérantes, tandis que le parlement de Paris rendoit chaque jour de nouveaux arrêts pour interdire sous peine de mort les assemblées des protestans. Une telle lutte entre les deux premiers corps de l'État ne pouvoit pas être soufferte plus long-temps, et l'Hôpital les détermina à une conférence, mais son résultat fut bien moins libéral qu'il ne l'avoit espéré : il fut consigné dans ce qu'on nomma l'édit de juillet 1561, auquel le parlement ne se prêta qu'avec une extrême répugnance. Cet édit interdisoit tout culte public aux protestans, mais il interdisoit aussi toute poursuite pour les opinions qu'on nourrissoit en secret. Les huguenots avoient espéré une tolérance entière. Les États provinciaux, qui étoient alors assemblés pour prendre en considération le *recès* ou rapport des États d'Orléans, se prononçoient aussi pour la liberté religieuse. Bientôt leurs députés aux États-Généraux, réduits à trois par gouvernement, s'assemblèrent le 1er août, ceux de la noblesse et du tiers-état à Pontoise, et ceux du clergé à Poissy. L'exaspération entre les ordres étoit déjà si grande qu'on n'avoit pas cru prudent de les assembler en un même lieu. En effet, les États de Pontoise déclarèrent que le vœu de la nation se prononçoit pour une tolérance entière des huguenots, en même temps qu'elle étoit résolue à ce que les biens du clergé acquittassent les dettes de l'État. Les ecclésiastiques, d'autre part, s'étoient assemblés à Poissy en si grand nombre qu'ils formoient presque un concile national. Ils sentirent bien que pour sauver leur existence il falloit sacrifier une partie de leurs richesses : aussi, après avoir marchandé quelque temps, ils s'engagèrent à acquitter en neuf ans les dettes du roi, sans vendre aucun de leurs immeubles. Lorsque Catherine de Médicis connut le résultat de cette négociation, il ralentit son zèle pour la réforme.

Ceux qui voyoient dans la controverse religieuse quelque chose de plus élevé qu'une question d'argent étoient alors occupés du *colloque de Poissy* (9 septembre 1561) : c'étoit un débat solennel entre les docteurs de la réforme et ceux de l'église catholique, où ils s'étoient engagés les uns et les autres avec la confiance la plus entière dans le triomphe de leurs argumens, et d'où ils revinrent, comme on auroit dû s'y attendre, avec un redoublement d'aigreur et des accusations mutuelles de mauvaise foi. Dans le même temps, le chancelier avoit appelé auprès de lui des députés qu'il avoit choisis lui-même dans les huit parlemens du royaume. De concert avec eux, il avoit dressé l'ordonnance du 17 janvier 1562, qui réalisoit le vœu exprimé par les États de Pontoise, et qui accordoit aux huguenots, dans tout le royaume, la tolérance de leur culte, sous condition seulement qu'ils tinssent leurs assemblées hors des villes. Le Parlement de Paris opposa une résistance obstinée à l'enregistrement de cet édit : ce ne fut qu'après plusieurs lettres de jussion qu'il s'y soumit enfin, tandis que le peuple mit obstacle à main armée à son exécution en Bourgogne, en Provence, en Bretagne, et dans plusieurs autres provinces.

Mais pendant ce temps, ceux qu'on nommoit les *triumvirs* avoient réussi dans une intrigue importante : ils avoient séduit Antoine, le chef de la maison de Bourbon, en lui faisant espérer que Philippe lui rendroit son royaume de Navarre, ou lui céderoit en échange quelque autre Etat d'égale valeur. Ils avoient engagé ce prince foible, inconstant et voluptueux, à se séparer du prince de Condé son frère, et à faire hautement profession de catholicisme. Dès que le duc de Guise, qui étoit alors à sa terre de Joinville, en fut averti, il se mit en marche pour Paris, avec un petit corps d'armée, dans l'intention d'empêcher que les huguenots de la capitale, protégés par le prince de Condé, ne célébrassent plus long-temps un culte hérétique. En passant à Vassy, le 1ᵉʳ mars 1562, il entendit les cloches appeler au prêche une congrégation de protestans : « Par la mort Dieu! dit-il, on les huguenottera bien tantôt d'une autre sorte. » Et, se dirigeant vers la grange où ils avoient commencé leur prêche, il lâcha sur eux, en jurant et mordant sa barbe, ses soldats furieux, qui crioient : « Il faut tout tuer. » En effet, soixante personnes environ furent tuées comme elles s'enfuyoient, ou sur les toits, ou dans la rue, au travers des soldats; deux cents furent grièvement blessés : c'est ce qu'on nomma le massacre de Vassy, qui fut le commencement des guerres civiles.

Les protestans regardèrent le massacre de Vassy comme prémédité, et ils en demandèrent justice à la reine : Guise protesta, au contraire, qu'il avoit cédé ainsi que ses gens à un accès subit de colère, excitée par la vue de ce qu'il croyoit un acte sacrilége. De part et d'autre on pouvoit encore reconnoître qu'il y avoit une grande répugnance

à commencer la guerre civile. Coligni, qui s'étoit
retiré à son château de Châtillon-sur-Loing, ré-
sista deux jours aux instances des gentilshommes
protestans accourus autour de lui, et qui le pressoient de monter à cheval; il ne céda enfin qu'aux
prières de sa femme, pour qu'il n'abandonnât pas
ses frères dans la foi. Louis de Condé, moins religieux, mais plus ardent, saisit avec empressement
le poste de chef du parti huguenot, qui flattoit
son ambition; la désertion de son frère ne fit
qu'aiguiser son zèle. Guise, le connétable, le duc
d'Aumale, Saint-André, Brissac, et de Termes,
étoient entrés à Paris le 15 mars avec trois mille
chevaux. Condé n'en avoit que quelques centaines,
avec lesquels il accompagnoit les protestans au
prêche. La place n'étoit plus tenable pour lui : le
23 mars il sortit de la capitale avec sa petite
troupe, pour se retirer à Meaux. Il n'avoit alors
que seize cents écus dans sa caisse pour commencer la guerre civile. Toutefois, il n'eut pas
plus tôt levé l'étendard que les gentilshommes protestans des provinces accoururent autour de lui,
et, en peu de jours, il se trouva à la tête de quinze
cents chevaux. Jusqu'alors il avoit eu lieu de
croire que la reine lui étoit favorable, et, en effet,
elle n'auroit eu aucune objection à embrasser la
réforme si elle avoit jugé ce parti le plus fort.
Condé, qui venoit de perdre la capitale, sentoit le
besoin de donner à sa cause quelqu'une des appa-

rences extérieures de la légitimité, et il s'approcha brusquement de Fontainebleau, dans l'espoir d'enlever la reine et le jeune roi. Mais le même jour, 31 mars, son frère, le roi de Navarre, poussé par le duc de Guise, avoit forcé la reine et le jeune roi à monter en voiture, et à se laisser conduire à Melun, d'où le jour suivant ils passèrent au château de Vincennes, puis à Paris. Condé, lorsque sa proie lui eut échappé, protesta que le roi et la reine étoient prisonniers du triumvirat, et qu'il ne s'armoit lui-même que pour leur rendre la liberté. Mais la reine, qui n'avoit d'autre intention que de s'unir aux plus forts, ne tarda pas à reconnoître que c'étoient les catholiques. Dès cet instant, ceux-ci devinrent le parti de son choix.

Les marques extérieures de l'autorité souveraine avoient toutes échappé aux protestans; la capitale s'étoit déclarée contre eux; le roi étoit aux mains de leurs ennemis, la reine mère, le lieutenant-général du royaume, roi de Navarre et premier des princes du sang, le connétable enfin et tous les grands officiers de la couronne étoient contre eux. Aux yeux de la loi, ils étoient désormais des révoltés, mais ils n'avoient pas eu de choix; leurs adversaires, dépositaires du pouvoir souverain, demandoient leur vie, et plus que leur vie, le sacrifice de leur conscience. La noblesse française se détermina à la résistance avec une gaîté qui faisoit ressortir davantage encore son courage. Ce fut sur le chemin de Fontainebleau, à cheval, au milieu des seize cents gentilshommes qui s'étoient joints à lui, que le prince de Condé, apprenant que le roi avoit été enlevé, prit tout à coup la résolution de se rendre maître d'Orléans pour en faire la place d'armes des huguenots. Il venoit d'être informé que les catholiques y envoyoient des troupes; il invita ses compagnons à y arriver avant elles : tous partirent au galop. Des accidens nombreux parmi ces cavaliers, encore mal disciplinés, étoient accueillis par de longs éclats de rire ; dans les villages, qu'ils traversoient comme un éclair, on s'écrioit : C'est sans doute la réunion de tous les fous de France. C'étoit la guerre civile qui commençoit. Le 2 avril, à onze heures du matin, ils entrèrent dans Orléans, et les bourgeois, plus sérieux et plus sobres dans leur religion, les accueillirent en chantant des psaumes.

Dans ce moment de zèle et d'espérance, les huguenots étoient plus nombreux en France qu'ils ne le furent à aucune autre époque. Ils formoient la majorité de la population à Orléans et dans toutes les villes bâties le long de la Loire; Rouen et toutes les grandes villes de Normandie se déclarèrent aussi pour eux. Bientôt ils furent maîtres de Blois, de Tours, de Poitiers et de Bourges. Dans l'Angoumois, la Saintonge, l'Aunis, tous les gentilshommes et presque tous les bourgeois étoient pour eux. Dans la Champagne, leur nombre balançoit celui de leurs adversaires; dans la Bourgogne, la Picardie, la Bretagne, ils étoient en minorité; dans tout le Midi enfin, ils pouvoient compter sur la grande majorité de la noblesse et de la bourgeoisie, et ils avoient encore pour eux tous les paysans des lieux montueux, où un hiver rude, interrompant les travaux des champs, laisse plus de temps à l'étude et à la méditation, tandis qu'ils avoient contre eux tous les paysans des plaines: ainsi, ils étoient de beaucoup les plus forts en Dauphiné, en Béarn, dans le haut Languedoc, la Gascogne et les Cévennes, tandis qu'ils ne dominoient que dans un petit nombre de cantons de la Provence, du bas Languedoc et de la Guienne.

Au moment où les triumvirs avoient enlevé le roi et sa mère de Fontainebleau, ils avoient aussi écarté Michel de l'Hôpital de ses conseils, et ils avoient donné le signal de recommencer les persécutions : tous les parlemens y avoient obéi à l'envi; partout ils requirent l'exécution des anciens édits royaux, et ils signalèrent leur remise en vigueur par des supplices; partout aussi les protestans condamnés à périr résistèrent, et la lutte commença partout à la fois. Chaque province, chaque ville, eut son histoire, qu'on ne liroit point sans un vif intérêt si l'on pouvoit descendre dans tous ses détails : en ne considérant que l'ensemble, les révolutions dans toutes les provinces paroissent se succéder presque dans le même ordre.

L'édit de janvier, en accordant aux protestans la liberté de s'assembler, leur avoit fait reconnoître leur force. Dès que la nouvelle de la surprise d'Orléans leur parvint, ils prirent partout les armes tumultuairement dans les mois d'avril et de mai 1562; ils se rendirent maîtres des villes et de leurs temples, et, s'animant à détruire ce qu'ils nommoient les symboles de l'idolâtrie, ils profanèrent les autels, et traînèrent les images et les reliques dans la boue. Ces outrages soulevèrent presque partout contre eux la populace et les paysans. Les moines, qui se chargeoient d'ameuter les classes ignorantes, disoient alors qu'*ils lâchoient la grande lévrière.* Les protestans, qui s'étoient crus les maîtres, furent presque partout attaqués dans les mois de juillet et d'août par des insurrections, et lorsqu'ils tombèrent entre les mains de leurs ennemis, ils furent égorgés sans pitié : ce fut ainsi que les catholiques reprirent d'abord Blois, Tours, Angers et Saumur. Les fureurs du peuple dans la Touraine, le Vendômois et l'Anjou, enseignèrent les premières à la France tout ce qu'elle avoit à craindre des guerres civiles. Le duc de Montpensier, qui, l'année précédente, avoit perdu sa première femme, avoit en même temps répudié le protestantisme, qu'elle professoit, et cherchoit à faire oublier son ancienne partialité pour les huguenots, en les persécutant avec fureur dans la Touraine, l'Anjou et le Maine, où il commandoit. Le maréchal de Saint-André prit d'assaut, le 1ᵉʳ août, la ville de Poitiers, où les huguenots avoient soutenu un siége, et la livra au pillage. Les gentilshommes de l'Angoumois, de la Saintonge et de l'Aunis, qui avoient eu des succès au commencement de la campagne, effrayés par ce grand désastre, se dispersèrent, et les villes d'Angoulême, Pons, Cognac, Saint-Jean-d'Angely, Xaintes et La Rochelle, se soumirent l'une après l'autre à recevoir garnison catholique. Saint-André, avec le roi de Navarre, la reine mère et le jeune roi, étoient venus au milieu d'août assiéger Bourges : la ville capitula le 31 août, mais la capitulation ne fut pas respectée, tous les huguenots furent chassés de Bourges, et toutes leurs propriétés furent pillées.

Le duc de Nevers, gouverneur de Champagne, étoit favorable aux protestans ; ils avoient encore pour eux dans cette province le prince de Portien, qui y avoit de grandes propriétés ; mais, d'autre part, les Guises avoient en Champagne leurs principaux fiefs ; leurs partisans étoient nombreux et bien disciplinés, ils remportèrent la victoire, et il y eut peu de provinces où le fanatisme se souillât par plus d'atrocités. Tavannes, au contraire, qui commandoit en Bourgogne, et La Fayette, qui rassembla une armée catholique sur la haute Loire et l'Allier, s'attachèrent beaucoup plus à piller les protestans qu'à les faire périr : ils dissipèrent toutes leurs congrégations, ils accumulèrent de grandes richesses, mais ils répandirent peu de sang. Montluc, que Catherine avoit chargé de pacifier la Guienne, quoique frère de l'évêque de Valence, qui étoit protestant, ne voulut y employer que le bourreau : c'étoit par centaines qu'il faisoit périr les huguenots dans toutes les villes dont il se rendoit maître. Dans le parti opposé, un homme qui lui ressembloit pour le talent militaire, la vigueur et la cruauté, le baron des Adrets, souilla par sa férocité les succès des protestans en Dauphiné, en Forez et à Lyon. Dans tout le Midi, les caractères se montrèrent plus ardens, les haines plus acharnées, et la guerre civile fut accompagnée de plus de calamités. Presque toutes retombèrent finalement sur les protestans. Ceux-ci ne comptoient pas moins de vingt mille communians dans la ville seule de Toulouse. Ils étoient maîtres du Capitole, et ils s'étoient fortifiés dans le quartier environnant. La populace les en chassa par l'incendie. Ils évacuèrent Toulouse le 17 mai en vertu d'une capitulation; mais une partie des fugitifs fut égorgée dans la nuit qui suivit leur sortie; beaucoup d'autres furent jetés dans la Garonne; tous ceux qui étoient restés dans la ville périrent par la main du bourreau. Toutes les autres villes du Languedoc furent successivement enlevées aux protestans, à la réserve de Montauban, qui, trois fois assiégée, repoussa toujours les catholiques. Dans la Provence, le comte de Tende, qui en étoit gouverneur, voulut maintenir la tolérance ; mais son propre fils, le comte de Sommarive, que les triumvirs avoient désigné pour être gouverneur à sa place, se mit à la tête des fanatiques, qui alloient à la chasse aux huguenots : la plupart de ceux-ci furent pendus par ces furieux ; les autres, pourchassés vers les montagnes, se retirèrent d'abord à Sisteron. Bientôt ils reconnurent l'impossibilité de s'y défendre, et ils entreprirent, en longeant la crête des hautes Alpes, de se diriger sur Grenoble. Ils cheminèrent vingt-deux jours dans ces solitudes glacées, où ils ne trouvoient presque jamais de vivres. Ils entrèrent enfin à Grenoble le 27 septembre, en chantant un psaume de délivrance. La Normandie à son tour avoit été attaquée à la fin de l'été par l'armée royale et catholique. Rouen fut pris d'assaut le 26 octobre, et pillé pendant huit jours avec la plus implacable cupidité. Les autres villes de la Normandie tomboient les unes après les autres aux mains des catholiques, et au moment où les combats cessoient le Parlement de Rouen faisoit commencer les supplices, malgré l'amnistie de la reine. Le roi de Navarre, qui s'étoit mis à la tête de l'armée catholique, fut blessé au siége de Rouen le 15 octobre. La demoiselle Rouet, sa maîtresse, ne quitta point le chevet de son lit jusqu'à sa mort, survenue le 17 novembre. Jeanne d'Albret, sa femme, désolée de sa défection, étoit alors en Béarn avec son fils, enfant âgé de neuf ans, qui fut plus tard Henri IV, et sa fille, qu'elle élevoit dans la religion protestante.

Chaque jour Condé et Coligni recevoient à Orléans les nouvelles les plus désastreuses. Ils apprenoient aussi que les catholiques, ne se reposant point sur leur supériorité de nombre, avoient appelé les étrangers à intervenir dans les guerres civiles de la France. Philippe II avoit envoyé à Montluc trois mille hommes de ces vieilles bandes espagnoles qui, en tout temps, s'étoient montrées incapables de pitié, et elles avoient signalé leur férocité dans l'Agénois. Le pape Pie IV avoit fait rassembler à Avignon, sous les ordres de son parent Fabrizio Serbelloni, un corps également nombreux de bandes italiennes, qui surprirent Orange le 5 juin et en massacrèrent tous les habitans. Les chefs protestans crurent devoir surmonter leur répugnance et recourir, à leur tour, à l'assistance des étrangers. Le prince de Condé signa, le 20 septembre 1562, un traité d'alliance avec Élisabeth d'Angleterre, en vertu duquel elle envoya six mille soldats en France, dont une partie devoit tenir garnison au Havre, et elle lui avança deux cent mille écus, avec lesquels Dandelot leva en Allemagne trois mille reiters et quatre mille landsknechts. Il réussit à conduire, sans livrer de combats, cette petite armée à Orléans, où elle entra le 6 novembre. Une épidémie pestilentielle s'étoit manifestée dans cette ville malheureuse, et Condé, se trouvant de nouveau en état de tenir la campagne, en sortit avant la fin du même mois, avec huit mille fantassins et cinq mille cavaliers.

Comme Condé s'approchoit de Paris, la reine chercha à l'arrêter par des négociations : il y eut entre les deux partis plusieurs conférences. Mais le but de Catherine étoit seulement de tromper les huguenots, et de donner au duc de Montpensier le temps d'arriver avec trois mille Espagnols et quatre mille Gascons. Le connétable de Montmorency, qui commandoit les catholiques, avoit déjà huit mille ou Suisses ou Allemands dans son armée : ainsi, ce n'étoit presque qu'à des étrangers qu'étoit remise la décision du sort de la France. Condé, qui se sentoit le plus foible, vouloit se replier sur le Havre. Montmorency lui coupa le chemin près de Dreux : c'est là que les deux armées se rencontrèrent le 19 décembre 1562. Les huguenots étoient supérieurs en cavalerie et les catholiques en infanterie. Leurs deux généraux étoient braves, mais ils manquoient du coup d'œil militaire qui assure les succès. Chacun, de son côté, auroit mérité de perdre la bataille par ses fautes. Elle s'engagea contre la volonté de l'un et de l'autre général, à une heure après midi, avec le plus extrême acharnement, et elle dura jusqu'à cinq. Le connétable et Condé, qui faisoient preuve de vaillance, non de tactique, furent tous deux faits prisonniers; le maréchal Saint-André fut tué; huit mille morts restèrent sur le champ de bataille; la plus grande perte tomba sur les catholiques, mais ils demeurèrent maîtres du terrain. Guise, d'une part, et Coligni, de l'autre, prirent le commandement des deux armées : c'étoient les deux meilleurs généraux qu'eût la France, et l'un et l'autre parti avoit gagné en perdant son précédent chef.

Coligni avec ses huguenots fit sa retraite par le Berri, d'où il passa ensuite en Normandie. Guise vint mettre le siége devant Orléans, où Dandelot étoit demeuré, accablé par la fièvre quarte. La dernière heure sembloit avoir sonné pour les protestans. Guise, que Catherine avoit nommé lieutenant-général du royaume, étoit sur le point de les forcer dans leur dernier refuge, et il avoit déjà annoncé que, la ville prise, il ne feroit grâce à âme vivante, lorsqu'un gentilhomme de l'Angoumois, Jean Poltrot, se crut appelé par Dieu lui-même à délivrer les serviteurs de Dieu de la tyrannie du duc de Guise. S'embusquant sur son passage, il le tua d'un coup de pistolet, le 18 février 1563, et périt ensuite dans les tourmens auxquels le condamna le Parlement de Paris. La mort de Guise sauva Orléans, déjà réduit à la dernière extrémité. Bien plus, cette mort facilita la paix, que Catherine de Médicis désiroit avec ardeur, et que Montmorency et Condé souhaitoient également, depuis qu'ils étoient prisonniers. Cette paix fut signée le 12 mars, et publiée le 19 par l'édit d'Amboise. Elle restreignoit la tolérance accordée aux protestans par l'édit de janvier; elle ne leur laissoit plus qu'une ville par bailliage où ils pussent exercer leur culte, mais elle leur garantissoit en tout lieu la liberté de conscience.

Le chancelier de l'Hôpital avoit désiré la paix, pour le bien du royaume, pour mettre un terme aux massacres, au pillage des villes et des campagnes, pour rétablir quelque ordre dans les finances, pour relever l'autorité royale, pour réformer enfin la législation, œuvre à laquelle il travailloit avec constance, même au milieu des guerres civiles. L'Hôpital faisoit toujours profession de la foi catholique, mais sa femme, sa fille et son gendre étoient protestans, en sorte qu'il pratiquoit dans sa famille la tolérance qu'il vouloit établir dans l'État. La reine, Catherine de Médicis, vouloit aussi la paix; mais ses vues étoient moins pures; elle s'étoit jusqu'alors crue forcée à ménager les anciens favoris de son mari, mais leur mort successive avoit été pour elle une délivrance; elle vouloit désormais affermir son pouvoir, et jouir de la royauté, au milieu des arts, du luxe et des plaisirs, qu'elle aimoit. Ne s'attachant pas plus à la morale qu'à la religion, elle vouloit, quoique sans amans elle-même, que la galanterie lui servît à gouverner. Elle avoit fait choix de cent cinquante filles d'honneur, les plus belles du royaume, et elle vouloit que ces filles lui répondissent de tous les chefs de parti. Le prince de Condé enfin avoit aussi voulu la paix, pour jouir dans les plaisirs et les fêtes de cour, du crédit qu'il avoit obtenu comme chef de parti et général d'armée. Brave, mais léger, inconséquent et libertin, il comptoit que Catherine, selon sa promesse, le feroit lieutenant-général du royaume, comme l'avoient été d'abord son frère, puis le duc de Guise. Tout le reste du royaume, malgré les désastres de la guerre civile, n'acceptoit la paix qu'avec répugnance. Les ardens religionnaires avoient bientôt cessé d'entendre les cris des victimes égorgées ou ruinées, tandis qu'ils retrouvoient toujours dans leur propre cœur des espérances toujours déçues. L'amiral Coligni repoussoit une paix par laquelle son parti n'obtenoit aucun des avantages qu'il s'étoit proposé en prenant les armes; les ministres protestans déclaroient que c'étoit offenser Dieu que de conniver à l'idolâtrie; même les plus sages dans ce parti voyoient avec douleur que, tandis que l'édit d'Amboise sembloit conserver la liberté du culte aux grands seigneurs dans l'étendue de leur haute justice, aux gentilshommes dans leurs familles, il l'ôtoit réellement au peuple. Les communians, dispersés dans l'étendue d'un bailliage, auroient souvent quinze et vingt lieues à faire, pour se rendre au seul prêche qui leur fût ouvert : comment espérer qu'ils ne retomberoient pas dans l'indifférence, et qu'ils n'oublieroient pas les enseignemens de la réforme ?

Dans le parti contraire, les parlemens regardoient l'édit d'Amboise comme bouleversant la constitution même de l'État, puisqu'il accordoit une certaine mesure de tolérance. Tous les anciens édits avoient condamné au feu les hérétiques; changer ces lois, c'étoit pour eux bouleverser toutes les notions du juste et de l'injuste. Le Parlement de Paris s'arrogeoit une sorte de *veto* sur l'autorité législative du roi, par son refus d'enregistrer les édits. Il entroit ainsi en partage de la fonction la plus essentielle de la souveraineté; mais pour l'exercer il ne cherchoit point à connoître l'ensemble des affaires. Il refusoit également la tolérance nécessaire à la paix et les impôts nécessaires à la guerre. Lorsque, malgré sa résistance, il fut contraint d'enregistrer l'édit d'Amboise, il ne permit point qu'on lui en fît la lecture, et il ne voulut point en ordonner l'exécution aux tribunaux qui relevoient de lui. Les gouverneurs de province repoussoient avec une égale obstination l'édit de pacification d'Amboise; ils ne vouloient y voir que de vaines paroles données aux protestans pour les endormir; des hérétiques ne pouvoient, selon eux, jamais être réellement protégés par les lois : aussi prenoient-ils plaisir à les voir exposés à toutes les violences des fanatiques, à ce qu'ils fussent insultés ou massacrés quand ils se rendoient à la ville indiquée pour leur culte : ils leur assignoient à dessein, pour cet objet, le lieu où ils pouvoient rencontrer le plus d'ennemis; et si, après avoir été maltraités, ils recouroient aux tribunaux, quelle que fût l'évidence de leur droit, les catholiques étoient toujours renvoyés absous, les protestans toujours condamnés. La reine laissoit faire : elle avoit bien usé de son autorité pour engager les parlemens et les gouverneurs de province à accepter l'édit de pacification, mais elle sembloit voir avec plaisir qu'on le violoit sans cesse dans l'exécution. Tout ce qui affoiblissoit les protestans et désorganisoit leur parti lui paroissoit une garantie qu'ils ne seroient pas en état de recommencer la guerre civile.

Les affaires du dehors donnoient de nouveau quelqu'inquiétude. Le duc de Savoie redemandoit les places fortes du Piémont, qui devoient lui être rendues d'après le traité de Cateau-Cambrésis. Le droit du duc étoit positif : la France lui opposa cependant les plus absurdes, les plus honteuses chicanes. Un traité de Blois, du 8 août 1562, confirma les droits du duc de Savoie, qui de son côté consentit à laisser à la France une entrée en Italie par les places de Pignerol, la Pérouse et Savillan, qu'il lui abandonna. Mais après que la reine avoit consenti, il fallut encore négocier pour obtenir le consentement d'Imbert Maréchal de Bourdillon, qui commandoit les troupes françaises en Piémont, et qui imposa de nouveaux sacrifices au duc de Savoie. On ne peut observer sans en rougir que cette mauvaise foi, cette obstination à ne point rendre le bien d'autrui, ont été célébrées par plusieurs historiens français comme du patriotisme. De son côté, Élisabeth réclamoit la restitution de Calais, que d'après le même traité la France s'étoit engagée à rendre à l'Angleterre au bout de huit ans. Comme gage de cette restitution, Élisabeth s'étoit fait livrer le Havre-de-Grâce par les protestans. Au lieu d'exécuter le traité de Cateau-Cambrésis, qui, à vrai dire, n'avoit jamais été regardé comme un engagement sérieux, Catherine fit attaquer le Havre, le 6 juillet 1563. Les Anglais, tourmentés par des maladies, furent obligés de capituler le 28 du même mois, après quoi les deux reines se réconcilièrent par le traité de Troyes, du 11 avril 1564, qui laissa en suspens les droits des deux royaumes sur Calais.

Catherine ayant ainsi rétabli la paix au dedans et au dehors, en profita pour faire voyager son fils dans tout son royaume. Elle comptoit réchauffer ainsi l'affection des provinciaux pour la famille royale, en leur faisant connoître les pompes et les plaisirs de la cour; en même temps, elle vouloit faire diversion à leur fanatisme, en ranimant chez eux le goût de la galanterie. En effet, depuis le mois de mai 1564, au mois de décembre 1565, la reine, son fils et sa brillante cour, visitèrent à peu près toutes les provinces, en sorte qu'on calcula qu'ils avoient parcouru en France neuf cents lieues de chemin. Le roi n'avoit alors que seize ans; son frère, Henri duc d'Anjou, n'en avoit pas quinze; Henri, prince de Navarre, n'en avoit que onze, et le duc de Guise que quatorze. Tous ces jeunes gens passoient leurs journées dans les fêtes : la curiosité, le plaisir, la frivolité, sembloient chasser au loin le fanatisme. Cependant Catherine profitoit de son passage au travers des villes protestantes pour en faire abattre les murs, tandis qu'elle y fondoit en même temps des citadelles qui les commandoient.

La reine profita aussi de ce voyage pour avoir des conférences, à Roussillon près de Vienne, avec le duc de Savoie, à Avignon avec le légat du Pape, enfin à Bayonne, au mois de juin 1565, avec le duc d'Albe, principal ministre du roi d'Espagne, qui lui avoit amené Élisabeth de

Valois, reine d'Espagne, fille de Catherine et femme de Philippe II. Elle eut à se justifier, dans ces trois entrevues également, d'avoir accordé un édit de tolérance. Chaque fois, elle protesta que son intention n'étoit pas moins pure que celle du Pape, du roi d'Espagne et du duc de Savoie; qu'elle vouloit comme eux faire périr tous les hérétiques, mais qu'elle croyoit devoir y procéder avec adresse. On lui répondit qu'elle avoit bien le droit de tromper les huguenots, puisque personne n'est tenu de garder la foi à ceux qui n'ont pas la foi, mais qu'il ne lui étoit pas permis de tromper le bon peuple catholique, en qui l'édit de tolérance diminuoit l'horreur qu'il falloit entretenir en lui contre tous les infidèles : surtout on la pressoit de mettre ses promesses à exécution, en frappant sur les hérétiques le coup qu'elle prétendoit leur réserver. Enfin, après plusieurs conférences secrètes, elle convint avec le duc d'Albe et les ministres de Marie d'Écosse, qui s'étoient aussi rendus à Bayonne, qu'elle attireroit à sa cour tous les chefs huguenots, et s'en délivreroit en une fois par des vêpres siciliennes (c'est ainsi qu'elle nommoit le massacre), qui seroient aussitôt renouvelées sur les religionnaires plus obscurs dans toutes les provinces. Quoique ce projet ait été exécuté plus tard, il n'est point sûr que Catherine en y souscrivant ait eu réellement l'intention de l'accomplir : elle préféroit l'adresse à la violence, elle ne vouloit pas se rejeter dans des crises dangereuses, et elle n'avoit probablement d'autre intention que de calmer l'impatience du Pape, du roi d'Espagne, des parlemens et de tous ceux qui se disoient les champions de l'ancienne foi catholique.

Dès le 17 août 1563, Catherine, pour éviter de nommer un lieutenant-général du royaume, avoit fait reconnoître la majorité de Charles IX dans une assemblée du Parlement de Rouen; deux ans et demi plus tard, et lorsqu'il approchoit réellement de l'âge d'homme, elle voulut le présenter, au mois de février 1566, à une assemblée des notables du royaume, qu'elle avoit convoquée à Moulins : c'étoient le lieu et l'occasion qu'elle avoit désignés d'avance au duc d'Albe pour y donner le signal de ce qu'elle nommoit de nouvelles vêpres siciliennes. Cependant aucune catastrophe n'ensanglanta cette assemblée : au contraire, elle dut sa célébrité à la publication de la grande ordonnance de Moulins, par le chancelier de l'Hôpital, sur l'organisation de l'ordre judiciaire et la réforme de la législation; elle marqua aussi par une réconciliation solennelle de l'amiral de Coligni et de tous les Châtillons avec les Guises. Toutefois les premiers, ainsi que tous les protestans, ne tardèrent pas à reconnoître que la politique de la reine leur étoit plus fatale qu'une guerre ouverte. Les projets contre eux, qu'elle avoit confiés au duc de Savoie, au Pape, au roi d'Espagne, leur furent bientôt révélés ; d'ailleurs l'atroce persécution que Philippe II avoit commencée dans les Pays-Bas, et par laquelle il se montroit résolu à faire périr tous les hérétiques, encore qu'ils formassent la majorité de ses sujets, leur faisoit assez connoître le sort qui leur étoit réservé. Bientôt ils furent avertis qu'un corps de six mille soldats que la reine avoit fait lever en Suisse se dirigeoit vers l'Ile-de-France, et que des ordres étoient donnés pour arrêter en un même jour Condé et Coligni, révoquer l'édit d'Amboise, et mettre de nouveau en vigueur toutes les anciennes lois contre l'hérésie. Dès que Coligni se fut assuré qu'il existoit un complot de la reine, il se sentit en droit de lui en opposer un de son côté. Il prit des mesures pour la surprendre avec son fils, l'enlever, et la garder au milieu des protestans : alors il lui auroit fait rendre des lois favorables à la réforme ; et telle étoit la confusion qui régnoit en France sur ce qui constituoit l'autorité royale que ces lois auroient été obéies.

Une troupe de protestans, qui, persécutés dans les provinces, ne trouvoient de sûreté qu'autant qu'ils vivoient réunis, s'étoit rassemblée près de Genève, sous les ordres du brave Montbrun, pour défendre cette ville, si le duc d'Albe, qui traversoit alors la Savoie à la tête d'une armée espagnole, pour se rendre aux Pays-Bas, essayoit de l'attaquer. Comme Albe continua sa marche par la Franche-Comté sans molester Genève, Montbrun poursuivit la sienne jusqu'à Metz, en dedans des frontières de France, se tenant toujours prêt à repousser un outrage que le fanatique Espagnol pourroit être tenté de faire aux huguenots de ces provinces. Ce fut lui que Coligni, de concert avec Condé, Dandelot, La Rochefoucauld et les autres grands du parti, rappela pour le coup de main qu'il méditoit. Le 27 septembre 1567, les huguenots s'avancèrent rapidement sur Meaux, où étoit alors la cour; mais, malgré la promptitude de leur marche, ils avoient été prévenus. La reine leur envoya le maréchal de Montmorency, fils aîné du connétable, et qu'on croyoit protestant, pour les retarder en négociant avec eux. En même temps elle envoya un courrier au général Pfyffer, qui étoit déjà proche, avec ses six mille Suisses, pour lui ordonner de doubler le pas. Les Suisses, après une marche forcée, entrèrent à minuit à Meaux; ils ne demandèrent que trois heures de repos, puis, formant un bataillon carré, au milieu duquel ils mirent Charles IX, ils le conduisirent la pique basse jusqu'à Paris, sans se laisser retarder par la cavalerie des huguenots, qui les harceloit. Cependant cette fuite et cet affront firent une impression profonde sur l'âme du jeune roi. Dès lors il ne vit plus dans les protestans que d'insolens rebelles dont il languissoit de se venger, et il ne regarda plus les traités qu'il pourroit faire avec eux que comme un leurre qui devoit les faire tomber dans ses filets.

Cette seconde des guerres civiles fut de courte durée. Les gentilshommes huguenots accoururent bien de toutes les provinces pour se ranger sous les drapeaux de Condé, mais malgré leur zèle ils ne purent former une armée comparable à celle que le connétable de Montmorency avoit rassemblée à Paris. Encore qu'ils sentissent leur extrême infériorité, ils acceptèrent la bataille que ce vieux général leur offrit à Saint-Denis, le 10 novembre 1567. C'étoit la huitième grande bataille où il se trouvoit, mais dans toutes il avoit été malheureux ; dans toutes aussi il avoit fait faute sur faute. A celle de Saint-Denis, il fut tué, et sa mort empêcha les catholiques de poursuivre les protestans après qu'ils les eurent repoussés. Condé put donc continuer à tenir la campagne. Il se dirigea vers la Lorraine pour y faire sa jonction avec une armée de sept mille reiters et quatre mille landsknechts que Jean Casimir, fils de l'électeur palatin, lui amenoit. Les Allemands montroient du zèle pour défendre leurs frères en religion, mais ils ne vouloient pas, ou plutôt ils ne pouvoient pas servir sans solde. Lorsque

Condé et Jean Casimir se rencontrèrent le 11 janvier près de Pont-à-Mousson, après une marche où les chefs protestans avoient développé une habileté supérieure, les Allemands demandèrent les cent mille écus qui leur avoient été promis : Condé n'en avoit pas deux mille, mais, avec un généreux enthousiasme, tous ces guerriers huguenots, qui servoient sans solde, apportèrent à leur chef tout l'argent qu'ils avoient rassemblé dans leur maison pour se mettre en état de faire la campagne. C'est ainsi qu'il trouva moyen de donner un premier à-compte aux Allemands, et de les ramener devant Chartres, dont il entreprit le siége. Cependant Catherine étoit impatiente de faire la paix pour donner à son gouvernement une organisation nouvelle, rendue nécessaire par la mort du connétable. Elle offrit donc aux protestans le rétablissement plein et entier de l'édit d'Amboise, en annulant toutes les exceptions et restrictions qu'elle y avoit apportées depuis. A ces conditions fut signée à Longjumeau, le 23 mars 1568, la paix qu'on nomma *boiteuse* ou *mal assise*, tant chacun conservoit le sentiment de son instabilité.

Les deux premières guerres avoient dissipé les illusions que se faisoient les protestans sur la force de leur parti. Avant qu'elles éclatassent ils se figuroient que comme ils avoient pour eux la majorité de la noblesse et de la bourgeoisie, de tous ceux enfin qui pensoient par eux-mêmes, dès que la terreur des supplices seroit écartée, toute la nation se déclareroit pour eux. Ils avoient compté pour rien toute la tourbe de la populace des villes, ou tous les paysans, qu'ils croyoient accoutumés à se laisser conduire. Mais cette masse, tout à coup réveillée par les prêtres et les moines, avoit défendu avec fureur ses habitudes, si ce n'est ses opinions. En même temps les courtisans et les gens du monde, rebutés par l'austérité des réformés, par le fanatisme des ministres, avoient repoussé des enseignemens que l'attrait de la nouveauté leur avoit d'abord fait rechercher. Non seulement les novateurs ne faisoient plus de conversions, ils perdoient au contraire chaque jour des familles, et presque des villes entières. Il n'y avoit en effet que des âmes d'une trempe peu commune qui pussent résister pendant une longue suite d'années aux dangers effroyables qui menaçoient les protestans : toute carrière publique leur étoit fermée ; leurs biens étoient sans cesse séquestrés ou pillés ; des insultes journalières dans les villes exposoient leurs personnes à la mort ou à d'horribles tourmens. La pudeur de leurs femmes étoit plus particulièrement menacée : comme la réforme les appeloit à une vie plus pure, les commandans des armées catholiques se faisoient un jeu de les exposer aux outrages que leur conscience redoutoit le plus. Le duc de Montpensier ne permettoit pas que la vertu d'une seule de ses prisonnières fût épargnée.

Tous les chefs protestans s'étoient retirés dans leurs terres : ils avoient renoncé à la cour et à l'ambition, ils ne demandoient plus qu'à vivre ignorés; mais vivre étoit plus que leurs ennemis ne vouloient leur accorder. Ils ne tardèrent pas à se convaincre que si la guerre leur offroit peu d'espoir, la paix étoit impossible. Le plan effroyable conçu par Pie V et Philippe II pour leur entière extermination commençoit à s'exécuter. Le duc de Savoie s'étoit chargé de détruire les Vaudois et les villes de Genève et de Lausanne. Le conseil de l'inquisition avoit prononcé, le 16 février 1568, une sentence en masse contre les peuples des Pays-Bas; le duc d'Albe avoit institué à Bruxelles le *conseil des troubles*, si bien nommé par les habitans le *tribunal de sang*, qui fit périr dix-huit mille Belges par la main du bourreau. En Espagne, Philippe II avoit fait mourir son propre fils don Carlos; en Italie, Pie V avoit fait brûler quelques hommes célèbres, entourés de l'estime de tous, pour montrer bien leur résolution de ne pardonner à personne. Dans les Alpuxaras, les Maures avoient été vaincus, égorgés ou réduits en esclavage. A Rouen, à Bourges, à Issoudun, à Antrain, à Troyes, à Saint-Léonard, à Orléans, à Blois, la populace ameutée avoit depuis la paix massacré les protestans, sans que l'autorité lui eût opposé ni résistance ni punition. Le massacre de René de Cipierre, frère du gouverneur de Provence, à Fréjus, avec trente-cinq gentilshommes qui l'accompagnoient, fut plus atroce encore, parce qu'il fut exécuté par l'ordre de son propre frère, et au mépris d'une parole donnée. Le chancelier de l'Hopital avoit été disgracié, avec tous les membres plus modérés du grand conseil. Le Pape avoit accordé, le 1er août, une bulle à Charles IX pour l'autoriser à vendre une partie considérable de biens d'Église, sous la réserve expresse que tout l'argent qui en proviendroit seroit employé à l'extermination des protestans. Enfin la reine faisoit filer des troupes en Bourgogne pour enlever, au château de Noyers, Condé et Coligni. Ceux-ci en furent avertis au dernier moment, et ils eurent à peine le temps de s'enfuir le 25 août 1568, avec un troupeau de femmes et d'enfans, n'ayant, pour les protéger contre les bandes qui s'avançoient de toute part, pas plus de cent cinquante soldats.

Condé et Coligni, cependant, eurent le bonheur d'atteindre la Loire et de la passer à gué, pendant que les eaux étoient encore fort basses; tandis qu'aussitôt après des pluies abondantes gonflèrent la rivière et arrêtèrent ceux qui les poursuivoient. Ces princes se dirigèrent vers La Rochelle et y donnèrent rendez-vous à tous leurs partisans. L'expérience des derniers mois avoit appris à tous les huguenots qu'il n'y avoit plus pour eux d'espoir que dans les armes. En effet, l'édit de Saint-Maur ne tarda pas à paroître, par lequel le roi interdisoit, sous peine de mort et de confiscation des biens, l'exercice de toute autre religion que la catholique romaine. Le Parlement, qui avoit résisté avec tant d'obstination aux édits de tolérance, enregistra celui-ci avec empressement, le 28 septembre. Toutefois, le désespoir avoit inspiré à tous les huguenots une vigueur et une union inattendues. Tout le Midi parut se lever à la fois en leur faveur. La reine de Navarre, avec son fils Henri de Béarn, le futur Henri IV, arriva le 6 septembre à La Rochelle, amenant des Pyrénées quarante-deux enseignes d'infanterie. Tout le Poitou, tout le Dauphiné et le Languedoc étoient sous les armes; jamais les protestans n'avoient rassemblé, sans le secours de l'étranger, de si nombreuses armées. Ce secours vint à son tour : Élisabeth leur envoya cent mille écus avec six pièces de canon; mais ce furent les corsaires de La Rochelle qui, en interceptant les galions d'Espagne, furent les meilleurs pourvoyeurs de *la Cause*, c'est le nom que les protestans donnoient à leur parti. Malgré de si favorables apparences, les revers ne se firent pas long-temps attendre : ils commencèrent par la défaite de Mouvans, tué à Messignac le 30 octobre 1568, comme il amenoit à Condé les protestans du Dauphiné et de la Provence.

Catherine ressentoit de la préférence pour le troisième de ses fils, Henri duc d'Anjou, qui n'étoit encore âgé que de dix-sept ans. Pour lui donner de bonne heure occasion de se distinguer, elle le mit à la tête de l'armée royale qu'elle envoya contre les protestans, en lui donnant en même temps deux des plus habiles capitaines de France, Tavannes et Sansac, pour le diriger. Au commencement de l'hiver, les deux armées manœuvrèrent entre la Loire et la Charente, sans que la guerre fût signalée par aucun exploit; seulement les catholiques marquèrent partout leur passage par d'atroces cruautés. La rigueur du froid força les uns et les autres à entrer pour quelques semaines en quartiers d'hiver; mais au mois de mars la campagne recommença. L'armée catholique passa la Charente dans la nuit du 12 au 13 mars 1569, grâce à l'indiscipline des protestans, qui dédaignoient d'obéir à leurs chefs. Cette même indiscipline les retarda dans la retraite qu'à cette nouvelle Condé et Coligni se hâtèrent d'ordonner. Ils furent atteints près de Jarnac. Dans ce moment, un cheval du comte de La Rochefoucauld, en se cabrant, cassa la jambe au prince de Condé: déjà il avoit le bras en écharpe pour une blessure; cependant il conduisit vaillamment à la charge trois cents gentilshommes qui l'entouroient, en répétant à haute voix sa devise : « Doux le péril pour Christ et son pays. » Il fut accablé par le nombre, renversé et fait prisonnier. Un capitaine des gardes du duc d'Anjou, Montesquiou, qui le vit à terre, accourut aussitôt sur lui et le tua d'un coup de pistolet. La cavalerie des huguenots étoit en déroute, mais leur infanterie n'avoit pas été entamée. Ils avoient perdu quatre cents cavaliers à la bataille de Jarnac. Coligni prit le commandement de ce qu'il leur restoit de forces et les rassembla à Cognac, d'où il se rendit à Saintes. Jeanne d'Albret y accourut aussitôt avec son fils Henri de Béarn, alors âgé de quinze ans et demi, et son neveu le jeune prince de Condé, qui en avoit seize et demi. Ces jeunes gens, sous la direction de Coligni, furent reconnus pour chefs du parti des Bourbons et des huguenots.

Le courage des protestans fut aussi relevé par la nouvelle que le duc de Deux-Ponts étoit entré en France avec huit mille reiters et six mille fantassins; il venoit apporter des secours à ses coreligionnaires, ou plutôt encore exercer en France ce que les Allemands regardoient comme leur industrie, une guerre de pillage. Deux-Ponts traversa toute la France en dépit de la résistance que lui opposoient les ducs d'Aumale et de Nemours, et il n'étoit plus qu'à une journée de distance de l'armée de Coligni, lorsqu'il mourut près de Limoges le 11 juin, des suites de son intempérance. Le brave Dandelot étoit mort de maladie quinze jours auparavant. Cependant les succès paroissoient à peu près balancés. Les protestans avoient eu l'avantage au combat de la Roche-Abeille, le 23 juin ; leurs partis détachés avoient eu également des succès près de la Charité sur la Loire et aux frontières du Béarn. Les catholiques prirent alors le parti, au milieu de l'été, de licencier leur armée, jugeant bien que plus ils feroient traîner la guerre en longueur, plus les protestans s'épuiseroient.

La situation des huguenots devint en effet d'autant plus critique qu'ils se trouvoient ainsi maîtres de la campagne; ils étoient perdus s'ils se séparoient. Il leur falloit donc tenter quelque conquête importante. Tous les gentilshommes de l'Ouest insistèrent pour que Coligni vînt mettre le siége devant Poitiers, cette grande ville tenant, disoient-ils, dans la crainte tout le pays situé entre la Loire et la Garonne. En vain Coligni répondoit que Poitiers lui résisteroit long-temps, et que s'il prenoit cette place, trop grande pour son armée, il ne pourroit ensuite la défendre. Il dut céder : il assiégea Poitiers du 24 juillet au 7 septembre, et cette entreprise lui fut fatale. Après avoir perdu deux mille cinq cents hommes devant cette ville, y avoir épuisé ses munitions, son argent, et ruiné ses chevaux, il fut contraint de lever le siége par l'approche de l'armée royale, que le duc d'Anjou ramenoit contre lui, après l'avoir grossie de huit mille Suisses, quatre mille Italiens et sept mille reiters. Coligni avoit cependant manœuvré avec assez d'habileté pour pouvoir éviter la bataille; ses soldats ne le lui permirent pas, il fallut l'accepter le 3o octobre 1569, à Moncontour. Coligni y fut blessé à la joue, et, étouffé par le sang qui couloit dans sa gorge, il fut obligé de se retirer du combat. Le désastre de son armée fut grand; les protestans perdirent à Moncontour quatre mille Allemands et mille cinq cents Français; leur cavalerie fit néanmoins sa retraite en assez bon ordre sur Parthenay.

Après la perte de deux batailles dans une même campagne, les protestans ne pouvoient manquer d'être écrasés, si des jalousies dans le parti catholique n'étoient venues à leur aide; mais Charles IX voyoit avec envie les lauriers que son jeune frère recueilloit à dix-sept ans. Il se flatta de remporter à son tour quelque victoire, et il voulut prendre le commandement de l'armée du Poitou. Coligni profita de cette conjoncture pour faire sa retraite sur la Gascogne; il y fut rejoint par Montgommery, qui avoit eu des succès presque constans en Béarn. Il passa l'hiver en Languedoc, puis au printemps de 1570 il annonça à son armée qu'il vouloit la ramener à Paris par la vallée du Rhône. Il accomplissoit cette marche hardie avec une habileté remarquable, lorsqu'il fut surpris dans le Forez par une grave maladie. Les protestans se crurent sur le point de perdre le général dont les beaux talens et les hautes vertus soutenoient seuls leur fortune. Cependant il recouvra la santé, et le 26 juin 1570, il soutint contre le maréchal de Cossé un combat à Arnay-le-Duc, d'où il sortit avec avantage. En même temps on apprenoit que La Noue, qu'il avoit laissé en Saintonge, y avoit remporté plusieurs avantages sur les catholiques.

La reine et son fils, étonnés de n'être pas plus avancés après tant de victoires, commençoient à se dégoûter de la guerre; ils se demandoient s'il ne seroit donc point possible de vivre en paix avec un parti capable de se défendre avec tant de vigueur; et si, lors même qu'ils se croiroient obligés à le détruire, il ne leur convenoit pas d'avoir recours à la tromperie plutôt qu'à la force ouverte. La légèreté, le goût du plaisir, les besoins du luxe, les faisoient pencher pour le premier parti; le ressentiment des offenses et la confiance qu'ils avoient dans leur habileté les ramenoient au second. A quelque parti qu'ils se déterminassent, ils avoient besoin de la paix; la reine la fit offrir à Coligni; l'édit d'Amboise devoit en être la base, mais elle consentit à y ajouter les garanties que demandoient les protestans. Quatre villes de sûreté, La Rochelle, Montauban, Cognac et la Charité, devoient rester entre leurs mains; ils devoient aussi, toutes les fois qu'ils seroient traduits en justice, avoir le droit de récuser les juges qui avoient montré contre eux une partialité trop ouverte : ainsi, ils étoient soustraits au Parlement de Toulouse, et dans les autres parlemens ils pouvoient récuser jusqu'à six, et à Bordeaux jusqu'à huit juges. A ces conditions la troisième paix fut signée le 8 août 1570 : elle fut publiée par l'édit de pacification de Saint-Germain-en-Laye, et enregistrée dans toutes les cours du royaume.

Après l'acharnement avec lequel les deux partis s'étaient combattus, après les actes de férocité et de mauvaise foi dont ils s'étaient rendus coupables à l'envi l'un de l'autre, la paix ne pouvoit inspirer aux protestans aucune confiance. Ils en avoient besoin pour reprendre haleine, mais ils sentoient bien qu'ils n'avoient plus de patrie, que le roi, les parlemens, le peuple, les regardoient comme ennemis; ils voyoient bien que lors même qu'on ne les attaqueroit pas à force ouverte, toute carrière ne leur demeureroit pas moins fermée. Aussi, aucun de leurs chefs ne retourna à la cour : Coligni, les princes de Béarn et de Condé, et leurs principaux amis, se retirèrent à la Rochelle, la main sur leur épée, comme s'ils s'attendoient à être réveillés en sursaut par une attaque perfide. En effet, ils ne pouvoient se dissimuler que la France, que la plupart des souverains de l'Europe, étoient entrés dans la conjuration ourdie au mois de juin 1565 entre Catherine et le duc d'Albe. Ce projet étoit souvent rappelé par la reine; c'étoit un moyen qui lui sourioit, pour sortir de tous ses embarras; une belle occasion pour initier ses fils à cette dissimulation profonde, à cette indifférence pour le sang et la souffrance d'autrui, qu'elle regardoit comme la suprême habileté des rois; mais, quoiqu'elle caressât cette idée, qu'elle en entretînt fréquemment le Pape, le roi d'Espagne, les parlemens et tous les fanatiques de France, dont elle vouloit gagner la confiance, il est probable qu'elle n'étoit point encore arrivée à une résolution, et qu'elle se réservoit de décider d'après les circonstances s'il lui conviendroit mieux de tromper, ou le roi d'Espagne ou les protestans. Afin toutefois d'être libre dans son choix, elle crut nécessaire de ramener les chefs des huguenots autour d'elle, et de leur inspirer une pleine confiance.

Ce n'étoit qu'à regret que pendant la guerre Catherine avoit suspendu les fêtes de cour : elle aimoit les beaux-arts; elle aimoit le luxe et l'élégance, et elle croyoit servir sa politique en se livrant à ses goûts. Lorsque le danger pressoit, il falloit bien employer les premières rentrées du trésor à payer les soldats; mais dès que la paix étoit signée, les dépenses à faire pour les plaisirs de la cour passoient avant toutes les dépenses du royaume. Les fêtes recommencèrent pour célébrer des mariages qu'on disoit destinés à consolider la paix, et qui sembloient indiquer en effet une direction nouvelle donnée à la politique. La cour de France, pour se rendre indépendante de Philippe II, ou pour s'agrandir à ses dépens, paroissoit chercher des amis parmi ceux qui ne partageoient point son fanatisme. Charles IX, alors âgé de vingt ans, épousa, le 22 octobre 1570, Elisabeth d'Autriche, fille de Maximilien II. Cet empereur, qui penchoit en secret vers les opinions des réformés, étoit le premier monarque de l'Europe qui eût donné l'exemple d'une vraie tolérance. En même temps Catherine recherchoit pour le duc d'Anjou son second fils la main d'Élisabeth reine d'Angleterre, que les protestans regardoient comme leur plus ferme appui en Europe. Elisabeth accueillit cette proposition avec une faveur apparente, et la négociation dura long-temps. Catherine resserroit aussi son alliance avec les princes protestans de l'Allemagne, elle montroit même le désir de protéger les habitans des Pays-Bas contre l'oppression effroyable du duc d'Albe.

Les atrocités commises en Flandre, au nom de Philippe II, par le duc d'Albe et le tribunal de sang, avoient enfin provoqué une résistance efficace. Les émigrés, qui s'étoient d'abord réfugiés sur des vaisseaux armés en course, et qu'on nommoit *les gueux de mer*, surprirent la Brille le 1er avril 1572, et en firent le lieu de refuge d'un gouvernement insurrectionnel. Déjà le pouvoir espagnol paroissoit ébranlé dans toutes les provinces de l'ancien héritage de Bourgogne, et leurs habitants recommençoient à tourner vers la France leurs mains suppliantes, comme ils avoient fait dans les générations précédentes, lorsqu'ils combattoient pour leurs libertés civiles. Charles IX n'étoit point insensible à l'ambition de soumettre à la couronne de France une contrée sur laquelle tous les rois ses prédécesseurs avoient élevé des prétentions.

Ces alliances étrangères s'accordoient avec le grand projet de ramener à la cour les chefs protestants, et de les retirer de La Rochelle : dans ce but, on avoit écouté leurs plaintes, on leur avoit rendu justice, on avoit puni, en mars 1571, les populations catholiques de Rouen et d'Orange, qui s'étoient soulevées et avoient massacré les protestants ; et on avoit répondu à ceux qui justifioient les égorgeurs que, quoique leur intention fût bonne, ils n'auroient pas dû frapper avant l'ordre. Enfin Biron avoit été envoyé à La Rochelle pour offrir en mariage au prince de Béarn Marguerite de Valois sœur du roi. Cette princesse avoit alors dix-huit ans, et déjà elle faisoit parler d'elle par ses galanteries. Elle avoit alors pour amant le jeune duc de Guise; Charles IX, en l'apprenant, chargea un de ses confidents de le tuer. Le jeune roi étoit à la fois emporté, et profondément dissimulé. Il juroit, il renioit Dieu à tout propos, il menaçoit, mais au milieu de sa colère il ne laissoit jamais percer son secret. S'apercevant que le favori de son frère, Lignerolles, l'avoit deviné, il le fit tuer aussitôt. Il croyoit faire preuve d'énergie par sa complète indifférence pour la vie d'autrui, et son insensibilité à la douleur qu'il causoit : tuer ou être tué étoit la destinée journalière du gentilhomme; les meurtres étoient si communs à la cour qu'ils ne causoient plus aucune surprise. Cependant celui que Charles avoit chargé de tuer le duc de Guise n'osa pas s'attaquer à un si vaillant spadassin ; et Guise, qui vouloit faire oublier au roi sa colère, et l'inquiétude qu'il lui avoit causée à l'égard de sa sœur, se hâta d'épouser une autre femme.

Les défiances des chefs protestans s'étoient calmées peu à peu, à mesure qu'ils avoient cru mieux comprendre la politique nouvelle de la cour : Jeanne d'Albret et son fils étoient venus trouver le roi à Blois en 1571, et ils en avoient été fort bien reçus; Jeanne étoit revenue à la cour, à Paris, au printemps de 1572, pour traiter du mariage de son fils. Elle avoit été scandalisée de la légèreté, de la dissolution universelles;

toutefois les garanties que l'on demandoit pour la religion de Marguerite, et sur lesquelles on élevoit de nombreuses difficultés, lui persuadoient que la négociation étoit sérieuse. Enfin, le 11 avril 1572, elle signa les articles pour le mariage de son fils. Les succès des gueux de mer en Hollande, les conférences de Charles IX avec Louis de Nassau, frère du prince d'Orange, l'envie que le roi manifestoit de profiter de l'occasion pour s'emparer des Pays-Bas, contribuoient à accroître la confiance des protestants. Coligni avoit été reçu par le roi, en octobre 1571, avec une extrême faveur; les Guises, au contraire, s'étoient éloignés de la cour. Le cardinal de Lorraine étoit parti pour Rome, à la mort de Pie V, pour se trouver au conclave qui élut Grégoire XIII. Charles IX, qui se complaisoit dans ses succès à jouer la comédie, étoit bien résolu à tromper quelqu'un, mais il ne pouvoit décider encore si ce seroit Philippe II ou les protestants : toutefois il sentit que la reine de Navarre, pure, austère, inflexible sur tout ce qui tenoit à la conscience, étoit un observateur incommode des complots dirigés contre les siens, qu'elle seroit un appui gênant de la vertu de son fils. Elle fut empoisonnée le 9 juin 1572. Après la Saint-Barthélemi, un parfumeur de Catherine se vanta de lui avoir donné la mort. On ne le soupçonna point au moment même; au contraire, Coligni étoit tellement charmé de la confiance que lui montroit le roi qu'il lui rendit les places de sûreté des protestans, pour ne se reposer plus que sur sa parole. Enfin, Henri de Béarn, devenu roi de Navarre par la mort de sa mère, arriva à Paris au commencement d'août, et le 18 du même mois, il fut marié à Marguerite.

A cette époque, Catherine s'étoit arrêtée au projet de sacrifier en un même jour Coligni, les Montmorency et les Guises. Dans cette cour, accoutumée à se jouer avec le meurtre, il sembloit beau de se délivrer tout à la fois de tous ceux qui gênoient l'autorité royale. Le nouveau chancelier Birago, Milanais, le maréchal de Tavannes, Gondi, comte de Retz, Florentin, et le duc d'Anjou, fils favori de Catherine, s'attachoient à ce double complot. Ils avoient fait revenir les Guises, pour qu'ils aidassent au massacre des protestans : ceux-ci insistoient pour que le roi de Navarre et le prince de Condé y fussent compris, tandis que ceux qui les poussoient à cette action comptoient que lorsqu'ils seroient épuisés par le combat les gardes du roi tomberoient sur eux et les mettroient en pièces.

Une combinaison plus savante fut alors suggérée par Gondi, comte de Retz. Guise fut autorisé à faire tuer Coligni. Retz ne doutoit pas que les huguenots ne courussent aux armes pour le venger ; il seroit aisé d'envenimer le combat entre eux et les Guises, de manière à délivrer le roi des uns et des autres. Mais l'assassin que Guise avoit aposté pour tuer Coligni le blessa seulement d'un coup d'arquebuse (20 août 1572). Puisqu'il vivoit toujours, il falloit dissiper ses soupçons : le roi se rendit auprès de lui, avec la reine et toute sa cour, pour exprimer sa douleur de cet attentat, et lui promettre vengeance. Tavannes et le duc d'Anjou, qui s'attribuent tous deux une longue préméditation, affirment que ce fut après cette visite seulement qu'ils déterminèrent le roi à embrasser leurs projets. « Nous l'emportâmes, « dit le duc d'Anjou, et reconnûmes à l'instant « une soudaine mutation et une merveilleuse mé- « tamorphose au roi, qui se rangea de notre cô- « té. Car, en se levant, prenant la parole, et « nous imposant silence, nous dit de fureur et « de colère, en jurant par la mort de Dieu, « puisque nous trouvions bon qu'on tuât l'ami- « ral, qu'il le vouloit, mais aussi tous les hugue- « nots de France, afin qu'il n'en demeurât pas « un qui pût lui reprocher après, et que nous y « donnassions ordre promptement. »

Ces ordres furent donnés avec une habileté et une perfidie consommées. Le duc de Guise fut introduit au conciliabule où se préparoit le massacre : il insista de nouveau pour que le roi de Navarre, Condé et les Montmorency y fussent compris, mais il ne put l'obtenir. Il se concerta ensuite avec le prévôt des marchands, qui fit armer deux mille bourgeois, et leur recommanda de revêtir une manche de chemise au bras gauche, et une croix blanche à leur chapeau pour se reconnoître. Aucun ordre ne leur fut donné, mais on connoissoit leur fanatisme, on savoit qu'il suffiroit de leur dire *frappez* pour qu'ils exécutassent le crime. En effet, quelques heures plus tard, Marcel, l'ancien prévôt des marchands, vint leur dire sur qui devroient porter leurs coups, et leur annoncer que le signal leur seroit donné par la cloche du Palais. Cette cloche fut mise en branle, à une heure et demie du matin, le dimanche 24 août 1572, jour de Saint-Barthélemi. Le massacre commença aussitôt au cri de *vive Dieu et le Roi*. Les chefs du complot coururent d'abord à Coligni, qui fut tué dans sa chambre, et jeté dans la cour ; tous les huguenots de la suite des princes, logés au Louvre, furent appelés sur le rôle, par M. d'O, et tués à mesure qu'ils descendoient. Ensuite Guise, Aumale, le prieur d'Angoulême, bâtard de Henri II, les ducs de Montpensier et de Nevers, et le maréchal de Tavannes, se mirent à la tête des tueurs, auxquels toute la populace de Paris étoit venue se joindre : ils les conduisirent de maison en maison, furetant dans toutes les cachettes, pour y trouver les huguenots. Ils crioient en riant : « Saignez, « saignez, la saignée est bonne en ce mois

« d'août. » Trois jours entiers le sang coula dans les rues; des cris d'horreur retentissoient dans tous les quartiers, et des cadavres étoient amoncelés dans tous les ruisseaux. Des ordres avoient été envoyés dans les provinces pour que les huguenots fussent détruits en même temps partout et de la même manière. Le nombre des victimes n'a jamais été connu avec précision, les huguenots ayant cherché à le dissimuler autant que les catholiques, pour qu'on ne les crût pas trop affoiblis. Nous nous en tenons à ceux qui le portent à dix mille pour Paris, à cent mille pour tout le royaume.

Quelle que fût l'énormité du crime, il n'étoit pas complet, il n'étoit pas suffisant, il n'avoit pas délivré le roi de tous ceux qu'il haïssoit. A la perfidie la plus noire la cour avoit joint la légèreté et l'inconséquence, caractère constant des Valois. Charles IX, le duc d'Anjou, le bâtard d'Angoulême, s'étaient enivrés de sang; ils avoient tué, ils avoient fait tuer, pour le plaisir du massacre, mais ils n'avoient préparé ni forces ni argent, ils n'avoient pas même de projets pour ce qui devoit venir ensuite. Irrésolus, ils n'osèrent d'abord pas même accepter la responsabilité de la Saint-Barthélemi. Le roi voulut faire croire qu'il n'avoit consenti au massacre que pour sa propre défense; il accusa les protestans d'avoir comploté pour massacrer la famille royale. Malgré l'absurdité d'une telle accusation, les juges l'accueillirent avec empressement. Ils vouloient mettre à couvert l'honneur de Charles IX, et ils n'hésitèrent point dans ce but à envoyer à un supplice atroce Briquemaut et Cavagnes, deux vieillards, qu'ils déclarèrent complices de Coligni, encore qu'ils ne pussent élever même un soupçon sur leur innocence. Bientôt on apprit qu'à la nouvelle du massacre, le Pape s'étoit rendu à Saint-Marc, avec tout le collége des cardinaux, pour en rendre solennellement grâce à Dieu. Il envoya au roi le légat Fabio Orsini pour le remercier; et ce légat, à son passage à Lyon, félicita les égorgeurs de l'œuvre qu'ils avoient accomplie. Philippe II fit dire à Charles IX qu'une si noble action ne devoit lui laisser qu'un seul regret, celui d'avoir tant tardé à s'y résoudre.

En France, au contraire, les fanatiques eux-mêmes étoient étonnés et effrayés de ce qu'ils avoient fait. Les alliés de Henri II, dans le Nord, que Charles IX venoit de rechercher de nouveau, en témoignoient leur horreur, et les ambassadeurs français en Suisse et en Angleterre cherchoient en vain à disculper leur cour. Une partie des huguenots qui avoient échappé au fer des assassins s'enfuyoit en pays étranger. Dans les lieux au contraire où le massacre ne les avoit pas atteints, et où ils se trouvoient encore en grand nombre, ils essayoient de se mettre en défense.

A Sancerre, à Montauban, à Nîmes, dans le Haut-Languedoc et la Guienne, et surtout à La Rochelle, les huguenots relevèrent l'étendard de la guerre civile. Peut-être se sentirent-ils plus forts, plus inébranlables, parce qu'ils n'avoient plus de princes à leur tête. Tous ceux-ci en effet avoient cédé à la peur. Le roi de Navarre, sa sœur, Catherine de Bourbon, le prince de Condé, Marie de Clèves, sa femme, et Françoise d'Orléans, sa belle mère, avoient tous fait abjuration.

Les catholiques n'attaquèrent point avec vigueur les villes qui avoient servi de refuge aux protestans; il semble qu'un sentiment de honte s'attachoit au grand forfait de la Saint-Barthelemi, et inspiroit au gouvernement de la répugnance pour la guerre. D'autres, il est vrai, parmi ceux qui y avoient pris la part la plus active, mais surtout le grand bâtard d'Angoulême, frère naturel du roi, vouloient recommencer un autre massacre, non par fanatisme, mais pour avoir occasion de piller de nouveau; ils firent marquer d'une croix les maisons où l'on pouvoit trouver le plus de butin, et leurs maîtres devoient être égorgés, pour leur ôter les moyens de prouver qu'ils n'étoient pas hérétiques; mais le duc de Nevers, gouverneur de Paris, ayant rendu compte de ce projet à Charles IX, il ne voulut pas en permettre l'exécution. Le siége de La Rochelle ne fut entrepris qu'avec

mollesse; Charles IX chargea même le vertueux
La Noue, le chef le plus distingué qui fût demeuré aux protestans, d'entrer en traité avec les
Rochelois, et lorsque ceux-ci lui offrirent à lui-
même le commandement de leur place, le roi
permit à La Noue de l'accepter, et de la mettre
en état de défense.

Ce fut seulement l'année suivante, en 1573,
que l'armée royale et catholique commença les
hostilités contre La Rochelle, et en entreprit le
siége. Cette armée avoit été mise sous le commandement du duc d'Anjou, et tous les princes
nouvellement convertis avoient dû le suivre. Le
courage des Rochelois et le fanatisme des ministres, qui, au nombre de plus de cinquante,
s'étoient retirés de toute la province dans ce lieu
fort, se combinèrent pour repousser cette attaque redoutable, tandis que l'armée royale, affoiblie par des maladies, fut encore divisée par des
intrigues. En effet, le quatrième des Valois, le
duc d'Alençon, complotoit contre son frère,
sans être mu, ni par aucun sentiment religieux,
ni par aucune vue nationale ou politique. Il appeloit à lui tous les mécontens, seulement pour
se faire un parti. En même temps un projet nouveau occupoit la tête légère et ambitieuse de Catherine : elle s'étoit toujours flattée que tous ses
fils seroient rois, et l'occasion sembloit se présenter à elle de porter son fils favori, le duc

d'Anjou, sur le trône électif de Pologne. L'ignorance où les nations vivoient les unes à l'égard des autres pouvoit lui permettre de représenter le vainqueur de Jarnac et de Moncontour comme un grand guerrier; mais, pour les Polonais, il falloit quelque chose de plus, il falloit faire du principal auteur de la Saint-Barthélemi un prince modéré, tolérant et propre à maintenir la balance égale entre les partis; Catherine n'en désespéra point, pourvu que la conduite actuelle de la France secondât l'illusion qu'elle vouloit produire. Elle rechercha de nouveau l'amitié des protestans d'Allemagne; elle publia effrontément les rapports les plus mensongers sur la Saint-Barthélemi, et en même temps elle annonça le désir de terminer la guerre en France. Elle offrit aux Rochelois un traité qui fut accepté et signé le 6 juillet 1573, par lequel la liberté de conscience étoit rendue aux huguenots dans tout le royaume; mais un culte public ne leur étoit permis que dans les trois villes de La Rochelle, Montauban et Nîmes. Les malheureux habitans de Sancerre, qui étoient assiégés en même temps, ne furent pas compris dans le traité : ils capitulèrent après avoir éprouvé toutes les horreurs de la famine. Sur l'ordre précis du roi, leur vie fut épargnée pour effacer le souvenir des cruautés passées.

Cependant Catherine avoit réussi à tromper

les Polonais sur le caractère de son fils. Henri, duc d'Anjou, avoit été élu roi de Pologne, le 9 mai 1573, par les suffrages de trente-cinq mille gentilshommes. Depuis que la nouvelle en fut apportée à Paris, la cour passa plusieurs semaines dans les fêtes; on y voyoit trois jeunes rois également avides de plaisirs et de débauches, Charles IX, âgé de vingt-trois ans, Henri de Pologne, de vingt-deux ans, et Henri de Navarre, de vingt ans; ils se nommoient frères, et ils étoient prêts à s'associer dans tous leurs divertissemens et tous leurs excès; chacun d'eux cependant nourrissoit une haine secrète contre les deux autres. Avec eux s'unissoit encore leur plus jeune frère, le duc d'Alençon, esprit brouillon, foible et inquiet, que sa mère destinoit à épouser la reine d'Angleterre. Comme, en attendant, il vouloit se faire un parti dans l'État, il s'offrit pour chef aux protestans, que Henri de Navarre avoit abandonnés, et ceux-ci étoient tellement abattus qu'ils étoient obligés d'accepter l'aide qui leur étoit offerte, de quelque part qu'elle leur vînt. Toutefois ils cherchoient plus encore leur appui en eux-mêmes. Le désir de la liberté politique étoit né en eux du besoin de la liberté religieuse. Ils avoient appris, par leurs communications journalières avec Genève, à organiser le gouvernement de leurs villes sur le modèle de cette république; ils avoient ensuite songé à former une confédération entre de petits états huguenots, dans le Midi de la France; et à leurs assemblées de Montauban, le 24 août, et de Milhaud, le 16 décembre, ils paroissoient presque avoir réalisé ce projet.

Les fêtes de la cour n'empêchèrent point Charles IX de presser avec beaucoup d'impatience le départ de son frère. La jalousie qu'il ressentoit contre lui prenoit tous les caractères de la haine, et Catherine détermina enfin Henri à partir pour la Pologne à la fin de septembre : précisément à cette époque, Charles IX tomba malade. Depuis long-temps on avoit reconnu qu'il ne gouvernoit point, et qu'il étoit incapable de gouverner. Ses emportemens, dans lesquels il ne parloit que de tout tuer; sa dissimulation habituelle, dès que ses fureurs étoient apaisées; l'épuisement qui suivoit des journées passées dans les exercices les plus violens, jusqu'au moment où la maladie le confinoit au lit, ne lui laissoient aucune capacité pour s'occuper des affaires publiques; on pouvoit juger cependant que les objets spéciaux de sa haine étoient ceux-mêmes auxquels il abandonnoit le pouvoir, les Guises et les Italiens, conseillers de sa mère. Cette disposition du roi engagea les Montmorency, rivaux des Guises, à réunir tous les ennemis de cette famille ambitieuse en un parti nouveau, qu'ils nommèrent *les politiques;* ils y admettoient également les catholiques tolérans et les huguenots, et bientôt ils demandèrent au nom de ce parti que le duc d'Alençon fût nommé lieutenant-général du royaume.

L'habitude des guerres civiles, la fréquence des crimes et l'anarchie universelle, avoient accoutumé les jeunes princes qui se trouvoient à la tête de l'État, et leurs jeunes conseillers, à recourir aux armes avec la plus extrême légèreté. A peine auroient-ils pu alléguer une raison pour la prise d'armes du mardi gras, le 23 février 1574, par où commença la cinquième guerre civile. Le duc d'Alençon devoit ce jour-là s'échapper de la cour avec son beau-frère, le roi de Navarre, et venir joindre leurs partisans, qui, dans le même temps, se rendoient maîtres de Mantes, et les attendoient avec un corps de cavalerie. Mais le cœur leur manqua au moment d'exécuter ce qu'ils avoient promis, et tous deux furent arrêtés; bientôt après, deux favoris du duc d'Alençon, dénoncés par lui, furent mis à la torture et exécutés. Les huguenots cependant avoient profité de l'occasion qui leur étoit offerte pour recouvrer les droits dont on les avoit dépouillés : d'une part, ceux du Poitou s'étoient rassemblés sous les ordres du brave La Noue; ils avoient surpris Lusignan, Melle et Fontenay, et les jours suivans, ils s'emparèrent de plusieurs places plus importantes; d'autre part, le comte de Montgommery avoit débarqué en Normandie avec les huguenots réfugiés à Jersey, mais il trouva que les massacres avoient tellement affoibli son parti dans cette province que bien peu de partisans osèrent se joindre à lui, et qu'aucune grande ville ne lui ouvrit ses portes. Il fut obligé de s'enfermer dans Domfront avec cent quarante hommes seulement, et d'y soutenir un siége. Ses braves tomboient autour de lui les uns après les autres. Enfin, il fut contraint de capituler dans les derniers jours de mai, et le 26 juin, Catherine lui fit trancher la tête. Elle attachoit son point d'honneur à faire périr par la main du bourreau celui qui, quoique involontairement, avoit donné la mort à son mari Henri II.

Au milieu de ces supplices se terminoit le règne de sang de Charles IX ; et le lit où il languissoit étoit presque toujours baigné de son sang. Il paroît qu'en sonnant du cor, ou dans quelqu'autre de ses violens exercices, il avoit rompu un vaisseau dans sa poitrine, et que dès lors il avoit eu de fréquens regorgemens de sang. En même temps sa conscience étoit troublée par les actes de férocité auxquels il avoit eu tant de part, et il s'écrioit souvent, en s'adressant à sa nourrice, qui étoit huguenotte. « Ah! ma nourrice, ma mie, « que de sang et que de meurtres ! O mon Dieu, « pardonne-les moi ! » Les remords et la terreur ne laissoient point de repos à son esprit. Il expira enfin, le 30 mai 1574, à l'âge de vingt-trois ans et onze mois. Le même jour, il avoit fait lire auprès de son lit des lettres-patentes par lesquelles il déclaroit sa mère régente, jusqu'au retour de son frère et de son successeur, le roi de Pologne, qui devoit prendre le nom de Henri III.

SECTION SIXIÈME.

Règne de Henri III. — 1574-1589.

CATHERINE DE MÉDICIS étoit âgée de cinquante-quatre ans lorsque la mort du second de ses fils et l'absence du troisième l'appelèrent de nouveau à la régence. En réalité, elle n'avoit point cessé de gouverner pendant tout le règne de Charles IX. Malgré les jalousies que celui-ci ressentoit quelquefois contre sa mère, et malgré ses emportemens, il n'avoit jamais eu une volonté arrêtée sur les affaires publiques, il ne leur avoit jamais donné une attention assez suivie pour pouvoir les conduire. Personne au contraire, en France, n'égaloit Catherine pour l'habileté ou pour la finesse : elle connoissoit toutes les actions les plus secrètes, et jusqu'à la pensée des personnages qui se mouvoient dans sa cour ; jamais elle ne se laissoit détourner de la politique par aucune passion, par aucun sentiment ou aucun principe ; mais elle pratiquoit l'intrigue, moins encore pour arriver à son but que parce que c'étoit un jeu où ses talens brilloient du plus haut lustre, et où sa vanité étoit flattée par des succès journaliers ; elle faisoit de la maxime *divisez pour régner* la règle de sa conduite, lors même qu'elle n'avoit point encore arrêté dans son esprit l'avantage qu'elle en pourroit recueillir. L'habileté toutefois se déjoue elle-même; ceux contre qui elle a long-temps réussi en demeurent exaspérés : aussi Catherine, quoique toujours maîtresse d'elle-même, toujours gracieuse et prévenante, avoit fini par inspirer une défiance universelle; la postérité l'a vouée à l'exécration, et l'a accusée des crimes qui appartenoient à ses fils bien plus qu'à elle.

Le premier soin de Catherine fut de donner à son fils, en Pologne, la nouvelle de son accession au trône de France; puis elle prit à tâche d'éviter toute entreprise hasardeuse pour le laisser maître de choisir la carrière qu'il voudroit suivre. Dans ce but, elle offrit la paix aux protestans de La Rochelle et du Poitou; et, ne pouvant les amener à un arrangement définitif, elle conclut avec eux un armistice pour les deux mois de juillet et d'août. Elle montra beaucoup moins d'empressement à traiter avec les protestans du Languedoc, parce que le maréchal Damville étoit gouverneur de cette province, et qu'elle désiroit le perdre avec tous les Montmorency. C'étoit une suite de son système politique; elle vouloit abaisser tous ceux qui conservoient dans le royaume un crédit indépendant de l'autorité royale, et, par-dessus tous les autres, les Guises et les Montmorency. Le frère aîné, entre ces derniers, avoit été arrêté à l'occasion de la prise d'armes du mardi gras; les deux cadets s'étoient enfuis en Allemagne et en Angleterre : elle donna l'ordre d'arrêter aussi Damville au milieu de son gouvernement, et de le lui amener mort ou vif; mais les dépêches de la cour furent interceptées par les huguenots, et communiquées par eux au maréchal. Il fut alors réduit à rechercher l'alliance des religionnaires, qu'il avoit auparavant persécutés avec férocité. Sur ces entrefaites, Catherine fut appelée vers les frontières de Savoie pour y rencontrer son fils Henri III, qui fit par là son entrée dans son royaume, le 5 septembre 1574; elle y conduisoit son quatrième fils François, duc d'Alençon, et son gendre Henri, roi de Navarre, arrêtés à la prise d'armes du mardi gras, et qu'elle remit comme prisonniers au roi son fils.

Henri III auroit pu aisément s'entendre avec les Polonais pour conserver leur couronne en même temps que celle de France, au moins jusqu'à ce qu'il eût pu la transmettre à son frère le duc d'Alençon, qu'il auroit écarté avec plaisir à ce prix de son royaume héréditaire. Mais ce prince efféminé et voluptueux étoit impatient de retrouver les vices de la cour de France, et de dire un éternel adieu aux forêts des Sarmates; il ne songea pas un instant à ce qu'il devoit à des peuples qui, en l'appelant de si loin pour régner sur eux, lui avoient conféré un si grand honneur. Il s'évada du palais de Cracovie le 18 juin, comme un criminel qui s'échappe de sa prison, et il ne ralentit sa course que quand il fut sorti du territoire de Pologne; alors seulement il s'achemina, de fêtes en fêtes, au travers de l'Autriche et de l'Italie, et il étala aux yeux des étrangers, avant de les montrer à ses sujets, les contrastes dont se composoit son caractère, où l'on rencontroit, à côté des vices les plus honteux, la plus basse superstition et la cruauté la plus raffinée.

Il ne fallut que six mois à Henri III, depuis son retour en France, pour tomber dans le mépris le plus universel : dès lors il descendit toujours plus bas, à mesure que ses vices, qu'on rougiroit de désigner clairement, furent mieux constatés. La France avoit honte de son roi; mais, partagée en factions ennemies, tous ses efforts tendoient à dissoudre le lien social, non à en reformer un nouveau. Les protestans, épuisés par tant de guerres et tant de massacres, sentoient leur foiblesse; le fanatisme, qui n'est ardent que dans sa première nouveauté, s'éteignoit chez plusieurs d'entre eux; celui des catholiques, au contraire, alloit croissant; de sa nature il pouvoit plus aisément s'unir à la soumission de la raison à la foi qu'à l'esprit d'examen. D'ailleurs, l'ancienne Église n'étoit plus sous l'influence de ce clergé indolent, voluptueux, ignorant, contre lequel Luther et Calvin s'étoient déchaînés. Pendant tout le dernier demi-siècle on avoit vu entrer dans le sacerdoce, et plus encore dans les ordres mendians, des hommes ardens, doués de toute l'éloquence de la passion, de tout l'acharnement de l'esprit de secte, qui avoient appris à soulever la populace et à lui communiquer leur âpre désir de détruire les hérétiques. Henri de Montmorency, maréchal de Damville, s'étoit d'abord montré assez disposé à s'unir aux plus fanatiques entre ces prêtres démagogues : c'étoit la jalousie de Catherine et des Italiens dont elle s'entouroit, c'étoit la rivalité des Guises et le danger pour sa propre fortune et ses dignités, qui lui avoient fait changer sa ligne de conduite, et rechercher le parti des politiques, formé par ses frères, parti qui subordonnoit les intérêts religieux à une ambition temporelle. Les politiques, qui calculoient froidement au milieu de passions ardentes, sembloient alors arriver désarmés au combat; mais leur influence devoit grandir à mesure que l'enthousiasme plus noble des deux factions opposées viendroit à décliner.

La cinquième guerre civile se continuoit avec férocité, quoique l'un et l'autre parti fussent trop épuisés pour mettre sur pied des armées considérables. Dans le haut Languedoc, on étoit épouvanté par le récit de la prise de villes dont tous les habitans étoient passés au fil de l'épée. Joyeuse, commandant des catholiques, y avoit pris vingt-sept villes ou villages fortifiés, et dans aucun d'eux il n'avoit laissé survivre un seul habitant. De leur côté, les protestans avoient surpris Castres, ils avoient pillé cette ville, et ils y avoient égorgé plus de deux cents catholiques qui ne se défendoient pas. En Poitou, après que l'armistice de deux mois fut expiré, Montpensier avoit repoussé les huguenots; il leur avoit pris entre autres Lusignan, et il y avoit rasé la fameuse tour de Mélusine, qu'on regardoit comme une des merveilles du moyen âge. En Dauphiné, le brave Montbrun, qui avoit eu jusqu'alors des succès constans, fut grièvement blessé et fait prisonnier le 9 juillet près de Die. Il aima mieux mourir que d'être échangé contre Besme, l'assassin de Coligni : toute parité entre eux lui auroit paru un déshonneur. Le Parlement de Grenoble, à la sollicitation de Henri III, lui fit trancher la tête le 12 août 1575. Lesdiguières lui succéda dans le commandement des huguenots de la province.

Le parti protestant, accablé par tant de désastres, sembloit pencher vers sa ruine, lorsque la fuite du duc d'Alençon, qui s'échappa de la cour le 15 septembre 1575, son union avec La Noue, Condé et Damville, et le désir qu'il manifesta de se mettre à la tête des mécontens, vinrent faire quelque diversion à leurs revers. Alençon cependant ne sembloit pas fait pour mettre beaucoup de poids dans la balance : son esprit étoit brouillon et inquiet; il étoit plongé dans tous les vices, et également dépourvu de talent et d'élévation de caractère; il n'avoit aucune plainte légitime à former contre son frère. Mais il étoit son héritier présomptif; ses vassaux, dans son apanage, se croyoient obligés à lui demeurer fidèles, même contre la couronne, en sorte qu'il mettoit à la disposition des mécontens ses forteresses, son revenu et son crédit. Le prince de Condé, qui s'étoit échappé lors de la prise d'armes du mardi gras, étoit alors en Allemagne, il y faisoit des levées de soldats, et il trouvoit un grand empressement parmi les aventuriers qui faisoient métier de la guerre, à entrer en France pour y vivre aux dépens du pays, et s'y livrer à toutes leurs passions les plus brutales.

La guerre ne fut signalée que par un seul combat, celui de Dormans, le 10 octobre 1575, où Guise reçut au visage la blessure qui lui valut dès lors le surnom de *Balafré*. Il avoit attaqué Thoré, l'un des Montmorency, qui conduisoit à son frère Damville un corps de cinq mille hommes, presque tous Allemands. Guise le mit en fuite, et détruisit presque en entier sa petite troupe. Ce n'étoit point, au reste, l'invasion des Allemands qui alarmoit Catherine, mais la fuite de son fils. On eût dit qu'un nouveau Coligni avoit joint les huguenots : aussi elle courut offrir au duc d'Alençon les conditions les plus avantageuses. Il est vrai que la mollesse efféminée de Henri III, qui le rendoit en même temps un objet de ridicule, de dégoût et de mépris, augmentoit les difficultés du gouvernement : personne n'avoit confiance en lui; personne ne vouloit faire d'efforts pour lui. Les Parisiens, quoiqu'ils fussent entre tous les Français les plus fanatiques pour la foi catholique, lui refusèrent d'une manière offensante toute avance d'argent. Le roi de Navarre, qu'on croyoit enchaîné par les voluptés de la cour, s'en échappa tout à coup, le 20 février 1576, et gagna Alençon, d'où il se rendit à Saumur, puis enfin dans son gouvernement de Guienne. Le prince de Condé avoit réussi à lever une puissante armée en Allemagne; il l'avoit conduite en Bourgogne, et il lui donnoit, au lieu de solde, la permission de dévaster le pays, tandis qu'il levoit des contributions sur les villes et les abbayes. Trois armées vivoient en même temps à discrétion dans les diverses provinces du royaume : celle de Condé, en Bourgogne; celle d'Alençon, en Poitou; et celle de Damville, en Languedoc. A celles-là autant d'armées royales étoient opposées, et leur entretien n'étoit pas moins à charge au peuple. Aussi Catherine jugea-t-elle avec sagesse que les avantages qu'elle pourroit obtenir par de nouveaux combats n'équivaudroient point à celui de se débarrasser de toute cette soldatesque. Elle termina donc la cinquième guerre religieuse le 6 mai 1576, en faisant aux mécontens les concessions les plus importantes. Ce fut ce qu'on nomma la paix de *Monsieur*, car on commençoit alors à désigner par ce nom le frère du roi. En effet, c'étoit à lui qu'étoient accordées les plus hautes faveurs. Le roi lui cédoit, en augmentation d'apanage, les trois duchés d'Anjou, de Touraine et de Berri, « le tout, étoit-il dit, afin de parvenir à quelque « grand et heureux mariage. » C'étoit celui de la reine d'Angleterre, auquel le duc d'Alençon prétendoit, et s'il s'étoit accompli, l'apanage qu'on lui donnoit à cette intention auroit introduit de nouveau les Anglais jusqu'au cœur de la France. Les conditions accordées aux protestans par le même traité étoient les plus avantageuses qu'ils eussent encore obtenues : la liberté entière de leur culte leur étoit rendue en tous lieux, excepté à Paris et à deux lieues à la ronde; de nombreuses villes de sûreté étoient confiées à leur garde; des chambres mi-parties étoient introduites dans tous les parlemens pour leur rendre justice; la mémoire de tous ceux de la religion qui avoient été condamnés étoit réhabilitée, et le roi promettoit d'assembler les États-Généraux du royaume à Blois, pour le 15 novembre suivant.

La reine avoit été généreuse dans ses concessions; mais elle pouvoit l'être d'autant plus librement qu'elle ne se tenoit pour liée par aucune de ses promesses, et qu'elle étoit bien déterminée à n'en exécuter aucune qu'autant qu'elle y trouveroit son propre avantage. Son premier but étoit de brouiller les uns avec les autres les confédérés, et elle comptoit bien y réussir aisément, puisqu'il se manifestoit déjà tant d'opposition entre les désirs et l'ambition de chacun d'eux. Elle commença par donner plein contentement au duc d'Alençon, qui portoit désormais le titre de duc d'Anjou. Tout ce qui lui avoit été promis lui fut livré sans hésitation ; les huguenots, au contraire, ne purent obtenir l'exécution d'aucune des clauses de leur traité : on refusa de les mettre en possession de toutes les villes de sûreté dont ils n'étoient pas déjà les maîtres. En même temps une opposition nationale qui se formoit indépendamment de la reine, qui décrioit même ouvertement et elle et son fils, refusoit aux huguenots la liberté de leur culte et menaçoit leurs personnes.

Cette association étoit le germe de la sainte ligue, qui commençoit à se coaliser, d'abord en Picardie, plus tard en Poitou, puis à Paris, et enfin dans tout le royaume. Ceux qui persistoient à vouloir l'extermination entière des hérétiques s'étoient unis, sous la direction des Jésuites, en une société dont chaque membre s'engageoit par serment à sacrifier ses biens et sa vie pour faire triompher la foi catholique, et, pour y parvenir, à obéir implicitement au chef que se donneroit l'association. Ce chef n'étoit point encore nommé, mais chacun savoit que la sainte ligue s'étoit formée à l'appel des Guises, et que le chef de cette maison, le Balafré, étoit obéi avec une confiance implicite par tous les princes de la famille, qui jouissoient eux-mêmes d'un prodigieux crédit, comme riches, braves, ambitieux, et doués de grands talens. Le duc de Guise avoit commencé par décrier Henri III : on lui entendoit dire assez hautement que la France et l'Église ne pouvoient s'en fier pour leur défense à la direction que leur donneroit un monarque aussi méprisable que ridicule. Il se plaisoit à le représenter se déchirant les épaules de sa discipline dans les processions de pèlerins, ou bien portant sur lui, dans ses poches, dans son petit panier, dans son manteau, de petits chiens dont il raffoloit; ou encore, s'entourant de ses mignons, qu'il faisoit couvrir d'habits somptueux et farder comme des femmes, mais qu'il engageoit en même temps à se battre à tout propos comme des spadassins ; et, en effet, chaque jour la cour étoit réveillée par la nouvelle d'un duel ou d'un assassinat. Le duc de Guise ajoutoit que Henri III anéantissoit entre ses mains l'autorité royale; il faisoit répéter par ses créatures qu'il étoit temps d'écarter du trône cette race avilie des Valois, qui avoit signalé sa domination par tant de crimes, de vices et d'incapacité; qu'il étoit temps d'y rappeler plutôt les descendans de Charlemagne, en qui la vertu et la valeur étoient héréditaires. Guise, sous ce nom, vouloit désigner la maison de Lorraine, dont il étoit issu, et qui descendoit, par les femmes, de Charles, duc de Lorraine, frère de Louis-d'Outre-Mer, et le dernier des Carlovingiens.

Henri III et Catherine connoissoient tous ces projets des Guises; ils savoient que leur ambition n'étoit pas moins redoutable pour la maison royale que celle des huguenots, et ils regrettoient plus que jamais de n'avoir pas pu les faire périr les uns avec les autres, dans un commun massacre, ainsi qu'ils l'avoient projeté plusieurs fois. Cependant ils profitoient souvent avec adresse de l'opposition des uns pour contenir les autres. Par la paix de Monsieur, le gouvernement de Picardie avoit été promis au prince de Condé : il le demandoit, et il insistoit surtout pour être mis en possession de la forte ville de Péronne, dont il vouloit faire sa résidence. Catherine refusa de lui complaire en lui montrant qu'à cette époque même la sainte ligue se confédéroit en Picardie, et que cette province, si ardente pour le catholicisme, ne se soumettroit pas à un gouverneur protestant. En échange, elle lui offrit Saint-Jean-d'Angely et Cognac; mais lorsque Condé accepta, la reine fit naître de nouvelles difficultés pour empêcher qu'il ne fût mis en possession de l'une ou de l'autre place. Condé perdit patience, et le 12 octobre 1576, des soldats à lui entrèrent déguisés dans Saint-Jean-d'Angely et s'en rendirent maîtres.

Henri de Condé, qui avoit alors vingt-quatre ans, et qui étoit d'un an plus âgé que le roi de Navarre, commençoit à être regardé comme le chef du parti protestant. C'étoit à la redoutable armée allemande qu'il avoit amenée en France, que les protestans étoient redevables des conditions avantageuses qu'ils avoient obtenues par la paix de Monsieur. Le roi de Navarre ressentit une vive jalousie du crédit que son cousin obtenoit sur tout le parti protestant. Il se voyoit rejeté comme l'avoit été son père Antoine après son apostasie, tandis que le jeune Henri de Condé recueilloit comme un héritage la reconnoissance des huguenots pour son père Louis de Condé. Le roi de Navarre s'apercevoit qu'il ne seroit quelque chose dans l'État qu'à l'aide d'un parti religieux: sans avoir des convictions bien profondes, il penchoit vers le protestantisme. Il en fit de nouveau profession trois mois après s'être échappé de la cour, encore que son abjuration le fit tomber cette fois aux yeux des catholiques dans la catégorie des relaps, contre laquelle l'Église est beaucoup plus sévère. Mais son retour au protestantisme, loin de le rapprocher du prince de Condé, avoit augmenté la rivalité entre eux ; ils étoient presque brouillés. En même temps le duc d'Anjou avoit absolument abandonné les intérêts des protestans pour se rattacher au roi son frère, et le maréchal Damville, chef des politiques, se montroit prêt à sacrifier ceux du Languedoc, s'il pouvoit à ce prix se réconcilier avec la cour.

C'étoit surtout sur les États-Généraux que Catherine et son fils comptoient pour mettre à néant la paix de Monsieur, et reprendre aux huguenots tous les avantages qu'elle leur avoit accordés. Quinze ans auparavant, les États de Pontoise avoient montré un grand penchant pour la réforme ; mais dans cet intervalle de temps la situation des esprits avoit bien changé. Le clergé, dont les richesses avoient excité si vivement la cupidité, n'inspiroit plus les mêmes sentimens ; il avoit aliéné une partie de ses biens, d'autres avoient été pillés pendant la guerre ; il excitoit par sa pauvreté plus de pitié que d'envie, et l'on ne songeoit plus à le dépouiller. La plus grande partie de la noblesse huguenotte avoit péri dans les batailles ; la plus grande partie de la bourgeoisie avoit été massacrée dans le sac des grandes villes : d'autres avoient émigré, d'autres avoient été précipités de l'opulence dans la misère. Ils avoient perdu toute influence, ils étoient réduits à se cacher, souvent on ne retrouvoit plus leurs traces. Aussi Henri III, en employant toute la faveur royale dans les élections à seconder le parti catholique, se tenoit-il pour assuré qu'aucun député protestant ne paroîtroit aux États de Blois.

Henri III fit l'ouverture des États-Généraux le 6 décembre 1576, dans la grande salle du château de Blois. On compta dans cette assemblée cent quatre députés du clergé, soixante-douze de la noblesse, et cent cinquante du tiers-état. Les députés de la nation avoient contre leur roi les préventions les plus défavorables; mais cet homme si dépourvu de vertus ne manquoit pas de talens, et il les retrouvoit surtout dans les occasions d'éclat : son discours fut remarquable par la modération, le bon sens et la noblesse. Les trois ordres se retirèrent ensuite dans des salles séparées; toutefois, comme leur mandat étoit de réunir les vœux de la France exprimés dans les cahiers dont ils étoient porteurs, et d'en tirer une législalation générale, ils étoient appelés beaucoup moins à délibérer qu'à rédiger; il leur auroit été inutile de se persuader les uns les autres, et ils n'attachoient aucune importance à la discussion dans les chambres : ils convinrent donc de voter non point par ordres, mais par gouvernemens. La France étoit divisée en douze gouvernemens : il fut convenu que chacun d'eux compteroit pour une voix, et que chacun nommeroit trois députés pour la confection des cahiers. Cet arrangement devoit accroître l'influence du clergé, en le mêlant plus intimement avec les autres ordres, car dans le clergé seulement se trouvoit une organisation puissante, une grande habitude des affaires, et un nombre d'hommes de talent accoutumés à parler en public. Il paroît d'autre part que tous les grands seigneurs, tous les hommes titrés, tous ceux qui s'étoient fait un nom dans les armes, avoient dédaigné de solliciter les suffrages de leurs bailliages. En parcourant la liste des députés de la noblesse, on n'y trouve que des noms inconnus; celle du tiers-état fait éprouver le même sentiment : à la réserve de Bodin, auteur du livre *de la République*, qui étoit député du Vermandois, il n'y a aucun membre dont le nom rappelle une célébrité; et cependant de Thou, Pasquier, Montagne, étoient alors vivans. La France auroit pu choisir aussi parmi ses négocians, ses fabricans, ses navigateurs, ceux qui exerçoient déjà quelque influence sur la prospérité sociale. Mais à ces États, ni l'intelligence, ni la volonté, ni les intérêts de la France, ne se trouvoient représentés.

Les États de Blois commencèrent par discuter quelle autorité législative devoit être attachée à leurs cahiers. Ils prétendoient que quand les trois ordres étoient d'accord, leur voeu avoit force de loi sans avoir besoin de la sanction royale. En

cas de dissentiment, ils consentoient bien à s'en rapporter au conseil d'État, mais encore prétendoient-ils régler d'avance de quels membres ce conseil seroit composé. Le roi, sans engager de discussion sur ces prétentions, qui auroient anéanti la prérogative royale, demanda aux députés de s'occuper avant toute chose de l'état de la religion. Il prévoyoit qu'une fois entrés dans cette discussion leurs passions seroient trop vivement excitées pour qu'ils songeassent plus longtemps à changer la constitution de l'État. En effet, les trois chambres mirent d'abord en délibération si elles demanderoient la publication des canons du concile de Trente, mais elles trouvèrent bientôt qu'il leur étoit impossible de s'entendre sur cette question, et elles l'ajournèrent. Elles se soumirent ensuite la question de savoir si l'on permettroit en France l'exercice d'un autre culte que le catholique. Aucun respect pour les droits de la conscience, aucune faveur pour la réforme, ne se manifestèrent dans l'assemblée, et les trois ordres s'accordèrent très promptement à la résolution de supplier le roi « de remettre la
« sainte Église catholique en son entier, défendre
« toute autre religion et exercice d'icelle, et ré-
« voquer tous édits de pacification et autres,
« faits en faveur de la religion prétendue réfor-
« mée. » Cette rédaction fut adoptée sans modification par le clergé et la noblesse : quant au

tiers-état, après l'avoir aussi votée, il s'alarma de l'idée qu'il appeloit ainsi au renouvellement de la guerre civile, et qu'un de ses premiers effets seroit la suspension des rentes de l'hôtel-de-ville, dans lesquelles plusieurs députés avoient mis leur fortune. Il ajouta donc à son vote par amendement, le 26 décembre 1576, « que cette suppression se fît par les meilleures et plus saintes voies que faire se pourra, » comme si une recommandation aussi niaise pouvoit diminuer l'effet que produiroit sur les réformés la suppression du traité de paix par lequel leurs droits étoient garantis.

Aussitôt, en effet, que cette résolution fut connue dans le Midi, les protestans reprirent les armes en Guienne et en Dauphiné; en même temps, le roi fit communiquer aux États le tableau de ses finances; il leur représenta l'énormité du déficit, et le besoin absolu qu'il ressentoit d'obtenir d'eux des subsides pour mettre à exécution la résolution qu'ils venoient de prendre. Le clergé répondit que, selon son devoir, il étoit prêt à contribuer, de ses prières, pour la mettre à exécution; la noblesse, qu'elle étoit également prête à l'accomplir par les armes, pourvu que sa paie lui fût assurée. Le tiers-état, sur lequel les deux autres ordres rejetoient ainsi tout le fardeau, déclara au contraire qu'il n'avoit point de pouvoirs pour imposer de nouvelles taxes; il se refusa absolument à sanctionner, non seulement un impôt, mais un emprunt ou une aliénation des domaines royaux, et, revenant alors sur sa première votation, il ajouta au texte de l'invitation qu'il faisoit à la couronne de supprimer la religion réformée, les deux mots *sans guerre*. Il est impossible de ne pas sentir de la tristesse et de l'humiliation en voyant les députés d'une grande nation manifester, dans une décision si importante, tant d'ignorance, de niaiserie et d'incapacité. Après avoir mis en feu le royaume qu'ils avoient trouvé tranquille, ils furent congédiés le 2 mars 1577, sans qu'ils eussent donné au conseil du roi la moindre assistance pour sortir des difficultés qu'ils avoient créées. Quant aux cahiers de leurs doléances, que les États présentèrent au roi, le 9 février, ce n'étoit qu'un résumé fait par ordre, mais sans talent, des plaintes de chaque bailliage. On y trouvoit bien la preuve de l'état désastreux auquel étoit réduit le royaume, mais aucune vue générale d'administration, aucune grande pensée législative qui pût servir à y porter remède. Le clergé et la noblesse proposèrent alors au tiers-état de laisser auprès du conseil d'État une députation permanente de trente-six membres, douze par ordre, et un de chaque ordre par gouvernement, pour veiller sur l'exécution des réformes demandées par les cahiers. Les députés des communes s'y refusèrent, probablement par la crainte de prendre sur eux-mêmes tant de responsabilité. Leur refus néanmoins fut une circonstance heureuse. Si l'avis de laisser une députation permanente avoit prévalu, la France auroit eu en elle des États-Généraux au petit pied, secrets, intimidés, corrompus, qui auroient, comme en Espagne, pris la place de la vraie représentation nationale.

La sixième guerre religieuse, que les premiers États de Blois avoient rallumée, attira sur les protestans de nouveaux revers. Si l'autorité royale étoit foible, la réforme étoit plus foible encore : dans les masses, on ne trouvoit plus d'enthousiasme, et dans les chefs plus de vertu. Le duc d'Anjou fut chargé de les attaquer en Auvergne, et le duc de Mayenne, l'un des Guises, en Poitou : tous deux eurent des succès qu'ils souillèrent par d'atroces cruautés. Henri de Condé, qui commandoit les protestans en Poitou, étoit bien inférieur à son père, le général des premières guerres civiles; ses talens n'étoient point proportionnés à une tâche si difficile. Le roi de Navarre se renfermoit dans son gouvernement de Guienne; Damville, après quelque hésitation, avoit abandonné les protestans du Languedoc. La réforme auroit succombé peut-être, si Henri III lui-même ne l'avoit sauvée : la puissance et l'ambition des Guises l'alarmèrent à un tel point qu'il ne voulut pas écraser sans retour leurs adversaires. Il fit offrir au roi de Navarre des conditions telles que ce prince et les huguenots pouvoient les recevoir avec honneur, encore qu'elles fussent un peu moins avantageuses que celles de la paix précédente; ils les acceptèrent, et le traité fut signé à Bergerac le 5 octobre 1577. Henri III nommoit toujours la paix de Bergerac *sa paix*, et il s'enorgueillissoit à juste titre de la modération avec laquelle il en avoit réglé les conditions.

La paix de Bergerac, ou la *paix du roi*, établissoit en France toute la tolérance qui étoit compatible avec l'état des esprits. Ce n'étoit point à la raison, mais à la nécessité qu'on s'étoit soumis de part et d'autre en ne demandant pas davantage; car dans l'une et l'autre église la tolérance passoit pour une connivence avec le crime: l'introduction de la messe ne causoit pas moins d'horreur en Béarn que celle du prêche à Paris. Malgré la paix de Bergerac, les deux fédérations ennemies conservèrent leur organisation; celle des catholiques, ou la sainte ligue, sentoit la supériorité de ses forces, et elle s'indignoit contre Henri III de ce qu'il n'en profitoit pas pour écraser ses adversaires; d'autre part, comme elle se défioit de lui, elle lui refusoit des ressources pour le faire. Cette défiance étoit peu fondée, car Henri III avoit pour les huguenots une haine invétérée; leurs croyances n'excitoient pas seules son aversion, il détestoit encore leur esprit d'indépendance et leur fierté républicaine. Ce monarque si vicieux ne manquoit ni d'étendue d'esprit, ni de finesse, ni de connoissance des hommes; il étudioit et commentoit sans cesse les œuvres politiques de Machiavel; il auroit voulu abattre en même temps les Bourbons, les Montmorency, les Chatillon, les Latour d'Auvergne, les Duras, dans le parti huguenot; les Guises, les Nemours, les Nevers, dans celui de la ligue, tous les grands de France enfin qui lui paroissoient faire obstacle à la puissance royale. Il spéculoit sur les combats entre ces deux factions, et se flattoit de les affoiblir l'une par l'autre, croyant ainsi s'agrandir par la ruine de ses sujets. D'après cette politique, il justifioit les faveurs dont il combloit ses mignons, parce qu'ils ne devroient leur grandeur qu'à sa seule assistance; de même il se rendoit raison de ses flagellans, de son culte à de petites images, de son respect pour les moines, car il aimoit que ses sujets s'attachassent à la forme plutôt qu'au fond de la religion, et il croyoit que la superstition troubloit bien moins l'État que le fanatisme : aussi il vouloit attaquer en même temps l'esprit de controverse par l'abnégation de la raison et par l'ivresse des plaisirs. Son machiavélisme ne fut pas sans résultat, car il corrompit toujours plus la nation; mais cette nation étoit trop clairvoyante pour ne pas le mépriser en raison des vices qu'il cherchoit à lui inoculer.

Trois ans s'écoulèrent entre la sixième et la septième guerre de religion; ils ne présentent d'autres événemens que de petites et basses intrigues, et les symptômes toujours plus évidens de la dégradation universelle. Ainsi, des querelles fréquentes entre les mignons du roi et ceux de Monsieur amenèrent des duels où la plupart d'entre eux furent tués. Monsieur, qui prenoit sa vanité et son inquiétude pour une noble ambition, promettoit son appui aux mécontens dans l'État, et projetoit aussi de s'unir aux ennemis de Philippe II, dans les Pays-Bas. S'étant échappé du Louvre, où son frère l'avoit fait arrêter, il offrit ses secours aux États-Généraux de Hollande, et conclut avec eux un traité le 13 août 1578 : il s'engageoit à conduire à leur service dix mille fantassins et deux mille chevaux; il se faisoit nommer protecteur de la liberté belge, et il espéroit bien s'élever en peu de temps à la souveraineté des Provinces-Unies; mais bientôt il donna à connoître qu'un parti ne pouvoit que s'affoiblir en s'unissant à lui. Présomptueux, malhabile et sans foi, il compromit les insurgés des Pays-Bas par ses fautes, et il s'efforça ensuite de les trahir avec perfidie.

Sur ces entrefaites éclata, le 15 avril 1580, la septième guerre de religion, *la guerre des amou-*

reux, qui ajoute au dégoût qu'inspire toute cette période à la fois sanguinaire et frivole, où l'on sent que les plus grands événemens sont dirigés par des êtres que l'on méprise. Catherine de Médicis avoit, en 1578, reconduit sa fille Marguerite au roi de Navarre; elle amenoit avec elle les plus belles dames de sa cour, celles dont elle savoit que son gendre avoit été amoureux. Elle comptoit que ce gendre fermeroit les yeux sur les galanteries de sa femme, en même temps qu'elle donneroit pleine licence aux siennes. Quoique Henri III eût été jusqu'alors le fils favori de Catherine, elle ne voyoit pas sans dégoût la mollesse où il étoit tombé, et elle croyoit d'une bonne politique d'inoculer cette contagion à ses adversaires : elle réussit pleinement. Le roi de Navarre avoit alors vingt-cinq ans, il avoit fait preuve de valeur, mais on n'avoit point encore deviné en lui les talens d'un grand capitaine. Sa petite cour, à Nérac, ne fut, pendant tout le séjour de Marguerite, occupée que de bals, de fêtes et de voluptés. Ce fut au milieu de ces plaisirs que la guerre fut résolue, sans qu'aucun motif, ou religieux, ou politique, pût lui servir d'excuse, mais seulement pour que les jeunes courtisans, frivoles et féroces en même temps, les *amoureux*, pussent briller par leur valeur sous les yeux de leurs dames. Dans cette guerre, le roi de Navarre surprit Cahors le 5 mai 1580, et il montra un courage et une obstination remarquables dans les combats, qui continuèrent pendant six jours entiers dans l'enceinte de cette ville, avant qu'il en fût entièrement maître, et qu'il pût la livrer au pillage. A la fin de cette même campagne, le 27 septembre, Biron, commandant de l'armée royale, s'avança jusque sous les portes de Nérac. Aussitôt Marguerite et toutes les dames de sa cour accoururent sur les murs pour voir les beaux coups de lance que faisoient leurs amoureux; mais Biron fit pointer ses canons contre la muraille, et toutes les dames déguerpirent avec une risible précipitation. La guerre ne présenta dès lors plus rien de remarquable, jusqu'au traité de Fleix, qui y mit fin le 26 novembre 1580, et qui rétablit les deux partis dans la condition où les avoit laissés le traité de Bergerac.

Henri III, à l'époque du traité de Fleix, étoit âgé de trente ans. Le cours des années, loin de lui imposer quelque retenue dans la recherche des plaisirs, lui avoit fait perdre toute honte sur ses habitudes efféminées et crapuleuses. Il montroit pourtant de la tendresse à sa femme, Louise de Vaudémont, qu'il avoit épousée peu après son retour de Pologne; il l'associoit à ses pèlerinages, tout comme au soin de ses petits chiens, de ses perruches et de ses joyaux. Tels étoient ses passe-temps tandis que le royaume tomboit en dissolution, et que, par l'anéantissement de toute autorité centrale, on voyoit se reproduire une nouvelle féodalité, celle des princes, des gouverneurs des provinces et des cités. Tout le monde savoit que Henri III n'auroit jamais d'enfans; il le savoit lui-même, et, ne se souciant point de l'avenir, il dissipoit son fonds avec son revenu pour des caprices. Presque tous ses mignons ayant été tués, il en choisit deux nouveaux, Anne d'Arquès, fils du vicomte de Joyeuse, lieutenant du roi en Languedoc, qu'il fit duc de Joyeuse, et Jean-Louis de Nogaret, qu'il fit duc d'Epernon. Il leur fit épouser deux sœurs de la reine, à chacune desquelles il donna trois cent mille écus de dot. A cette époque, Monsieur avoit conduit dans les Pays-Bas un grand nombre de gens de guerre protestans, empressés de secourir leurs coreligionnaires de Hollande, et de combattre contre Philippe II. Leur valeur contribua en effet à sauver l'indépendance des Provinces-Unies, tandis que les vices et la perfidie de Monsieur la compromettoient sans cesse. Trahissant ceux qu'il avoit promis de secourir, il voulut, le 17 janvier 1583, se rendre maître par surprise d'Anvers et des autres villes dont les portes lui avoient été ouvertes par les Etats-Généraux. Sa trahison demeura sans succès : les bourgeois d'Anvers tendirent leurs chaînes et repoussèrent bravement les soldats de

Monsieur, qui furent ou tués ou faits prisonniers; et celui-ci, pour recouvrer leur liberté et assurer sa retraite, fut obligé de renoncer à tous les droits que l'élection du peuple avoit pu lui conférer sur les Pays-Bas. Il rentra en France, revint à Paris s'associer aux débauches de son frère, et, n'ayant point une constitution assez forte pour résister à tant d'excès, il en mourut le 10 juin 1584.

La mort de Monsieur, duc d'Anjou, rappeloit forcément l'attention de tous les Français sur les lois de la succession à la couronne. Quelque jeune que fût le roi, il ne pouvoit avoir d'enfans; la race des Valois alloit s'éteindre; la seule branche de la famille royale qui se fût conservée étoit celle des Bourbons. Tout éloignés qu'ils fussent du trône, on ne révoquoit point en doute leur droit héréditaire, mais tous les catholiques voyoient avec effroi que le chef de cette branche, le roi de Navarre, étoit non seulement ce qu'ils nommoient un hérétique, mais un relaps. Dans un moment où la religion avoit un empire si prodigieux sur les esprits plutôt que sur les consciences, où toutes les haines se cachoient sous son manteau, où tous les crimes se rattachoient à des questions religieuses, il étoit sans aucun doute contraire aux plus chers intérêts de l'État, contraire à toute politique, à toute raison, de laisser parvenir au trône un roi dont la croyance étoit réprouvée par la grande majorité de ceux qui devoient lui obéir, dont la conduite et toutes les alliances le rangeoient parmi leurs ennemis.

Tel étoit le sentiment des ligueurs, tel étoit celui du duc de Guise. Au présent, il réclamoit, au nom de l'honneur national, au nom des mœurs, au nom de l'ordre, au nom de la richesse publique, contre le honteux gouvernement de Henri III, qui prodiguoit à ses mignons toutes les dignités, tous les commandemens, tout le produit des finances de la France. A l'avenir, il ne vouloit pas qu'une nation pût être transmise, comme une chose inanimée, à l'ennemi de sa foi et de ses institutions. Il montroit la noblesse humiliée, le peuple ruiné, le désordre introduit dans toutes les parties de l'administration, parce qu'un pouvoir absolu avoit été usurpé par le prince le plus méprisable qui eût encore régné sur la France. Ainsi le duc de Guise et la ligue en appeloient des doctrines de l'absolutisme aux principes de la liberté, à ceux de la souveraineté des nations. Mais c'étoit là, pour les deux partis, un changement absolu de principes. Jusqu'alors, et dans toute la suite des guerres religieuses, les catholiques avoient toujours soutenu le pouvoir illimité des rois : les protestans, au contraire, qui avoient fondé leur religion sur le droit d'examen, sur l'indépendance de la conscience, avoient passé de la liberté religieuse à la liberté politique. Ils avoient d'abord tenté d'opposer les États-Généraux à la couronne, et lorsque ceux-ci s'étoient aussi tournés contre eux, ils avoient encore soutenu le droit et le devoir de tout citoyen, d'obéir à Dieu plutôt qu'aux hommes. L'organisation de leur parti, en France, étoit toute républicaine, et les principes qu'avoient professé plusieurs de leurs écrivains étoient plus républicains encore. Leur chef, il est vrai, le roi de Navarre, avoit intérêt à établir le droit illimité et indestructible du sang royal, en opposition à toute loi, à toute condition, à tout intérêt populaire. Il persuada aux huguenots que rien ne pourroit être plus désirable pour eux que de le voir monter sur le trône, et il les fit ainsi dévier de leurs principes politiques. Lui-même, il n'avoit aucune opinion forte, aucune persuasion consciencieuse; mais il unissoit à un ardent amour du plaisir beaucoup d'ambition, d'adresse et de souplesse dans l'esprit; aussi il commença, non seulement à professer le royalisme pur, mais à faire soigneusement la cour à Henri III, à ses mignons, et surtout au duc d'Épernon.

Ce duc essaya de persuader au roi de Navarre d'embrasser de nouveau la religion catholique. Il lui représenta que le but secret des grands étoit de partager la France en duchés indépendans, tels que ceux qu'on voyait en Allemagne et en Italie, et d'en devenir souverains sous la protection du roi d'Espagne. Si le roi de Navarre étoit catholique, il ne resteroit aucun prétexte pour ne pas le reconnoître comme héritier présomptif de la couronne, et c'étoit le moyen le plus sûr pour maintenir l'intégrité et l'indépendance de la France. Mais on étoit alors en 1584, le roi de Navarre avoit trente-un ans, et le roi de France trente-trois; à peine auroit-on pu calculer les chances qu'avoit le plus jeune de survivre au plus âgé : tout au moins paraissoient-elles renvoyées à un avenir fort lointain. Pour se réserver de telles chances, on proposoit au Navarrais de renoncer à l'appui des huguenots, ses seuls défenseurs, ses seuls garans contre les caprices et le favoritisme de son beau-frère. Il repoussa ces ouvertures; il chercha, au contraire, à resserrer son alliance avec Élisabeth, et avec les princes protestans. Un danger nouveau se révéloit pour eux tous dans les conspirations favorisées par Philippe II, pour les faire assassiner. Celui-ci n'hésitoit point à regarder le poignard et le poison comme des armes royales qu'il pouvoit employer sans remords contre les ennemis de l'État ou de l'Église: aussi, tandis que les gouverneurs de ses provinces avançoient de l'argent aux assassins, il promettoit pour récompense à eux-mêmes ou à leurs familles des titres de noblesse, et leurs confesseurs y ajoutoient toutes les joies du paradis. Coup sur coup, le parti protestant fut alarmé, en 1584, par la découverte, au mois de février, de la conjuration de W. Parry pour assassiner Élisabeth ; par l'assassinat du prince d'Orange, le 10 juillet ; par un autre assassinat tenté par un inconnu sur le roi de Navarre. La mort du grand homme qui avoit dirigé les conseils et les armées des Provinces-Unies ébranloit dans toute l'Europe la cause de la réforme.

De leur côté, les Guises sentoient la nécessité de cacher à la nation leur projet de partager la France : ils avoient besoin de mettre en avant un autre héritier présomptif de la couronne, pour qu'on ne les accusât point de vouloir l'anéantissement de la monarchie, et ils firent choix pour cela du cardinal de Bourbon, oncle du roi de Navarre. Si l'on regardoit les hérétiques comme exclus de tout droit à la succession, ce cardinal étoit bien en effet le plus prochain des princes du sang; il étoit foible, voluptueux et dominé par des favoris; il avoit soixante-un ans; il accepta toutefois l'offre qui lui étoit faite, comme s'il avoit beaucoup de chances de succéder à un roi qui étoit de vingt-huit ans plus jeune que lui. En conséquence, le 31 décembre 1584, un traité fut signé à Joinville entre Philippe II et les Guises, agissant au nom de la sainte ligue, par lequel Philippe promettoit à celle-ci un subside de cinquante mille écus par mois, « pour assurer par les armes la succession « au cardinal de Bourbon, et pour exclure pour « toujours tous les princes du sang de France

« étant à présent hérétiques et relaps; sans que
« nul puisse jamais régner qui soit hérétique, ou
« qui permette, étant roi, impunité publique
« aux hérétiques. »

Le traité de Joinville étoit le premier acte diplomatique de la ligue; on fut quelque temps avant d'oser l'avouer. D'autre part, ce n'étoit que par la publicité qu'on pouvoit soulever le peuple : des prédicateurs, presque tous jésuites, en acceptèrent la mission pour servir les ligueurs. Dans toutes les chaires, ils exposoient les vices de Henri III avec les détails les plus scandaleux; ils appeloient sur lui l'exécration publique; en même temps ils annonçoient sa mort comme prochaine, et ils montroient l'hérétique qui prétendoit être son successeur arrivant avec ses bourreaux pour les traiter comme Élisabeth traitoit alors les catholiques d'Angleterre. D'autre part, les hommes qui s'étoient signalés trente ans auparavant dans les massacres de la Saint-Barthélemi se mettoient à la tête des fanatiques de leur quartier, de leur corporation ou de leur métier; ils prétendoient chaque jour avoir découvert quelque complot nouveau des huguenots, et après avoir alarmé le peuple, ils avoient peu de peine à le faire passer de la crainte à la fureur. Le comité secret de la ligue, composé de ces agitateurs en sous-ordre, avoit son siége à Paris, mais il correspondoit avec toutes les grandes villes : dans celles-ci, l'ancienne bourgeoisie protestante avoit été massacrée, exilée ou ruinée, et elle avoit entièrement disparu; une nouvelle bourgeoisie catholique avoit pris sa place, et elle faisoit corps avec la populace des villes et avec les paysans, en sorte que le nouveau pouvoir qui s'élevoit dans l'État étoit essentiellement démocratique.

Henri III, malgré sa haine pour les protestans, étoit confondu avec eux par les ligueurs; les mêmes prédicateurs, les mêmes démagogues, dénonçoient ensemble à la haine publique le plus ardent promoteur de la Saint-Barthélemi et ses victimes. Le roi étoit hautain et colérique; il s'abandonnoit quelquefois contre les Guises ou contre la ligue à la plus violente indignation, mais elle étoit passagère; il étoit en même temps indolent et futile, et le jeu du bilboquet, dont il s'étoit passionné, ou bien un réglement nouveau sur le costume de ses pages, suffisoient à le distraire des mesures nécessaires à sa sûreté. Tout à coup il fut réveillé de sa langueur par la publication du manifeste du cardinal de Bourbon, en date du 1er avril 1585, et par la prise d'armes des ligueurs, qui, de toute part, se rendoient maîtres des principales villes du royaume. Presque partout la population étoit pour eux : un petit nombre seulement de commandans royaux, dans les villes de garnison, ne voulurent pas se soumettre à leurs ordres. C'est ainsi que Marseille et Bordeaux échappèrent alors aux entreprises de la ligue. Henri III sentit tout son danger, il comprit qu'il ne pouvoit demeurer neutre entre deux factions violentes et puissamment organisées, tandis que ceux qui se disoient fidèles étoient sans affection pour lui et sans principes. Il répondit au manifeste de la ligue avec la plus grande modération, songeant bien plus à se justifier lui-même qu'à accuser les factieux. En même temps il chargea sa mère de s'aboucher avec les ligueurs, et Matignon avec le roi de Navarre, se réservant de s'allier à ceux qui lui feroient les offres les plus avantageuses.

Le roi de Navarre se montra à Matignon empressé de se rattacher à Henri III; il se rendoit facile sur toutes les conditions; il laissoit entrevoir la possibilité de sa rentrée dans l'Église catholique; mais il ne se faisoit pas illusion sur la foiblesse et la versatilité de son beau-frère : aussi il s'efforçoit en même temps d'engager Élisabeth à former une ligue protestante pour l'opposer à la ligue catholique, puisque les dangers auxquels il étoit lui-même exposé n'étoient que la conséquence du complot de Philippe II pour anéantir en tous lieux tous ceux qu'il nommoit hérétiques.

Henri de Navarre avoit raison de ne pas compter sur son beau-frère : il ne tarda pas à apprendre que la reine mère avoit signé à Nemours, le 7 juillet 1585, un traité, au nom de Henri III, avec la ligue, par lequel le roi s'engageoit à abolir tous les édits accordés aux protestans, à expulser immédiatement tous leurs prédicateurs, à donner six mois aux laïques pour faire abjuration; s'ils ne la faisoient pas, leur présence en France, après ce terme, seroit punie de mort. Enfin, le roi accordoit à tous les princes de la ligue des gouvernemens, des places de sûreté, de l'argent et des gardes. La révocation des édits de tolérance fut enregistrée au Parlement le 18 juillet : les conseillers se revêtirent tous de leurs robes rouges à cette occasion, pour donner plus de solennité à un acte qu'ils approuvoient, et la populace en accueillit la nouvelle avec des transports de joie. En effet, l'on put remarquer que, sur cette question déplorable, les intentions du roi, tout méprisable qu'il étoit, valoient mieux que celles du Parlement, et celles du Parlement mieux que celles du peuple. Dès que Sixte V, le nouveau pape, eut connoissance du traité de Nemours, il excommunia nominativement, le 9 septembre, le roi de Navarre et le prince de Condé, et il le fit dans le langage le plus outrageant pour eux.

Ainsi commença la huitième guerre civile, qu'on nomma aussi *la guerre des trois Henris*, savoir : le dernier des Valois, le premier des Bourbons et le duc de Guise. Cette guerre fut signalée par autant d'atrocités qu'aucune des précédentes : ses détails sont seulement plus difficiles à suivre, parce que les chefs protestans, jaloux les uns des autres, ne combinoient point leurs mouvemens. Condé, qui avoit fait sa place d'armes de Saint-Jean-d'Angely, dirigeoit les huguenots du Poitou. Il repoussa le duc de Mercœur, gouverneur de Bretagne, qui étoit venu l'attaquer ; puis il entreprit, le 20 septembre, le siége de Brouage. En ce moment, quelques aventuriers lui firent offrir de lui livrer le château d'Angers, dont ils s'étoient rendus maîtres par surprise. Condé étoit un homme loyal et brave, mais un mauvais général. Malgré l'avis de ses plus sages officiers, il s'engagea dans cette entreprise hasardeuse; il passa la Loire le 16 octobre avec quinze cents cavaliers et quatre mille fantassins, et il s'avança dans un pays ennemi, où il se trouva bientôt entouré de forces supérieures aux siennes. La citadelle d'Angers s'étoit déjà rendue aux catholiques, mais Condé ne sut point se déterminer à rebrousser chemin et repasser la Loire. Il s'avança jusqu'aux bords du Loir; il erra dans le Vendômois, toujours plus resserré par les troupes de la ligue, qui s'avançoient de toute part contre lui : parvenu dans la forêt de Marchenoire à la fin d'octobre, il s'évada lui-même de son armée, et s'enfuit à Guernesey; toute sa troupe se dispersa sans combat, et les huguenots du Poitou furent écrasés.

On assure que le roi de Navarre, lorsqu'il apprit ce désastre, loin de s'affliger pour la cause, se réjouit de ce que Condé ne pourroit plus lui disputer le premier rang dans son parti. Jusqu'alors il se tenoit tranquille dans son gouvernement de Guienne; mais, au mois de février 1586, Matignon et Mayenne vinrent l'y attaquer. Au lieu de tenir la campagne, il pourvut le mieux qu'il put à la défense des places protestantes qu'il tenoit sur la Garonne, puis il vint, le 1er juin, s'enfermer à La Rochelle, où il fut bientôt rejoint par le prince de Condé. Ensemble ils recommencèrent la guerre en Poitou; mais chaque jour ils recevoient les plus tristes nouvelles. Le roi avoit envoyé comme gouverneurs d'Épernon en Provence, et Joyeuse en Languedoc; tous deux prenoient l'une après l'autre les villes protestantes de leurs provinces, et lorsqu'ils n'en passoient pas tous les habitans au fil de l'épée, ils renvoyoient leurs prisonniers, l'un au parlement d'Aix, l'autre à celui de Toulouse, qui enchérissoient encore de cruauté sur les soldats. On n'entendoit plus parler que de huguenots tenaillés, écartelés, brisés, ou exposés sur la roue.

Henri III, nous l'avons dit, détestoit les protestans, mais il avoit tout à craindre de la ligue et des Guises, aussi commençoit-il à ressentir une vive inquiétude de l'affoiblissement progressif du roi de Navarre, et cherchoit-il à le sauver d'une destruction entière. Ce fut d'après cette politique que Biron accorda, au mois d'août 1586, un armistice aux huguenots du Poitou. Puis au mois de décembre, Catherine s'avança dans l'Angoumois avec le duc de Nevers, et elle y eut à Saint-Bris, près de Cognac, deux conférences avec son gendre le roi de Navarre. Elle avoit amené avec elle ses plus séduisantes dames d'honneur, comptant sur leurs attraits pour seconder ses négociations; mais le roi huguenot ne se laissa point éblouir ; tandis que Catherine croyoit l'amollir par des bals et des festins, il pressoit sa correspondance avec Élisabeth, et il engageoit cette reine, malgré sa sévère économie, à lui avancer l'argent avec lequel il maintint son armée, en même temps qu'il s'en réunissoit une autre en Allemagne, bien plus nombreuse et plus brillante, pour le secourir. Élisabeth sentoit que son trône et sa vie dépendoient des combats qui se livroient alors en France. De nouvelles conjurations des catholiques contre elle l'avoient déterminée à se défaire de sa captive, la rivale qu'elle voyoit toujours prête à recueillir sa succession. Marie Stuart, reine d'Écosse, et pendant un temps reine de France, périt sur l'échafaud, le 18 février 1587. Les Guises, impatiens de la venger, auroient dirigé tous leurs efforts sur l'Angleterre si le roi de Navarre avoit succombé.

Les princes protestans de l'Allemagne assemblés à Lunebourg en juillet 1586 avoient avancé 150,000 florins d'empire pour former l'armée que le baron de Dohna fut chargé de conduire en

France, au secours des huguenots. Henri de Navarre, lorsqu'il sut que cette armée alloit entrer en Lorraine, et que le duc de Bouillon se chargeoit de l'amener jusqu'à la Loire, partit de La Rochelle le 24 août 1587, avec tous les guerriers huguenots qu'il put réunir, et qui ne passoient pas six mille hommes. Il s'avança ainsi jusqu'à Montsoreau, sur la Loire, quelques lieues au-dessus de Saumur. C'étoit sur la Loire aussi, mais à quatre-vingts lieues de distance, entre Gien et la Charité, qu'il pouvoit espérer de rencontrer les Allemands. Il étoit fort mal informé de leurs mouvemens, mais il apprit bientôt qu'entre eux et lui se trouvoient trois armées catholiques, l'une commandée par le duc de Joyeuse, destinée à lui tenir tête; une seconde, sous le duc de Guise, tenoit tête aux Allemands, et une troisième, que le roi commandoit en personne, servoit de réserve aux deux autres : la plus foible de ces armées, celle de Joyeuse, étoit deux fois plus forte que la sienne; il n'y avoit aucune chance de leur passer sur le ventre. Le roi de Navarre se détermina donc, vers la fin de septembre, à se porter rapidement en arrière pour gagner le bassin de la Dordogne, et de là entrer dans celui de la haute-Loire, où il n'auroit plus trouvé d'obstacle pour faire sa jonction. Joyeuse, toutefois, pénétra son dessein, et, prenant plus à l'est, par l'Angoumois et le Périgord, il arriva presque en même temps que lui devant Coutras, au confluent de deux petites rivières, l'Isle et la Drôme, qui six lieues plus loin se jettent dans la Dordogne. Henri, averti de son approche, prit position, en demi-cercle, devant Coutras, le 20 octobre 1587, et à neuf heures du matin Joyeuse fondit avec impétuosité sur les huguenots : il avoit plus de douze mille hommes, et parmi eux un grand nombre de jeunes courtisans, tout brillans d'or, tout enflés de présomption, qui s'étoient liés par serment à n'accorder de quartier à aucun huguenot, pas même au roi de Navarre. Mais quand ils entrèrent dans le cercle où ces huguenots vieillis et noircis par cent batailles les attendoient en chantant le psaume 118 : « La voici l'heureuse journée », ils reçurent presque à bout portant le double feu des arquebusiers et des cavaliers; ils furent confondus, rompus, accablés, et en une heure la bataille fut perdue. Joyeuse y fut tué avec son frère : les catholiques y perdirent quatre cents gentilshommes et trois mille soldats, et les dépouilles de l'armée royale qui tombèrent aux mains des vainqueurs furent estimées à six cent mille écus.

La victoire de Coutras étoit la plus brillante que les huguenots eussent encore remportée dans leurs longues guerres; mais l'avantage qu'ils venoient d'obtenir ne fut point poursuivi. Soit que Henri de Navarre, comme on l'en accusa, se laissât distraire par ses amours pour la belle Corisande, soit que de nouvelles jalousies éclatassent entre lui et ses cousins Condé et Soissons, qui se trouvoient à son armée, soit enfin qu'ainsi qu'on l'avoit toujours remarqué dans les guerres civiles, on ne pût, après la victoire, retenir les soldats sous les drapeaux, empressés qu'ils étoient d'aller mettre leur butin en sûreté : le projet de remonter de la Dordogne à la Loire fut abandonné, et le roi de Navarre laissa les Allemands, que commandoit le comte de Dohna, errer en France à l'aventure.

Cette armée, l'une des plus redoutables qui eussent combattu dans les guerres civiles, étoit formée de huit mille cavaliers et vingt-quatre mille fantassins, Allemands, Suisses, ou Grisons, avec quatre mille Français ; elle étoit entrée le 21 août en Lorraine ; elle avoit ravagé ensuite la Champagne, et cette vie de pillages avoit accoutumé les soldats à tous les excès comme à la désobéissance ; aussi, lorsqu'elle fut arrivée sur la Loire, le comte de Dohna ni le duc de Bouillon ne purent point persuader à leurs soldats indisciplinés de passer cette rivière ; ils demandoient à être conduits dans des campagnes plus riches, et où il y eût plus à gagner par la guerre. Ils tournèrent à droite pour se rapprocher de Paris, et poussèrent jusqu'à Montargis. Mais le duc de Guise, qui leur tenoit tête, les surprit près de

cette ville, à Vimory, le 24 octobre ; il les battit
de nouveau, le 11 novembre, à Auneau. Alors
les Allemands commencèrent lentement leur retraite ; mais ils ne trouvoient plus de vivres dans
un pays ravagé ; ils étoient accablés par la maladie ; tous leurs trainards étoient massacrés ; enfin,
parvenus à Lancy, dans le Mâconnais, ils furent
réduits à capituler, les Suisses le 2, les Allemands
le 8 décembre : ils s'engagèrent les uns et les autres à ne jamais rentrer en France.

Cependant un si grand désastre ne fut point
fatal aux protestans autant qu'il auroit pu l'être,
parce qu'il jeta la division dans le camp ennemi.
Guise, le vainqueur des Allemands, étoit devenu
le héros de la ligue, et tous les agitateurs s'efforçoient de manifester leur enthousiasme pour lui,
en accablant le roi d'opprobres. Celui-ci néanmoins s'étoit aussi rendu à l'armée, et il n'y avoit
manqué ni d'habileté ni de valeur ; mais la ligue
étoit déterminée à voir en lui un fauteur secret
des hérétiques, un homme déterminé à les épargner et à traiter avec eux, tandis que Guise avoit
voulu détruire jusqu'au dernier ceux qui étoient
entrés en France, et que, les suivant dans le Mont-
belliard, il avoit brûlé trois cents villages aux
Allemands, et massacré leurs habitans. La sœur
du duc de Guise, veuve du duc de Montpensier,
qui étoit mort en 1582, s'étoit chargée à Paris

de la direction des ligueurs. Elle excitoit la populace contre le roi ; elle appeloit sur lui le mépris public, tantôt pour ses vices secrets, tantôt pour la dévotion qu'il étaloit au grand jour ; elle montroit enfin avec affectation les ciseaux qu'elle destinoit, disoit-elle, à lui donner la tonsure de moine. Tous ces propos étoient bientôt rapportés à Henri III : un espion qu'il avoit parmi les *Seize*, où les fanatiques représentans des seize quartiers de Paris, le tenoit aussi au fait de leurs projets ; et pour gagner mieux son salaire, il les peignoit comme plus alarmans encore qu'ils n'étoient ; il assuroit que quatre guets-apens avoient été successivement préparés pour arrêter le roi ou pour le tuer. L'exaspération de Henri III, en conséquence de tous ces rapports, étoit extrême ; il avoit appelé des Suisses à Saint-Denis, et interdit au duc de Guise d'entrer à Paris. Celui-ci ne tint aucun compte de cette défense, et fit son entrée dans la capitale, le 9 mai 1588 ; il fut reçu par le peuple avec un enthousiasme qui tenoit de l'ivresse. Il porta l'audace jusqu'à se rendre au Louvre, pour faire visite au roi ; la reine mère l'introduisit. Le roi hésita quelques momens, délibérant s'il ne le feroit pas tuer dans son cabinet même. Mais Guise, qui avoit vu avec alarme les gardes rassemblés dans la cour, et qui saisit quelques mots ou quelques regards échangés entre Henri III, sa mère Catherine, et la duchesse d'Uzès, se retira avant qu'une décision si hasardeuse fût prise.

Le lendemain, Guise eut successivement deux conférences avec Henri III ; mais dans celles-ci il étoit entouré d'un cortége si formidable qu'il n'avoit plus à craindre aucune violence. Aussi il somma le roi, avec audace, d'achever d'exterminer les hérétiques, puisque désormais cette œuvre sainte dépendoit de lui : ils étoient vaincus, et à peine dans deux ou trois provinces pouvoient-ils encore opposer une languissante résistance. Mais, ajoutoit-il, c'étoit d'Épernon qui abusoit de son crédit pour les épargner. Le roi répondit que personne dans son royaume ne haïssoit les hérétiques, et ne désiroit leur destruction autant que lui ou le duc d'Épernon ; que les ligueurs ne devoient accuser qu'eux-mêmes s'il ne les avoit pas fait tous périr, car, tandis qu'ils le poussoient à la guerre, ils lui refusoient l'argent nécessaire pour la faire. Il ajouta qu'il ne vouloit pas se laisser faire la loi par des factieux ; que ses ennemis avoient introduit dans Paris plus de quinze mille étrangers pour lui faire violence, et qu'il exigeoit leur expulsion immédiate. Il ordonna dès le lendemain des visites domiciliaires pour arrêter les satellites des Guises, qu'il avoit désignés comme des étrangers ; mais les bourgeois chez lesquels ils étoient logés n'en laissèrent jamais trouver un seul. Alors, le 12 mai, une heure avant le jour, le roi fit entrer dans Paris quatre mille Suisses et deux mille Français de ses meilleures troupes.

Le maréchal de Biron, avec ses soldats, que le roi avoit salués comme ses libérateurs à leur entrée par la porte Saint-Honoré, occupa les places d'armes qui lui avoient été désignées; mais les Seize, que la bourgeoisie reconnoissoit pour ses chefs, les Guises et les gentilshommes de la ligue étoient prêts pour la résistance. Tout à coup le cri *aux armes* se fit entendre; les Suisses avoient reçu l'ordre d'occuper la place Maubert; des barricades s'élevèrent devant eux pour leur fermer le passage. La première fut construite sous la direction du comte de Brissac; bientôt elles se multiplièrent dans tous les quartiers, et les bourgeois les poussèrent jusqu'à trente pas du Louvre. Les Suisses, qui occupoient la place des Innocens, furent attaqués en même temps; des fenêtres et des toits de toutes les maisons on tiroit sur les troupes royales, ou on leur lançoit des pierres. De leur côté, elles ne pouvoient atteindre aucun ennemi; elles ne pouvoient se défendre, et elles furent enfin obligées de poser les armes. En même temps, la reine mère se rendit auprès du duc de Guise pour négocier : telle fut la journée des barricades. Le lendemain, 13 mai, tandis que Catherine de Médicis avoit une nouvelle entrevue avec le Balafré, le roi s'échappa à pied du Louvre par les Tuileries, et s'enfuit à Chartres, laissant sa mère et sa femme au pouvoir des révoltés, qui, sous la direction des Seize, chefs obscurs et fanatiques de la bourgeoisie, s'emparèrent du gouvernement.

La journée des barricades étoit la première grande victoire que la bourgeoisie eût remportée sur la troupe de ligne, ou la nation sur son roi. Le combat avoit été soutenu avec gloire, mais le motif de la prise d'armes étoit honteux; aussi le premier usage que les vainqueurs firent de leur pouvoir fut de brûler sur un bûcher en place de Grève des femmes et des jeunes filles huguenottes. Le roi, effrayé, et se défiant de tout le monde, entra aussitôt en négociation avec les ligueurs : pour leur complaire, il exila de sa cour le duc d'Épernon, et lui reprit le gouvernement de Normandie; il promit d'assembler de nouveaux États-Généraux, et des lettres de convocation invitèrent les députés de la nation à se réunir à Blois le 15 août suivant. Le 19 juillet, il fit enregistrer en sa présence au parlement de Rouen l'*édit d'Union*, par lequel il se réconcilioit avec la ligue; il s'en déclaroit le chef; il s'engageoit à extirper les hérétiques, sans faire jamais ni paix ni trêve avec eux, dût-il y sacrifier sa propre vie; il promettoit d'écarter à jamais du trône tout hérétique ou fauteur d'hérétiques; il accordoit enfin une amnistie pleine et entière à tous ceux qui avoient pris part aux barricades, ou à tous les actes contraires au pouvoir royal qui en avoient été la conséquence. Le 14 août suivant, il nomma le duc de Guise lieutenant-général du royaume, et le triomphe de la ligue parut complet.

La France s'occupoit cependant de l'élection de ses députés aux États-Généraux, et dans presque tous les bailliages les ligueurs obtenoient une grande majorité. Du 1ᵉʳ au 15 septembre, les députés commencèrent à arriver à Blois, et du 16 septembre au 3 octobre les chambres, avant de nommer leurs présidens et de commencer à travailler à leurs cahiers, s'occupèrent de délibérations préparatoires. Deux questions surtout les occupoient : elles vouloient que leurs résolutions ne fussent pas soumises à la sanction royale, et que le jugement de toutes les élections contestées leur fût réservé. La nomination des présidens, le 3 octobre, signala le triomphe du parti de la ligue : ce furent, pour le clergé, le cardinal de Guise; pour la noblesse, le comte de Cossé-Brissac, commandant des barricades; pour le tiers-état enfin, la Chapelle-Marteau, l'un des Seize, que la même journée avoit fait prévôt des marchands. Dans la séance royale du 18 octobre, un député de la noblesse reprocha avec amertume au vainqueur de Jarnac et de Moncontour, à l'auteur principal de la Saint-Barthélemi, d'avoir épargné les hérétiques; après quoi le roi fut obligé de prêter devant les États et de concert avec eux le serment de garder inviolablement l'édit d'union, et d'en faire la loi fondamentale du royaume. Les États proposèrent ensuite d'exclure le comte de Soissons, frère du prince de Condé, mais qui, depuis la Saint-Barthélemi, avoit été élevé dans la foi catholique, de ses droits à la succession, et de déclarer le roi de Navarre criminel de lèse-majesté. Henri III demandoit qu'avant de le condamner on lui adressât encore une sommation. Le roi étoit foible et faux, mais quand la colère ne l'aveugloit pas, il étoit modéré; il désiroit, encore qu'il n'osât point l'avouer, regagner son beau-frère et s'en faire un allié; il ne parloit que d'accomplir des formalités juridiques, mais il gémissoit d'être privé de l'appui d'un parent qui, seul, pouvoit contre-balancer les Guises, ses ennemis les plus détestés. D'ailleurs, il éprouvoit du scrupule à changer la loi salique, qu'il s'étoit accoutumé à regarder comme la condition fondamentale de la monarchie. Les États, d'autre part, malgré leur division en trois chambres, avoient toute l'impétuosité d'une assemblée démocratique; ils ne songeoient qu'à écraser les vaincus.

Les discussions de finance avoient aussi commencé, et les seconds États de Blois, comme les premiers, vouloient la guerre tout en refusant les moyens de la faire. Les comptes, qui leur furent soumis le 10 novembre, présentoient un grand déficit. Au lieu de songer à le combler, les Etats demandèrent que la taille fût réduite au taux qui avoit été fixé en 1576, et ils menacèrent de se retirer si on n'obtempéroit pas à cette demande. Le roi s'humilia ; il reconnut ses fautes et sa prodigalité passées ; il promit pour l'avenir la plus sévère économie, mais il déclara que la réduction qu'on exigeoit sur la taille arrêteroit le service public. Il avoit d'abord compté sur neuf millions d'écus ; mais dans la séance du 28 novembre il se réduisit à demander qu'on lui assurât trois millions pour le service de sa maison et deux pour la guerre. Le duc de Guise le seconda dans cette occasion, mais les Etats furent inflexibles. Sa détresse étoit extrême ; l'argent manquoit pour les dépenses courantes de sa maison. En même temps, il recevoit la nouvelle que le duc de Savoie avoit envahi le marquisat de Saluces le 1er novembre, et qu'avant le 21 du même mois il l'avoit réduit tout entier sous sa domination. Cette attaque d'un souverain aussi foible au milieu de la paix lui paroissoit un outrage fait à toute la France. D'autre part, il se voyoit vilipendé dans toutes les chaires par les prédicateurs, dans toutes les assemblées de bourgeoisie par les orateurs populaires, et dénoncé par les États parce qu'il laissoit languir la guerre, tandis que ces Etats lui refusoient tout moyen de la faire. Il se sentoit aussi nargué dans son palais par le duc de Guise, dont les pages assailloient ceux des princes du sang jusque dans sa propre antichambre.

Le roi, dans sa pensée, rapportoit toutes ces difficultés, toutes ces angoisses, toutes ces humiliations, non à la multitude, mais à l'homme qui la dirigeoit, à l'homme qui, depuis le commencement de son règne, l'avoit contrarié, l'avoit bravé, l'avoit blessé dans ses affections, l'avoit couvert de confusion devant son peuple par son mépris et ses sarcasmes. Il ne faut pas s'étonner si sa haine contre cet homme s'étoit exaltée jusqu'au dernier degré de fureur. Il résolut de se défaire de lui, comptant que, par ce seul coup, il glaceroit d'effroi tout le parti de la ligue. Dans les opinions du siècle, dans celles des théologiens qui servoient de confesseurs aux rois, on admettoit que, lorsque le souverain étoit bien certain du crime de ceux qu'il accusoit, il n'avoit aucun besoin de les en convaincre par les formalités de la justice; lorsqu'il tenoit un grand coupable entre ses mains, il ne faisoit qu'user de sa prérogative royale s'il hâtoit son supplice. Le roi choisit huit gentilshommes de sa garde pour porter les coups; il les cacha lui-même dans sa garde-robe, et le dimanche 23 décembre, de grand matin, lorsqu'il sut que le duc de Guise étoit arrivé au conseil, il le fit inviter à entrer dans son cabinet et il le fit assassiner au passage. Le cardinal de

Guise et l'archevêque de Lyon furent arrêtés dans ce même conseil. Le premier fut tué dès le lendemain. Au moment du meurtre du duc de Guise, le grand-prévôt entra, accompagné de ses archers, dans la chambre des États, et tandis qu'il crioit : *tue, tue, tire, tire*, il fit arrêter ceux qui s'étoient montrés les plus ardens parmi les ligueurs.

A la nouvelle du massacre des Guises, l'irritation du peuple fut extrême. Des soulèvemens à Chartres, à Orléans, à Paris, firent connoître à Henri III que le parti de la ligue ne succomboit point avec ses chefs. La duchesse de Montpensier, sœur des princes qui venoient de périr, se réunit au bureau de la Ville et aux prédicateurs pour les venger. La Sorbonne, le 7 janvier 1589, délia le peuple du serment qu'il avoit prêté au roi. Deux jours auparavant, celui-ci avoit perdu sa mère, Catherine de Médicis, qui avoit succombé à un accès de goutte. C'étoit la seule conseillère en qui il eût confiance; et même à elle il n'avoit point confié son projet contre les Guises; aussi fut-elle fort alarmée quand il entra triomphant auprès d'elle, se vantant d'avoir fait mourir celui qu'il nommoit le roi de Paris. Le Parlement, épuré par la ligue, prononça, le 30 janvier, la déchéance de Henri III. L'Ile-de-France, la Normandie, la Picardie, se soulevèrent les premières, et bientôt après les provinces où les protestans avoient été jusqu'alors en force, telles que le Languedoc, la

Bourgogne, la Champagne, le Dauphiné et la Provence. Les catholiques y avoient obtenu le dessus; la lutte et l'écrasement de leurs adversaires avoient redoublé leur fanatisme; nulle part on ne trouvoit de plus ardens ligueurs.

Henri III, qui voyoit le royaume entier lui échapper, demanda l'assistance des États-Généraux pendant qu'ils étoient encore rassemblés; il les pressa de porter une loi nouvelle sur le crime de lèse-majesté, mais n'ayant pu l'obtenir, il les congédia le 16 janvier. Du moins il comptoit avoir des otages dans les prisonniers qu'il avoit faits au moment du meurtre des Guises. Il fit commencer leur procès; mais l'archevêque de Lyon ne voulut pas reconnoître l'autorité de ses juges, et refusa de répondre aux interrogatoires. Le duc de Nemours, qui étoit aussi arrêté, trouva moyen de s'évader. Henri III confia au commandant du château d'Amboise la garde des autres prisonniers, savoir : le cardinal de Bourbon, le prince de Joinville devenu duc de Guise, le duc d'Elbeuf, le président de Neuilly et la Chapelle-Marteau; mais bientôt il apprit que ce commandant traitoit avec eux pour leur rendre la liberté, et il eut quelque peine à les retirer de ses mains. Enfin, le 15 février, Mayenne, frère du Balafré, entra à Paris avec une petite armée; il y organisa le conseil général de la ligue, et il reçut de ce conseil le titre de lieutenant-général du royaume. Ce gouvernement s'organisoit dans toute la France, tandis que le pouvoir du roi s'affoiblissoit toujours plus. Les provinces, les places fortes, les armées, lui échappoient, et en même temps la division éclatoit dans son conseil. Le duc de Nevers, avec ses partisans, vouloit qu'à tout prix il fît la paix avec la ligue; le comte de Soissons, au contraire, avec les siens, sollicitoit le roi de recourir aux huguenots.

Le parti de ces huguenots étoit tombé bien bas. Le prince de Condé étoit mort le 5 mars 1588, et l'on accusoit sa femme de l'avoir empoisonné. Le roi de Navarre avoit passé l'hiver tour à tour à La Rochelle et à Saint-Jean-d'Angely; il n'avoit plus d'armée, il n'occupoit plus de province, et à peine pouvoit-il défendre quelques châteaux et quelques villes fidèles; toutefois, des chefs habiles et de braves soldats lui étoient toujours dévoués, et le comte de Soissons assuroit que si Henri III lui avançoit de l'argent, il trouveroit moyen de rentrer en campagne avec une nouvelle vigueur. Il est vrai que les austères huguenots répugnoient à prendre la défense d'un roi qui s'étoit souillé par tant de vices, qui ne recouroit à eux que parce qu'un crime nouveau avoit excité contre lui l'horreur de toute la France, et qui seroit prêt à les trahir au moment où il croiroit y trouver quelque avantage. D'autre part, le roi de Navarre reconnoissoit que pour la première fois une chance se présentoit à lui, non seulement de retirer son parti de l'oppression, mais de s'approcher lui-même du trône. Il publia donc, le 4 mars 1589, sa déclaration de Châtellerault, qui invitoit tous les Français à la paix et à la profession de la tolérance religieuse; il offrit ensuite au roi l'appui de toutes ses forces, moyennant une trêve de cinq mois seulement, et l'abandon d'une place forte qui lui assurât le passage de la Loire. La trêve fut signée le 3 avril, et la ville de Saumur fut remise à Duplessis-Mornay, le plus sage et le plus vertueux des conseillers du roi de Navarre. Le 30 avril, les deux rois eurent une entrevue au Plessis-lès-Tours, puis Navarre retourna chercher à Chinon ses troupes. Dans ce temps même, Mayenne s'avançoit pour surprendre Henri III à Tours : ce monarque courut alors un grand danger, car le 8 mai les ligueurs se rendirent maîtres des faubourgs de cette ville, et ils n'auroient pas tardé à s'emparer aussi du corps de la place, si dans ce moment critique ils n'avoient pas vu paroître les écharpes blanches des huguenots, qui les forcèrent à se retirer.

L'armée royale, déjà renforcée par les huguenots, commença bientôt à voir grossir ses rangs; le parti de Montmorency, ou des politiques, fut le premier à se ranger sous les étendards de Henri III. Bientôt après on y vit arriver Sancy avec une division suisse. Ce capitaine étoit entré au service des républiques de Genève et de Berne ; il les avoit engagées à épuiser leurs ressources pour former une armée qu'il déclaroit vouloir conduire contre le duc de Savoie ; mais quand il l'eût bien disciplinée, il la débaucha aux deux républiques, et l'amena aux deux Henri. Tous les corps de troupes séparés qui reconnoissoient ces deux princes se dirigèrent alors vers Paris pour se réunir devant cette ville, dont Henri III déclaroit vouloir tirer une vengeance exemplaire. Quand il se présenta devant ses murs, à la fin de juillet, il se trouva à la tête de quarante-deux mille hommes. Jamais il n'avoit commandé à des forces si redoutables. Mayenne, au contraire, voyoit les siennes chaque jour réduites par la désertion : ceux qui servoient sous les drapeaux de la ligue savoient qu'en cas de défaite ils pourroient tous être déclarés coupables de lèse-majesté, et ils trembloient en faisant la guerre au roi. L'orgueil de Henri III s'enfloit tous les jours davantage, et on lui entendoit dire : « Dans peu de jours il n'y « aura plus là ni murs, ni maisons, mais les ruines « seules de Paris. » Un jeune moine nommé Jacques Clément, alors âgé de vingt-deux ans, entreprit de sauver sa ville natale. Il se présenta, le 1er août, aux avant-postes de l'armée royale, qui étoit alors campée à Saint-Cloud ; il demanda à être conduit au roi, qui, plein de respect pour les moines, ne rebutoit jamais quiconque portoit l'habit religieux ; il lui présenta une lettre du comte de Brienne, et, comme Henri la lisoit, il le frappa au ventre d'un couteau qu'il avoit caché dans sa manche. Henri III mourut de ce coup au bout de dix-huit heures. Il s'en falloit alors de six semaines qu'il eût accompli trente-huit ans. Il en avoit régné quinze et deux mois, et la dynastie des Valois, qui s'éteignoit en lui, avoit occupé le trône de France deux cent soixante et un ans.

SECTION SEPTIÈME.

Règne de Henri IV jusqu'à la paix de Vervins. — 1589-1598.

Le roi qui venoit de périr sous le couteau d'un fanatique étoit l'homme le plus souillé de vices, le plus chargé d'opprobres qui eût encore régné sur la France. Au contraire, celui que les lois de l'hérédité appeloient à recueillir sa succession sembloit le plus fait entre les princes pour s'attacher la nation française; il lui convenoit, et par ses qualités, et par ses défauts : il s'étoit illustré à la guerre, il avoit inspiré de l'enthousiasme aux soldats par sa bravoure, de la confiance aux officiers par la justesse et la promptitude de son coup d'œil militaire; il avoit alors trente-six ans; depuis dix-huit ans il avoit été entouré des intrigues de l'artificieuse Catherine, et il avoit montré, en les déjouant, qu'il ne lui étoit point inférieur en pénétration et en adresse d'esprit; en même temps, son caractère enjoué, son goût pour le plaisir et le danger, ses manières familières avec ses amis, sa bienveillance générale, lui gagnoient les cœurs de ceux qui l'approchoient. Cependant la mort de Henri III dissipa l'armée qu'il avoit amenée devant Paris, au moment où il tenoit déjà la victoire en sa main, parce qu'elle ôta à l'étendard royal le prestige du droit établi. Chaque soldat se demanda, non plus s'il devoit obéir à Valois, mais s'il devoit faire Bourbon roi; et comme parmi ces soldats, sauf les mercenaires Suisses, il y avoit à peine deux mille protestans, la réponse que firent à cette question les grands, les capitaines, l'armée entière, fut que si Bourbon vouloit être roi, il lui falloit être catholique.

Henri IV avoit beaucoup d'ambition et peu de zèle religieux; il n'étoit nullement préparé à faire à sa foi le sacrifice d'un trône; mais lorsque d'O, ancien mignon de Henri III, ancien égorgeur de la Saint-Barthelemi, alors surintendant des finances, décrié pour ses voleries, vint lui demander, au nom de la noblesse française, trois heures après la mort de son beau-frère, d'abjurer la religion pour laquelle il avoit jusqu'alors combattu, s'il vouloit changer les misères d'un roi de Navarre contre la splendeur d'un roi de France, Henri sentit la honte qui s'attacheroit à une telle apostasie; il reconnut qu'elle lui enlèveroit les seuls serviteurs fidèles sur lesquels il pût compter, et qu'elle ne lui garantiroit point l'affection ou le respect de ceux auxquels il se seroit trop empressé de complaire. Il répondit avec dignité qu'on lui proposoit, non d'accepter la religion du plus grand nombre,

mais de se déclarer lui-même sans religion. « Il
« avoit su, ajouta-t-il, souffrir de grandes misères
« sans en être étonné, et il ne dépouilleroit pas
« l'âme et le cœur à l'entrée de la royauté. »
Toutefois, il ne tarda pas à donner des espérances
à ceux mêmes qu'il avoit repoussés ainsi. Par sa
déclaration du 4 août, il s'engagea en foi et parole de roi à rassembler sous six mois un concile
national et les États-Généraux, le premier pour
s'y faire instruire, les seconds pour établir la
paix de religion. Contens de cette assurance, les
seigneurs qui s'étoient attachés à Henri III déclarèrent « qu'ils reconnoissoient Henri IV, roi
« de France et de Navarre, pour leur roi et prince
« naturel, selon la loi fondamentale du royaume. »
Mais, bien peu de jours après, tous ces seigneurs,
et d'Épernon à leur tête, quittèrent le camp
royal : la plupart se retirèrent dans leurs terres;
quelques uns passèrent sous les étendards de la
ligue, et la désertion parmi les soldats fut presque
universelle. Aussi le duc de Mayenne, qui le 5
juillet n'avoit que huit mille hommes à opposer
aux quarante-deux mille des deux Henri, se
trouva, dès les premiers huit jours du mois
d'août, fort supérieur en forces à Henri IV. Bientôt celui-ci se vit réduit à quitter Saint-Cloud,
à partager son armée, et à se retirer avec six ou
sept mille hommes vers la Normandie.

Mayenne étoit le plus modéré et le plus vertueux entre les Guises et les ligueurs ; il n'avoit fallu rien moins que l'outrage fait à sa famille pour le déterminer à se mettre à la tête d'une faction : d'ailleurs les habitudes de son corps, son embonpoint, le temps qu'il passoit à table et au lit étoient aussi contraires au rôle dont il se trouvoit chargé que les habitudes de son esprit. Sa sœur, la bouillante et ambitieuse duchesse de Montpensier, le pressoit de prendre immédiatement la couronne, pour donner à son parti un but déterminé, une forme de gouvernement assurée, une garantie de persistance. Son neveu, le jeune duc de Guise, et le cardinal de Bourbon, captifs de Henri III, étoient resserrés avec bien plus de soin encore par Henri IV. Mais Mayenne répondit que ce seroit empiéter sur leurs droits que d'écouter son ambition personnelle, qu'il étoit lié par ses sermens à reconnoitre pour roi le cardinal de Bourbon, et il le fit proclamer en effet sous le nom de Charles X.

Henri IV s'étoit flatté de trouver quelque faveur dans cette Normandie qui, trente ans auparavant, étoit plus qu'à moitié protestante, mais les huguenots y avoient été presque tous exterminés. Deux villes seulement lui ouvrirent leurs portes, Dieppe et le Pont-de-l'Arche, encore ce furent des catholiques qui l'en mirent en possession. Il ne voulut pas s'enfermer dans une ville, mais il fit choix de la position d'Arques, à deux lieues en avant de Dieppe, pour y tracer un camp retranché. Mayenne, qui étoit sorti de Paris le 1er septembre, vint l'y attaquer avec une puissante armée. Tout l'espoir de Henri IV étoit de défendre ses lignes contre des forces infiniment supérieures. Il y réussit, et il repoussa, du 13 au 28 septembre, de fréquentes et vigoureuses attaques, grâce à la promptitude avec laquelle il pouvoit se porter d'un point menacé à l'autre, tandis que son adversaire étoit obligé à faire de longs détours, mais surtout grâce à sa vigilance, à la rapidité de son coup d'œil, et à la brillante valeur dont il donnoit l'exemple à ses soldats. Il fut toutefois sur le point de se perdre le 21 septembre, lorsqu'il reçut dans son camp un corps de landsknechts, qui se disoient déserteurs de l'armée de Mayenne, et qui n'eurent pas plus tôt passé ses retranchemens qu'ils tombèrent sur ceux qui les avoient introduits. Henri dut son salut dans cette occasion à sa bravoure désespérée et à la lenteur précautionneuse de Mayenne, qui ne suivit pas d'assez près les prétendus transfuges. L'arrivée de Longueville et d'Aumont avec les royalistes de Picardie et de Champagne rétablit l'égalité entre les deux armées, et força enfin Mayenne à se replier sur Amiens.

Peu après, Henri IV vit débarquer à Dieppe quatre mille Anglais et mille Écossais que lui envoyoit Élisabeth, mais qui avoient été retenus par des vents contraires. Il comptoit alors un peu plus de vingt mille hommes dans son armée, mais il n'avoit pas d'argent pour les payer pendant un mois. Il lui fallut donc recommencer la guerre de partisan, et chercher à s'attacher ses soldats en les faisant vivre de pillage. Il savoit que Mayenne s'étoit réuni, près d'Amiens, à un corps de troupes que lui avoit envoyé le prince de Parme, gouverneur des Pays-Bas pour Philippe II. Le laissant à sa gauche, il le devança par une marche rapide sur Paris; le 1er novembre il se rendit maître des faubourgs de cette capitale, où l'on ne l'attendoit point, et il les livra au pillage. La milice bourgeoise surprise accourut sur les murs de l'enceinte intérieure pour les défendre, mais ne les franchit pas; ceux qui défendoient l'enceinte extérieure avoient perdu plus de neuf cents hommes avant de se laisser forcer. Henri fit exécuter le pillage dans les faubourgs avec autant de vigilance et de célérité qu'il en avoit mis à les surprendre. Il avoit enrichi ses soldats et les avoit mis en bonne humeur, lorsqu'il reprit, le 4 novembre, la route de Montlhéry et d'Étampes. Dès la veille, Mayenne, avec son armée, étoit rentré dans Paris. Le roi vint ensuite prendre ses quartiers d'hiver à Tours; une partie du parlement de Paris vint l'y joindre, mais un bien plus grand nombre de ses membres avoit fait serment à la ligue, et continuoit à siéger au palais.

Philippe II sembloit prendre aux guerres civiles de France un intérêt plus vif encore qu'à celles de ses propres États des Pays-Bas. Il ne regardoit que comme un moyen de gagner du temps le règne nominal du cardinal de Bourbon, Charles X, toujours prisonnier à Fontenai, et qui y mourut de la pierre le 9 mai 1590; il ne tenoit aucun compte de la loi salique, et il vouloit faire passer la couronne de France sur la tête de sa fille Isabelle, née d'Élisabeth, fille aînée de Henri II. Dans cette espérance, il avoit fourni de puissans secours à Mayenne, et il l'avoit mis en état de rassembler, dès le commencement du printemps de 1590, une brillante armée, où l'on comptoit quatre mille cinq cents chevaux et vingt mille fantassins. Henri IV n'avoit pas plus de trois mille cavaliers et de huit mille fantassins. Il s'étoit mis de fort bonne heure en campagne, et le 28 février, il avoit entrepris le siége de Dreux; mais il y trouva une résistance plus obstinée que celle à laquelle il s'étoit attendu. Bientôt il fut averti que le cardinal légat avoit apporté de Rome trois cent mille écus à Mayenne, pour le mettre à même de poursuivre avec plus de vigueur la guerre sacrée, et que ce général de la ligue approchoit avec sa redoutable armée : il fallut, le 12 mars, se résoudre à lever le siége. Il étoit assailli par des torrens de pluie : ses capitaines lui conseillèrent de regagner, par le Pont-de-l'Arche, son camp retranché près de Dieppe; il ne le voulut pas, et prenant position dans la plaine d'Ivry le 15 mars 1590, il y profita habilement d'une courbe insensible du terrain qui le mettoit à l'abri de l'artillerie, et il y attendit l'ennemi. Les ligueurs arrivèrent en présence après midi : ils étoient fatigués par la pluie, qui n'avoit pas cessé de tomber; ils couchèrent sur le terrain, et remirent la bataille au lendemain. Les royalistes se restaurèrent pendant la nuit dans les villages voisins, mais le matin du 14 ils étoient rentrés dans les positions qu'ils avoient choisies, lorsque Mayenne fit commencer l'attaque vers dix heures. L'artillerie de Henri portoit en plein sur les ligueurs, qui paroissoient sur le renflement du terrain ; celle de Mayenne, au contraire, n'atteignoit point les royalistes au fond de la courbe. Une charge impétueuse de la cavalerie espagnole, qui, arrivée jusqu'aux canons du roi, voulut donner de la croupe contre eux, et le désordre où elle se mit par cette insolence, entraîna pour Mayenne la perte de la bataille. Il y laissa six mille morts, et s'enfuit vers Chartres, d'où il revint trois jours après à Saint-Denis.

Henri IV, vainqueur à Coutras, à Arques, à Ivry, se fit bientôt la réputation du plus habile ou du plus heureux général qu'eût la France; et le peuple, lui sachant gré de sa fortune autant que de son habileté, commença à se rattacher à lui; mais lorsque Henri voulut tirer parti de cette faveur renaissante pour attaquer la capitale, il dut reconnoître que les bourgeois, soutenus par le zèle et le fanatisme des prédicateurs, n'étoient nullement découragés. Il parut devant leurs murs, le 8 mai, avec son armée victorieuse. Mayenne étoit retourné sur les frontières des Pays-Bas, pour solliciter les secours du prince de Parme; mais son frère utérin, le duc de Nemours, et son cousin le chevalier d'Aumale, commandoient une garnison trop nombreuse pour que Henri pût se flatter d'entrer dans Paris de vive force. D'autre part, il savoit bien que c'étoit de ce centre que partoient tous les efforts de la ligue; que le Parlement, que la Sorbonne, fulminoient des décrets contre lui; que les jésuites, qui ameutoient le peuple dans toutes les chaires, envoyoient des missions dans les provinces pour y réchauffer le fanatisme : il résolut donc de réduire cette grande ville par la famine.

La détresse étoit grande à Paris : un recensement de la population l'avoit portée à environ deux cent vingt mille âmes. Il n'y avoit de blé que pour un mois; les vivres qu'on pouvoit employer au lieu de pain paroissoient ne suffire qu'à peine à alimenter le peuple quelques semaines de plus : tout travail manquoit aux pauvres, tous les ateliers étoient fermés, et la charité seule, réveillée par la religion, soutenoit les indigens avec des aumônes abondantes. Le peuple fut bientôt réduit aux alimens les plus misérables;

alors la mortalité diminua rapidement le nombre de ceux qui devoient vivre des greniers publics, tandis que les cachettes des riches se trouvèrent mieux pourvues qu'on ne l'avoit supposé. La mortalité devint plus grande encore lorsque Henri se fut rendu maître, le 24 juillet, de tous les faubourgs, et eut privé la population des produits des jardins compris dans leur enceinte. D'autre part, la position du roi devenoit à son tour dangereuse. Le prince de Parme, le plus habile des maîtres dans l'art de la guerre, s'avançoit au secours de Paris avec une puissante armée. Le 23 août, il se réunit à Meaux avec Mayenne. Le 30 août, Henri IV prit le parti de lever le siége et de s'avancer jusqu'à Chelles pour offrir la bataille à ses ennemis. Mais le prince de Parme vouloit délivrer Paris sans livrer de bataille, parce qu'il sentoit qu'il ne maintiendroit le pouvoir de son maître sur les Pays-Bas qu'autant qu'il n'affoibliroit pas, qu'il ne compromettroit pas son armée. Le 5 septembre, il trompa le roi par une manœuvre habile; le lendemain il prit Lagny sous ses yeux; il fit entrer dans Paris les immenses approvisionnemens de vivres qui s'y trouvoient rassemblés, et il réduisit Henri IV à disperser son armée, tandis que, le 29 novembre, il ramena la sienne en Belgique, sans s'être laissé entamer.

La campagne de 1591 ne fut pas signalée par de si grands événemens. Henri s'étoit réduit de nouveau à la petite guerre; dans l'été, il prit Chartres, et ensuite Noyon; ses partisans en Dauphiné et en Provence remportèrent divers avantages sur les ligueurs, qui avoient appelé à leur aide les Savoyards. En Languedoc, les succès furent balancés entre Damville, qui, depuis la mort de son frère, avoit pris le nom de Montmorency, du côté du roi, et Joyeuse, du côté de la ligue. En Bretagne, l'avantage demeura au duc de Mercœur, qui commandoit pour la ligue. Le brave et sage La Noue, le plus honoré des anciens chefs huguenots, y fut tué. En même temps, l'un et l'autre parti étoient affoiblis par des divisions. Henri IV ne pouvoit compter avec certitude dans le sien que sur les huguenots : ceux-ci, diminués en nombre et en puissance, ruinés par trente ans de combats, n'espéroient plus fonder par leurs seules forces cette liberté de conscience pour laquelle ils avoient tout sacrifié; ils reconnoissoient la nécessité de s'associer aux politiques, à ces anciens courtisans de Henri III, qui leur inspiroient tant de mépris et de dégoût. Cependant ils ne pouvoient voir sans douleur que toutes les faveurs, toutes les récompenses, étoient pour ces derniers, et que le roi les entretenoit sans cesse de l'espérance de sa conversion. Ils voyoient ces favoris de Henri III, puis de Henri IV, tantôt prêts à se rattacher à la ligue, tantôt intriguant avec le nouveau cardinal de Bourbon. Ce dernier étoit le quatrième fils du premier prince de Condé : c'étoit un prélat léger, vaniteux, dépourvu de talens, décrié pour ses vices, et qui cependant se regardoit comme le seul représentant catholique des Bourbons. Il voulut faire opposition à un édit de tolérance accordé à Mantes le 24 juillet par Henri IV, qui rétablissoit implicitement les conditions de la paix de Bergerac. Mais comme ce cardinal manquoit absolument de courage, il recula devant le ton sec et décidé que prit avec lui le roi.

Dans le parti opposé, Mayenne voyoit avec inquiétude que les efforts des ligueurs devoient amener la dissolution de la monarchie française. Le duc de Savoie avoit été accueilli à Aix comme souverain par le parlement et par les États de Provence. Philippe II avoit fait recevoir une garnison de quatre mille Espagnols à Paris, et cette troupe étrangère prêtoit son appui aux plus fanatiques parmi les prédicateurs et les ligueurs, à des hommes qui s'étoient déjà signalés dans les massacres de la Saint-Barthélemi, et dont quelques-uns invoquoient les souvenirs d'une sanglante démagogie bien plus ancienne. On retrouvoit parmi eux les familles des Saint-Yon et des Legoix, bouchers fameux par les massacres qui, en 1411, avoient souillé le parti des Bourguignons : de nouveau ils demandoient le supplice, non seulement de tout hérétique, mais de quiconque étoit soupçonné de royalisme. Ces exhortations au carnage et ces prédications farouches continuèrent pendant neuf mois sans produire beaucoup d'effet. Mais enfin la fureur populaire, si long-temps excitée, commença à éclater. Le 5 novembre, les Seize, qui se donnoient pour les représentans du peuple de Paris, formèrent un comité de Dix, auquel le curé de Saint-Jacques recommanda de *jouer du couteau*, et de punir les politiques. Dès le 15 novembre, le président du Parlement, un de ses conseillers et un conseiller au Châtelet furent pendus par ordre des Dix, sans avoir été admis à parler pour leur défense. En même temps une série d'articles fut envoyée au duc de Mayenne, comme bases de la réforme que la faction demandoit dans le gouvernement. Les Seize s'adressèrent aussi à Philippe II, en l'invitant ou à prendre lui-même la couronne de France, ou à la donner, avec la main de sa fille, au prince qu'il voudroit choisir. Mayenne n'apprit point sans effroi que le pouvoir avoit passé à Paris aux mains d'une populace furieuse, que le Parlement étoit foulé aux pieds, que ses finances étoient désorganisées, ses amis les plus fidèles déclarés suspects par des hommes si prompts à verser le sang. Il revint en hâte, le 28 novembre, vers la capitale, avec des troupes; il fit armer la haute bourgeoisie, qui supportoit avec impatience le joug de la populace, et il se rendit maître de la Bastille. Le 3 décembre, il fit arrêter quatre des Seize, qui avoient eu part, quinze jours auparavant, au supplice des magistrats, et il les fit pendre immédiatement. Il rétablit ainsi l'ordre et la sécurité dans Paris; mais aussi, lorsqu'il rendit le pouvoir au parti modéré, il prépara, sans le vouloir, la ruine prochaine de la ligue.

On étoit à la fin de l'année 1591, et Henri IV, grâce aux secours de l'étranger, s'étoit rendu de nouveau formidable. Turenne, qui étoit devenu duc de Bouillon par son mariage avec l'héritière de ce duché, lui amenoit douze mille Allemands. Élisabeth lui envoya quatre mille Anglais, et Philippe de Nassau vint aussi le joindre avec trois mille Hollandais. Le roi avoit de plus engagé un corps nombreux de Suisses; mais toutes ces troupes arrivèrent seulement au commencement de la mauvaise saison, lorsque les granges et les greniers sont garnis, et que le pillage est plus profitable. Comme Henri n'avoit aucun moyen de les payer long-temps, il dut entreprendre une campagne d'hiver. Il vint, le 3 décembre 1591, mettre le siége devant Rouen; le 3 janvier suivant, seulement, il ouvrit ses premières batteries. Le duc de Parme avoit reçu de Philippe les ordres les plus péremptoires de porter aux ligueurs des secours efficaces, mais il sentoit plus que jamais la nécessité de ne pas compromettre son armée, de ne pas l'affoiblir par des batailles. Il rentra en France le 16 janvier avec vingt-quatre mille fantassins et six mille chevaux, et l'on vit recommencer la lutte entre le brave et bouillant capitaine qui cherchoit la route du trône et l'habile et prudent tacticien qui savoit éviter le combat, tout en prenant l'offensive. Henri IV vouloit que son infanterie, commandée par le maréchal de Biron, continuât le siége de Rouen, tandis qu'avec sa cavalerie il empêcheroit le prince de Parme de s'approcher. A force d'audace, il le contint en effet quelque temps ; et comme on le voyoit lui-même faire le coup de pistolet avec les postes avancés, le prince de Parme le croyoit soutenu et n'avançoit qu'avec précaution. Il fut blessé le 5 février 1592 ; il auroit été pris, « mais, dit le prince de Parme, je croyois « avoir à faire à un roi, comment supposer que « ce n'étoit qu'un carabin ? »

Villars-Brancas, qui commandoit dans Rouen, s'empara, le 25 février, des lignes des assiégeans par une sortie générale. Mayenne, qui peut-être craignoit la prépondérance des Espagnols, empêcha le prince de Parme de poursuivre cet avantage, et d'écraser l'armée royaliste, que le roi, blessé, ne commandoit plus. Le siége fut renouvelé, et ce ne fut que le 20 avril que Henri IV se résolut enfin à le lever après y avoir perdu beaucoup de monde. Le prince de Parme étoit revenu sur lui ; tout annonçoit une issue fatale de la campagne, lorsque ce grand général fut blessé à Caudebec, le 25 avril, et contraint à remettre à Mayenne le commandement de son armée. Les douleurs qu'il souffroit étoient intolérables, et en effet il mourut des suites de cette blessure avant la fin de la même année. Mais s'il s'étoit montré supérieur à Henri IV en habileté militaire, Mayenne, au contraire, lui étoit bien inférieur. Il se laissa resserrer, puis enfermer dans le pays de Caux, et Henri IV se voyoit sur le point de le faire prisonnier avec toute son armée, lorsque le prince de Parme, tout accablé de douleurs qu'il étoit, reprit le commandement, et, avec une audace et une habileté inconcevables, transporta toute son armée sur la rive gauche de la Seine, qui, au lieu où il la passoit, le 20 mai 1592, sembloit être un bras de mer; il gagna une marche sur le roi, passa le pont de Saint-Cloud, et ramena son armée dans les Pays-Bas sans se laisser entamer. Il y mourut le 2 décembre. Cette même campagne avoit coûté à Henri IV plusieurs de ses plus braves serviteurs, qui moururent des fatigues du siége. Son armée entière en fut désorganisée.

Il se passa dès lors une année sans que les évènemens militaires eussent de l'importance : la maladie avoit emporté la moitié des régimens, les arsenaux étoient vides, les ressources pécuniaires étoient épuisées; la guerre, il est vrai, se continuoit dans les provinces, où elle faisoit répandre beaucoup de sang et détruisoit beaucoup de richesses. La nation souffroit toujours davantage, mais l'histoire ne recueille guère le souvenir des souffrances que quand elle peut montrer aussi leurs résultats. Henri IV n'avoit pas seulement à se tenir en garde contre ses ennemis, les complots de ses partisans lui causoient souvent plus d'inquiétudes encore. Ses propres parens, les Bourbons, qu'on avoit fait catholiques à la Saint-Barthélemi, songeoient à le supplanter. Le cardinal de Bourbon et le comte de Soissons, fils du premier prince de Condé, et le duc de Montpensier, fils de la première duchesse, qui étoit ardente calviniste, intriguoient auprès de Philippe II pour épouser l'infante d'Espagne, qui auroit porté à l'un ou à l'autre d'entre eux la couronne de France. Dans le parti opposé, Mayenne devoit également se défier des siens : son neveu, le jeune duc de Guise, avoit réussi à s'évader de sa prison le 15 août 1591, et il prétendoit se mettre à la tête de la faction de la ligue ; les Seize agitoient toujours la populace, et s'efforçoient de ressaisir l'autorité ; les ministres d'Espagne enfin, s'appuyant sur la garnison de Paris, travailloient à affermir le pouvoir de Philippe aux dépens des Guises et de la ligue.

On pouvoit toutefois s'apercevoir que l'épuisement de tous les partis, le déclin du fanatisme et de l'enthousiasme, la conviction des plus zélés dans l'une et l'autre Église qu'ils ne pouvoient atteindre par la force l'objet de leurs souhaits, ramenoient tous les esprits au désir de la paix, en sorte que le temps étoit venu de terminer par des négociations cette horrible guerre. Mayenne fit en effet à Henri des propositions de paix : ses demandes étoient exorbitantes, ce qui n'empêcha point les prédicateurs catholiques, dès qu'ils en eurent connoissance, de se déchaîner contre lui; mais dans un temps de faction, les plus violens se font seuls entendre, et il ne faut pas prendre leurs emportemens pour l'expression de l'opinion populaire. Henri IV, qui, intérieurement, s'étoit déjà décidé à faire abjuration, entama aussi secrètement quelques négociations avec la cour de Rome; mais Clément VIII, qui siégeoit alors, sentoit trop la dépendance où il se trouvoit de l'Espagne pour y prêter l'oreille : rien n'avançoit donc ni de part ni d'autre.

Sur la demande de Philippe II, Mayenne convoqua les États-Généraux à Paris, et en fit l'ouverture le 26 janvier 1593 : la question de la succession au trône devoit être déférée à ces États; mais Mayenne, inquiet de la lutte où il pouvoit se trouver engagé avec des rivaux divers, fit usage de toute son habileté et de toute son influence pour que les élections dans les bailliages tombassent toujours sur des hommes qui lui fussent absolument dévoués. Son succès même dans ces intrigues lui fut préjudiciable. Les députés aux États n'avoient point d'indépendance; ils n'avoient ni crédit, ni renom dans leurs provinces, et l'assemblée, sans influence politique, ne sut qu'obéir au lieu de commander. Pendant la tenue des États, les catholiques du parti du roi et les modérés du parti de la ligue ouvrirent le 29 avril des conférences à Surêne, et Mayenne lui-même, qui chaque jour étoit plus mécontent des Espagnols, y prit part. Quoiqu'elles ne produisissent aucun résultat, elles firent comprendre au duc de Feria, ambassadeur qui représentoit Philippe II à Paris, qu'il y auroit du danger pour la ligue à continuer plus long-temps son jeu, d'offrir la main de l'infante avec la couronne de France aux ambitieux de tous les partis. Il en avoit flatté tour à tour l'archiduc Ernest d'Autriche, les trois Bourbons, savoir le cardinal, Soissons et Montpensier, le duc de Guise, le duc de Nemours, et le cardinal de Lorraine. La jalousie secrète de tous ces princes avoit augmenté le mécontentement; le peuple, désabusé depuis l'abaissement des Seize, avoit profité d'un armistice conclu pour les conférences de Surêne; il s'étoit répandu dans les campagnes et s'étoit mêlé avec les royalistes. Le duc de Feria prit enfin son parti, il déclara qu'il étoit autorisé par son maître à choisir le duc de Guise pour mari de l'infante et pour roi de France. Il étoit trop tard; tous les ambitieux avoient nourri d'autres espérances qui se trouvoient déçues ; et le 28 juin 1593 le Parlement de la ligue adressa des remontrances au duc de Mayenne, comme lieutenant-général du royaume, pour l'engager à protester contre tout traité qui transféreroit la couronne à des princes ou princesses étrangers, contre la loi fondamentale du royaume, et en violation de son indépendance.

Henri IV regarda cette déclaration du Parlement comme une preuve de la disposition des gens modérés à revenir à lui ; il savoit que l'évêque de Senlis, un des plus ardens prédicateurs de la ligue, avoit repoussé avec emportement la proposition du duc de Feria, d'appeler l'infante d'Espagne à l'hérédité, et de se départir de la loi salique ; il savoit que l'élection de l'infante étoit indéfiniment ajournée par les États. D'autre part, il étoit témoin du mécontentement de ses capitaines catholiques ; il pouvoit souvent entendre les quolibets qu'ils lançoient contre sa pauvreté et son humeur belliqueuse ; il jugea qu'il ne pouvoit pas différer davantage sa conversion. Il convoqua donc à Mantes, pour le 22 juillet 1593, les théologiens à qui il vouloit pouvoir attribuer les lumières nouvelles qu'il étoit déterminé à recevoir. Le lendemain 23, il se soumit à entendre un discours de cinq heures de l'archevêque de Bourges, après lequel il se déclara pleinement satisfait et débarrassé de tous ses doutes ; et le dimanche 25 juillet, il se présenta à l'église de Saint-Denis, pour y ouïr la messe, l'archevêque de Bourges lui ayant accordé son absolution sous la condition qu'il recourroit au Pape pour la faire confirmer.

Le changement de religion de Henri IV n'étoit de sa part qu'un acte de politique, mais il avoit attendu pour le faire le moment le plus favorable, celui où les hommes modérés dans les deux partis désiroient cette abjuration, car ils voyoient bien que c'étoit le seul moyen de rendre la paix à la France. Huit jours après ce grand événement, une trève pour trois mois fut signée à la Villette le 31 juillet. De part et d'autre, les Français qui avoient si long-temps combattu retournèrent dans leurs maisons; ils se mêlèrent dans des banquets; la fatigue avoit calmé les haines profondes; la mort avoit emporté plusieurs de ceux dont les cœurs étoient le plus ulcérés, et un ardent désir de paix se manifestoit chez presque tous les autres. Philippe II, il est vrai, n'étoit pas disposé à renoncer à des projets ou à une ambition pour lesquels il avoit fait tant de sacrifices; et comme l'abjuration de Henri étoit inutile tant que le Pape ne lui accordoit pas son absolution, le roi d'Espagne abusoit de la terreur qu'il inspiroit à toute l'Italie pour empêcher Clément VIII de recevoir le nouveau converti dans le sein de l'Église. Le duc de Sessa, ambassadeur de Philippe à Rome, avoit déclaré au pontife qu'un concile œcuménique seroit convoqué pour empêcher le scandale d'une absolution donnée par le chef de l'Église à un relaps; que l'arrivée des vivres à Ostie seroit arrêtée, et qu'au besoin les troupes espagnoles marcheroient de Naples sur Rome. Clément VIII étoit foible, et il n'osa entamer aucune négociation avec le duc de Nevers, que Henri IV lui avoit envoyé. Ces difficultés ranimèrent l'ambition des princes qui s'étoient mis à la tête de la ligue; ils reprirent leur projet favori de partager le royaume pour s'en faire autant de souverainetés indépendantes. Mayenne convoitoit le duché de Bourgogne, Mercœur la Bretagne, Nemours comptoit faire de Lyon la capitale d'une nouvelle principauté.

Henri IV ne voulut point renouveler la trêve après le 1er janvier 1594. Il avoit intercepté une dépêche du légat au Pape, contenant une obligation sous serment des chefs de la ligue, de ne jamais faire de paix avec lui, malgré son retour à la foi catholique. Il vit par-là que ces chefs comptoient que leur union faisoit leur force, et il résolut de la dissoudre, en achetant la défection des membres les uns après les autres, sans regarder au prix qu'elle lui coûteroit. Dans les derniers jours de l'année, il publia un long édit dans lequel il rendoit compte de ses instances à la cour de Rome, et de ses négociations infructueuses avec Mayenne, qui le forçoient à renouveler les hostilités. Il sommoit tous les Français désireux de la paix de revenir à lui, et il leur promettoit à tous le pardon de leurs offenses et le maintien dans leurs biens et leurs dignités.

Dès le renouvellement des hostilités, il fut aisé de reconnoître que la guerre n'étoit plus le vœu de la nation, que la France, fatiguée, étoit prête à accepter son roi, et que les ambitieux qui résistoient encore ne songeoient point à l'avantage de leur parti, mais à faire pour eux-mêmes des conditions plus avantageuses. Dès les premiers jours de janvier 1594, Meaux, Péronne, Roye, Montdidier, Orléans et Bourges furent livrés au roi par ceux qui commandoient pour la ligue dans ces diverses places : chacun d'eux avoit exigé pour lui-même de grosses sommes d'argent et le maintien dans toutes ses dignités ; puis, par une fidélité affectée à ses anciens principes, il avoit demandé aussi que tout culte réformé fût interdit dans les villes dont il ouvroit les portes. Henri IV acceptoit tout et promettoit tout : les huguenots l'avoient porté sur le trône, mais il faisoit bon marché de leur fidélité : leurs intérêts étoient toujours les premiers qu'il sacrifioit ; toutes les récompenses, toutes les faveurs, étoient pour les traîtres.

C'étoient des traîtres en effet que ceux qui sollicitoient la confiance de Mayenne ou de Philippe II, qui s'engageoient par serment et sur leur honneur militaire à conserver intact le dépôt qui leur seroit confié, et qui se hâtoient ensuite de le vendre, au roi légitime, il est vrai, mais pour leur avantage propre. Tel fut Cossé-Brissac, que Mayenne nomma gouverneur de Paris, le 24 janvier 1594, et qui, le 22 mars suivant, livra au roi une des portes de cette ville. Henri IV, maître de sa capitale, permit aux Espagnols, au légat, aux princesses de Lorraine, et aux plus fanatiques entre les prédicateurs, d'en sortir sans être molestés. Tel fut encore Villars-Brancas, qui, le 27 mars, livra au roi Rouen, avec toute la Haute-Normandie. Brissac obtint en échange deux cent mille écus comptant, le titre de maréchal de France, et deux gouvernemens ; Villars se fit donner 1,200,000 francs, la charge d'amiral de France, et le gouvernement de Rouen. Peu après, Abbeville, Montreuil, Troyes, Sens, Riom, Agen, Poitiers, furent vendus de la même manière, par ceux qui commandoient pour la ligue dans ces villes. En même temps, Henri IV avoit rassemblé une armée de quatorze mille hommes, avec laquelle il entreprit, le 25 mai, le siége de Laon. Quelque effort que fît Mayenne pour délivrer cette place, elle fut réduite à capituler le 22 juillet. Bientôt Balagni, petit tyran de Cambrai, se mit sous la protection du roi. Les princes de Lorraine commencèrent à craindre d'être abandonnés par tous leurs subalternes, et ils essayèrent de se vendre à leur tour. Le duc de Lorraine fit son traité particulier le 16 novembre, le duc de Guise, le 29 novembre ; le capucin Joyeuse, qui, après la mort de ses frères, avoit repris le titre de duc, et qui gouvernoit pour la ligue une moitié du Languedoc, entama aussi des négociations, qu'il rompit bientôt ; sa réconciliation finale se fit seulement le 24 janvier 1596. Mais dans ces traités avec ces grands seigneurs, Henri IV mit à découvert un nouveau trait de sa politique : il ne se proposoit pas seulement de gagner les ligueurs, il en prenoit occasion pour dépouiller ses anciens partisans, car ceux-ci, qui prétendoient lui avoir donné la couronne, se regardoient plutôt comme ses alliés que comme ses créatures. Les huguenots avoient été les premiers sacrifiés, les royalistes politiques eurent leur tour. Trois seigneurs catholiques avoient eu la part principale à la grandeur de Henri IV, auquel ils s'étoient ralliés des premiers, Biron, d'Épernon et Montmorency : Henri reprit à Biron la charge d'amiral pour la donner à Villars ; à d'Épernon le gouvernement de Provence pour le donner à Guise ; à Montmorency enfin le gouvernement d'une moitié du Languedoc pour le donner à l'ex-capucin Joyeuse.

C'est lorsque le fanatisme ne soulève plus les masses qu'il semble se concentrer dans le cœur de quelques individus, et qu'il leur fait tenter d'obtenir par l'assassinat ce qu'ils n'espèrent plus de la guerre. Le 27 décembre 1594, un jeune homme de dix-neuf ans, Jean Chastel, se glissa dans le Louvre, et s'approchant du roi, qu'entouroient les chevaliers du Saint-Esprit, le blessa d'un couteau au visage : le fer, arrêté par les dents, ne fit qu'entamer légèrement la lèvre. Chastel, arrêté, fut aussitôt livré au Parlement. Ce corps, qui étoit demeuré fidèle à la ligue jusqu'à la prise de Paris, étoit désireux de faire oublier sa désobéissance à l'autorité royale par son empressement à la venger. Il ne se contenta pas de condamner Chastel à être tenaillé et tiré vivant à quatre chevaux, il fit mettre son père à la torture; il fit torturer deux jésuites, il en fit pendre un ; il condamna tout l'ordre des jésuites à la déportation, et fit charger sur des charrettes trente-sept vieillards ou infirmes appartenant à cet ordre, sans avoir obtenu aucune preuve de leur complicité, et seulement parce que Chastel avoit étudié dans un de leurs couvens.

Philippe II ne vouloit point voir dans Henri IV un souverain, mais un rebelle à Dieu et à l'État, qu'il falloit exterminer : aussi ne lui avoit-il jamais déclaré la guerre. Henri la déclara le premier, le 17 janvier 1595; mais ses armes ne furent point couronnées par la victoire. Les pays soumis à Philippe II étoient ruinés, étoient écrasés par son despotisme ; mais d'autre part ce maître terrible disposoit de toutes leurs ressources. Henri IV au contraire n'étoit encore reconnu que par une partie de la France; et là même, au lieu de commander, il devoit persuader, ménager, et se tenir toujours en garde contre une défection. Son trésor étoit vide, la population française étoit épuisée; il pouvoit compter sur la vaillance impétueuse de ses capitaines, mais ils étoient bien inférieurs en art militaire à ceux des Espagnols; et quant à son infanterie, elle ne pouvoit pas même se comparer aux vieilles bandes espagnoles ou italiennes de son ennemi. Au combat de Fontaine-Française, le 5 juin 1595, la valeur personnelle du roi et son imprudence intimidèrent le connétable de Castille et le firent reculer; cet avantage fut suivi de la soumission de Dijon, de la délivrance de la Bourgogne, et de l'ouverture de négociations avec Mayenne. Mais dans la même campagne, le comte de Fuentes, qui commandoit pour Philippe dans les Pays-Bas, gagna sur les Français, le 24 juillet, la bataille de Doulens, et leur prit successivement les villes du Catelet, Doulens, et Cambrai.

Les négociations réussissoient à Henri IV mieux que les armes. Clément VIII s'étoit déterminé, le 16 septembre 1595, à accorder au roi de France son absolution. Les conditions, il est vrai, auxquelles celui-ci s'étoit soumis étoient fort humiliantes : tandis qu'il avoit consenti à être battu de verges par procureur, il avoit contracté l'obligation d'exclure les hérétiques de tous les emplois, et de ne les tolérer dans son royaume que jusqu'à ce qu'il pût les exterminer sans recommencer la guerre. Les huguenots, qui avoient fait tant de sacrifices pour leur chef, étoient humiliés et découragés ; mais les catholiques n'avoient plus de prétextes pour repousser Henri IV. Aussi le duc de Guise se mit-il, sans grandes difficultés, en possession de la Provence, où d'Épernon, irrité de l'ingratitude du roi, avoit voulu introduire de nouveau les Espagnols. Dans toute la Provence, la ligue ne résistoit plus qu'à Marseille, mais Guise se rendit maître de cette ville, en faisant assassiner, le 17 février 1596, le consul Casaux, qui y commandoit. Enfin, le chef de la ligue, le duc de Mayenne, se soumit lui-même au roi, par le traité de Folembray, du 24 janvier 1596. Tous les princes et princesses de la maison de Lorraine furent mis à l'abri de toutes poursuites pour l'assassinat de Henri III ; le roi se chargea de toutes les dettes de Mayenne, et lui abandonna six places de sûreté. Henri traita ensuite avec le duc de Nemours, le duc de Joyeuse, la ville de Toulouse, faisant à chacun d'énormes sacrifices ; il consacra six millions d'écus à acheter ces paix particulières, et il abandonna l'un après l'autre tous les avantages attachés à cette liberté de conscience, pour lesquels, à la tête de son ancien parti, il avoit si long-temps combattu.

Quoique les ducs d'Aumale et de Mercœur ne

se fussent point encore réconciliés avec le roi, la ligue étoit anéantie, la guerre civile étoit terminée, et les deux monarchies de France et d'Espagne se trouvoient seules aux prises l'une avec l'autre ; mais toutes deux étoient tellement épuisées, tellement écrasées par de longues calamités, que la guerre se poursuivoit entre elles avec une extrême langueur. On ne voyoit de toute part que des champs dévastés ; les villes autrefois fameuses par leur industrie étoient incendiées, les métiers brisés, et les manufactures désertes. Une partie de la population étoit en fuite, le reste étoit accablé d'impôts. Dans un village où l'on avoit compté cent feux il en restoit rarement plus de trente, mais l'on exigeoit de ces trente tout ce que les cents payoient autrefois : car on avoit déclaré les contribuables solidaires les uns pour les autres. Malgré leur misère, les Espagnols continuoient leurs attaques : le 17 avril 1596, ils s'emparèrent de Calais, puis d'Arras. Cette conquête, il est vrai, servit les vues de Henri IV; elle alarma Élisabeth, et la détermina à resserrer son alliance avec la France, par le traité du 24 mai 1596. L'Angleterre fournissoit des soldats auxiliaires et des subsides ; en retour, Henri prenoit l'engagement envers elle comme envers les États-Généraux des Pays-Bas de ne jamais traiter avec Philippe sans l'un et l'autre allié.

Les finances étoient dans un désordre épou-

vantable. Le roi avoit donné de grosses sommes d'argent à tous les ligueurs ; il avoit contracté envers tous ses alliés étrangers des dettes énormes ; en même temps, les rentrées du trésor étoient réduites à fort peu de chose, surtout par les voleries scandaleuses du surintendant des finances et de tous ses subalternes. Pour y porter quelque remède, Henri IV appela au conseil des finances, au mois d'octobre 1596, le baron de Rosny, sur le caractère inflexible et sur la hauteur duquel il comptoit presque autant que sur sa probité pour réformer les abus. Il ne fut pas trompé dans son choix. Rosny étoit homme d'épée, mais il avoit montré de bonne heure beaucoup d'ordre et d'économie dans ses propres affaires ; il étoit protestant, mais plus dévoué au roi qu'à la réforme, et, de huit ans plus jeune que Henri, il n'avoit pas été élevé dans ces principes de liberté auxquels les vieux huguenots demeuroient fidèles. A la même époque, Henri IV convoqua une assemblée des notables à Rouen ; il les avoit tous désignés lui-même, et il se croyoit sûr d'eux lorsqu'il leur demanderoit des ressources extraordinaires pour la guerre. Il fit l'ouverture de cette assemblée le 4 novembre, par un discours où il leur parloit de se mettre en tutelle entre leurs mains : « en-
« vie, ajoutoit-il, qui ne prend guère aux rois,
« aux barbes grises et aux victorieux. » Elle ne lui avoit point pris à lui-même. Il ne tarda pas à

montrer sa jalousie de tout pouvoir populaire, et les notables ayant proposé, pour la réforme des finances, de nommer eux-mêmes un *conseil de raison*, qui jouiroit d'une certaine indépendance, et qui exploiteroit les projets nouveaux qu'ils suggéroient, Rosny engagea le roi à accéder à ces projets et à laisser élire ce conseil de raison. Il se chargea ensuite de le faire échouer dans son administration, pour décrier ainsi les notables, et réduire le conseil de raison lui-même à remettre de nouveau tous ses pouvoirs au roi, comme en effet il ne tarda pas à le faire.

Philippe II étoit alors parvenu à l'âge de soixante-dix ans ; il sentoit enfin s'éteindre en lui sa vigueur première ; il n'espéroit plus mener à leur fin ses ambitieux projets, et il désiroit désormais laisser son fils, qui fut depuis Philippe III, libre des soucis et des calamités sous lesquels il se sentoit prêt à succomber. Henri IV, de son côté, désiroit ardemment la paix, et tandis que Philippe annonçoit sa détermination de n'abandonner aucun de ses alliés, Henri étoit secrètement résolu à sacrifier tous les siens. De premières ouvertures pour une paix générale furent faites à Henri IV par le cardinal de Médicis, au mois de juillet 1596. Aucune négociation ne fut cependant entamée de toute l'année, lorsqu'au printemps suivant, et au milieu des fêtes de Paris, le roi reçut la nouvelle que la ville d'Amiens avoit été surprise par Porto-Carrero, le 10 mars 1597, et que tout son parc d'artillerie, qui étoit dans cette ville, étoit tombé aux mains des ennemis. Henri partit en hâte pour la Picardie ; il rassembla une armée nombreuse ; il arrêta celle que le cardinal Albert d'Autriche amenoit au secours d'Amiens, et il força enfin le commandant espagnol de cette place à capituler, le 25 septembre 1597 ; mais il montra en même temps un redoublement d'empressement à traiter de la paix, et il n'avoit point laissé ignorer qu'il comptoit prendre pour base des négociations le traité de Cateau-Cambrésis. Le général des franciscains, que le Pape avoit chargé du rôle de médiateur, reconnut bientôt que Philippe II étoit prêt à traiter sur la même base. Le rétablissement de la paix présentoit donc très peu de difficultés. La ville de Vervins fut choisie pour y ouvrir un congrès, et les ambassadeurs de France et d'Espagne s'y rendirent au mois de février 1598, mais le légat prétendit qu'il ne pourroit y demeurer si des ambassadeurs de puissances hérétiques y paroissoient aussi. Sous ce prétexte, les ministres d'Angleterre et des Provinces-Unies furent écartés, et les ambassadeurs de France, n'étant point gênés par la présence de ces alliés, purent signer, le 2 mai 1598, la paix de Vervins, par laquelle ils rompoient tous les engagemens que la France avoit pris envers eux. Par cette paix, le traité de

Cateau-Cambrésis recouvroit sa pleine vigueur ; la France rentroit dans l'intégrité de ses frontières, telle qu'elle la possédoit en 1559, tandis qu'elle restituoit quelques districts qu'elle occupoit en Savoie ; seulement les droits respectifs sur le marquisat de Saluces, dont le duc de Savoie s'étoit emparé au sein de la paix, en 1588, furent soumis à l'arbitrage du Pape. A ces conditions, Philippe II et Henri IV, non seulement s'engagèrent à la paix, mais « à une confédération et « perpétuelle alliance et amitié, avec promesse « de s'entr'aimer comme frères. »

Un autre congrès étoit occupé en même temps à fixer les rapports entre les catholiques et les protestans, pour consolider la paix intérieure. Henri IV regardoit les huguenots, et plus particulièrement leurs chefs, avec la malveillance que les grands portent, le plus souvent, à ceux à qui ils ont fait injure. Toutefois, il commençoit à craindre qu'il n'eût tout-à-fait aliéné le cœur de ceux qu'il avoit long-temps regardés comme ses serviteurs les plus dévoués. Depuis huit ans que l'ancien chef des protestans étoit monté sur le trône, ils avoient souvent été traités avec plus de rigueur que pendant le règne de leurs plus grands ennemis. Les gouvernemens des grandes provinces avoient presque tous été donnés à des ligueurs, que le roi avoit séduits les uns après les autres : ils ne se faisoient pas faute de profiter du pouvoir qui leur étoit confié pour agir en conformité avec leurs vieilles rancunes. Les parlemens regardoient toujours les hérétiques comme des criminels qu'ils auroient dû punir : des violences individuelles résultoient chaque jour de cette hostilité avouée des pouvoirs politiques et judiciaires. Un grand nombre d'enfans avoient été enlevés de vive force à leurs parens pour les faire élever dans le catholicisme, et le plus important de tous étoit le jeune prince de Condé, le premier prince du sang, et jusqu'alors l'héritier présomptif du royaume. Les protestans présentoient aussi une longue liste de funérailles interdites à ceux de la religion, de tombeaux profanés, d'écoles fermées de vive force, de contraintes employées pour provoquer l'apostasie.

Il étoit temps de rétablir enfin un mode de vivre entre les deux religions ; les assemblées des députés des Églises se réunissoient chaque année dans les provinces de l'Ouest, et depuis quelque temps des commissaires royaux étoient en conférence avec elles. Enfin un traité long-temps débattu avec ces assemblées fut signé par le roi, le 13 avril 1598 : on le nomma l'édit de Nantes. Il prenoit pour base celui de septembre 1577, que Henri III nommoit *sa paix*, mais il étoit moins favorable aux protestans. Une liberté entière de conscience leur étoit cependant rendue dans tout le royaume ; mais ils ne pouvoient pratiquer un culte public que dans les villes où ce culte n'avoit point été interrompu pendant les années 1596 et 1597, et où en conséquence les protestans étoient non seulement en grande majorité, mais en possession du pouvoir. Les seigneurs ayant haute justice qui faisoient profession de la religion pouvoient aussi avoir une église, et y admettre leurs sujets. On assuroit qu'il y avoit alors trois mille cinq cents de ces seigneurs dans le royaume. Des chambres mi-parties étoient instituées dans les divers parlemens pour garantir aux huguenots l'impartiale exécution de la justice; et toutes les places dont ils étoient maîtres à cette époque devoient leur demeurer, comme places de sûreté, pendant huit années. Les commandans de ces places et les soldats des garnisons devoient tous être de la religion réformée, et cependant être payés par le roi.

L'édit de Nantes ne fut publié qu'après que le légat eut quitté le royaume. Le parlement de Paris se refusa long-temps à l'enregistrer ; il n'y consentit que le 2 février 1599. Les deux traités de Vervins et de Nantes terminent une grande période historique : c'est la fin du monde ancien, de ce monde d'agitation, de violence et de barbarie, que la guerre civile avoit prolongé en France plus que partout ailleurs. C'est le commencement d'un monde nouveau, d'un monde d'ordre, de régularité et d'obéissance. C'est aussi dès cette époque seulement qu'on voit grandir le caractère de Henri IV. Jusqu'alors il avoit été contraint, par une lutte qui l'exposoit à des dangers constans, de pactiser avec tous les abus comme avec tous les partis, de faire la cour à ses ennemis, d'offenser souvent ses serviteurs, d'accabler enfin ses sujets d'impositions et de contributions de guerre. Ce ne fut que lorsque cette double paix l'affermit sur le trône qu'il put enfin songer à soigner leur prospérité et à se faire aimer d'eux.

FIN DU TOME SECOND.

TABLE ANALYTIQUE

DU PRÉCIS

DE L'HISTOIRE DES FRANÇAIS.

TOME SECOND.

CHAPITRE XI. *Les Français au quinzième siècle.* SECTION I. *Fin du règne de Charles VI.* 1401-1422.

Le pouvoir que Philippe-le-Bel avoit fondé au commencement du treizième siècle étoit anéanti à sa fin........................ page	1
Princes apanagés remplaçant les feudataires, clergé, noblesse, légistes................	3
Décadence simultanée de toutes les races royales d'Europe...........................	4
Décadence plus grande encore de la France; elle se relève à la fin du quinzième siècle...	5
État de Charles VI dans sa folie; pouvoir de Philippe de Bourgogne (1401-1404)......	6
1404-1407. Le duc d'Orléans; ses vices; sa rivalité avec Jean-sans-Peur de Bourgogne.......	9
Orléans se fait le champion du pouvoir absolu dans toute l'Europe....................	10
Son intervention dans les affaires de Wenceslas, de Henri IV, de Benoît XIII.............	11
Isabeau de Bavière présidente du conseil; opposition du duc de Bourgogne.............	12

1405, août. Bourgogne entre à Paris avec une armée.
Isabeau et Orléans s'enfuient............. 14
Réconciliation des deux ducs; fêtes; menaces
mutuelles 15
Bourgogne échoue (1406) au siége de Calais, et
Orléans à celui de Bourg................ 17
1407. 23 novembre. Orléans assassiné par des spadas-
sins du duc de Bourgogne.............. 18
Circonstances qui rendent cet assassinat plus
odieux. Bourgogne s'en avoue l'auteur..... 20
Il le fait justifier par le docteur Jean Petit, et
pardonner par le roi.................... 21
Bourgogne s'éloigne de Paris pour faire la guerre
à Liége (23 septembre 1408). Sa victoire à
Hasbain............................... 22
1409. 9 mars. Paix fourrée de Chartres, entre Bourgogne et les enfans d'Orléans............ 25
Tous les princes, de retour à Paris, se livrent
au plaisir et au libertinage.............. 26
1410. Mariage d'Orléans avec Anne d'Armagnac; nouveau caractère des deux factions.......... 27
Férocité des Armagnacs du duc d'Orléans; cupidité des Flamands de Bourgogne.......... 29
1411. Bourgogne d'abord, Orléans ensuite, s'allient
avec les Anglais; paix de Bourges........ 30
1413. États-généraux de Paris, qui ne font rien pour
rétablir l'ordre....................... 33
Jalousie que cause à Bourgogne la liaison du
premier dauphin avec le duc d'Orléans..... 34
29 avril. Insurrection des bouchers; massacres,
conseils qu'ils donnent au dauphin........ 35
Août. Le pouvoir passe aux Armagnacs; exil ou
supplices des bouchers et des cabochiens.... 36

TABLE ANALYTIQUE. 517

	Guerre civile ; ravage de l'armée royale ; paix d'Arras, le 14 septembre 1414............	37
1415.	avril. Le dauphin écarte les princes, et déclare vouloir gouverner seul.................	39
	14 août. Henri V débarque en France ; prise de Harfleur, armée royale qui l'attend........	40
	25 octobre. Bataille d'Azincourt, mauvaises dispositions des Français ; ils sont défaits...	41
	2 novembre. Henri V retourne en Angleterre. 18 décembre. Le premier dauphin meurt de ses débauches........................	44
	Armagnac accourt à Paris ; Bourgogne s'arrête à Lagny ; tyrannie d'Armagnac...........	45
1417.	4 avril. Mort du deuxième dauphin ; exil de la reine ; le troisième dauphin dépend d'Armagnac.............................	46
	1er novembre. Bourgogne enlève la reine, qui réclame la présidence du conseil..........	48
1418.	12 juin. Armagnac massacré par les Parisiens insurgés ; tyrannie des Bourguignons......	49
	Deux fois les Armagnacs sont égorgés dans les prisons par les Bourguignons............	50
1418.	1er août. Henri V commence sans opposition la conquête de la Normandie..............	51
	Férocité de Henri V dans sa conquête ; efforts pour pacifier les Bourguignons et les Armagnacs...............................	53
1419.	10 septembre. Bourgogne assassiné au pont de Montereau, sous les yeux du dauphin.....	54
1420.	21 mai. Traité de Troyes, qui exclut le dauphin de la succession, et y appelle Henri V et Catherine...........................	56
	Férocité de Henri V pendant les 27 mois qu'il règne en France.......................	57

TABLE ANALYTIQUE.

Épidémie causée par la misère. 31 août 1422. Mort d'Henri V. 21 octobre 1422. Mort de Charles VI.................................. 58

Section II. *Règne de Charles VII*, 1422-1461.

Ni Charles VII ni Henri VI à leur avénement n'inspirent de confiance au peuple......... 60
L'indolence de l'un des rois, l'enfance de l'autre, font languir les opérations militaires....... 62
Les royaux de France tous morts ou prisonniers, des capitaines aventuriers les remplacent... 63
1423-1424. Déroutes de Crevant et de Verneuil, où les auxiliaires écossais sont mis en pièces... 64
1425. Richemont force le roi de le nommer connétable, et de renvoyer les vieux Armagnacs....... 65
Trois favoris de Charles VII sont tués l'un après l'autre par Du Châtel et par Richemont.... 66
Anarchie complète dans le parti de Charles VII; foiblesse dans celui de Henri VI.......... 68
1428. 12 octobre. Bedford attaque Orléans pour s'assurer du passage de la Loire................ 69
1429. 24 février. Jeanne-d'Arc la Pucelle arrive à Chinon, et offre son aide au roi.......... 70
Enthousiasme des Français, terreur des Anglais. Ils lèvent, le 8 mai, le siége d'Orléans.... 72
17 juillet. Charles, conduit par la Pucelle, est sacré à Reims........................ 73
12 septembre. Le roi abandonne son armée pour s'en retourner en Touraine.............. 74
1430. 24 mai. Jeanne faite prisonnière est brûlée comme sorcière le 23 mai 1431.......... 75
La Tremouille domine le roi et fait exiler Richemont de la cour................. 76

1431. 16 décembre. Henri VI couronné à Paris ; misère et abandon de cette ville............ 77
La maison d'Anjou se rattache à Charles VII. Défaite de René à Bullegneville, 2 juillet 1431. 78
Agnès Sorel introduite à la cour ; assassinat et disgrâce de la Tremouille................ 80
1435. Calamités du royaume. Congrès d'Arras ; paix de Bourgogne avec le roi............... 81
1436, 13 avril. Soulèvemens contre les Anglais. Paris ouvre ses portes aux royalistes........... 83
La souffrance universelle continue : Charles VII s'éloigne pour ne point la voir........... 85
1437. Charles VII punit un capitaine aventurier ou écorcheur. Il prend goût à la guerre...... 86
1438. Assemblée de l'Église gallicane à Bourges. Pragmatique sanction.................... 87
1439. Talens et vertus que déploie tout à coup Charles VII............................. 88
Il veut ressaisir l'autorité royale et protéger le peuple. Etats-Généraux d'Orléans........ 90
Création des compagnies d'ordonnance ; résistance des écorcheurs ; praguerie.......... 92
1440. Charles VII triomphe de la praguerie, et force les princes du sang à se soumettre........ 93
1441-1442. Nouveaux succès de Charles VII. Caractère du dauphin Louis ; ses exploits....... 94
1444. 20 mai. Trêve avec les Anglais. Imbécillité de Henri VI ; son mariage................ 96
26 août. Les écorcheurs détruits à Saint-Jacob. Justice prévôtale de Charles VII.......... 97
1449. La guerre recommence ; victoire de Fourmigny. La Normandie reconquise............... 9
1451. Henri VI, pour les Anglais, fut ce qu'avoit été

Charles VI pour les Français. Conquête de
la Guienne.............................. 101
1453. Seconde conquête de la Guienne, après laquelle
Charles VII retombe dans l'indolence..... 102
Charles évite de nouveau les regards du public.
Intrigues et disgrâces de cour........... 103
Procès et ruine de Xaincoing, de Jacques Cœur,
du duc d'Alençon, du comte d'Armagnac... 104
Les favoris du roi excitent sa défiance contre le
dauphin Louis; caractère de celui-ci...... 107
1454. Le dauphin se retire en Dauphiné; ses préparatifs de défense........................ 108
1456. Le Dauphiné envahi par une armée française.
Fuite de Louis à la cour de Bourgogne.... 109
1461. 22 juillet. Terreur de Charles VII. Il se laisse
mourir de faim........................ 110

Section III. *Règne de Louis XI.* 1461-1483.

Esprit, projets, activité, simplicité de manières
de Louis XI. Sa fausseté, sa curiosité..... 111
Les ministres de Charles VII appellent eux-
mêmes Louis XI de Genappe............. 113
1461. 18 août. Sacre de Louis; il change toute l'administration............................. 114
Esprit d'ordre et d'économie de Louis; mais la
politique épuisoit ses finances........... 115
Il acquiert à prix d'argent le Roussillon, la Cerdagne et les villes de la Somme.......... 116
Jalousie que les princes du sang causent à Louis.
Il recherche l'amitié de leurs ennemis..... 117
1464. 18 décembre. Louis XI assemble à Tours les
princes du sang; leurs promesses trompeuses. 120

1465. Ligue dite du bien public pour partager la France
entre les princes apanagés............... 121
Les capitaines et les écorcheurs étoient favorables
aux princes dans l'espoir du pillage....... 122
1465. 16 juillet. Bataille indécise de Montlhéry entre
Louis et Charles-le-Téméraire............ 123
29 octobre. Concessions de Louis aux princes li-
gués par le traité de Conflans............ 125
Louis travaille à exciter la bourgeoisie des communes contre Charles.................. 126
L'évêque de Liége s'étoit mis sous la protection
de Bourgogne; révoltes de Liége et Dinant. 127
1466. 28 août. Dinant pris et détruit de fond en comble; Liége capitule deux fois............ 128
Janvier. Louis XI reprend la Normandie à son
frère................................ 129
1467. Charles, devenu duc, confirme les priviléges des
cités de Flandre, et bat de nouveau les Liégeois............................... 131
Justice sommaire de Tristan-l'Ermite, prévôt
des maréchaux de Louis................ 132
1468. 1er avril. Concessions de Louis au peuple. Etats-
Généraux de Tours.................... 133
Le duc de Bretagne signe le traité d'Ancenis.
Louis voudroit y faire accéder Bourgogne... 135
9 octobre. Louis à Péronne; il y est arrêté par
le duc de Bourgogne................... 136
14 octobre. Louis accepte le traité honteux de
Péronne. Il assiste à la prise et à la ruine de
Liége............................... 138
1469. 19 août. Il donne le duché de Guienne à son
frère, qui continue à comploter contre lui... 139
Louis XI haï de tous; son caractère s'aigrit et
il laisse éclater ses odieux penchans....... 141

Les princes apanagés appellent Edouard IV
d'Angleterre et lui offrent la couronne de
France............................. 142
1470-1471. Deux révolutions coup sur coup en Angleterre, qui augmentent les dangers de Louis. 143
1472. Mort du duc de Guienne; invasion de Bourgogne, et ses cruautés................... 144
Charles-le-Téméraire veut renouveler le royaume
de Lorraine; il offense l'empereur........ 146
1473. Louis XI fait attaquer le comte d'Armagnac, et
le fait périr avec sa famille............. 147
Extinction rapide des diverses branches de la
maison royale; mariage des filles du roi... 148
1474. 25 juillet. Traité de Bourgogne avec Edouard IV
pour partager la France................ 150
1475. Descente d'Edouard IV en France; Bourgogne
épuisé au siége de Neuss lui manque de foi. 151
Trève entre Louis XI, Edouard IV et Charles;
ce dernier marche contre la Suisse........ 152
1476. Charles défait par les Suisses à Granson et à
Morat, est tué devant Nanci............ 153
1477. Profit que tire Louis des victoires des Suisses. Il
se saisit des deux Bourgognes et de l'Artois. 155
19 avril. Marie de Bourgogne épouse Maximilien d'Autriche. Cruautés de Louis....... 156
1479. 7 août. Bataille indécise de Guinegate. Trève
le 27 août avec Maximilien............. 158
Tous les rivaux de Louis XI meurent avant lui.
Sa mort le 30 août 1483............... 160

Section IV. *Règne de Charles VIII.* 1483-1498.

Charles VIII, majeur à treize ans, étoit un enfant fort retardé...................... 162

Le roi se trouvoit isolé ; haine des princes du sang, des nobles, des soldats et du peuple.. 163

1484. 15 janvier. Etats-Généraux de Tours; leurs plaintes sur la gabelle et la taille......... 164

Les Etats n'osent pas former le conseil du roi : le duc d'Orléans trompé par Anne de Beaujeu. 166

Anne de Beaujeu gouverne sans titre; fuite et exil du duc d'Orléans................ 167

Anne seconde la révolution qui place Henri VII, Tudor, sur le trône.................. 168

1488. Anne devient duchesse de Bourbon. Défaite et captivité du duc d'Orléans.............. 170

Guerre en Bretagne; l'héritière de ce duché mariée à Maximilien d'Autriche........... 171

1491. Orléans remis en liberté. Charles VIII épouse Anne de Bretagne, déjà mariée à Maximilien. 172

Ambition de Charles VIII; ses conseillers lui persuadent d'attaquer le royaume de Naples. 173

Traité d'Etaples avec Henri VII ; de Senlis avec Maximilien ; de Barcelone avec Ferdinand et Isabelle........................... 175

1494. 5 septembre. Entrée de Charles VIII à Turin ; puissance de son armée................. 177

Férocité de l'armée après les combats; terreur des Italiens; conquête de Naples........ 178

1495. 20 mai. Charles VIII désorganise entièrement le royaume de Naples, puis le quitte...... 179

30 mars. Ligue à Venise pour la défense de l'indépendance italienne................... 180

6 juillet. Bataille de Fornovo; traité de paix du 10 octobre ; Naples reperdue......... 181

Nouvelle ère politique; lutte des grands Etats entre eux; efforts pour maintenir l'équilibre. 184

TABLE ANALYTIQUE.

Charles VIII, cause de cette révolution, ne la comprend pas; il s'épuise par la débauche.. 185
1498. 7 avril. Il tombe dans l'affaissement; il veut se réformer. Sa mort...................... 186

Section V. *Premières années de Louis XII.* 1498-1500.

Le duc d'Orléans reconnu comme Louis XII. Tous les princes du sang enfans à cette époque.. 187
Anne se retire en Bretagne; négociations pour la marier à Louis XII. Divorce de celui-ci.. 188
Louis XII avoit peu de talens, mais de l'ordre, de l'économie et de la bienveillance....... 10
1499. Août. Il envahit le duché de Milan; ses promesses aux Lombards mal observées........ 191
1500. 6 février. Révolte du Milanais. Les deux partis enrôlent en même temps des Suisses........ 192
9 avril. Les Suisses trahissent le duc et le livrent au roi, qui le laisse mourir en prison...... 193
Puissance de la France à la fin du siècle, tandis qu'elle étoit si foible à son commencement.. 194

Chapitre XII. *Les Français au seizième siècle.* Section I. *Suite et fin du règne de Louis XII.* 1501-1514.

Puissance et malheur de la France au seizième siècle. Plus de résistance au roi........... 197
Point d'intelligence de la liberté; point de respect pour les devoirs publics........... 199
Pendant les premiers cinquante ans, succès et revers en Italie; pendant les derniers, guerres de religion..................................... 200

Louis XII, tout puissant en Italie, la perd pour
  avoir voulu être habile.................. 201
Trois traités perfides et funestes pour le partage
  des Etats de Milan, Naples et Venise...... 202
1501. Conquête et partage de Naples d'après l'odieux
  traité de Grenade..................... 203
Fermentation des Suisses, honteux d'avoir commis une perfidie; ils entrent dans le Milanais. 205
Les Espagnols introduits par Louis XII en Italie
  travaillent à l'en chasser................ 207
1503. Défaites de Seminara et de Cerignola; les Français chassés de Naples.................. 208
Négociations de Louis XII avec Philippe d'Autriche pour le mariage de Claude, fille du roi. 209
Louis XII avoit compté sur l'alliance du pape et
  de son fils; ils s'empoisonnent........... 210
L'armée française sacrifiée à l'ambition du cardinal d'Amboise, qui veut se faire pape.... 211
Ordre et économie de Louis XII; ses ordonnances; tolérance envers les Vaudois...... 212
1504. Trève de trois ans; nouveau traité pour le mariage de Claude. Maladie du roi.......... 214
1506. 31 janvier. Etats de Tours pour rompre le traité
  de mariage de la fille du roi.............. 215
Louis travaille à aigrir la querelle entre Ferdinand et son gendre Philippe............. 216
Mort de Philippe en Castille, avant qu'il en pût
  témoigner son ressentiment.............. 217
1507. Louis XII prend parti pour les nobles de Gênes
  contre les plébéiens, et accable cette ville... 220
Louis XII hait le pouvoir populaire; son respect pour l'empereur; il lui fait hommage.. 221
1508. Venise défend les Français à Milan contre l'empereur. Ligue de Cambrai contre Venise.... 222

1509. Louis XII attaque Venise : bataille d'Aignadel ;
férocité des vainqueurs.................. 223
  Le Pape indigné de la férocité avec laquelle les
  Barbares font la guerre ; il veut les chasser
  d'Italie............................. 225
1510. Jules II dissout la ligue de Cambrai et réunit ses
  membres contre la France............... 227
  Les Français attaqués de toute part et repoussés
  par Jules II se replient sur le Milanais.... 228
  Le clergé de France s'unit au roi contre le Pape.
  Anne de Bretagne s'oppose à lui.......... 229
1511. 5 octobre. Concile schismatique de Pise. Sainte
  ligue entre le Pape, Ferdinand et les Vénitiens.............................. 231
1512. 11 avril. Victoires, férocité, et mort de Gaston
  de Foix à la bataille de Ravenne......... 232
  Maximilien se joint à la ligue; les Français quit-
  tent l'Italie; mort de Jules II............ *ib.*
1513. 5 avril. Ligue universelle contre la France, qui
  recherche l'alliance de Venise ; défaite de la
  Riotta............................. 234
1513. 16 août. Déroute des Français à Guinegate, devant les Anglais et Maximilien............. 235
1514. 13 mars. La ligue se dissout par les vices des
  princes. Trêve d'Orléans................ 236
1515. 1er janvier. Second mariage de Louis XII, et sa
  mort en moins de trois mois............. 238

SECTION II. *Règne de François Ier*. 1515-1547.

  François Ier reconnu sans difficulté, grâce à son
  mariage avec la fille de Louis XII......... 240
  Amabilité et goût du plaisir de François et de
  sa mère Louise de Savoie. 241

TABLE ANALYTIQUE. 527

Progrès de la nation dans les lettres, les arts, la sociabilité.................................. 242
Préparatifs de François Ier pour envahir le Milanais. Bourbon, son connétable.......... 243
1515. 13 septembre. Bataille de Marignan ; défaite des Suisses ; conquête du Milanais............. 244
Pacification de l'Europe. Traité de Fribourg avec les Suisses ; de Noyon avec Charles d'Autriche................................... 247
François sacrifie les Florentins au désir de s'unir intimement avec Léon X................. 248
1516. 18 août. Concordat avec Léon X ; abandon des libertés de l'Église gallicane.............. 249
Dissipation de François Ier ; adresse et cupidité de Louise de Savoie................... 250
Le roi demeure populaire malgré l'accroissement du désordre ; il désire la guerre........... 251
François, candidat pour l'empire, en rivalité avec Charles d'Autriche..................... 253
1519. 5 juillet. Charles V élu empereur ; jalousie de François Ier................... 255
1520. François et Henri VIII se rencontrent au champ du Drap d'Or........................... 256
1521. Léon X, par légèreté, rallume la guere entre la France et l'Autriche.................. 258
Les Français n'étaient point prêts pour la guerre, ils perdent Milan ; mort de Léon X....... 259
1522. 29 avril. Défaite de la Bicocca ; les Français perdent l'Italie. Campagne de Picardie... 260
Fardeau des impôts ; indiscipline des troupes ; malheur du peuple......................... 261
Branches diverses de la maison royale. Louise veut ruiner le duc de Bourbon............... 263

1523. Bourbon se prépare à trahir le roi, qui conduisoit son armée en Italie.................. 264
1524. 30 avril. Fuite de Bourbon; Bonnivet entre en
Italie; il en est chassé. Mort de Bayard.... 265
Première invasion de la Provence; les Impériaux se retirent avant l'arrivée de François I. 267
François passe en Italie, mais il manque d'activité pour poursuivre l'ennemi............ 268
1525. 24 février. Siége de Pavie. François se laisse
forcer dans ses lignes sous Pavie.......... 269
François prisonnier; il s'étoit battu bravement,
mais il fut humble en prison............. 270
7 juin. François se fait transporter en Espagne,
mais Charles V ne veut pas l'y voir....... 273
Désordre en France au moment où l'on apprend
la captivité du roi...................... 274
Les Anglais et les Italiens offrent à la Régente
leur alliance; elle les trompe............ 275
1526. 24 janvier. Le roi captif signe le traité de Madrid. Il est remis en liberté.............. 276
1527. 6 mai. Sac de Rome par les brigands de Bourbon.
Nouveaux revers des Français en Italie..... 278
1529. 5 août. Traité de Cambrai; la France abandonne
tous ses alliés......................... 279
L'asile que François accorde aux Italiens réfugiés lui procure le renom de père des lettres. 280
Fluctuation dans la conduite de François à l'é-
gard des protestans. Son alliance avec la ligue
de Smalkalde.......................... 281
L'inconséquence dans la conduite de François
étoit l'expression de son caractère......... 283
Férocité portée dans la législation; peines militaires; invention du supplice de la roue... 284

TABLE ANALYTIQUE. 529

1535. Procession de François Ier ; protestans suspendus dans les flammes...................... 286

Irritation des princes luthériens ; François cherche à s'excuser auprès d'eux............. 287

François s'empare de la Savoie et du Piémont, sans y avoir l'ombre d'un droit.......... 288

1536. 8 avril. Consistoire à Rome, où Charles V menace et provoque François.............. 289

25 juillet. Charles V envahit la Provence ; François, au lieu de la défendre, la fait dévaster. 291

Retraite de l'empereur ; François, qui avoit voulu la guerre, n'eut jamais d'armée prête à attaquer. 293

François accuse Charles V d'avoir fait empoisonner son fils ; supplice de Montécuculli... 294

1538. 18 juin. Trêve de Nice pour dix ans ; désir de François de s'allier à l'empereur....... 295

14 juillet. Entrevue d'Aigues-Mortes ; les deux souverains se liguent contre toute liberté civile et religieuse..................... 297

François persécute les protestans et cherche querelle à tous ses anciens alliés............. 298

1539-1540. Sur l'invitation du roi, Charles traverse la France ; fêtes qu'on lui donne.......... 299

Charles offre l'héritage de Bourgogne au second fils de François, qui refuse ; nouvelle rupture. 300

François ayant offensé les protestans recourt aux Turks ; meurtre de son envoyé.......... 302

Revers de la maison d'Autriche contre les Turks. 303

1541. Cinquième guerre de François Ier............. 304

1542. François n'attaque point le Milanais, mais le Roussillon et le Luxembourg..... 305

TOME II. 34

1543. François appelle à Nice le roi d'Alger Barberousse, et lui envoie un prince du sang.... 306
Indignation de l'Europe contre François; détresse de ses peuples en 1544............ 307
1544. Double invasion de Henri VIII par Calais, de Charles V par la Lorraine. 14 avril. Bataille de Cérisoles........................ 308
8 juillet. La ville de Saint-Dizier arrête la marche de l'empereur et sauve la France...... 310
18 sept. Traité de Crépy en Valois avec l'empereur; deux ans plus tard paix avec Henri VIII. 311
A la paix les persécutions contre les protestans recommencent partout à la fois........... 312
Colonie de Vaudois en Provence; arrêt du parlement contre eux en 1540; lettres de grâce en 1541............................ 314
1545. 13 avril. Extermination des Vaudois par les barons d'Oppède et La Garde.............. 315
1546. 4 octobre. Persécutions dans toutes les provinces; supplices de Meaux.................... 317
1545. 9 septembre. Mort du duc d'Orléans........ *ib.*
1547. 29 janvier. Mort de Henri VIII d'Angleterre.. 318
31 mars. Mort de François Ier............. *ib.*

SECTION III. *Règne de Henri II.* 1547-1559.

Pourquoi la mémoire de François Ier est en général restée populaire.................. 319
Henri II inférieur à son père; faiblesse de son caractère et de ses talens................ 320
Succès de Charles V contre les protestans; jalousie qu'en ressentent Henri II et son connétable.............................. 321
Intrigues des Français en Italie et en Angleterre; Marie Stuart enlevée d'Ecosse........... 323

Dissipations de Henri II ; oppression des contribuables ; soulèvement de la Guienne...... 324
Rigueur avec laquelle la Guienne est punie ;
 atrocité des peines sous Henri II.......... 325
Zèle de Henri II pour l'extermination des hérétiques ; il assiste au supplice de Burré..... 327
Progrès de Charles V vers la monarchie universelle et le pouvoir absolu................ 328
Nouvelles alliances avec les Turks, le duc de
 Parme et Maurice de Saxe ; succès de celui-ci ;
 paix de Passaw..................... 329
1552. Henri II entre en Lorraine : conquête des Trois-
 Evêchés............................ 330
Henri II s'avance jusqu'au Rhin, puis licencie
 son armée ; Charles V, à son tour, vient assiéger Metz......................... 332
1553. 1ᵉʳ janvier. Charles V perd son armée devant
 Metz ; il lève le siège.................. 333
Succession de Marie Tudor en Angleterre ; elle
 épouse Philippe d'Autriche.............. 334
Cruautés commises dans la campagne de 1554 ;
 oppression et ruine des peuples.......... 335
1555. 25 octobre. Charles V abdique en faveur de son
 fils Philippe II....................... 336
1556. Trêve de Vaucelles..................... 337
1557. Janvier. Les Guises renouvellent les hostilités ;
 campagne d'Italie, où Guise échoue....... 338
10 août. Montmorency perd la bataille de Saint-
 Quentin............................ 339
1558. 1ᵉʳ janvier. Guise surprend Calais.......... 340
Etats-Généraux de Paris ; dernière campagne ;
 défaite de Termes à Gravelines........... 341
Accord de tous les souverains de l'Europe pour
 détruire les libertés civiles et religieuses... 342

Violence de la persécution en France ; les courtisans l'excitent pour avoir part aux confiscations............................... 343

1559. 2 et 3 avril. Paix de Cateau-Cambrésis ; accord pour exterminer les protestans............ 345

10 juillet. Henri II demande à son parlement plus de rigueur ; tournoi où il est blessé ; sa mort............................... 346

SECTION IV. *Règne de François II.* 1559-1560.

Combien la France avoit souffert sous les trois derniers rois, quoique majeurs.......... 348
Sous eux, toujours en guerre, elle avoit perdu son esprit militaire................... 349
La France fut plus vivante, quoique aussi souffrante, sous les jeunes rois qui suivirent.... 350
Pouvoir et caractère des Guises, des Montmorency et Châtillons, des Bourbons......... 352
Triomphe des Guises ; ils renouvellent les persécutions contre les protestans ou huguenots. 353
La noblesse avoit porté l'esprit de résistance dans la réforme ; exemple des Écossais......... 355

1560. 15 mars. Conjuration d'Amboise ; la Renaudie ; supplice des conjurés.................. 356

21 août. Assemblée des notables de Fontainebleau pour préparer les Etats-Généraux.... 357

29 octobre. Commencemens de guerre civile ; les Bourbons arrêtés à Orléans.......... 358

5 décembre. Danger des protestans ; le roi meurt presque subitement.................. 359

SECTION V. *Règne de Charles IX.* 1561-1574.

Catherine isolée au milieu des partis ; son appui dans le chancelier de l'Hôpital.......... 361

Elle relève les ennemis des Guises et met en liberté les Bourbons.................... 362
1561. États-Généraux d'Orléans : leurs cahiers discordans............................. 363
La reine, tentée par la confiscation des biens du clergé, penche vers la réforme........... 365
Tolérance de la cour, repoussée par les parlemens ; fanatisme du peuple ; triumvirat.... 366
Édit de juillet qui accorde la liberté de conscience et interdit le culte réformé......... 367
9 septembre. Etats de Pontoise et colloque de Poissy.................................. 368
1562. Ordonnance de janvier, conforme au vœu des Etats de Pontoise ; défection du roi de Navarre. 369
1er mars. Massacre de Vassy ; Condé sort de Paris et commence la guerre civile........ 370
31 mars. Les catholiques enlèvent le roi. 372
2 avril. Le prince de Condé se rend maître d'Orléans................................ 373
Force des huguenots à cette époque, plus grande qu'elle ne fut jamais depuis........... *ib.*
Soulèvemens simultanés des huguenots. Ils profanent les eglises..................... 375
Réaction de la populace ; les huguenots massacrés ; les catholiques vainqueurs en tous lieux. *ib.*
Cruautés des Guises, de Montluc, des catholiques à Toulouse, du protestant Des Adrets..... 376
17 novembre. Désastres des protestans en Provence, en Normandie ; mort du roi de Navarre. 378
Détresse des protestans à Orléans ; secours des Anglais et des Allemands................ 379
19 décembre. Bataille de Dreux ; captivité des deux généraux...................... 380
1563. 18 février. Guise tué par Poltrot........... 381

19 mars. Première paix ; édit d'Amboise ; l'Hôpital et Catherine de Médicis vouloient la paix. 382

1563. Coligni et les ministres contraires à la paix ; les parlemens la repoussent................. 383

Les parlemens et les gouverneurs de province persécutent malgré la paix............... 384

Les places de Piémont rendues au duc de Savoie ; courte guerre avec l'Angleterre...... 385

1564-1565. Le roi et la cour voyagent dans tout le royaume ; conférence de Bayonne......... 387

1566. février. Assemblée des notables de Moulins ; grande ordonnance de l'Hôpital.......... 389

Complot européen pour la destruction des hérétiques ; projets de Coligni............... 390

1567. 27 septembre. Tentative des huguenots pour enlever Charles IX à Meaux ; secours des Suisses. 391

10 novembre. Bataille de Saint-Denis ; Montmorency tué........................... 392

1568. 23 mars. Paix boiteuse................... 393

Les protestans sentent leur infériorité ; les âmes plus faibles les abandonnent............. 394

Atroces persécutions dans toute l'Europe ; massacres impunis en France................ 395

1568. 25 août. Fuite de Condé et Coligni ; troisième guerre civile ; les chefs réunis à La Rochelle. 396

Le duc d'Anjou à dix-sept ans à la tête des catholiques............................ 398

1569. 13 mars. Bataille de Jarnac ; mort de Condé... *ib.*

Le duc de Deux-Ponts amène une armée aux protestans et meurt à Limoges............ 399

3 octobre. Coligni assiége Poitiers ; il perd la bataille de Montcontour contre le duc d'Anjou. 400

Habile campagne de Coligni ; retour par la vallée du Rhône............................ 401

1570. 8 août. Troisième paix.................... 402
Défiance réciproque; projet d'un massacre universel des huguenots, souvent repris....... 403
Catherine semble se rapprocher des protestans; révolte des Pays-Bas.................. 405
Justice rendue aux huguenots; Charles IX offre sa sœur à Henri de Béarn............... 406
1572. Jeanne d'Albret vient à Paris traiter du mariage de son fils........................ 407
18 août. Mort de Jeanne; mariage de son fils; projets de massacre de Catherine......... 408
20 août. Coligni blessé d'une arquebusade; le roi ordonne un massacre universel........ 410
24 août. Massacre de la Saint-Barthélemy: il est répété dans tout le royaume.......... 411
Inconséquence jointe à la férocité; le roi félicité par le Pape et par tous les catholiques..... 412
Conversion des princes; résistance des villes; quatrième guerre civile; complot du bâtard d'Angoulême........................ 413
Intrigues du duc d'Alençon; Catherine brigue pour Anjou la couronne de Pologne....... 415
1573. 6 juillet. Quatrième paix.................. 416
6 mai. Henri nommé roi de Pologne........ 417
Départ de Henri pour la Pologne; maladie de Charles IX.......................... 418
1574. 23 février. Prise d'armes du mardi gras; cinquième guerre excitée par le duc d'Alençon, 419
30 mai. Captivité et supplice de Montgommèry; mort de Charles IX................... 420

SECTION VI. *Règne de Henri III.* 1574-1589.

Catherine régente en l'absence de son fils; son habileté se déjoue elle même............ 422

Sa trêve avec les huguenots; elle veut faire arrêter le maréchal Damville en Languedoc... 423

1574. 5 septembre. Retour de Henri III de Pologne; il excite bientôt le mépris par ses vices.... 424

Fanatisme des moines; parti des politiques et des Montmorency; férocité de la guerre... 426

1575. 15 septembre. Le duc d'Alençon s'échappe de la cour et joint les protestans................ 427

10 octobre. Combat de Dormans, où Guise fut balafré.................................. 428

1576. 20 février. Fuite du roi de Navarre.......... 429

6 mai. Paix de Monsieur, qui termine la cinquième guerre religieuse; il est fait duc d'Anjou.............................. 430

Le traité mal observé envers les huguenots; commencemens de la sainte ligue......... 431

Guise, promoteur de la ligue; il couvre Henri III de honte et de ridicule............. 432

12 octobre. Condé s'empare de Saint-Jean-d'Angely; il veut être le chef des huguenots. 433

Mai. Henri de Navarre fait de nouveau profession du protestantisme................ 434

6 décembre. Premiers Etats de Blois; ils se séparent pour voter selon les douze gouvernemens................................ 435

Aucune célébrité parmi les députés; ils veulent faire des lois sans la sanction royale....... 437

Les Etats révoquent l'édit de pacification; les huguenots reprennent les armes.......... 438

Le tiers-état refuse des impôts pour la guerre; les Etats congédiés le 2 mars 1577........ 439

1577. 5 octobre. Sixième guerre religieuse terminée par la paix de Bergerac.......... 441

Politique que Henri III unissoit à ses vices : il
  y avoit un système dans sa corruption...... 442
Dégradation du roi; duels à la cour; intrigues
  de Monsieur......................... 444
1580. 15 avril. Guerre des amoureux, septième guerre
  de religion; surprise de Cahors; paix de Pleix. *ib.*
Petitesses de Henri III; ses deux nouveaux mignons, ducs de Joyeuse et d'Epernon...... 446
1584. 10 juin. Mort de Monsieur; effroi que cause la
  succession des Bourbons protestans........ 448
Guise et la ligue adoptent des principes républicains; le roi de Navarre se fait royaliste.... 449
Epernon veut gagner Navarre au catholicisme :
  il lui eût fait perdre son crédit........... 450
Les Guises présentent comme héritier de la couronne le cardinal de Bourbon, oncle de Navarre................................. 452
Les Jésuites prêchent contre Henri III et contre
  Navarre; les Seize de Paris.............. 453
1585. 1ᵉʳ avril. Manifeste du cardinal de Bourbon;
  prise d'armes des ligueurs; danger de Henri III. 454
7 juillet. Traité de Henri III avec la ligue, à
  Nemours, huitième guerre ou des trois Henri. 455
Octobre. Déroute de Condé dans l'Anjou; il
  s'enferme avec Navarre à La Rochelle..... 456
Henri III désire la paix................... 458
1586. décembre. Conférences de Saint-Bris. Elisabeth
  donne des subsides à Navarre............ 459
1587. 20 octobre. Victoire de Navarre à Coutras;
  Joyeuse y est tué...................... 460
Grande armée du comte de Dohna; elle est dé-
  faite par Guise et chassée de France....... 462
Le duc de Guise mis en opposition avec le roi.
  Irritation de celui-ci................... 463

1588. 9 mai. Guise entre à Paris malgré le roi; leurs entrevues........................... 464

12 mai. Le roi appelle des Suisses à Paris; barricades du peuple; les Suisses capitulent... 466

13 mai. Le roi s'enfuit; il signe l'édit d'Union et convoque les seconds Etats de Blois..... 467

15 septembre. Seconds Etats de Blois; les ligueurs y sont tout puissans............... 468

Ils veulent la guerre et refusent les moyens de la faire; détresse des finances royales...... 469

Le roi accuse de ses humiliations, non les Etats, mais le duc de Guise; sa haine en redouble. 470

23 décembre. Massacre du duc et du cardinal de Guise; soulèvemens contre le roi; mort de Catherine............................ 471

1589. 15 février. Mayenne nommé lieutenant-général du royaume par la ligue................. 472

3 avril. Henri III appelle à son aide le roi de Navarre; le 8 mai celui-ci le délivre à Tours. 474

Les deux Henri marchent contre Paris...... 475

1er août. Henri III est assassiné par Jacques Clément............................. 476

SECTION VII. *Règne de Henri IV jusqu'à la paix de Vervins.* 1589-1598.

Contraste entre Henri III et Henri IV; le second cepeudant est délaissé.............. 478

Henri IV repousse la proposition que lui fait sa noblesse d'une abjuration immédiate....... 479

Henri forcé de se replier avec huit mille hommes en Normandie; Mayenne fait proclamer Charles X........................... 480

1589. 13-28 septembre. Belle défense de Henri IV dans ses lignes à Arques................ 481

1ᵉʳ au 4 novembre. Henri IV pille les faubourgs de Paris ; Philippe II veut donner la couronne de France à sa fille.................... 482

1590. 14 mars. Henri IV gagne la bataille d'Ivry sur le duc de Mayenne..................... 484

8 mai-30 août. Henri assiége Paris ; famine dans cette grande ville................ 486

Le prince de Parme ravitaille Paris et se retire sans livrer de bataille.................. 487

1591. Les huguenots humiliés de la faveur montrée aux mignons ; Espagnols à Paris 488

15 novembre. Supplices ordonnés par les Seize à Paris ; Mayenne revient et leur ôte le pouvoir...................... 489

3 novembre. Henri IV avec une forte armée assiége Rouen........................... 491

1592. 5 février. Il est blessé.................... 492

Le prince de Parme fait lever le siége de Rouen ; il sauve l'armée de Mayenne à Caudebec ; sa mort........................... 493

Intrigues des Bourbons contre Henri IV ; des ligueurs contre Mayenne................. 494

1593. 26 janvier. Etats-Généraux de la ligue à Paris.. 495

29 avril. Conférences de Surêne............. 496

25 juillet. Henri IV fait abjuration et vient entendre la messe à Saint-Denis............ 497

L'abjuration désirée par tous les partis ; trêve, désir de paix ; Philippe II intimide le Pape. 498

1594. Janvier. Défections nombreuses des ligueurs au roi ; marchés scandaleux qu'ils font....... 499

22 mars. Paris livré au roi par Brissac....... 500

27 mars. Rouen livré au roi par Villars...... 501

Henri IV, pour gagner les ligueurs dépouille ses

anciens serviteurs ; Chastel veut assassiner
Henri............................... 502
1595. 17 janvier. Henri déclare la guerre à Philippe II ;
combat de Fontaine-Française........... 503
16 septembre. Le roi est absous par le Pape ;
Mayenne se soumet ; la ligue est dissoute... 504
1596. 17 avril. Les Espagnols prennent Calais ; nouveau traité avec l'Angleterre ; Rosny aux
finances............................ 506
4 novembre. Assemblée des notables à Rouen ;
Philippe II désire enfin la paix.......... 507
1597. 10 mars. Amiens pris par les Espagnols , repris
par le roi le 25 septembre.............. 508
1598. Février. Congrès. 2 mai. Paix de Vervins, qui
rétablit le traité de Cateau-Cambrésis...... 509
Persécutions qu'avoient éprouvée les huguenots
depuis qu'Henri étoit roi ; conférences..... 510
1598. 13 avril. Édit de Nantes ; paix religieuse et ses
conditions.......................... 511

FIN DE LA TABLE DU TOME SECOND.

www.ingramcontent.com/pod-product-compliance
Lightning Source LLC
Chambersburg PA
CBHW071409230426
43669CB00010B/1499